Perspektiven der Philosophie

Perspektiven der Philosophie

NEUES JAHRBUCH

Begründet von

Rudolph Berlinger†
Wiebke Schrader†

Herausgegeben von

Georges Goedert
Martina Scherbel

Wissenschaftlicher Beirat

Éric Blondel (*Paris*)
Edgar Früchtel (*München*)
Salvatore Lavecchia (*Udine*)
Leonhard G. Richter (*Würzburg*)
Dietmar Willoweit (*Würzburg*)

BAND 45

The titles published in this series are listed at *brill.com/ppnj*

Perspektiven der Philosophie

Neues Jahrbuch
Band 45 – 2019

Begründet von

Rudolph Berlinger[†]
Wiebke Schrader[†]

Herausgegeben von

Georges Goedert und Martina Scherbel

BRILL

RODOPI

LEIDEN | BOSTON

Perspektiven der Philosophie. Neues Jahrbuch erscheint als Organ der „Stiftung zur Förderung der Begründungswissenschaft METAPHYSIK", Sitz Eisingen – Justitiar und Mitherausgeber: RA Wolf Malo (FA. f. Steuerrecht), Würzburg.

Typeface for the Latin, Greek, and Cyrillic scripts: "Brill". See and download: brill.com/brill-typeface.

ISSN 0171-1288
ISBN 978-90-04-41760-1 (hardback)
ISBN 978-90-04-41761-8 (e-book)

Printed by Printforce, the Netherlands

Inhalt

TEIL 4
Freiheit – Wege und Grenzen

TEIL 5
Buchbesprechungen

TEIL 1

Seele – Thema und Variation

∴

Perspektiven auf die Seele: Grundrisse zu einer philosophischen Hintergrundgeschichte tiefenpsychologischer Systeme

Thorsten Lerchner

Abstract

Der folgende Beitrag thematisiert die philosophische Geschichte tiefenpsychologischer Gedankengebäude. Vier Thesen dazu stehen im Vordergrund: Erstens werden psychodynamische Vorstellungen übers Unbewusste vorbereitet durch die Abgrenzung des Mystikers Jakob Böhme (1575–1624) gegenüber dem neuzeitlichen Rationalismus und dessen Überzeugung von der prinzipiellen Transparenz allen Seins. Zweitens finden Böhmes Ideen in den willensmetaphysischen Denkern Arthur Schopenhauer (1788–1860) und Friedrich Wilhelm Joseph Schelling (1775–1854) zwei wirkmächtige Multiplikatoren, welche allerdings die geheimnisvollen Tiefen der Seele unterschiedlich bewerten, und zwar entweder als hinderlich oder als hilfreich fürs bewusste Leben. Drittens speist diese Weggabelung in der Romantik zwei psychologische Traditionslinien und bedingt die diametrale Grundhaltung gegenüber dem Unbewussten in Sigmund Freuds (1856–1939) Psychoanalyse sowie Carl Gustav Jungs (1875–1961) Analytischer Psychologie. Viertens und letztens radikalisiert James Hillman (1926–2011) mit seiner postmodernen Archetypal Psychology Jungs Überzeugung von der förderlichen Wirkung unbewusster Prozesse aufs bewusste Seelenleben dahingehend, dass er dem Bewusstsein eine autonome Existenz neben dem Unbewussten abspricht und in Umkehrung des alten rationalistischen Ideals die prinzipielle Intransparenz allen Seins behauptet.

1   Ideengeschichtliche Rahmenerzählung[1]

Als der Erzähler in Jean Pauls *Selina* davor warnt, wir würden uns „von dem Länderreichtum des Ich viel zu kleine oder enge Messungen" machen, „wenn wir das ungeheure Reich des Unbewußten, dieses *wahre innere Afrika*, auslassen"[2], geht es nicht um eine Vermessung, welchen Umfang die Ländereien der

---

1   Der Inhalt dieses Aufsatzes wurde am 15.04.2016 als Antrittsvorlesung vor der Fakultät für Humanwissenschaften der Julius-Maximilians-Universität Würzburg präsentiert.

2   J. Paul, *Selina*, in: Ludger Lütkehaus (Hrsg.), *„Dieses wahre innere Afrika". Texte zur Entdeckung des Unbewußten vor Freud*, Frankfurt a. M. 1989, 76–83, 77.

bewussten Instanz tatsächlich besitzen. Es geht stattdessen darum, die Unmöglichkeit einer Landnahme anzuerkennen – es geht um die unerreichbar fernen
Gestade eines wahrhaften Nicht-Ich. Dafür steht das innere Afrika. Es ist ein
Symbol des authentisch innerlich Fremden, ein Verweis auf ein autonomes,
genuines, numinoses Unbewusstes.

Der Erzähler wendet sich mit seiner Warnung gegen diejenigen, die ihm
zwar beipflichten würden, der Mensch könne nicht mit alledem vertraut sein,
was in ihm vorgeht, und die daher ebenfalls ein Reich des Unbekannten zugestehen würden. Doch diese Leute wären zugleich überzeugt davon, es handele
sich beim Nichtgewussten niemals um etwas dem Ich gänzlich Fremdes, sondern stets um etwas dem Ich eng Vertrautes, das lediglich verborgen liege. Für
sie gibt es im Seelenleben keinen unbekannten Kontinent, sondern – um im
Bild zu bleiben – nur einen Vorort der Heimatstadt, über den dichte Nebel-
schwaden ziehen.

Anders als beim Erzähler der *Selina* sollen die Angesprochenen hier ruhig
mit Namen genannt werden: Es handelt sich bei denen, die kein rechtes Verständnis fürs Unbewusste aufbringen wollen, um René Descartes, Gottfried
Wilhelm Leibniz und Christian Wolff, die Aushängeschilder des neuzeitlichen
Rationalismus und Wegbereiter der späteren Bewusstseinspsychologie.[3] Für
alle drei besteht im Prinzip kein Unterschied zwischen einem unbewussten
und einem bewussten Geistesinhalt. Unbewusstheit und Bewusstheit würden
ausschließlich durch die Intensität von Vorstellungen bestimmt.

Schon bei Descartes, der sich nie ausführlich über die Problematik unbewusster Faktoren äußert, kann man diese Grundhaltung erkennen. Acht- und
aufmerksam[4] forscht er in seinen *Meditationen über die Erste Philosophie* im
Jahr 1641 nach einem sicheren Prinzip für die Wissenschaften.[5] Die gesuchte
Gewissheit, wird er erfahren, kann aus jedem beliebigen Gedanken geschöpft
werden. Es ist doch eigentlich glasklar, dass eine Selbstgewissheit alle unsere
Gedankengänge begleitet. Dass stets ich es bin, „der denkt und zweifelt, ein-
sieht, bejaht, verneint, will, nicht will, fantasiert und empfindet"[6], darf, nach-

---

3 Vgl. L. Pongratz, *Problemgeschichte der Psychologie*, München 1985², 85–106, bes. 85–87.
4 Vgl. R. Descartes, *Meditationes de prima philosophia*, in: *Œuvres de Descartes*, hrsg. v. C. Adam/
   P. Tannery, Bd. 7, Paris 1904, 35: „[n]unc circumspiciam diligentius"; 130: „ea, quae singularem
   attentionem desiderant". Vgl. T. Lerchner, „Analyse und Synthese: Descartes' ‚Meditationes'.
   Über die zwei Gottesbeweise, Gewissheit und Methode in Descartes' ‚Meditationes de prima
   philosophia'", in: *Theologie und Philosophie* 87,4 (2012), 499–520.
5 Vgl. Descartes, *Meditationes*, 24: „magna quoque speranda sunt, si vel minimum quid inve-
   nero quod certum sit & inconcussum".
6 Descartes, *Meditationes*, 28: „dubitans, intelligens, affirmans, negans, volens, nolens, imagin-
   ans quoque, & sentiens".

dem man es einmal bemerkt hat, als unzweifelhaft gelten.[7] Descartes' medita-
tive Haltung fördert etwas implizit Miterkanntes zu Tage, indem die Wahrneh-
mungsschwelle aktiv herabgesenkt wird. Das Gesuchte war immer schon vorhanden. Es ist dem Geist lediglich bisher entgangen, weil er der Sache unacht-
samerweise zu wenig Aufmerksamkeit geschenkt hatte.

Descartes' Nachfolger Leibniz formuliert ab 1684 systematische Überlegungen zu *cognitiones clarae*, ‚deutliche[n] Vorstellungen‘, und *cognitiones obscu-
rae*, ‚undeutliche[n] Vorstellungen‘.[8] Vorstellungen dürfen laut Leibniz' Modell
nicht „zu schwach und zu zahlreich oder zu gleichförmig sein"[9], um vom Menschen deutlich wahrgenommen zu werden. Prinzipiell erlaubt sein Ansatz
jedoch, dass ein besonders scharfer Geist auch noch das Unscheinbarste bemerkt. Was der Seele entgeht, entgeht ihr aus keinem anderen Grund als wegen
unzureichender kognitiver Kapazität.

Wolff deutscht bereits 1720 den erkenntnistheoretischen Zentralbegriff
Leibnizens, die ‚*cognitio clara*‘, ein.[10] Deutliches Vorstellen wird mit einem
‚Bewusstsein‘ des Denkvorgangs gleichgesetzt: „[D]as bewust seyn", so Wolff,
ist „ein Merckmahl, daraus wir erkennen, daß wir gedencken".[11] Wolff sieht in
diesem Zuge keinerlei Veranlassung, aus den leibnizschen ‚*cognitiones obscu-
rae*‘ den Gegenbegriff eines ‚nicht bewusst Seins‘ beziehungsweise ‚Unbewusst-
seins‘ abzuleiten. Solch einer Prägung würde viel zu wenig Bezeichnungskraft
innewohnen. Von Descartes bis Wolff wird einmütig ein Bewusstseinskonti-
nuum angenommen.

Nach dem Vorbild der zeitgenössischen Gedanken über die fehlende Sub-
stantialität des Unvollkommenen ist der menschliche Geist im Rationalismus
prinzipiell durch Klarheit charakterisiert; das Problem liegt ausschließlich bei
der Rezeptivität. Eine Kreatur, schreibt beispielsweise Leibniz, wird stets
„durch ihre eigene Aufnahmefähigkeit begrenzt",[12] und das sowohl onto- wie
auch epistemologisch. Undeutliche Vorstellungen sind laut diesem Leitmodell

---

7   Vgl. Descartes, *Meditationes*, 27: „Hîc invenio: cogitatio est; haec sola a me divelli nequit.
     Ego sum, ego existo; certum est".

8   Vgl. G. Leibniz, *Meditationes de cognitione, veritate et ideis*, in: *Die philosophischen Schrif-
     ten von Gottfried Wilhelm Leibniz*, hrsg. v. C. Gerhardt, Bd. 4. Berlin 1880, 422–426, 422: „Est
     ergo cognitio vel obscura vel clara".

9   G. Leibniz, *Nouveaux Essais sur l'Entendement*, in: *Die philosophischen Schriften von Gott-
     fried Wilhelm Leibniz*, hrsg. v. C. Gerhardt, Bd. 5, Berlin 1882, 39–509, 46: „les impressions
     sont ou trop petites et en trop grand nombre ou trop unies".

10   Vgl. G. Gödde, *Traditionslinien des „Unbewussten". Schopenhauer – Nietzsche – Freud*, Gie-
     ßen 2009², 25.

11   C. Wolff, *Vernünfftige Gedancken von Gott, Der Welt und der Seele des Menschen, Auch allen
     Dingen überhaupt / Den Liebhabern der Wahrheit mitgetheilet*, Halle 1720, 91.

12   Vgl. G. Leibniz, *Causa Dei*, in: *Die philosophischen Schriften von Gottfried Wilhelm Leibniz*,

weniger deutliche Vorstellungen, und unbewusste Vorstellungen sind weniger bewusste Vorstellungen. Dem Unbewussten wird keine eigene Qualität zugebilligt, sondern es wird als eine Quantität, nämlich als ein Mangel an Bewusstsein, verstanden. Die Aufklärungsphilosophen reduzieren das Unbewusste auf privative und kognitive Dimensionen: Unbewusstes ist nichts als Ungewusstes; es ist bloß etwas, das unterhalb der Schwelle normaler Bewusstseinstätigkeit liegt. Dafür, glaubt man im 17. und 18. Jahrhundert, lohnt sich gar kein eigenes Wort zu prägen. Tatsächlich wird auch der spezielle Terminus, den man dem Bezirk des innerlich Unbekannten nach 1800 endlich einräumen wird,[13] ein Aufklärungserbe nicht abschütteln können. Es verhält sich beim neu getauften ‚Un-Bewussten‘ wie beim Atheismusbegriff, den Arthur Schopenhauer als Erschleichung entlarvt: „Und was das Wort *Atheismus* betrifft, ist solches gar gescheut; denn es insinuirt ohne Weiteres daß der Theismus sich von selbst verstände“[14].

Alles das missfällt dem Erzähler der *Selina* zutiefst. Die Entwicklungen in der neueren Philosophie verleiten letztendlich dazu, das Unbewusste gemäß dem Bewussten zu verstehen. Man hätte sich daran gewöhnt, dasjenige zum Richtmaß zu nehmen, „was auf der Oberfläche des Bewußtseins bloßliegt“[15]. Doch das Unbewusste ist eigentlich etwas dem Bewusstsein ganz und gar Fremdes, es ist eigentlich mondlose „Nacht“[16] für die im Sinne des platonischen Gleichnisses sonnenverwöhnten Aufklärungsphilosophen. Daher wird das wahre Unbewusste auch keineswegs durch eine kognitive Kategorie ausgeschöpft. Dass es ein Reservoir unbekannter Gedanken bildet, greift in Anbetracht seines dunklen Mysteriums viel zu kurz. Vielmehr muss die subliminale Welt einen Zustand ursprünglicher Unruhe, einen geheimnisvollen Primärprozess, vielleicht sogar die „Wurzel[]“[17] jedes bewussten Vorgangs bezeichnen. In Anbetracht solcher schwindelerregender Ausblicke scheint es unabdingbar, dass langsam für die Nachtseite des Bewusstseins sensibilisiert wird.[18] Das Unbewusste ist weit mehr als eine bloße Negation und etwas nur Abgeleitetes.

---

hrsg. v. C. Gerhardt, Bd. 6, Berlin 1885, 437–462, 450: „Eodem plane modo Deum dicendum est Creaturis perfectionem tribuere, sed quae receptivitate ipsarum limitetur“.

13   Vgl. Gödde, *Traditionslinien des Unbewussten*, 26.

14   A. Schopenhauer, *Der handschriftliche Nachlass*, hrsg. v. A. Hübscher, Bd. 4/1. München 1985, 121.

15   Paul, *Selina*, 78.

16   Paul, *Selina*, 80.

17   Paul, *Selina*, 78.

18   Vgl. L. Lütkehaus, Einleitung, in: ders. (Hrsg.), *„Dieses wahre innere Afrika“. Texte zur Entdeckung des Unbewußten vor Freud*, Frankfurt a. M. 1989, 7–48, 18.

Es steckt im Gegenteil voller Eigenleben. Es stellt einen dynamischen Vorgang mit eigenen Gesetzen dar, der unsichtbar im „Schatten"[19] und in der „Tiefe"[20] abläuft.

Ende des 18., spätestens seit Beginn des 19. Jahrhunderts kommt reges Bemühen darum auf, einen Kontrapunkt zur rationalistischen Überschätzung der bewussten Seite im Menschen zu setzen. Kritische Stimmen beginnen, den Vernunftimperialismus zu hinterfragen, der seit der frühen Neuzeit Fuß gefasst hat.[21] Nicht jedes seelische Geschehen, heißt es zu den neuen psychologischen Kernfragen, stellt eine Verlängerung des vernünftig-denkenden Ichs dar. In der literarischen Tradition,[22] ein alternatives, das heißt tieferes und – vor allem – fremderes Bild der menschlichen Psyche zu zeichnen, steht Jean Pauls *Selina*.

Doch der Erzähler der *Selina*, von seinen Argumenten gegen die Aufklärungsphilosophen vereinnahmt, lässt kaum durchscheinen, wie weit die Diskussion um ein grundlegend neues Verständnis des Unbewussten von Philosophenseite schon fortgeschritten ist. Ein dynamisches Verständnis des Subliminalen, also genau diejenige Sicht aufs Unbewusste, die vom Erzähler gefordert wird, kann ebenso wie dessen kognitives Verständnis auf eine längere philosophische Traditionslinie zurückblicken. Nur liegt die Traditionslinie des dynamischen Unbewussten im Vergleich nicht offen zu Tage. Tatsächlich verläuft sie streckenweise derart unscheinbar, dass entscheidende Verbindungen und Verzweigungen bis heute nicht gesehen werden.

Hauptursachen für die undurchsichtige Geschichte des dynamischen Unbewussten gibt es zwei: Erstens kommen die neuen Denkanstöße selbstverständlich nicht aus Richtung der großen Rationalisten. Es sind Außenseiter, Querdenker zum Teil weit abseits des philosophischen *Mainstreams*, welche die ungewöhnlichen Ansichten formulieren, bewahren und weiterentwickeln, bis deren Zeit endlich gekommen scheint und sie ins kollektive Bewusstsein sickern. Zweitens trifft die Frage nach dem menschlichen Innenleben nicht auf ein pur akademisches Interesse. Vielmehr ruft sie den Stolz des Menschen auf den Plan; schließlich geht es darum, ob das Ich noch Herr sei in seinem eige-

---

19   Paul, *Selina*, 77.
20   Paul, *Selina*, 78.
21   Vgl. L. Whyte, *The Unconscious before Freud*, London 1967, 60.
22   Vgl. H. Ellenberger, *Die Entdeckung des Unbewussten*, Bd. 1. 1973 Bern u. a., 434–439, über den Reichtum der historischen Diskurse übers Unbewusste. Zum literarischen und genuin philosophisch-spekulativen Zugang zum Seelenleben des Menschen gesellen sich in den letzten Jahrzehnten des 19. Jahrhunderts experimentell-psychologische und medizinisch-klinische Ansätze hinzu.

nen Haus.[23] Instinktiv werden in diesen Belangen Erkenntnisse verschleiert, verleugnet, verdrängt und verschoben.[24]

Die revolutionären Ideen über das dynamische menschliche Innenleben wirken daher lange im Verborgenen als esoterische Ideen, entkoppelt vom akademischen Diskurs.[25] Sie bilden jedoch den Grundstock für zwei fundamental verschiedene Ansichten, was die Stellung des Menschen zum inneren Kosmos angeht. Entweder nämlich erlebt der Mensch seine autonome Innenwelt als feindlich gesonnen oder er erlebt sie als freundschaftlich verbunden. Die Etappen dieser zwei Traditionslinien werden auf den folgenden Seiten von ihrem Ursprung bei Jakob Böhme (2) aus skizziert werden, wo sie über Schopenhauer und Schelling (3) in die moderne Tiefenpsychologie münden. Auf der einen Seite unterfüttern sie dort die klassische Psychoanalyse sowie deren unbewusstheitsskeptische Nachkommenschaft.[26] Auf der anderen Seite führen sie zur Analytischen Psychologie (4) und zu deren postmodernem Derivat, zur *Archetypal Psychology*, innerhalb derer nicht bloß das Unbewusste willkommen geheißen, sondern das bewusste Ich höchstselbst mit Skepsis beäugt wird (5).

Tiefenpsychologische Systeme besitzen eine lange, bis dato unbekannte philosophische Geschichte, wenn man sie, wie Jung schon nahegelegt hat,[27] nach analytischen Ansätzen, die das Unbewusste tendenziell unter rationale Kontrolle bringen wollen, und synthetischen Ansätzen, die das Unbewusste als dominante Macht anerkennen, unterteilt. Diese Geschichte beginnt mit der Bagatellisierung des neuentdeckten Unbewussten zugunsten des Ichs im 17. Jahrhundert bei den Rationalisten, um kurz darauf eine erste ausgleichende Gegenbewegung durch die dynamischen ‚Tiefenphilosophien' Böhmes, Schopenhauers und Schellings auszulösen. Sie endet mit der Bagatellisierung der

---

23   Freud bezeichnet die Verneinung dieser Frage als eine der drei großen Kränkungen der Menschheit. Vgl. S. Freud, *Eine Schwierigkeit der Psychoanalyse*, in: ders., *Gesammelte Werke*. Bd. 12, hrsg. v. A. Freud u. a., Frankfurt a. M. 1999, 1–12, 11.

24   Vgl. F. Nietzsche, *Jenseits von Gut und Böse*, in: ders., *Kritische Studienausgabe*, Bd. 6, hrsg. v. G. Colli u. a., München 1999, 9–244, 86 [KSA 5, JBG, Viertes Hauptstück: Sprüche und Zwischenspiele, 68]: „ ‚Das habe ich gethan' sagt mein Gedächtniss. Das kann ich nicht gethan haben – sagt mein Stolz und bleibt unerbittlich. Endlich – gibt das Gedächtniss nach".

25   Vgl. S. McGrath, *The Dark Ground of Spirit*, London/New York 2012, 21 f.: „These include gnosticism, Neoplatonism, Hermeticism, Kabbalah, alchemy, theosophy, especially as the discourses merge at various nodal points in European history, for example in the Renaissance (Paracelsus, Ficino, Pico, Boehme)".

26   Vgl. D. Wyss, *Die tiefenpsychologischen Schulen von den Anfängen bis zur Gegenwart*, Göttingen 1972, 99–227.

27   Vgl. C. Jung, *Sigmund Freud*, in: ders. *Gesammelte Werke*, Bd. 15 (hrsg. v. D. Baumann u. a.), Olten/Freiburg im Breisgau 1971, 53–62, 59 f.

Ichinstanz durch die jüngste Spielart der Analytischen Psychologie, die *Archetypal Psychology*, welche das aufklärerische Primat des Ich hyperkompensiert und das absolute Primat des Unbewussten behauptet. Doch letztlich – und dafür ist aus der Sicht des Philosophiehistorikers hier zu sensibilisieren – werden beide Ansätze nur als einander ergänzende, auf ihre Relativität und Geschichtlichkeit reflektierende Blickwinkel die Studien über den Menschen vertiefen können.

2 Jakob Böhme: Der erste Tiefenphilosoph

Es ist ein Querdenker, über dessen Lehre die Eingeweihten abwechselnd als Skandal und als Geheimtipp flüstern, der die neuen radikalen Gedanken erstmals zu Papier bringt. Zur Zeit, als *Selina* abgefasst wird, mutmaßlich um 1820 herum, erlebt dieser unzeitgemäße Philosoph gerade seine Renaissance. Schopenhauer liest ihn, Schelling liest ihn, aber auch Baader, Hegel, Hölderlin und Goethe studieren ihn.[28] Anscheinend rezipiert damals die halbe gelehrte Welt Jakob Böhme, einen einfachen Schuster, der von einem Tag auf den anderen regalmeterweise Bücher zu verfassen begann. Er schrieb kryptische Traktate theologisch sehr fragwürdigen Inhalts, und zwar fast zur gleichen Zeit, als sich René Descartes um klare Methoden und unerschütterliche Beweise in der Philosophie bemühte. Böhme ist 1624, also beinahe 200 Jahre vor seiner Wiederentdeckung verstorben, verschrien als Gotteslästerer, dem man von kirchlicher Seite die Begräbnisrede verweigern wollte.[29]

Dass seine Gedanken überhaupt ins frühe 19. Jahrhundert reichen, das ist hauptsächlich Friedrich Christoph Oetinger zu verdanken. Oetinger wurde fast durch das gesamte 18. Jahrhundert hindurch nicht müde,[30] auf den seltsamen Böhme und dessen noch seltsamere Lehre hinzuweisen. Und trotzdem, trotz aller Begeisterung für den Autor, lehnte sogar Oetinger manche von dessen Ideen als zu disharmonisch, zu düster und zu unheimlich ab.[31]

Besonders verstörend, und auf Oetinger geradezu abstoßend, wirkt Böhmes Gotteslehre. Gott wird laut Böhme vom *Mysterium Magnum*, dem ‚Großen Geheimnis‘, umgeben. Dieses Geheimnis betrifft einen „Willen, der [...] in der

---

28   Vgl. G. Wehr, *Jakob Böhme. Ursprung, Wirkung, Textauswahl*, Wiesbaden 2010, 116–147.

29   Vgl. G. Wehr, *Jakob Böhme. Mit Selbstzeugnissen und Bilddokumenten dargestellt*, Reinbek bei Hamburg 2002[8], 45.

30   Vgl. S. Großmann, *Friedrich Christoph Oetingers Gottesvorstellung. Versuch einer Analyse seiner Theologie*, Göttingen 1979, 60.

31   Vgl. Großmann, *Friedrich Christoph Oetingers Gottesvorstellung*, 61.

Begierde stecket"[32], also einen Willen, der pausenlos aktiv ist. Dieses Geheimnis betrifft eine göttliche Tiefe, in der „eine Sucht" „ohne Verstand"[33] sich breit gemacht habe, also ein Innenleben, wo Regung ohne Einsicht herrscht. Dieses Geheimnis betrifft ein pulsierendes „Leben", das „aber ohne Witz"[34], also ganz ohne Erkenntnis, blühe.

In Böhmes Augen darf der wahre Gott nicht mit einem einsichtsvollen Vater verwechselt werden, obwohl die menschliche Neigung zum Anthropomorphismus dem Vorschub leistet. Der Mensch sei „ein bildlich", das heißt ‚vorstellendes', „Wesen und denket immerdar, Gott sei auch ein bildlich Wesen"[35]. Gott müsse aber als etwas dem Menschen ganz Fremdes aufgefasst werden. In ihm existiere „kein Ratschlag"[36], sprich keine ‚vernünftige Überlegung'; er bewegt sich jenseits der menschlichen Fassungskraft. Mit Rationalität ist ihm daher schon gar nicht beizukommen, denn „die kreatürliche Vernunft stehet in dem geformten, gefasseten, ausgesprochenen Worte"[37], und Worte finden „keine Gleiche"[38] – ‚nichts Vergleichbares' – in Gott. Vor diesem blindbewegten Dynamikfeld bleiben „wir billig" – ‚aus gutem Grund' – „stumm"[39], und die Vernunft muss sich nachsagen lassen, dass sie „nicht verstehet, was Gott ist"[40]. Sprachlich bleibt uns nur der bildhafte Ausdruck, vom „Ungrund[]" oder „Abgrund"[41] zu reden, wenn es um das große Geheimnis der Gottheit geht.

Böhme kommt das Verdienst zu, ein andersartiges Gottesbild geschaffen zu haben, das vor allem mit frühneuzeitlichen Auffassungen gründlich konträr geht. Für ihn spielen Weisheit und Güte in der göttlichen Natur keiner-

---

32   J. Böhme, *Sex Puncta Mystica, oder Kurze Erklärung sechs mystischer Punkte*, in: ders., *Mysterium Pansophicum*, hrsg. v. G. Wehr, Freiburg im Breisgau 1980, 145–161, 161.
      Gefolgt wird bei Zitation Böhmes normalerweise der maßgeblichen Ausgabe von 1730: Jakob Böhme, *Sämtliche Schriften* I–XI, neu hrsg. v. Will-Erich Peuckert, Stuttgart 1955–1961. Wenn neuere, kommentierte Ausgaben von Böhmes Schriften vorliegen, werden jedoch diese bevorzugt.

33   J. Böhme, *Mysterium Pansophicum, oder Gründlicher Bericht von dem irdischen und himmlischen Mysterio*, in: ders., *Mysterium Pansophicum*, hrsg. v. G. Wehr, Freiburg im Breisgau 1980, 27–47, 31.

34   Böhme, *Mysterium Pansophicum*, 31.

35   Böhme, *Von der Gnadenwahl oder Von dem Willen Gottes über die Menschen*, Frankfurt a. M./Leipzig 1995, 56.

36   Böhme, *Von der Gnadenwahl*, 57.

37   Böhme, *Von der Gnadenwahl*, 56.

38   J. Böhme, *Von der Menschwerdung Jesu Christi*, Frankfurt a. M./Leipzig 1995, 175.

39   Böhme, *Von der Menschwerdung Jesu Christi*, 175.

40   Böhme, *Von der Gnadenwahl*, 44.

41   Böhme, *Von der Gnadenwahl*, 264.

lei Rolle. In seiner sogenannten „puren Gottheit"[42] herrschen weder Vernunft noch Gnade, sondern ein blindes Brodeln. Nur zwecks Senkung des Spannungsniveaus wird das Weltengebäude geschaffen. Böhmes Gott reagiert sich durch Schöpfung und Erhaltung eines grenzenlosen Weltraums voller unzählbarer Sonnen ab. Solch ein Gott ist nicht der Adressat unserer Gebete, er „turbiret"[43], ‚beunruhigt‘, uns, sagt Böhme, so unnahbar, unruhig und anonym ist er.

Böhme, das sei gleich hinterhergeschoben, hat direkt noch gar nichts zu schaffen mit einer revolutionären Seelenlehre. Was er über die menschliche Seele zu sagen weiß, schöpft das Potential seines blinddynamischen Ansatzes bei weitem nicht aus. Zwar scheint ihm gesichert, dass der Mensch, wie er schreibt, das „Bild[ ] Gottes"[44] an sich tragen muss und daher auch am göttlichen Abgrund teilhaben wird. Jedoch denkt er gerade an diesem zukunftsträchtigen Punkt zu zaghaft weiter; es bleibt bei wenigen dunklen Andeutungen.[45] Der Mensch macht insgesamt keinen so opaken Eindruck wie sein Gott. Vielmehr scheint das Urprinzip in der Kreatur besänftigt. In Böhmes Kosmogonie wird der Mensch durch viele Zwischenglieder geschaffen,[46] worin sich die wilden Züge der ursprünglichen Gottheit mehr und mehr verlieren. Böhme versäumt, den wahren Kern des Menschen gemäß seiner Abstammung von einem blinden Gott zu redefinieren.

Die umwälzenden Gedanken über ein anonymes Dynamikfeld jenseits von Vorstellung und Gedanke kündigen jedoch von etwas Neuem. Analogien zwischen den Forderungen, die der Erzähler in Jean Pauls *Selina* an eine neue Seelenlehre erhebt, und Böhmes Ahnungen eines wildbewegten göttlichen Abgrunds sind kaum zu übersehen: Beide Male geht es um absolute Fremdheit, beide Male geht es um bewusstlose Dynamik. Bei Böhme hebt ein Wandel des menschlichen Selbstverständnisses an, momentan noch fast unkenntlich auf die göttliche Natur projiziert. Dergleichen Abfolgen sind prinzipiell nichts Neues: Bevor beispielsweise die Idee der absoluten *Libertas indifferentiae* im 13. und 14. Jahrhundert anthropologisch bedeutsam geworden ist,

---

42 J. Böhme, *De Triplici Vita Hominis. Oder hohe und tiefe Gründung von dem Dreyfachen Leben des Menschen*, in: ders., *Sämtliche Schriften*, Bd. 3, hrsg. v. W.-E. Peuckert, Stuttgart-Bad Cannstatt 1960, §14.

43 Böhme, *Von der Menschwerdung Jesu Christi*, 175.

44 Vgl. Böhme, *Von der Gnadenwahl*, 104: „Moses spricht gar recht: Gott schuf den Menschen in seinem Bilde, ja zum Bilde Gottes schuf er ihn".

45 Vgl. Böhme, *Von der Gnadenwahl*, 296: „Es lieget alles, was die Sonne bescheinet und der Himmel begreifet, sowohl die Hölle und alle Tiefen im Menschen".

46 Vgl. zur Mediation in der Schöpfung Wehr, *Jakob Böhme. Mit Selbstzeugnissen und Bilddokumenten dargestellt*, 83 f.

spielten Duns Scotus und Wilhelm von Ockham den Gedanken zunächst als theologischen Voluntarismus an Gott durch.[47] Der menschliche Wille, der ‚zu allem fähig‘ ist, entstammt daher ebenfalls einer tentativen Projektion auf Gott.

Philosophische Künstler wie Böhme nehmen durch geniale Intuition feinste Verschiebungen am psychischen Hintergrund ihrer Zeit wahr.[48] Die Mär vom vernünftigen, transparenten Lebewesen ist anscheinend bereits um 1600 insgeheim unglaubwürdig geworden. Es regt sich längst der Verdacht, der Mensch werde durch eine bodenlose innere Tiefe bestimmt. Diese geheime Skepsis offenbart sich durch die Annahme, dass das höchste Wesen selbst sich nicht länger durchschauen kann. Böhmes skandalöse Gotteslehre stellt einen Kompromiss dar zwischen offenem Ausdruck des Unglaubens ans *Animal rationale* und notwendiger Inkubationszeit für drastische Neuerungen. Dem Buchstaben nach geht es hier zwar nicht um den Menschen. Wohl aber geht es um dasjenige Wesen, nach dessen Bild und Gleichnis er geformt sei. Man könnte daher von einer ‚Verschiebung‘ der Erkenntnis sprechen.

Noch hindert Selbstzensur daran, die anthropologische Schaltstelle klarer zu markieren und das menschliche Ich auf dunklen Grund zu stellen. Noch wohnt die menschliche Seele, heißt es bei Böhme des Öfteren explizit, im „Licht“; ihr „Vaterlande“ liegt in den helleren Regionen der Schöpfung.[49] Das will freilich kein Stück zum düsteren Lehrgebäude passen. Es klingt sogar nach dem Gegenteil von dem, was eigentlich zu erwarten gewesen wäre. Vielleicht redet man daher besser von einer ‚Verdrängung‘ der Erkenntnis, die nur dann und wann in unscharfen Andeutungen wiederkehrt. Konsequent zu Ende gedacht, wäre bereits bei Böhme Anfang des 17. Jahrhunderts das Ich nicht mehr Herr in seinem eigenen Haus. Doch der Autor schaudert vor dergleichen Konsequenz zurück. Bevor das Pendel voll auf die Seite eines primären dynamischen Unbewussten ausschlagen kann, muss die bewusste Instanz erst noch radikal überschätzt werden. Die zukünftige psychologische Neuaufstellung, die Ent-

---

47   Vgl. O. Pesch, „Freiheit III“, in: *Historisches Wörterbuch der Philosophie*, Bd. 2. Basel 1972, Sp. 1083–1088, 1086 f.

48   Vgl. C. Jung, *Psychologie und Dichtung*, in: ders., *Gesammelte Werke*, Bd. 15, hrsg. v. D. Baumann u. a., Olten/Freiburg im Breisgau, 97–120, 113: „Jede Zeit hat ihre Einseitigkeit, ihre Voreingenommenheit und ihr seelisches Leiden. Eine Zeitepoche ist wie die Seele eines Einzelnen, sie hat ihre besondere, spezifisch beschränkte Bewusstseinslage und bedarf daher einer Kompensation, die dann eben durch das kollektive Unbewußte auf solche Weise geleistet wird, daß ein Dichter oder ein Seher dem Unausgesprochenen der Zeitlage Ausdruck verleiht“.

49   Böhme, *De Triplici Vita Hominis*, § 8.

mächtigung des Ich und die Etablierung des nachtschwarzen Innenlebens, stellt eine Antwort auf den nahenden einseitigen Glauben ans Bewusstsein dar.

Manifest werden die Rationalisten das philosophische Tagesgeschäft fürs nächste Jahrhundert bestimmen. Sie werden unbewusste Geistesinhalte als kognitives Defizit abtun. Leibniz, in schärfstem Gegensatz zu Böhme, wird sogar darauf hinweisen, dass Gott nicht nur über deutliche Erkenntnis, sondern über adäquate Erkenntnis, „[cognitio] adaequata"[50], verfügt. Das bedeutet, dass ihm das gesamte Inventar der Welt stets präsent ist, ungetrübt durch Ungewusstes. Dies sei „vollendete Erkenntnis", lobt Leibniz – „[cognitio] perfectissima", vorbildlich wegen ihrer Freiheit von unbewussten Facetten. Doch Zweifel an der Alleinherrschaft des bewussten Geistes sind gesät; es ist insgeheim fragwürdig geworden, ob die Wahrheit im transparenten, vernünftigen Denken liege. Und diese Zweifel, diese Unsicherheiten werden mehr und mehr auf offene Ohren stoßen, je weiter die naive Bewusstseinsgläubigkeit fortschreitet.

3 Schopenhauer versus Schelling: Varianten der willensmetaphysischen Tradition

Tatsächlich kam die philosophische Gegenströmung zur leichtgläubigen Verehrung des bewussten Geistes bereits um 1600 in die Welt, annähernd zur gleichen Zeit, als die große Karriere der klaren und deutlichen Ideen begann. Das ist ein Faktum, das dem Erzähler der *Selina* zu Anfang des 19. Jahrhunderts kaum einleuchten würde. Für ihn trägt die Philosophie die Hauptschuld an der momentanen Misere, dass jeder glaubt, alles sei rational durchdringbar. Erst jetzt, nach 200 Jahren, bröckelt der Glaube an die Herrschaft von Bewusstsein und Vernunft sichtbar auf Philosophenseite. Gedanken über ein wesentlich bewusstloses Innenleben werden gerade salonfähig.

Es geschieht an dieser Stelle, dass sich die Geister scheiden. Die neue Traditionslinie des dunklen Grundes unterhalb einer dünnen Glanzschicht verzweigt sich in zwei Stränge. Und zwar verzweigt sie sich in einen, der das Störungspotential des blindbewegten Abgrundes fürchtet, und in einen, der die heilsame Intervention aus den ungemessenen Tiefen herbeisehnt. Beide Abzweigungen gehen von Böhme aus, beide entspringen im Zuge des Böhme-Revivals am Anfang des 19. Jahrhunderts.

---

50 Leibniz, *Meditationes de cognitione, veritate et ideis*, 422.

Der eine von den beiden Philosophen, die Böhmes Gedanken fortspinnen, ist Arthur Schopenhauer. Bereits in der ersten Konzeptionsphase seines Hauptwerkes entleiht er ein Buch über den angesagten Querdenker.[51] Schopenhauer kennt Böhme ausgezeichnet.[52] Und Schopenhauer gelingt der verdrängungsgeschichtlich entscheidende Schritt, indem er nicht einen Gott, sondern den Menschen als das im Kern erkenntnislose Lebewesen mit dem blinden Willen definiert. „Vergleichen wir", schreibt Schopenhauer,

> um uns die Sache zu veranschaulichen, unser Bewußtseyn mit einem Wasser von einiger Tiefe; so sind die deutlich bewußten Gedanken bloß die Oberfläche: die Masse hingegen ist das Undeutliche, die Gefühle, die Nachempfindung der Anschauungen und des Erfahrenen überhaupt, versetzt mit der eigenen Stimmung unsers Willens, welcher der Kern unsers Wesens ist.[53]

Beim Willensmetaphysiker[54] Schopenhauer werden Böhmes radikale Ideen endlich anthropologisch relevant, jedoch in einer bestimmten Richtung: Das blinde Innenleben, davon ist Schopenhauer überzeugt, verursacht „eine Verunreinigung fast aller [...]" bewussten „Erkenntnisse und Urtheile"[55]. Das bewusstlose Innere gebiert sich als Störenfried der bewussten Vorgänge. „Der Wille", tief in uns, sei „der beständige Störer des Intellekts"[56]. Wichtige Leistungen gingen seinetwegen fehl, man siehe nur, wie

---

51   A. Schopenhauer, *Schopenhauers Entlehnungen aus der öffentlichen Bibliothek in Dresden 1814–1818*, in: *Schopenhauer im Kontext 3. Werke, Nachlass, Vorlesungen und Briefwechsel auf* CD-ROM, Berlin 2008, XVI, 120.

52   Vgl. die Anführungen Böhmes im Hauptwerk Schopenhauers, die den gemeinsamen Kern beider Lehren umreißen, z. B. A. Schopenhauer, *Die Welt als Wille und Vorstellung*. Erster Band, hrsg. v. Hübscher, Wiesbaden 1972³, 364: „Kein Körper ist ohne Verwandtschaft, d. i. ohne Streben, oder ohne Sucht und Begier, wie Jakob Böhme sagen würde".

53   A. Schopenhauer, *Die Welt als Wille und Vorstellung*. Zweiter Band, hrsg. v. A. Hübscher, Wiesbaden 1972³, 148.

54   Vgl. zur metaphysischen Tradition, dass ein blinder Wille das menschliche Innenleben beherrscht, T. Lerchner, „Von Jakob Böhme zu Carl Gustav Jung. Notizen zur willensmetaphysischen Geschichte der dynamischen Psyche", in: *texte. psychoanalyse. ästhetik. kulturkritik* 34,3 (2014), 7–37.

55   A. Schopenhauer, *Parerga und Paralipomena*. Zweiter Band, hrsg. v. A. Hübscher, Wiesbaden 1972³, 69.

56   A. Schopenhauer, *Vorlesung über die gesammte Philosophie. 1. Theil. Theorie des gesammten Vorstellens, Denkens und Erkennens*, in: *Schopenhauer im Kontext 3. Werke, Nachlass, Vorlesungen und Briefwechsel auf* CD-ROM, Berlin 2008, IX, 521.

wir bei Rechnungen uns viel öfter zum Schaden Andrer verrechnen als zu unserm eignen, und zwar ohne die leiseste Absicht, während wir nichts anderes als das reine arithmetische Resultat suchten. Aber der Wille zieht uns unbewußt dahin, daß wir unser *Debet* verkleinern, unser *Credit* vergrößern.[57]

In der Tiefe des eigenen Wesens schert sich nichts und niemand um die Richtigkeit des Zahlenwerkes. Tief drinnen geht es um etwas anderes, und das ist dem Interesse der bewussten Instanz oftmals entgegengesetzt. Analyse deckt auf, wie schlecht es um das Bewusstseinsfeld eigentlich bestellt ist – „[w]ir betrügen und schmeicheln Niemanden durch so feine Kunstgriffe, als uns selbst"[58].

Die Fremdheit, die bei Böhme so charakteristisch war für seinen Gott, sitzt bei Schopenhauer mitten im Menschen. Sie bringt intime Gespaltenheit, geradezu innere Feindseligkeit mit sich. Das Ich wird nicht bloß entmächtigt – vorbei die Herrschaft im eigenen Haus –, sondern entfremdet und nachhaltig gekränkt. Die bewusste Rationalität, schreibt Schopenhauer einmal hellsichtig, bleibt bei ihm nicht „ungekränkt in ihren Ehren und Würden"[59]; das sei der springende Punkt an seiner Lehre, „welcher sie zu allen je dagewesenen in Gegensatz stellt"[60].

Eigentlich, fährt er an anderer Stelle fort, muss das Innenleben „schweigen und pausiren [...], wenn der Intellekt seine Funktion rein ausführen soll"[61]. Es müsse die paradoxe Situation eintreten, „daß das Accidenz (der Intellekt) Herr werde über die Substanz (den Willen)"[62]. Dies könne nur in absoluten Ausnahmefällen, bei ganz besonderen Menschen, nämlich Künstlern, Heiligen und, manchmal, Philosophen, geschehen.[63] Wenn dies aber gelänge, sei

---

57   A. Schopenhauer, *Der handschriftliche Nachlass*. Bd. 4,1, hrsg. v. A. Hübscher, München 1985, 136.

58   A. Schopenhauer, *Die Welt als Wille und Vorstellung*, Erster Band., hrsg. v. A. Hübscher, Wiesbaden 1972³, 350.

59   A. Schopenhauer, *Über den Willen in der Natur*, in: ders., *Schriften zur Naturphilosophie und zur Ethik*, hrsg. v. A. Hübscher, Wiesbaden 1972³, 19. Vgl. A. Lorenz, „Von Freud zu Schopenhauer", in: *Schopenhauer im Kontext. Deutsch-polnisches Schopenhauer-Symposion 2000*, hrsg. v. D. Birnbacher, Würzburg 2002, 193–214, zu Schopenhauers Vorwegnahme der narzisstischen Kränkungen des Menschengeschlechts.

60   Schopenhauer, *Über den Willen in der Natur*, 19.

61   A. Schopenhauer, *Der handschriftliche Nachlass*. Bd. 3, hrsg. v. A. Hübscher, München 1985, 334.

62   Schopenhauer, *Der handschriftliche Nachlass*, Bd. 3, 334.

63   Vgl. G. Mollowitz, *Die besondere Erkenntnisweise des Künstlers, Heiligen, Philosophen*, in: *Schopenhauer-Jahrbuch* 65 (1984), 209–232.

etwas unschätzbar Wertvolles erreicht. Vorbei wären die beeinträchtigenden Einflüsse aus dem Innenleben, und Bewusstsein und Intellekt könnten endlich ungehindert ihrer Tätigkeit nachgehen.

Der andere der beiden Philosophen, die den durch Böhme eingeschlagenen Pfad der Entmächtigung des Ich weiterschreiten, ist Friedrich Wilhelm Joseph Schelling. Schelling schärft im Zuge des Böhme-Revivals um 1800 dessen revolutionäres Bild vom Willensgott im Profil.[64] Zwar geht er wie schon Böhme kaum auf die Herkunft des Menschen aus dem blinden Gott ein und zieht – ganz im Gegensatz zu seinem Zeitgenossen Schopenhauer – nicht diejenigen anthropologischen Konsequenzen, die angezeigt wären. Dafür macht er in seinen Schriften um 1810 glasklar, dass eine dynamisierte Gottheit wie die Böhmes im Unbewussten lebt. 1809 vermerkt er in seinem Jahreskalender, einem kombinierten Tage- und Notizbuch, „J B", also Jakob Böhme, „gelesen"[65]. 1810, nur ein Jahr später, trägt er im Rahmen der *Stuttgarter Privatvorlesungen* vor: „Den ursprünglichen Zustand stellen wir uns als einen Stand der [...] Unbewusstheit in Gott vor"[66].

Welch ein Paradigmenwechsel im Vergleich zu Leibniz! Ursein ist Unbewusstsein, nicht Bewusstsein. Das ontologisch superlativische Innenleben Gottes operiert fundamental bewusstlos. „Verstand u. Gefühl" des Menschen, schreibt Schelling, „beruhigen sich zuletzt nur in dem Gedanken eines Gottes, der reiner, seliger Geist ist: aber dieser Gedanke ist nicht der erste, von dem ausgegangen werden kann"[67]. Stattdessen breche „die Klarheit erst aus der Nacht"[68] hervor; das Höhere benötige ein *„Fundament"*, eine *„Unterlage, Grundlage, Basis"*[69], worauf es sich erheben kann.

---

64   Vgl. A. Schopenhauer, *Parerga und Paralipomena*, Erster Band, hrsg. v. A. Hübscher, Wiesbaden 1972³, 142, wo Schopenhauer die Familienähnlichkeit seiner eigenen Philosophie zu derjenigen Schellings anerkennt, allerdings ohne diese Ähnlichkeit genetisch bei der gemeinsamen Böhme-Rezeption zu verankern: „Kaum hatten meine Schriften auch nur die Aufmerksamkeit Einzelner erregt; so ließ sich schon, hinsichtlich meines Grundgedankens, die Prioritätsklage vernehmen, und wurde angeführt, daß Schelling ein Mal gesagt hätte ‚Wollen ist Urseyn' und was man sonst in der Art irgend aufzubringen vermochte".

65   F. Schelling, *Philosophische Entwürfe und Tagebücher 1809–1813. Philosophie der Freiheit und der Weltalter*, hrsg. v. L. Knatz u. a., Hamburg 1994, 11.

66   F. Schelling, *Stuttgarter Privatvorlesungen. Version inédite*, hrsg. v. M. Vetö, Turin 1973, 128.

67   F. Schelling, *Entwürfe und Fragmente zum zweiten Buch der Weltalter*, in: ders., *Die Weltalter. Fragmente. In den Urfassungen von 1811 und 1813*, hrsg. v. M. Schröter, München 1966, 237–275, 248.

68   F. Schelling, *Stuttgarter Privatvorlesungen*, in: ders., *Schellings Werke*, Bd. 4, hrsg. v. M. Schröter, München 1965, 309–376, 325.

69   F. Schelling, *Schelling im Kontext 2. Werke, Vorlesungen, Nachgelassenes und Briefwechsel*

Und welch eine Veränderung auch im Vergleich zu Böhme! Wo Böhme schwammig von einer bloßen ‚Sucht‘, einem Streben, Suchen und Sichregen im Ungrund spricht, psychologisiert Schelling gehörig. Plötzlich handelt es sich um „unbewußte Sehnsucht"[70], welche die Gottheit bewegt. Statt anonymer Dynamik klingt jetzt ein Subjekt an; Schelling wagt den vorsichtigen Blick in die spannungsgeladene Tiefe einer Persönlichkeit. Auf dem blind sehnenden Urgott fußt der allsehende Gottvater, dessen Existenz nicht bezweifelt wird. Der Anthropomorphismus, dass den erkenntnislosen Gottesgrund eine sehr menschliche Regung befällt, zeigt, dass sich Gott bei Schelling einem Modell der menschlichen Seele annähert, und zwar einem Modell, dem gemäß dezentrale subliminale Prozesse dialektisch das Bewusstsein generieren.

Schelling macht sich daran, über psychodynamische Struktur und Interaktion nachzudenken, also nicht nur ein Modell der Seele, sondern ein Modell des Seelenlebens zu entwerfen. Alles dies geschieht noch immer im Ausgang von Böhmes revolutionärer Gottesidee, jedoch, anders als bei Schopenhauer, nicht mit einem ausschließlich analytisch, sondern mit einem auch synthetisch geschulten Auge. Bei Schelling kommt ein genuines Interesse daran hinzu, kreative Abläufe zu erfassen. Es handelt sich um das Markenzeichen seiner Philosophie, überall die Bewegungen zu verfolgen: „Bewegung", sagt er einmal, „ist [...] das Wesentliche der Wissenschaft"[71]. Und weil dem so sei, konzentriert er sich bei seinen Spekulationen weniger auf den verborgenen Gott, auf den Böhme so viel Wert gelegt hat, sondern auf den sich offenbarenden Gott, auf Gott als werdende Person. Schelling möchte den „Proceß der vollendeten Bewußtwerdung, der vollendeten Personalisirung Gottes"[72] klären. Denn, so glaubt er, „Vernunft und Gefühl befriedigt kein Gott, der ein lauteres Es ist, sie verlangen einen, der *Er* ist"[73].

Mit dieser Überzeugung gerät Schelling in neues Fahrwasser. Er fängt an, die Merkmale eines göttlichen Selbstwerdungsprozesses zu zeichnen, das heißt, er verfolgt die produktive Auseinandersetzung zwischen bewusstem Part und unbewusstem Konterpart in der Gottheit. Am Anfang steht die genannte unbewusste Sehnsucht. Sie bildet ein prä-psychisches Dynamikfeld, das in die Be-

auf CD-ROM, Berlin 2009, BrPII, 221 [Brief von Schelling an Eberhard Friedrich von Georgii vom 18. Juli 1810].

70   F. Schelling, *Die Weltalter. Druck* II (1813), in: ders., *Die Weltalter. Fragmente. In den Urfassungen von 1811 und 1813*, hrsg. v. M. Schröter, München 1966, 108–184, 137.

71   F. Schelling, *Die Weltalter. Bruchstück* [1814], in: ders., *Schellings Werke*. Bd. 4, hrsg. v. M. Schröter, München 1965, 571–720, 584.

72   Schelling, *Stuttgarter Privatvorlesungen*, 325.

73   Schelling, *Die Weltalter. Bruchstück* [1814], 631.

wusstheit strebt. Sie sei diejenige „Sehnsucht, die das ewige Eine empfindet, sich selbst zu gebären"[74]. Die Selbstgeburt beinhaltet ein Sicherfassenwollen, Bestimmtwerdenwollen, eine Regung zur ‚Existenz' im etymologischen Sinne, dass etwas Gestaltetes aus etwas Ungestaltetem heraussteht – ‚ek-sisto', wie bei einer Lingamfigur.

Für Gott beinhaltet die Selbstgeburt deswegen eine sogenannte „Scheidung", während der durch „Ausschließung des ihn hemmenden oder verdunkelnden Regellosen"[75] eine Differenzierung seiner Eigenschaften eintritt. Die Scheidung verlangt von der göttlichen Persönlichkeit anzuerkennen, was sie ist, und abzulehnen, was sie nicht ist. Es entsteigen aus den ungemessenen Tiefen des Abgrundes Prinzipien, „die zuvor *implicite* [...] waren, z. B. rationales und irrationales"[76], „Liebe und Zorn"[77] oder – ganz wichtig – ‚Gut und Böse'[78]. Die pure Gottheit hat noch jenseits aller Gegensätze gestanden, weil sie blind und unfähig war zu jeder Unterscheidung. Erst die Sehnsucht, fassbar zu werden, bringt Bestimmungen hervor.

Jedoch dürfe keine noch so schlechte Eigenschaft gänzlich „vertilgt werden"[79], nachdem sie zu Tage getreten ist – sogar das Böse selbst nicht. Denn während sich Gott als Persönlichkeit bewusst wird, während „sich [...] Licht und Finsterniß scheiden"[80], müssten die abgelegten Merkmale erhalten bleiben. Sie müssten erhalten bleiben als zwar überwundene, aber anerkannte Eigenschaften, von denen sich die göttliche Persönlichkeit aktiv abgrenzt. Weder vergisst noch verdrängt der persönliche Gott unerwünschte Charakterzüge, sondern hält sie präsent als Nicht-Ich, als den dunklen Anderen, als den „umgekehrte[n] Gott"[81], wie Schelling einmal sagt. Und er fügt hinzu: „Sich selber wollen, sich seiner annehmen, sich zusammenfassen, sich in seiner *Ganzheit* setzen, ist alles Eins, ist allein die thätige, die wahre Existenz"[82]. Die authentisch-bewusste Existenz verlangt die Erkenntnis und Vereinigung

---

74 F. Schelling, *Philosophische Untersuchungen über das Wesen der menschlichen Freiheit und die damit zusammenhängenden Gegenstände*, in: ders., *Schellings Werke*. Bd. 4, hrsg. v. M. Schröter, München 1965, 223–308, 251.

75 Schelling, *Philosophische Untersuchungen über das Wesen der menschlichen Freiheit*, 290.

76 Schelling, *Stuttgarter Privatvorlesungen*, 317.

77 Schelling, *Stuttgarter Privatvorlesungen. Version inédite*, 138.

78 Vgl. T. Lerchner, „Die Geschichte des Bösen. Erzählende Philosophie beim mittleren Schelling", in: E. Brock u. a. (Hrsg.), *Das Böse erzählen*, Berlin 2016, im Erscheinen.

79 Schelling, *Stuttgarter Privatvorlesungen*, 317.

80 Schelling, *Stuttgarter Privatvorlesungen*, 317.

81 Schelling, *Philosophische Untersuchungen über das Wesen der menschlichen Freiheit*, 282.

82 F. Schelling, *Die Weltalter. Druck* I (1811), in: ders., *Die Weltalter. Fragmente. In den Urfassungen von 1811 und 1813*, hrsg. v. M. Schröter, München 1966, 1–107, 23.

der inneren Gegensätze, und dies bedeutet, sich von manch seinen Zügen dauerhaft zu distanzieren und doch einen „dunkle[n] Grund der Selbstheit"[83] zu akzeptieren.

Schelling etabliert das Bild eines ichfremden, dynamischen Unbewussten, das keinen Störenfried, keinen inneren Feind darstellt, sondern einen Entwicklungshelfer, einen inneren Freund, der durch Progression, Integration und Symbiose gekennzeichnet ist. Schelling kommt die Leistung zu, eine ganz andere wirkmächtige psychologische Linie als Schopenhauer vorgezeichnet zu haben. Er denkt durch seinen Gott einen seelischen Wachstumsprozess, er schafft eine spekulative Theorie der Persönlichkeit, die um die Vereinigung von Bewusstem und Unbewusstem kreist. Diesen Gedanken wird eine große Zukunft beschieden sein. Wie Schopenhauer die ideengeschichtliche Brücke zwischen der vergangenen Tiefenphilosophie Böhmes und der zukünftigen Tiefenpsychologie Sigmund Freuds baut, vermittelt Schelling zwischen Böhme und Carl Gustav Jung. Von Schopenhauer aus wird die Geschichte der Psychoanalyse geschrieben werden. Von Schelling aus verläuft die Geschichte der, wie Jung selbst in einem Brief an Freud einmal gegenüberstellt, „Psychosynthese"[84].

4   Freud versus Jung: Krieg und Frieden mit dem Unbewussten

Viele Versuche hat es gegeben, Freud mit Schopenhauer in direkte Verbindung zu bringen und die Voraussetzungen der Psychoanalyse bei einem Philosophen zu verankern. Alle diese Versuche sind gescheitert: Wo es bei Freud nach Schopenhauer klingt, erwähnt er ihn nicht, und wo er ihn erwähnt, klingt es nicht nach Schopenhauer.[85] Trotzdem gehen Freudforscher mit Recht davon aus, dass in der Wiener Moderne, im Wien des *Fin-de-Siècle*, Schopenhauer förmlich in der Luft lag.[86] In dieser Atmosphäre war jeder Intellektuelle unwei-

---

83   Schelling, *Philosophische Untersuchungen über das Wesen der menschlichen Freiheit*, 300.

84   Sigmund Freud/C.G. Jung, *Briefwechsel*, hrsg. v. W. McGuire u. a., Zürich 1976, 239 f. [138J; Brief von Jung an Freud vom 2.4. und 12.4.1909].

85   Vgl. S. Freud, *Jenseits des Lustprinzips*, in: ders., *Studienausgabe*, Bd. 3, hrsg. v. A. Mitscherlich u. a., Frankfurt a. M. 1975, 213–272, 259: „Aber etwas anderes können wir uns nicht verhehlen: daß wir unversehens in den Hafen der Philosophie Schopenhauers eingelaufen sind, für den ja der Tod das eigentliche Resultat und insofern der eigentliche Zweck des Lebens ist". Diese Rückbindung der freudschen Todestriebhypothese ist irreführend. In Schopenhauers Philosophie existiert kein genuines Todesverlangen.

86   Vgl. Gödde, *Traditionslinien des Unbewussten*, 327–332 u. 428 f. Vgl. F. Wittels, *Sigmund Freud. Der Mann, die Lehre, die Schule*, Wien u. a. 1924, 53. Fritz Wittels ist der erste, der auf die Präsenz Schopenhauers sowie dessen Nachfolgers Friedrich Nietzsche im Kol-

gerlich in irgendeiner Weise ‚Schopenhauer-Schüler'. Man konnte Schopenhauer, nachdem der progressive Zeitgeist überreif für einen pessimistischen
Dämpfer geworden war,[87] kaum entgehen, und zum Bollwerk gegen den blinden Fortschrittsglauben gehörte dessen Menschenbild, konstruiert um den
Zwiespalt zwischen marginalem Bewusstsein und primärem Unbewusstsein
herum.

Auf diesem kulturellen Hintergrund, wenn auch nicht notwendig in direkter
Auseinandersetzung mit Schopenhauers Schriften, entsteht Freuds Psychoanalyse und zeichnet die Ideenlinie der inneren Feindseligkeit ins 20. Jahrhundert
fort. Es sind vor allem die Prämissen psychoanalytischen Arbeitens, die an
Schopenhauers Haltung gegenüber dem Unbewussten gemahnen. Seine Analyse, bemerkt Freud in den prominenten *Vorlesungen zur Einführung in die Psychoanalyse*, bezieht ihre Wirksamkeit durch „die Ersetzung des Unbewußten
durch Bewußtes"[88]. Im Zentrum der therapeutischen Arbeit stünde,

> das Ich zu stärken, sein Wahrnehmungsfeld zu erweitern [...], so daß es
> sich neue Stücke des Es aneignen kann. Wo Es war, soll Ich werden. Es ist
> Kulturarbeit etwa wie die Trockenlegung der Zuydersee.[89]

Nicht lediglich professionelle Distanz wird illustriert, wenn Freud sonst gern
davon spricht, der Analytiker solle sich am Chirurgen ein Beispiel nehmen.[90]

---

lektiven Bewusstsein des frühen 20. Jahrhunderts hinweist und diese Einsicht auf die
freudsche Theoriebildung anwendet: „Was Nietzsche geschrieben hat, ist heute so sehr
Gemeingut, daß seine Gedanken auf der Straße, in Kaffeehäusern, im Gespräche zwischen Analytiker und Patient durch die Luft fliegen. Was Freud durch Vermeidung eines
unmittelbaren Verkehrs mit Nietzsche erreichen kann, ist nur eine Verballhornung der
Gedanken dieses Großen. Nimmermehr kann er sich gegen die Gedankenwelt Nietzsches
luftdicht abschließen. Er ist wohl auch schon von seiner Meinung abgekommen und packt
in seinen Reisekoffer neben Schopenhauer auch einige Bände Nietzsche". Vgl. zu Schopenhauers protopsychoanalytischen Einsichten ausführlich T. Lerchner, *Nicht Herr sein
im eigenen Haus. Willensmetaphysik und Unbewusstheit im Werk Arthur Schopenhauers*,
Würzburg 2013.

87   Vgl. A. Hübscher, *Denker gegen den Strom. Schopenhauer: Gestern – Heute – Morgen*, Bonn
       1987³, 203 f.; G. Simmel, *Schopenhauer und Nietzsche. Ein Vortragszyklus*, in: ders., *Gesamt-
       ausgabe*, Bd. 10, hrsg. v. M. Behr u. a., Frankfurt a. M. 1995, 167–408, 178 f.

88   S. Freud, *Vorlesungen zur Einführung in die Psychoanalyse*, in: ders., *Studienausgabe*, Bd. 1,
       hrsg. v. A. Mitscherlich u. a., Frankfurt a. M. 1969, 34–445, 418.

89   S. Freud, *Vorlesungen zur Einführung in die Psychoanalyse. Neue Folge*, in: ders., *Studien-
       ausgabe*, Bd. 1, hrsg. v. A. Mitscherlich u. a., Frankfurt a. M. 1969, 447–608, 516.

90   Vgl. S. Freud, *Ratschläge für den Arzt bei der psychoanalytischen Behandlung*, in: ders., *Stu-
       dienausgabe. ErgänzungsBd.*, hrsg. v. A. Mitscherlich u. a., Frankfurt a. M. 1975, 169–180,
       175.

Die allererste Rezension, die Freuds erste psychoanalytische Monografie, die *Studien über Hysterie*, einfuhr, trug den Titel *Chirurgie der Seele*[91]. Es handelt sich, und das wollte wohl der Rezensent zum Ausdruck bringen, bei der ‚Seelenchirurgie' um eine sezierende Grundhaltung gegenüber der unbewussten Psyche: Im menschlichen Innenleben muss laut Freud von Arztseite ein „Fremdkörper"[92] entfernt werden, um die bewusste Instanz optimal arbeitsfähig zu halten. Freuds große Hoffnung besteht explizit darin, „daß der Intellekt – [...] die Vernunft – mit der Zeit die Diktatur im menschlichen Seelenleben erringen wird"[93]. An dieser Stelle spricht niemand, der einen inneren Riss kitten will. Hier wird nicht thematisiert, wie man verborgene Persönlichkeitsaspekte harmonisch integriert. Stattdessen dreht sich bei diesen theoretischen Programmpunkten der Psychoanalyse alles darum, wie man unbewusste Persönlichkeitsanteile erfolgreich eliminiert.[94] Bei Freud verbindet sich modernes Gespür für ein dynamisches Unbewusstes mit jener alten Prämisse der frühneuzeitlichen Aufklärung, dass Unbewusstheit einen Mangel darstellt.[95] Von einer ganzheitlichen Sicht auf die Person als einen Organismus aus bewussten und unbewussten Facetten steht diese Sichtweise weit entfernt, und das soll sich auch nur marginal in der direkten Freud-Gefolgschaft über die nächsten 70 Jahre ändern.[96]

Freuds ehemaliger Schüler Carl Gustav Jung geht da anders vor. Einer der größten Irrtümer, den er Freud vor seiner Abspaltung angekreidet hat, berichtet Jung einmal, wäre folgender gewesen: „Nirgends öffnet sich" bei Freud „ein befreiender Durchblick auf hilfreiche, heilende Kräfte, welche das Unbewußte [...] zugute kommen ließe"[97]. Freud beseitige zuverlässig die vermeintlichen

---

91   Vgl. A. Berger, „Chirurgie der Seele", in: *Wiener Morgenpresse* 2.2.1896. Wieder abgedruckt in: *Almanach der Psychoanalyse*, Wien 1933, 285–289.

92   J. Breuer/S. Freud, *Studien über Hysterie*, in: S. Freud, *Gesammelte Werke*, Bd. 1, hrsg. v. A. Freud u. a., Frankfurt a. M. 1999, 75–312, 294.

93   Freud, *Vorlesungen zur Einführung in die Psychoanalyse. Neue Folge*, 598.

94   Vgl. J. Hillman, *The Dream and the Underworld*, New York 1979, 9–12, wo diese Haltung Freuds in extenso an dessen Traumdeutungstechnik aufgezeigt wird.

95   Vgl. Jung, *Sigmund Freud*, 61. Insofern liegt Jung nicht nur charakterlich, sondern auch historisch richtig, wenn er über Freud behauptet: „Er erhoffte alles von der Aufklärung".

96   Vgl. J. Grotstein, „The numinous and immanent nature of the psychoanalytic subject", in: *Journal of Analytical Psychology* 43 (1998), 41–68, wo ein Psychoanalytiker schonungslos Abrechnung mit dieser Kurzsichtigkeit des Freudianismus macht. Gewarnt davor, die ganzheitliche Betrachtungsweise zu vernachlässigen, hat man Freud übrigens früh genug: Vgl. T. Lerchner, „Philosophische Psychoanalysekritik. James Jackson Putnam, Bernard Hart, Herbert Silberer und die Frühzeit der Psychoanalytischen Bewegung", in: *Werkblatt* 76 (2016), 78–111.

97   Jung, *Sigmund Freud*, 58. Vgl. P. Kugler, *The Alchemy of Discourse. Image, Sound and Psy-*

Störungen des Bewusstseins durchs Unbewusste, doch seine „Psychologie offe-
riert keinen Ersatz für verlorengegangene Substanz"[98], die in den Tiefen der
Psyche verborgen liegt.

Bei Freud gerate der analytische „Geist" zum „Widersacher der Seele"[99],
dessen Symptomkur verschärfe noch den Grundkonflikt. Die Psychoanalyse
zementiere die Spaltung des inneren Menschen zwischen oberflächlichem
Intellekt und seelischen Tiefenschichten, wie sie im 20. Jahrhundert durch
nahezu vollendete „rationalistische Aufgeklärtheit" der Massen besonders leid-
schaffend geworden sei.[100] „Wenn die kritische Vernunft uns schon belehrt, daß
wir in gewissen Hinsichten infantil und unvernünftig sind [...], was machen
wir mit unserer Unvernunft"[101], mit unseren Infantilismen? Die Lösung kann
nur darin bestehen, dass wir uns mit diesen Eigenheiten arrangieren, dass wir
uns zugestehen, keine einseitigen Vernunftwesen zu sein, vielmehr ein bun-
tes Nebeneinander verschiedenster Facetten, eine eher lockere „aus Bewuß-
tem und Unbewußtem zusammengesetzte[] Ganzheit"[102]. Denn „Bewußtsein
und Unbewußtes ergeben kein Ganzes, wenn das eine durch das andere unter-
drückt und geschädigt wird"[103].

Der Weg zur Erfahrung des inneren Reichtums führt in Jungs Psychologie über ähnliche Stationen wie in Schellings Theologie. Wie Schellings Gott
muss der Mensch die dunklen und die hellen Seiten an sich akzeptieren, wie
Schellings Gott hat er an einer Entwicklung teil, die Jung den „Individuati-
onsprozess" tauft, „einen Prozeß oder Entwicklungsverlauf, der aus dem Konflikt der beiden seelischen Grundtatsachen"[104], Bewusstem und Unbewusstem, hervorgeht. Als Jung die neuste Schelling-Monografie seines Bekannten
Robert Walter Corti, *Die Mythopoese des werdenden Gottes*, in den Hän-

---

         che, Einsiedeln 2002, 15, der – anders als viele Forscher – für den Bruch zwischen Jung und
         Freud nicht persönliche Unstimmigkeiten verantwortlich macht, sondern obige Differen-
         zen, welche mit der Grundausrichtung psychologischen Zugriffs zu tun haben.

98   Jung, *Sigmund Freud*, 60.

99   Jung, *Sigmund Freud*, 61.

100   Vgl. C. Jung, *Ein moderner Mythos von Dingen die am Himmel gesehen werden*, in: ders.,
         Gesammelte Werke, Bd. 10, hrsg. v. L. Jung-Merker u. a., Olten/Freiburg im Breisgau 1974,
         337–474, 355. Vgl. D. Miller, *The New Polytheism. Rebirth of the Gods and Goddesses*, Dallas
         1981, 24, der Jungs Diagnose zum seelisch einseitigen 20. Jahrhundert seinen Forderungen
         nach einem seelisch vielseitigen 21. zugrunde legt.

101   Jung, *Sigmund Freud*, 60.

102   Jung, *Ein moderner Mythos von Dingen die am Himmel gesehen werden*, 354.

103   C. Jung, *Bewußtsein, Unbewußtes und Individuation*, in: ders., *Gesammelte Werke*, Bd. 9,1,
         (hrsg. v. L. Jung-Merker u. a.), Olten/Freiburg im Breisgau 1989[7], 293–307, 306.

104   C. Jung, *Bewußtsein, Unbewußtes und Individuation*, 307.

den hält, kommen verständlicherweise alte Erinnerungen hoch. „Während ich", schreibt Jung an Corti,

> Ihre Schrift las, fühlte ich mich um ein Jahrhundert und mehr zurückversetzt; zuerst allerdings nur um etwa 60 Jahre in eine blütenreiche und frühlingshafte Jugend- und Studentenzeit [...] Wir lebten damals noch im romantischen Zeitalter eines [...] Schelling und Schopenhauer.[105]

In Schelling sieht Jung genauso wie in Schopenhauer einen der Vorreiter bei der Erforschung der „dunklen Seele"[106]. Doch Schelling und Schopenhauer stünden in gewisser Hinsicht auch im Gegensatz zueinander: Jung erwähnt analog zu den hiesigen Analysen eine „Schopenhauer-Hartmann-Freud"-Linie[107] des Unbewussten, auf der letzteres als feindlicher Drang dem Bewusstsein opponiere.[108] Diese Linie wird von einer schellingschen Behandlung des Subliminalen[109] abgegrenzt, innerhalb derer ‚eine positivere Haltung gegenüber dem Unbewussten'[110] vorherrsche. Noch dazu sei Schelling derjenige, der erst-

---

105 C. Jung, *Briefe*, Bd. 2, hrsg. v. A. Jaffé, Olten/Freiburg im Breisgau 1980², 485 [Brief von Jung an Dr. Walter Robert Corti vom 2. Mai 1955].

106 Vgl. C. Jung, *Zur Psychologie des Kindarchetypus*, in: ders., *Gesammelte Werke*, Bd. 9,1, hrsg. v. E. Rüf, Olten/Freiburg im Breisgau 1976, 163–195, 166. Zu Erwähnungen Schellings bei Jung Vgl. P. Bishop, „Jung's Red Book and its relation to aspects of German Idealism", in: *The Journal of Analytical Psychology* 57,3 (2012), 335–363.

107 C. Jung, *Analytical Psychology. Notes of the Seminar given in 1925*, hrsg. v. W. McGuire, Princeton/New Jersey 1989, 19: „Schopenhauer-Hartmann-Freud trail". Vgl. ebd., 5: Eduard von Hartmann zeichnet sich in Jungs Augen vor allem dadurch aus, dass er Schopenhauers Ideen moderner ausdrückt – „Hartmann, having the advantage of living in a later period than Schopenhauer, formulates the latter's ideas in a more modern way". Die Einschätzung Hartmanns als eines einfallslosen Epigonen ist bis heute weit verbreitet, vgl. M. Koßler, *Substantielles Wissen und subjektives Handeln dargestellt in einem Vergleich von Hegel und Schopenhauer*, Frankfurt a. M. 1990, 18: Hartmann sei ein perfektes Beispiel „für die Konsequenzen, die entstehen, wenn sich der platte Verstand spekulativer Philosophie bemächtigt".

108 Vgl. Jung, *Analytical Psychology*, 5.

109 Vgl. S. McGrath, „*The question concerning metaphysics: a Schellingian intervention in analytical psychology*", in: *International Journal of Jungian Studies* 6 (2014), 23–51, 28: „Jung is interested in Schelling's early notion of the unconscious, which was meant to re-inscribe the soul into the natural order, to heal the rift between subjectivity being opened up by modernity and restore the natural ground of the psyche. By contrast to Freud's notion of the unconscious, the Schellingian unconscious is [...] productive".

110 C. Jung, *Modern Psychology. Notes on Lectures given at the Eidgenössische Technische Hochschule*, Zürich, October 1933 – February 1934. Privatdruck, 10: „Friedrich Wilhelm Joseph Schelling [...] has a more positive attitude towards the unconscious".

mals unmissverständlich das Primat des Unbewussten behauptet hätte: ‚Er war in der Lage, die Idee zu formulieren, dass das Unbewusste die unabhängige Grundlage des Bewusstsein abgebe‘[111], das heißt, ‚[w]ir sehen, dass Schelling den Akzent voll und ganz aufs Unbewusste legt‘[112], auch wenn in seinen Forschungen natürlich ein metaphysischer Dichter und kein waschechter Psychologe am Werk gewesen sei.[113]

Was Jung zu Schelling zieht, ist dessen Fokus auf eine Vereinigung des Bewussten mit dem Unbewussten. Darin besteht dessen erwähnte positive Einstellung gegenüber der subliminalen Welt. Während Schopenhauer dem modernen Menschen die Idee einer feindlichen Seelentiefe nahegebracht habe,[114] erwecke Schellings Unbewusstes einen ähnlichen Eindruck wie das seines Schülers[115] Carl Gustav Carus, von dem Jung ausführlicher berichtet: Im Kontrast zu Schopenhauers Ideenwelten würden Carus' – und damit Schellings – Konstrukte eines kreativen Unbewussten ‚fast zu schön und liebreizend‘[116] wirken. Schelling ist für Jung der Philosoph der ausgependelten Strukturen und harmonischen Organisationen; mit ihm gibt es eine Wahlverwandtschaft. Aus seinen Schriften kann man viel über das produktive Ineinandergreifen des seelischen Räderwerks lernen. Ein dynamisches Kräftespiel sollte stets ausgleichsbedacht sein. Diese ursprünglich philosophische Einsicht macht den Standpunkt der klassischen Analytischen Psychologie im Ausgang von Jung bis heute aus: „Die Therapie", lautet Jungs gültiges *Credo* für die Praxis, „konfrontiert daher die Gegensätze und zielt auf eine dauernde Vereinigung derselben hin"[117].

---

111 Jung, *Modern Psychology*, 10: „He was able to formulate the idea that the unconscious is the absolute foundation of consciousness".

112 Jung, *Modern Psychology*, 10: „We see that Schelling puts the accent altogether on the unconscious".

113 Jung, *Modern Psychology*, 10: „great metaphysical speculator[]". Schelling einen „‚Psychologist[]‘" zu nennen bringt Jung nur in Anführungszeichen übers Gewissen.

114 Vgl. Jung, *Modern Psychology*, 19.

115 Vgl. Jung, *Modern Psychology*, 18, wo Jung auf diese Rezeptionsbeziehung hinweist.

116 Jung, *Modern Psychology*, 19: „Carus' idea of the creative will is almost too beautiful and sweet".

117 C. Jung, *Mysterium Coniunctionis. Untersuchungen über die Trennung und Zusammensetzung der seelischen Gegensätze in der Alchemie*, Bd. 1. Zürich/Stuttgart 1968, XIII. Vgl. A. Samuels, *Jung and the Post-Jungians*, London/New York 2013, 15–21; D. Hart, „The classical Jungian school", in: P. Young-Eisendrath/T. Dawson (Hrsg.), *The Cambridge Companion to Jung*, Cambridge u. a. 2008², 95–106, 97–101.

5   James Hillmans *Archetypal Psychology*: Jenseits von Analyse und Synthese

„Die analytische Psychologie", stellt Jung 1931 in Ausblick, „ist [...] eine Reaktion gegen eine übertriebene Rationalisierung des Bewußtseins, das, im Bestreben, gerichtete Prozesse zu erzeugen, sich gegen die Natur isoliert und so auch den Menschen seiner natürlichen Geschichte entreißt"[118]. Erst 1968, sieben Jahre nach Jungs Tod, soll dieser Aspekt an der Analytischen Psychologie wieder in den Vordergrund rücken und dadurch die jüngste Spielart der Tiefenpsychologie begründen, die *Archetypal Psychology*.

Der jungianische Psychologe James Hillman[119] stellt zu dieser Zeit die These auf, dass das wahre Problem der westlichen Welt im Monotheismus besteht.[120] Der Ausdruck ist nur sekundär auf den monotheistischen Glauben gemünzt, weil die Säkularisierung während der materialistischen Spätaufklärung ab 1850 eigentlich mit Glaubensinhalten aufgeräumt habe.[121] Hillmans ‚Monotheismus' bezeichnet vielmehr eine ‚monotheistische Bewusstseinshaltung'[122], im Rahmen derer intellektuell, ethisch und ästhetisch gemäß monotheistischer Strukturen geordnet wird. Das abendländische Bewusstsein sei seit 1500 Jahren komplett ‚gefangen vom christlichen Denkmodell'[123] und habe nach und nach einen Habitus angenommen in Entsprechung zum Ersten Gebot: ‚Du sollst keine anderen Götter neben mir haben'[124].

Das Kollektive Bewusstsein der heutigen abendländischen Menschen, arbeiten Hillman und seine Anhänger in den Folgejahren mit wachsender Detailfülle heraus, gehorcht perfekt monotheistischen Denkgesetzen. Die Menschen in nordwestlichen Breitengraden würden fieberhaft nach dem einen obersten Prinzip forschen.[125] Sie seien besessen vom strukturalen Monismus, das heißt demjenigen Schema, das die Erfahrung in Pyramidenform ordnet: Ganz oben

---

118   C. Jung, *Analytische Psychologie und Weltanschauung*, in: ders., *Gesammelte Werke*, Bd. 8, hrsg. v. L. Jung-Merker u. a., Zürich/Stuttgart 1967, 407–434, 433.

119   Vgl. D. Russell, *The Life and Ideas of James Hillman*. Volume I. *The Making of a Psychologist*, New York 2013, ausführlich zur Person.

120   Vgl. C. Hauke, *Jung and the Postmodern. The Interpretation of Realities*, New York 2000, 11.

121   Vgl. J. Hillman, *The Myth of Analysis. Three Essays in Archetypal Psychology*, Evanston 1972, 125.

122   Vgl. Hillman, *The Myth of Analysis*, 264: „monotheistic consciousness".

123   J. Hillman, Psychology: „Monotheistic or Polytheistic", in: D. Miller, *The New Polytheism*, 109–142, 120 f.: „imprisoned by the Christian model".

124   Vgl. J. Hillman, Psychology: „Monotheistic or Polytheistic", 120.

125   Vgl. D. Miller, *The New Polytheism*, 47 f.

reicht der Platz nur für ein einziges Element. Man habe es dadurch zu einer Herangehensweise gebracht, die nicht Rechenschaft ablegen könne über die vielgestaltige Welt, ‚in der Wahrheit und Falschheit, Leben und Tod, Schönheit und Hässlichkeit, Gut und Böse ewig und untrennbar vermischt sind‘[126]. Diese verengte Bewusstheit ist das Kernproblem des zeitgenössischen Menschen, weil er überhaupt nicht bemerkt, dass seine spezifische Wahrnehmungsstrategie, die er ‚rational‘ nennt, eine historisch bedingte Errungenschaft darstellt und keinem angeborenen Grundvermögen entspricht.[127]

Der jüngste Streich des abendländischen Bewusstseins sei es gewesen, eine ‚monotheistische Psychologie‘ hervorzubringen.[128] Dabei handelt es sich um eine Seelenlehre, die in ‚die Stereotypen eines Ichs, das sich auf dem Weg zu einem Selbst befindet‘[129], gemündet sei. Die westliche Gesellschaft plage sich seit dem frühen 20. Jahrhundert mit der Zwangsidee eines starken Ichs auf dem Weg zur Selbstverwirklichung herum,[130] nachdem außer den willensdynamischen auch monotheistische Denkstrukturen ins Subjekt verlagert wurden. Durch die Breitenwirkung der freudschen, aber auch der jungschen Psychoanalyse[131] befindet sich das neue Ich stets in Entwicklung zur perfekten Persönlichkeit, selbst wenn bei ersterer Psychologie eher imperialistisch und bei letzterer eher demokratisch mit dem Unbewussten verfahren wird. Monoton ist in beiden Lehren persönliche Initiative und individuelle Entfaltung vom Einzelnen gefordert.[132] Dieses Optimierungsgebot geht nicht spurlos an der modernen Existenz vorüber; mit einer großen Forderung kommt ein großes persönliches Verantwortungsgefühl. Auf der einen Seite blasiert bis zum Solipsismus, regt sich also auf der anderen Seite Überforderung bis zur Verzweiflung im Ich.[133] Beide Spielarten der zeitgenössischen Ichaufstellung, Inflation sowohl wie auch Depression, künden von der Entwurzelung des modernen Bewusst-

---

126   Miller, *The New Polytheism*, 49: „a reality in which truth and falsity, life and death, beauty and ugliness, good and evil are forever and inextricably mixed together".

127   Vgl. S. Vietta, *Rationalität – Eine Weltgeschichte. Europäische Kulturgeschichte und Rationalisierung*, München 2012, 47–68; C. Jung, *Psychologische Typen*, in: ders., *Gesammelte Werke*, Bd. 6, hrsg. v. M. Niehus-Jung u. a., Zürich/Stuttgart 1960, XV–537, 502: „Die menschliche Vernunft ist daher nichts anderes als der Ausdruck der Angepaßtheit".

128   Vgl. J. Hillman, *Psychology: Monotheistic or Polytheistic*, 119: „monotheistic psychology".

129   J. Hillman, *Why „Archetypal" Psychology?*, in: ders., *Loose Ends. Primary Papers in Archetypal Psychology*, Dallas 1986, 138–143, 143: „stereotypes of an ego on the road to a Self".

130   Vgl. Hillman, *The Myth of Analysis*, 153 f.

131   Vgl. E. Zaretsky, *Freuds Jahrhundert. Die Geschichte der Psychoanalyse*, Wien 2006, 114–125, zur Rezeption der tiefenpsychologischen Lehre in Amerika als einer Selbstoptimierungstechnik zwecks Steigerung des persönlichen Erfolgs.

132   Vgl. A. Ehrenberg, *Das erschöpfte Selbst*, Frankfurt a. M. 2004, 19 f.

133   Vgl. Ehrenberg, *Das erschöpfte Selbst*, 14–17.

seins von einer ganzheitlichen Existenz, einem unbeeinflussbaren *Quantum humanum*, das lebensweisere Zeiten einst als gottgewolltes Grenzgängertum zwischen Engel und Tier dem menschlichen Zugriff entzogen haben.[134]

Um beherzt die Luft aus dem modernen aufgeblasenen Ich abzulassen, ist es laut Hillman unumgänglich, aller Ichpsychologie abzuschwören[135], damit ein neues ‚postanalytisches Zeitalter‘[136] anbreche, in dessen Zentrum die ‚Schwächung des Bewusstseins‘[137] stehe. Was darunter zu verstehen sei, verbildlicht Lewis Caroll: In *Durch den Spiegel* erzählt er eine sogar für Spiegellandverhältnisse merkwürdige Episode. Alice wird eindringlich ermahnt, sie dürfe auf keinen Fall den Roten König wecken, weil der sie gerade träume und sie ansonsten ins Nichts fiele.[138] Solche Logik aus dem Wunderland läuft den festgefahrenen psychologischen Denkgewohnheiten empfindlich zuwider. Man wird aufmerksam gemacht auf die Phänomenologie des Traumes, für den das scheinbar absurde Spiegelland die Optik geraderückt. Denn erstens, so wieder Hillman, erlebt das eingebildete Tagesbewusstsein Nacht für Nacht eine empfindliche Relativierung auf eine Rolle ‚unter mehreren Akteuren‘[139]. Und zweitens spiele das Tagesbewusstsein seine Rolle nicht gemäß den eigenen Wünschen, sondern gemäß den ‚Regieanforderungen des Traumes‘[140]. Obgleich zur Seele gehörig, gehört der Traum gewiss nicht zum mit bewusstem Willen ausgestatteten Tag-Ich. ‚In der Nacht hat der Traum mich, bloß am Morgen behaupte ich, dass ich einen Traum hatte‘[141]. Das wache Ich mit seinem Gotteskomplex wünscht dieses ursprüngliche Traumerleben zu verdrehen.

Weil seit Freud der Traum den Königsweg zum tieferen Seelenleben bereithält, kann die nächtliche Erfahrung zur Sensibilisierung für weitreichende Korrekturen am menschlichen Selbstbild dienen. Mit Mut zur Analogie erscheint genauso das Tageserleben in neuem Licht: „Der intensive Tagtraum [der Seele]“, schreibt Hillman wie eine Exegese zu Carolls Gedanken, „ist meine

---

134 Vgl. T. Kobusch, *Christliche Philosophie. Die Entdeckung der Subjektivität*, Darmstadt 2006, 66–68. Das ist die Position der Kirchenväter.

135 Vgl. Hillman, *Revisioning Psychology*, XX: „circumvent [...] ego psychology altogether“.

136 Hillman, *The Myth of Analysis*, 294: „postanalytic age“.

137 Hillman, *The Myth of Analysis*, 295: „weakening of consciousness“.

138 Vgl. L. Caroll, *Through the looking-glass and what Alice found there*, Chicago u. a. 1917, 67 f.

139 Hillman, *The Dream and the Underworld*, 98: „I am merely one subject among several in a dream“.

140 Hillman, *The Dream and the Underworld*, 103: „subject to the necessities staged by the dream“.

141 Hillman, *The Dream and the Underworld*, 98: „At night the dream has me, but in the morning I say, I had a dream“.

‚Ichheit'"[142]. Das Bewusstsein tritt möglicherweise als Tagtraum einer seelischen Tiefenschicht diskontinuierlich in die Existenz; nicht die Seele gehört
dem Ich, sondern das Ich gehört der Seele. Die unhinterfragte Überzeugung
von ‚meiner Seele', die beliebig beeinflusst, optimiert und gelenkt werden kann,
scheint damit verunmöglicht. Das moderne, monotheistische, rationale Ich
könnte umgekehrt als Fantasie eines dunklen psychischen Kerns existieren,
ähnlich wie es bereits in den Spekulationen über den ‚Grund' und dessen Spaltungsderivate bei Böhme und Schelling anklingt. Das Ich könnte selbst bedingt
sein – und im Kern machtlos, da die zeitgenössische Megalomanie zum Fantasma gehört, welches der dunkle Seelengrund herausspinnt und welches die
bewusste Instanz betriebsblind ausagiert.

Solche Gedankenspiele relativieren empfindlich die Signifikanz des Ichkomplexes. Beim modernen Ich handelt es sich bloß um einen engumgrenzten,
auf hierarchische Ordnung fixierten ‚Bewusstseinsstil'[143]. Dieser wird durch
eine archetypische Fantasie aus den Tiefen der Seele gesteuert, nämlich diejenige von Horeb und Sinai, als ein allmächtiger Gott unbedingten Gehorsam
gefordert hätte. Das monotheistisch geprägte Ich-Bewusstsein bildet keinen
Fixpunkt, von dem aus sich Welt und Mensch letztgültig begreifen ließen;
es muss nach Alternativen Ausschau gehalten werden. Das Verlangen Hillmans, zu diesem Zweck zunächst eingefahrene Gedankenzüge rückgängig zu
machen – „[u]nthinking"[144] nennt er unübersetzbar dieses Projekt –, verbindet
seine Stoßrichtung mit postmodernen Positionen in Philosophie und Literaturwissenschaft.[145]

Hiermit hat das Konzept des Unbewussten, wie es die Aufklärung anstieß,
ihr anderes Extrem erreicht: nicht länger marginalisiert, sondern hypertrophiert. Hillman kompensiert geschichtlich radikal den Aufklärungsdünkel
gegenüber dem Unbewussten aus dem 17. und 18. Jahrhundert, den in seinen
Augen sowohl Freud wie auch Jung modern fortschreiben – wenngleich natürlich deren konkreter Umgang mit dem Unbewussten dem Grade nach Unterschiede aufweist.

Die alten Fragen indessen, ob Ichprimat oder Primat des Unbewussten, ob
Analyse- oder Syntheseorientierung, ob Freud oder Jung, entpuppen sich möglicherweise als weiteres Symptom eines monotheistischen Bewusstseinsstils,
der zu finaler Entscheidung drängt. Schon dem späten Freud dämmerte, dass

---

142   Vgl. Hillman, *Re-Visioning Psychology*, 51: „[Soul's] intense daydream is my ‚me-ness'".
143   Vgl. Hillman, *Re-Visioning Psychology*, xx: „style of consciousness".
144   Hillman, *The Myth of Analysis*, 298.
145   Vgl. M. Adams, „The archetypal school", in: *The Cambridge Companion to Jung*, hrsg. v.
      P. Young-Eisendrath/T. Dawson, Cambridge u. a. 2008[2], 107–124, 121.

brauchbare Analysen ausschließlich als unendliche zu haben sind.[146] Analysen sind unweigerlich eingebettet in einen ganzheitlichen seelischen Kontext, der jedem Versuch der Reduzierung zwangsläufig eine Relativierung entgegenstellt, ohne dabei jedoch die Analyse wertlos zu machen. Dementsprechend werden nur verschiedenste Haltungen zum Innenleben – Perspektiven auf die Seele, die alle ihre Geschichte haben – die Wissenschaft vom Menschen vorantreiben können.

---

146 Vgl. S. Freud, *Die endliche und die unendliche Analyse*, in: ders., *Studienausgabe*, Ergänzungsbd., hrsg. v. A. Mitscherlich u. a., Frankfurt a. M. 1975, 351–392.

Das „originäre Wie" als reine Potenzialität: Zur radikalphänomenologischen Bestimmung der Individuierung bei Michel Henry

Rolf Kühn

Abstract

Das „originäre Wie", welches bei Husserl der „lebendigen Gegenwart" entspricht, unterstreicht die umfassende Phänomenalisierung aller Ontologie und ihrer metaphysisch gegründeten Prinzipien. Lebens- oder radikalphänomenologisch schließt daher dieses ursprüngliche *Wie* als Selbsterscheinen des Erscheinens jegliche bloß formale Möglichkeit aus, um stattdessen die rein immanente *Potenzialität* als Leben in der selbstaffektiven Leiblichkeit eines jeden Individuums verankert zu sehen. Eine solch ursprüngliche Ipseisierung ist deshalb identisch mit der transzendentalen Affektivität, welche als unmittelbar lebendige „Kraft" nach Michel Henry (1922–2002) jegliches Tun konkret ermöglicht. Der Beitrag bietet eine Analyse dieser Ursprungsverhältnisse, um die unzerstörbare Erprobung solcher Potenzialität als „Ich kann" im Sinne der ständig wirkenden Selbstgegebenheit des rein phänomenologischen Lebens in uns offen zu legen und von vitalistischen Missverständnissen beispielsweise abzugrenzen. Dadurch ist auch das *principium individuationis* nicht länger durch die welthaften Kategorien von Raum und Zeit bestimmt, sondern ausschließlich durch den passiblen Ursprungsbezug von Leben/Lebendigem als der Grundrelation allen Erscheinens.

„Keinem Wort, keiner Schrift" kann letztlich irgendeine tragende Bedeutung zugemessen werden, insofern alles Gesagte stets später als der Augenblick des *Tuns* im Sinne eines je unmittelbaren Vollzugs auftrifft. Nur in diesem offenbart sich ein „Ursprung" ohne jede Sichtbarkeit als jenes „originäre Wie", welches die rein praktische oder impressionale Phänomenalität als solche ausmacht, nämlich das Leben in seiner eigenen absoluten Bewegungs- oder Vollzugswirklichkeit. Hier nichts mehr sagen zu können, entspricht daher dem Ursprung als solchem. Dabei ist allerdings auch jede Vorstellung von „Ursprung" als ein Etwas, als ein Ort oder eine Zeit gegenreduktiv aufzugeben, denn sonst bewegten wir uns weiterhin in einer vorgängigen Bedeutung, Thematik oder gesetzlichen Weisung, die der Originarität des reinen „Wie" eines absolut phänomenologischen Anfangs nicht entsprechen würden. Das Hintersichlassen eines jeden *gedachten* Ursprungs macht erst den Ursprung zum wirklichen „Ungrund" im

Sinne Meister Eckharts und Schellings, das heißt zu einem „Grund", der seine Selbstgründung nicht mehr von etwas her bezieht und daher auch nicht irgendwie zu denken oder zu setzen ist. Hieraus ergibt sich, folgt man dabei der Sichtweise Meister Eckharts, dass jede eigene Absicht „zu sein" oder etwas „zu wollen" ebenso aufgehoben ist, wie noch etwas „haben zu wollen". In einer Eckhart-Legende von der guten Schwester sagt letztere nur von sich selbst schließlich: „Ich bin ein Ding wie ein ander Ding und laufe so dahin."[1]

1   Das „originäre Wie" als unsagbarer Ursprung

Mit Michel Henry als dem Begründer der radikalen Lebensphänomenologie ist daher das „originäre Wie" für uns eine originäre *Passibilität*, die keinen anderen Bezug mehr zum Leben besitzt als dessen unmittelbares „Erleiden", so dass hier der Bezug zum Absoluten des Lebens kein intentionales Meinen mehr bedeutet, wie noch bei Husserl, sondern nur „Sein" als „leben" im verbalen Sinne beinhaltet. Dadurch entfällt auch jede weitere reflexive oder existentielle Bestimmung des genannten originären *Wie*, etwa in einem fundamentalhermeneutischen Sinne, denn dieses „Wie" als transzendental gebürtiger Lebensvollzug ist dann die „Existenz" schlechthin, das heißt die autonome Selbstgegebenheit des Erscheinens für alles, was überhaupt erscheinen kann.[2] Eine solche „Existenz" als das Wirkliche entspricht dann dem leiblich-impressionalen Berühren jeder sinnlichen wie geistigen Materie in jeglichem Bezug, wodurch das „Erleiden" des Lebens als unsere nicht zurückweisbare Geburt ohne Unterschied zur effektiven *Inkarnation* wird, das heißt zur je leiblich konkreten Einheit von originärem Wie und immanent absoluter Offenbarung ohne ekstatischen Wortcharakter. Damit herrscht dann kein Gesetz oder „Herrensignifikant" (Lacan) mehr über die ursprüngliche Manifestation des Lebens als Leben,[3] sondern es gibt eine prinzipielle Vorherrschaft des Lebens über jegliche Bedeutung als Metonymie oder Metapher hinaus. In diesem letzteren Sinne ließe sich dann rein phänomenologisch beispielsweise Lk 12,57 verstehen: „Warum urteilt ihr nicht selbst, was richtig oder gerecht ist?" Denn das

---

1   Meister Eckhart, *Deutsche Predigten und Traktate*, hrsg. v. J. Quint, München 1979, 443.

2   Für entsprechende Belege zu Henrys frühen Notizen betreffs des „originären Wie" als einer solchen *Existenz* vgl. *Revue Internationale Michel Henry*, Hft. 3 (2012): *Notes préparatoires à L'essence de la manifestation*; Rolf Kühn, „Von der Glückseligkeit zur Inkarnation des absoluten Lebens", in: Michel Henry, *Radikale Religionsphänomenologie. Beiträge 1943–2001*, Freiburg/München 2015, 337–367, hier bes. 352 ff.

3   Für die lacansche Sichtweise vgl. etwa Regnier Pirard, *Le sujet postmoderne entre symptôme et jouissance*, Toulouse 2010, 26 ff.

originäre *Wie* des Lebens als Unmittelbarkeit des Erscheinens ist ein immanent effektives „Wort des Lebens", das weder Distanz noch „Aufschub" (Derrida) als Transzendenz in sich kennt. Es scheinbar nicht immer unmittelbar zu vernehmen, weil Imaginäres es übertönt, macht das existentielle Leiden in unserer Erfahrung des Lebens aus, deren rein phänomenologische Analyse im Folgenden als Diskussion um den Begriff der „Potenzialität" auf dem Boden des kurz angesprochenen „originären Wie" durchgeführt werden soll.

Im originären Wie eines jeden Augenblicks als absoluter Berührung mit dem Ursprung bzw. Ungrund ist solch unmittelbares Leben nämlich keine Frage der Wahl oder Stellungnahme mehr, sondern der unzerstörbare Bezug von Impression/Wirklichem als Erscheinen, mit anderen Worten unsere Leiblichkeit selbst als das Wirkliche. Die Zeitlichkeit mit ihrer protentionalen Intentionalität von Leistung, Anerkennung, Erfüllung etc. fällt dann fort, denn der konkrete „Augenblick" als leiblich-impressionale Unmittelbarkeit selbst unterliegt keiner Zeit mehr. Es sei denn im Sinne einer immanent-historial qualifizierten Zeitlichkeit, welche das originäre Wie in seiner Empfänglichkeit und Modalisierung selbst bildet.[4] Dadurch liegt ebenfalls die radikalphänomenologische *Identität* als inkarnatorische *Ipseität* jeglicher ekstatischen Zeit voraus und muss sich nicht erst über ein bestimmtes Ziel oder über einen „Text" als „Schrift" (*écriture*) bzw. Signifikanten erstellen, um postmodern dergestalt der reinen *Differenz* (bzw. *différance*/Differänz nach Derrida), das heißt der postulierten Unmöglichkeit einer jeden Identität oder Präsenz zu verfallen.[5] Wenn jedoch das unmittelbar immanente *Tun* jedem Gesagten schon immer vorhergegangen ist, wie wir ganz zu Beginn sagten, dann ist eben auch jedes „Ziel" als finale Sinnvorgabe aufgehoben, denn das originäre Wie als das einzig Wirkliche kennt weder eine Vergangenheit noch eine Zukunft, in denen das Leben ein vorgestelltes Irreales wäre.

Indem religiöse Texte prinzipiell immer auch als Ursprungsverweise gelesen werden können, ist infolgedessen die Aussage Christi an die Samariterin am Jakobs-Brunnen: „Wüsstest du um die Gabe Gottes!" (Joh 4,9) nicht nur eine metaphorische Beziehung zwischen Wasser/Leben, sondern es geht dabei um das grundsätzliche *Lebenswissen*, das jeder als unmittelbar Lebendi-

---

4   Vgl. Michel Henry, *Affekt und Subjektivität. Lebensphänomenologische Beiträge zur Psychologie und zum Wesen des Menschen*, Freiburg/München 2005, 19 ff.

5   Vgl. für die detaillierte Diskussion Rolf Kühn, *Postmoderne und Lebensphänomenologie. Zum Verhältnis von Differenz und Immanenz des Erscheinens*, Freiburg/München 2019. Die folgende Schreibweise von *differe(ä)ntiel* in unserem Text bezieht sich auf diesen Wortgebrauch bei Jacques Derrida, *Marges de la philosophie*, Paris 1972, 1–30: „La Différance" (dt. *Randgänge der Philosophie*, Wien 1988).

ger in sich trägt und somit selbstaffektiv kennt. Denn es handelt sich bei dieser „Gabe" des Lebens, die als einzige ontologisch niemals zurückgewiesen werden kann,[6] um die stete Selbstgewissheit des Lebens als Impressionalität und Begehren (*désir*), welche im Johannesevangelium 4,13 f. als „Durst" thematisiert werden. Das originäre Wie ist daher zugleich Gabe wie Durst, wobei letzterer allerdings keinen existentiellen *Mangel* darstellt, sondern das Begehren des Lebens als sein Selbstbegehren schlechthin, welches mit seiner Selbstaffektion als *auto-jouissance* identisch ist, das heißt als originäre Einheit von Freude und Schmerz. Die Angst angesichts von Mangel oder Spaltung im existentiellen Leben ist selbst noch eine Potenzialität des Lebens, mithin eine Modalisierung des letzteren, welche die Angst originär in der nie abwesenden Selbstgebung des Lebens gegründet sein lässt. Das Nichts, welches nach Heidegger, und zuvor schon bei Kierkegaard, das Wesen der Angst ausmachen soll,[7] ist daher ein imaginär Vorgestelltes, sofern der reine Affekt der Angst ein zuhöchst Wirkliches bildet. Was dabei nicht imaginär ist, ist der effektive Verlust aller Dinge, insofern keines von ihnen letztlich irgendeine Identität für die reine Subjektivität bieten kann. Insoweit können alle Dinge welthaft zu Ködern werden, welche das Begehren über die „Lust" zu stillen vorgeben, aber dazu nicht in der Lage sind, wie auch Freud wusste, weil die tatsächliche *jouissance* kein Objekt der Erfüllung kennt.[8]

Die hierzu implizierten Analysen Michel Henrys in Bezug auf ein immanent unendliches *Begehren* und *Lebenswissen* schließen ein, dass einerseits die „Sprache der Welt" als Symbolik keine letzte Bestimmung solchen Begehrens liefern kann, sondern immer nur vorübergehende Signifikanten anbietet, die ihrerseits strukturell einen unendlichen Verweisungszusammenhang unter sich bilden, welcher das Begehren erfüllen soll – dies aber nur imaginär vermag. Allein die „Sprache des Lebens" als je innere Weiterzeugung von Immanenz zu Immanenz des originären Wie kann für unsere Existenz eine reine Präsenz beibehalten, sofern diese dann mit der Übermächtigkeit des Lebens als immanenter „Potenzialität" zusammenfällt, wie wir noch eingehender zeigen werden. Daher ist auf dieser ursprünglichen Ebene kein eigenes Leisten zur Entstehung von symbolischer Identität notwendig, da das Leben als originäre

---

6 Zur Diskussion vgl. Markus Enders (Hrsg.), *Selbstgebung und Selbstgegebenheit. Zur Bedeutung eines universalen Problems*, Freiburg/München 2018.

7 Vgl. Michel Henry, *Inkarnation. Eine Phänomenologie des Fleisches*, Freiburg/München 2002, 298 ff.

8 Vgl. Michel Henry, *Die Barbarei. Eine phänomenologische Kulturkritik*, Freiburg/München 1994, 92 ff. u. 278 ff. (Studienausgabe 2016), sowie zur Unterscheidung von *plaisir/jouissance* auch Claus-Dieter Rath, „Einige Beziehungen zwischen Lacan'scher *jouissance* und Freud'scher *Lust*", in: *Riss. Zeitschrift für Psychoanalyse Freud – Lacan*, Bd. 2017, 22–39.

Phänomenalisierung zugleich als Freiheit jeder Situation erscheint, in die es sich offen hinein begeben kann, insofern die Bedeutung der Situation sekundär gegenüber den sie eröffnenden Modalitäten aus der leiblich-affektiven Immanenz heraus ist. Infolgedessen ist das Erproben der Situation eine je absolute Lebensgabe und muss schließlich nicht nach Kriterien stark/schwach oder wichtig/unwichtig beurteilt werden, wodurch sich ebenfalls Zuspruch und Anerkennung als lebensweltliche Symbolik mit ihrem Imaginären aufheben.

Hieraus folgt dann ebenfalls, das Leid zusammen mit der Freude (*jouissance*) in der Einheit des Lebens fundamental gegeben ist, da sich ihre Wahrheit im Sinne rein praktischer Erprobung als das *Selbe* offenbart – nämlich als unsere Fundierung durch eine absolute Vorgängigkeit transzendentalen Geborenseins, das als „ungeschaffenes Leben" im Sinne Meister Eckharts die Grundaffektion beinhaltet, ein „Gott-Erleidender" in jedem Augenblick zu sein. Eine ähnliche „Gewalt" wie diese gebürtige Lebensgewalt herrscht ebenfalls zwischen Vater und Sohn in Gott, denn dieses Verhältnis ist eine „Gewalt ursprünglicher Liebe", die keine transzendente Bedeutung impliziert, sondern Freude und Wirklichkeit als Sich-Manifestieren je durch den Anderen in „gegenseitiger Innerlichkeit", um auf diese Weise den Bezug einer originären *auto-jouissance* zu bilden, welche bei Henry[9] der originären „Selbstumschlingung" des Lebens entspricht. Mit anderen Worten ist die Ohnmacht der immanenten Passibilität als Sohnesbedingung (im Sinne des „Gezeugtwerdens durch den Vater") zugleich unser einzig reales Können (*pouvoir*), welches Christus bis in das Schweigen des Vaters auf dem Höhepunkt seiner Passion bekundet.[10]

Dieses Verhältnis lässt sich als ein *Schweigen* verstehen, in dem es keinerlei Laut mehr zu geben vermag, mithin kein Sinn länger am Werk ist. Es ist ein Schweigen der Fülle ohne Bruch oder Trennung, wie es allein dem rein phänomenologischen Leben eignet, das in sich nie eine Distanz oder einen Mangel kennt. Mit anderen Worten bewegen wir uns hier im Schoß einer pathischen Selbstoffenbarung, die in ihrer absolut leiblichen Impressionabilität als Passibilität unmittelbar ist und bleibt, da dies zu ihrem phänomenologischen Wesen als Erscheinen schlechthin gehört. Ein solch immemoriales Schweigen ohne jede Bedeutung seitens eines Wortes, Bildes oder Symbols eignet allen alltäglichen Verrichtungen als Tun im reinen Vollzug, wo auch die religiöse Referenz auf einen Gott als Vater etc. sich letztlich nicht mehr einstellt. Denn ein solches

---

9   Vgl. M. Henry, *Christi Worte. Eine Phänomenologie der Sprache und Offenbarung*, Freiburg/München 2010, 114 u. 121 ff.

10 Vgl. M. Henry, *Inkarnation*, 207 f.

Tun wird nur in der reinen Immanenz seiner impressionalen Selbstoffenbarung erprobt. Selbst das Hörenwollen des Schweigens wäre noch eine Intentionalität, die hier der radikalen Gegen-Reduktion als Selbstvergessen des Lebens wie des Ego unterliegt.[11] Dieses Schweigen entspricht also der reinen „Gewalt" des Lebens als unserer transzendentalen Geburt, so dass von dieser innersten Bedingung her kein Tun als immanenter Vollzug in Frage gestellt werden kann. Das Tun ist dergestalt das Schweigen selbst, denn im Vollzug ohne transzendente Bedeutung oder Referenz bzw. eine thematische Vorstellung gibt sich das Sich (*le soi*) allein dem Leben hin. Anders gesagt, entspricht solches Schweigen der Selbstgebung des Lebens, ohne es „sehen" zu wollen, das heißt zu keinem irreellen Objekt vor dem Blick zu erheben, der es nur verfehlen kann.

Das radikalphänomenologisch letztlich Fundierende ist daher weder der Schmerz noch die Freude in ihrer jeweilig singulären Modalisierung betrachtet, sondern jene ur-anfängliche „Selbstumschlingung" des Lebens, in welcher das Selbst als „Mich im Akkusativ" geboren wird, um sich auf diese Weise in der Selbsterprobung des Lebens als unzerstörbare Ipseität zu erproben. Dies bedeutet dann auch von der eckhartschen Sichtweise des „Gott-Erleidens" her, die er von Dionysios Areopagita für seine Auffassung von der „Seelengeburt" in der „Gottheit" übernommen hat,[12] dass es nicht zuerst „Gott" und dann sein „Erleiden" gibt, sondern die Selbstumschlingung als absolut phänomenologisches Leben ist als Passibilität „Gottes Leben" selbst, so dass hier jede intentionale Referenz auf Gott als Begriff fortfällt: „In der Tiefe seiner Nacht ist unser Fleisch Gott", formuliert Michel Henry.[13] Die „Nacht" als unsichtbare Erscheinensweise der selbstaffektiven Immanenz unserer leiblich-begehrenden Impressionalität erweist sich dergestalt als identisch mit einem namenlosen Gott in unserem originären Geburtserleiden als Gott-Erleiden. Als ursprüngliche Erprobung des rein phänomenologischen Wie ist die sich selbst erleidende Selbstumschlingung jene grenzenlose Selbstmächtigkeit des Lebens, deren

---

11   Vgl. M. Henry, *Christi Worte*, 134 f.; zur Gegen-Reduktion vgl. Michel Henry, *Radikale Lebensphänomenologie. Ausgewählte Studien zur Phänomenologie*, Freiburg/München 1992, 279 f., sowie unsere folgende Anm. 20.

12   Vgl. Meister Eckhart, *Deutsche Predigten und Traktate*, 431 (Predigt 58), sowie die entsprechenden Eckhart-Kapitel in Henrys frühem Hauptwerk *L'essence de manifestation*, Paris 1963 (dt. *Das Wesen des In-Erscheinung-Tretens*, Freiburg/München 2018), § 38–40 (Neuabdruck in Henry, *Radikale Religionsphänomenologie*, 97–144). Dazu siehe gleichfalls Jean Leclercq, Christophe Perrin (Hrsg.), *Genèse et structure de l'Essence de la manifestation*, Paris 2017, wo in den einzelnen Beiträgen auch die in unserer Anm. 2 erwähnten frühen Notizen Henrys häufig zitiert werden.

13   Henry, *Inkarnation*, 412.

Hervorbrechen als Selbstbewegung des Lebens sich zugleich als das „Wort des Lebens" in der „Nacht unseres Leibes" vernehmlich macht – und zwar eben als Schweigen diesseits aller Laute sowie als Begehren ohne Namen und Objekt.

In diesem Sinne ist die Einheit von Freude/Schmerz als Selbstumschlingung des je leiblichen Lebens zugleich eine genuin „religiöse Erfahrung" in der Sphäre der transzendentalen Affektivität, das heißt die gegenreduktive Präsenz der Selbstgegebenheit des individuierten Lebens als *Nicht-Gründung* durch uns selbst.[14] *Vor* allem Sagen, und mithin nur erfahrbar im Tun als Erprobung desselben in der Selbstumschlingung des Lebens als seiner primordialen Affektion,[15] gibt die transzendentale Reduktion als Gegen-Reduktion nicht irgendeine phänomenale Gegenständlichkeit, sondern erweist sich als rein praktische Gebung des Sich-Gebens als solchem, ohne welche keinerlei Erscheinen wäre.[16] Die Selbstumschlingung als Erprobung ist lebensphänomenologisch ohne irgendeine *Vorstellung*, da welthaft nicht greifbar – mithin *diesseits* jeglicher Signifikantenkette. Mit anderen Worten wird durch das originäre *Wie* die Identität des Subjekts als radikale *Individuierung* begründet, indem keine Teilung oder Entfremdung radikalphänomenologisch gesehen in der reinen Subjektivität stattfinden kann.

Damit dürfte offensichtlich geworden sein, dass sich das Werk Michel Henrys stets gegen Vitalismus oder Nihilismus gewandt hat, wie es jüngste Untersuchungen in Frage zu stellen scheinen.[17] Wir werden uns deshalb in diesem Beitrag damit auseinandersetzen, was er selber schon „materiale Phänomenologie" oder „Phänomenologie des Lebens" genannt hat. Und es ist aus diesem Grunde angezeigt, weiterhin auf den bereits herausgestellten Einsatzpunkt bei der *Potenzialität* zu achten, um zu ermessen, wie eine angemessene Interpretation Henrys auch im Verhältnis zur Metaphysik zu sehen ist. Der Einsatz bleibt

---

14   Vgl. Henry, *Christi Worte*, 131 f.

15   Hier wäre eine gewisse Übereinstimmung mit Blondels frühem metaphysischen Hauptwerk zu verzeichnen; vgl. Maurice Blondel, *L'Action – Die Tat (1893). Versuch einer Kritik des Lebens und einer Wissenschaft der Praxis*, Freiburg/München 2018. Für einige Hinweise siehe Rolf Kühn, *Französische Religionsphilosophie und -phänomenologie. Metaphysische und post-metaphysische Positionen zur Erfahrungs(un)möglichkeit Gottes*, Freiburg/Basel/Wien 2013, 30–39.

16   Zum Bezug zwischen Reduktion und Gebung (*Donation*) vgl. besonders die Arbeiten von J.-L. Marion, hier etwa *Réduction et donation. Recherches sur Husserl, Heidegger et la phénoménologie*, Paris 1989; „Reduktive ‚Gegen-Methode' und Faltung der Gegebenheit", in: Rolf Kühn, Michael Staudigl (Hrsg.), *Epoché und Reduktion. Formen und Praxis der Reduktion in der Phänomenologie*, Würzburg 2003, 125–137.

17   Vgl. Grégori Jean, *Force et Temps. Essai sur le „vitalisme phénoménologique" de Michel Henry*, Paris 2015; Hugues Dusausoit: *Nihilisme et philosophie de la vie. Une étrange connivence dans l'œuvre de Michel Henry*, Namur 2016.

mit anderen Worten unmittelbar die Frage nach dem Tun oder Handeln (*agir*) als möglicher Parallele zur „Seinsfrage" von Sein/Seiendem bei Heidegger, das heißt bei einem Praxisbegriff, der gerade nicht mehr von einer vorgängigen metaphysischen Ethik (Kant, Levinas) abhängig ist, sondern in der Erprobung (*épreuve*) des Tuns als solchem eine radikale oder selbstaffektive Einheit zu verstehen gibt.[18] Hier fallen Passivität und Aktivität nicht länger wie für die philosophische Tradition auseinander, sondern sie sind als das Konstituens der „Macht" der Subjektivität in ihrer „Ohnmacht" selbst originär phänomenologisch zu erfahren. Mit anderen Worten ist das Sich (*Soi*) oder Mich (*moi*) radikalisierter Individualität jene Weise der ursprünglichen Phänomenalisierung, in der alles Vermögen oder Können (*pouvoir*) das „Nichts" (*rien*) seines Nicht-Könnens berührt, welches als Nicht-Handeln (*non-agir*) zugleich dennoch die absolut phänomenologische Bewegung des Lebens *vor* aller Transzendenz, Freiheit oder Intentionalität selbst ist. Bezieht man die bisherige Henry-Forschung mit ein, so lässt sich schnell feststellen, dass eben kaum ein Punkt kontroverser diskutiert wurde als genau dieser Einsatz bei einer rein phänomenologischen Praxis im Sinne radikaler Subjektivität,[19] die weiterführend aus der Sichtweise einer Analyse der „All-Potenzialität" des Lebens mit ihren ontologischen, ethischen und kulturellen Konsequenzen für jegliches Tun auf den folgenden Seiten näherhin aufgewiesen werden soll.[20]

2 Transzendentale Leibanalyse als „Kraft"-Vollzug

Werkgenetisch lässt sich zunächst die Tatsache festhalten, dass Henrys Studie über Maine de Biran[21] lange vor der Hauptthese *L'essence de la manifestation*

---

18 Vgl. Roland Vaschalde, *Epreuve de soi et vérité du monde: depuis Michel Henry*, Paris 2016.

19 Vgl. hierzu nur für den deutschsprachigen Bereich Frédéric Seyler, *Eine Ethik der Affektivität. Die Lebensphänomenologie Michel Henrys*, Freiburg/München 2010, 116–133; Sebastian Knöpker, „Passivität in der Lebensphänomenologie", in: Sophia Kattelmann, Sebastian Knöpker (Hrsg.), *Lebensphänomenologie in Deutschland. Hommage an Rolf Kühn*. Freiburg/München 2012, 149–167; Roswitha Mayr, *Wahrheit LEBEN. Eine lebensphänomenologische Orientierung*, Salzburg 2014, 23 ff.

20 Vgl. Michel Henry, *Können des Lebens. Schlüssel zur radikalen Phänomenologie*. Freiburg/München 2017 (mit folgenden Texten: 1) „Nicht-intentionale Phänomenologie und Gegen-Reduktion"; 2) „Die Frage der Verdrängung nach Schopenhauer und Freud"; 3) „Das Geheimnis der letzten Werke Kandinskys"; 4) „Die Krise des Okzidents"; 5) „Zur Krise des Marxismus: das Doppelantlitz des Todes"; 6) „Was ist eine Offenbarung?").

21 Vgl. *Von der unmittelbaren Apperzeption. Berliner Preisschrift 1807*, Freiburg/München 2008; dazu Michel Henry, *Philosophie et phénoménologie du corps. Essai sur l'ontologie biranienne*, Paris 1965 (Neuaufl. 1990); ebenfalls Rolf Kühn, *Pierre Maine de Biran – Ich-*

Ende der 1940er Jahre geschrieben wurde. In dieser frühen Arbeit ist die Perspektive bereits phänomenologisch, aber noch keine ausgereifte eigene „Phänomenologie des Lebens", da vor allem der Gewinn einer reflexiv-spirituellen Dynamik der Subjektivität bei Maine de Biran zurückbehalten wird, die sich letztlich gegen den meist bloß metaphorischen Gebrauch von „Leben" in der metaphysischen und klassisch transzendentalen Phänomenologie wendet. Im Vergleich zu zeitgenössischen französischen Autoren wie Georges Bataille, Gilles Deleuze, Jacques Derrida, Didier Franck und gegenwärtig Renaud Barbaras[22] ergibt sich als weitere Feststellung, dass Henry sich durch die Inanspruchnahme der biranschen Leibanalyse als stets immanent lebendiger oder praktisch subjektiver Anstrengung (*effort*) sowohl dieser metaphorischen Tradition wie späteren dekonstruktivistischen bzw. differe(ä)ntiellen Problematik von Empirizität/Transzendentalität zu entledigen versuchte. Hieraus folgt nochmals die Feststellung, eine konkrete Transzendentalität im Sinne der Phänomenalisierung reinen Tuns (*agir*) diesseits von jeder „Metaphysik der Vorstellung" als Kraft nicht nur zu denken, sondern als „All-Potenzialität" oder „Können" in ihrer Phänomenalität, das heißt als *Vollzug* praktisch selber zur Geltung zu bringen. Mit anderen Worten die „dynamische" Perspektive grundsätzlich lebendiger Potenzialisierung als inner-ökonomisches Kräfteverhältnis in die phänomenologische Lebensanalyse selbst einzubringen, um die Modalisierung und Zirkulation der stets subjektiven Kräfte im Sinne innerer „Historialität" oder „Teleologie" konkret fassen zu können, wie wir bereits erwähnten.

Bei Sigmund Freud konnte Henry daher in den 1980er Jahren die Trennung von Bewusstheit/Unbewusstem grundsätzlich begrüßen, um selbst ein „effektives Leben" gutzuheißen, welches jedem Versuch einer naturalistischen, strukturalistischen oder hermeneutischen Auslegung wie bei Freud selber bzw. durch Lacan oder Ricœur später prinzipiell entgeht.[23] Diese Anerkennung von Freud geschieht aber keineswegs bei Henry als die Anerkennung eines „phänomenologischen Vitalismus", sondern im Sinne der unmittelbaren oder nichtintentionalen Einheit von Affekt/Subjektivität, wie sie ebenfalls in der psychoanalytischen „Übertragung" zum Ausdruck kommt. Diese „Ökonomisierung"

---

        gefühl und Selbstapperzeption. Ein Vordenker konkreter Transzendentalität in der Phänomenologie Hildesheim/Zürich/New York 2006, hier bes. 41 ff.

22   Vgl. zur Auseinandersetzung mit Henry jetzt Renaud Barbara, *Métaphysique du sentiment*, Paris 2016, 195–202.

23   Vgl. für diese Diskussion Paul Ricœur, *De l'Interprétation. Essai sur Freud*, Paris 1965 (dt. *Die Interpretation. Ein Versuch über Freud*. Frankfurt a. M. 1969), sowie unsere ausführliche Studie *Begehren und Sinn. Grundlagen einer phänomenologisch-tiefenpsycholgisch fundierten Psychotherapie und Supervision – zugleich ein Beitrag zu Jacques Lacan*, Freiburg/München 2015, hier bes. 172 ff.

der originären Lebenswirklichkeit als affektiven *Kräfteverhältnissen* darf nämlich nie vergessen, dass das Grundverhältnis der henryschen Phänomenologie
im rein immanenten Bezug von Leben/Lebendigem als individuierender *Ipseisierung* selbst besteht, aus der sich auch die Hauptanalyse über die zu Beginn
schon genannte Problematik von Passivität/Können als gleichzeitige Passibilität wie Potenzialisierung letztlich ergibt.

Steht mithin die radikale Individuierung als ständig transzendentale Verlebendigung oder „Geburt" im Mittelpunkt, so ergeben sich daraus auch die weiteren Bestimmungen der „materialen Phänomenologie" als „radikaler Lebensphänomenologie". Zu bedenken bleibt in der Tat, ob die bekannte henrysche
Grundunterscheidung von Immanenz/Transzendenz bzw. Leben/Welt als zwei
heterogenen, aber letztlich geeinten Phänomenalisierungsweisen nur eine
„Topologie" im Rahmen einer transzendentalen Architektonik darstellt oder
jede diesbezügliche Verräumlichung schon immer unterlaufen hat. Denn ohne
Zweifel möchte Henry das Selbsterscheinen jeglichen Erscheinens originär
phänomenologisch bestimmen, und nicht nur eine unterschiedliche (topi-
sche) „Struktur" von phänomenologischer *Materialität* herausarbeiten, das
heißt einerseits das *Außer-sich* der ekstatischen Entäußerung aller Welthaf-
tigkeit und andererseits die *Unmittelbarkeit* der immanenten Selbstkoinzidenz
von Gehalt/Form als lebendiger Selbstaffektion. Folglich geht es um jenes
grundlegende „originäre *Wie*", welches in jedem Modus der ursprünglichen
Ipseisierung als *Sich* am Werk ist, so dass die phänomenologische Materialität im strengen Sinne eben identisch mit der sich selbst begründenden Entfaltung des subjektiven Lebens in allen Existenzvollzügen des Individuums
ist.

Aus diesem Grunde scheint uns für die berechtigte Gleichsetzung von „*Subjektivität = Leiblichkeit = Bedürfen = Begehren = Wirklichkeit = Materialität*" nicht
die „vitalistische Dynamisierung" einer formalen oder methodischen Topologie des zweifachen Erscheinens in Anspruch zu nehmen zu sein, sondern die
ursprüngliche oder praktische *Einheit* dieser immanenten Gleichsetzung von
Wie/Ipseisierung schlechthin.[24] Somit hat der henrysche Begriff von „materialer Phänomenologie" (besonders seit 1990) nichts mit dem klassisch metaphysischen Gegensatz von Geist/Materie und auch nichts mit dem von Hyle/Form
bei Husserl letztlich zu tun, aber gleichfalls auch nichts mit einem schillern-
den metaphysischen Vitalisierungskonzept lebensphilosophischer Herkunft.
Dieses ließe zu leicht vergessen, dass das Erscheinen als immanentes Selbst-

---

24 Vgl. zur Diskussion auch Markus Enders (Hrsg.), *Immanenz und Einheit. Festschrift für Rolf
Kühn zum 70. Geburtstag*, Leiden/Boston 2015.

erscheinen vor allem ein selbstaffektives (materiales) Proto-Verhältnis von
Leben/Individuierung darstellt, welches auch die philosophische Abstraktion
des verdoppelten Erscheinensbegriffs als „topologische" Phänomenalisierung
aufhebt, ohne sich mangels originärer Selbsterfülltheit der a-subjektiven Unbe-
stimmtheit eines zweideutigen vitalen oder energetischen Kraftbegriffs anver-
trauen zu müssen.[25] Dies dürfte ganz eindeutig Henrys eigene frühe Kritik am
Vitalismusbegriff als solchem belegen:

> Es hat dann wenig Gewicht, ob man eine solche Wirklichkeit [des subjek-
> tiven Leibes bei Nietzsche] im Lichte der Forderungen des romantischen
> Vitalismus begreift, oder ob man den Leib über alles erhebt, anstatt ihn zu
> entwerten. Denn die Revolution, die man vorzunehmen glaubt, geht nicht
> über das einfache Eintreten für subjektive Vorlieben hinaus, anstatt den
> traditionellen Rahmen der philosophischen Reflexion in Frage zu stellen;
> vielmehr beinhaltet letztere diesen Rahmen eher und findet sich in ihrer
> scheinbaren Neuheit davon getäuscht.[26]

Wie wird daher der Zusammenhang von Kraft/Affekt als Grundfrage des an-
geblich „phänomenologischen Vitalismus" verstanden? Mit Hilfe eines scheinbar wie nebensächlich eingeführten Begriffs, nämlich den der „Kluft" (*écart*),
welchen Henry selber jedoch stets entschieden für eine radikalphänomenologische Bestimmung des Lebens abgelehnt hat. Denn eine solche Kluft als
Distanz hätte wieder die mundanen Erscheinenskategorien in die Bestimmung
des Lebens eingeführt, welche dieses jedoch in sich prinzipiell nicht kennen
oder erproben kann, sofern es in jedem Modus stets es selbst in seiner inneren
Bewegung verbleibt.[27] Verbunden mit der zuvor genannten architektonischen
„Topologie" kann daher nur aus der Sicht einer „Kluft" heraus ein „phänomenologischer Vitalismus" konstruiert werden. Dabei wird die scheinbar rein formale oder tautologische Struktur der selbstaffektiven Lebensimmanenz (im
Unterschied zur Weltekstasis) über die „Kluft" mit jenem „Mehr" (*plus*) ver-

---

25   Zur neueren Diskussion vgl. auch Robert Walton, „Auto-affection et événement", in: *Revue
      Internationale Michel Henry*, Hft. 7 (2018), 19–34.
26   Henry, *Radikale Religionsphänomenologie*, 37 (Text 2: „Körper und Geist im griechisch-
      humanistischen Denken und im Christentum"); vgl. ebenfalls *Entretiens*, Arles 2005, 64:
      „Die Gesetze des Lebens selbst sind zweifacher Natur. Denn die Gesetze des Bezugs zur
      Welt erklären sich nicht auf mundane, sondern auf vitale Weise (*vitalement*), sofern man
      diesem Wort einen grundlegenden ontologischen oder phänomenologischen Sinn als
      einem transzendentalen Leben verleiht."
27   Vgl. im Einzelnen Jean-Sébastien Hardy, „‚Le mouvement de la vie': le statut du pouvoir-se-
      mouvoir chez Michel Henry", in: *Revue Internationale Michel Henry*, Hft. 7 (2016), 53–74.

sehen, welches als „Ekzedenz" (*excédence*) die innere Bewegung des Lebens über sich hinaustriebe, und so auch jedes Sich als „Ekzedenz" seiner selbst zu verstehen geben soll.[28] Abgesehen davon, dass die Begriffe *Kluft* und *Ekzedenz* nur von einigen Henry-Kommentatoren[29] verwandt werden, die sich eher dem gegenwärtigen dekonstruktivistischen Strom im französischsprachigen Gegenwartsdenken verpflichtet fühlen, muss vor allem gesehen werden, dass der henrysche Begriff des „Mehr" (wie schon bei Nietzsche und Husserl) eben eine originäre *All-Kompossibilität* meint, die in sich selbst keine Spaltung kennt. Die transzendentale Affektivität mithin in ihrem selbstaffektiven Charakter nur als eine *formale* Bedingung des Erscheinens aufzufassen, um über die (vitalistische) phänomenologische Kraftgegebenheit jene „Übermächtigkeit" (*hyperpuissance*) zu erreichen, welche das originäre Leben zugleich als Bewegung des Handelns kennzeichnet, trägt in die Affektivitätswirklichkeit ein problematisches Unvermögen hinein, welches über die Selbstübereinstimmung des Affekts mit sich selbst (als Affiziertes/Affizierendes) nicht gegeben ist. So tritt der Begriff der Ek-zedenz durchaus gelegentlich in den veröffentlichten Schriften von M. Henry auf:

> Denn zu leben ist nichts anderes als dies: von sich selbst her zu wachsen, durch sich selbst überbordet zu werden, und zwar in dem Maße, wie das Sich selber durch das Leben überbordet wird, überhäuft (*excédé*) von dem, was aus ihm ein *Sich* macht.[30]

Aber dieses „Übermaß" (*excès*) bleibt ganz offensichtlich das Leben selbst in seiner jeweiligen Ipseisierung, so dass dabei die entscheidende individuierte Identität von Leben/Lebendigem gerade nicht durch eine zu überwindende Kluft aufgehoben wird.

---

28 Vgl. Jean, *Force et temps*, 39, 49 ff. u. 263 f.; dazu auch die Besprechung von Frédéric Seyler, „G. Jean, *Force et temps. Essai sur le ,vitalisme phénoménologique' de Michel Henry*", in: *Revue philosophique de la France et de l'étranger*, Bd. 141, Hft. 4 (2016), 618–619.

29 Zur Diskussion vgl. Paul Audi, *Michel Henry. Une trajectoire philosophique*, Paris 2006, der hauptsächlich den Gesichtspunkt der „Selbst-Ekzedenz" eingeführt hat, um eine autonome Ethik – getrennt vom absoluten oder göttlichen Leben – stark zu machen. Vgl. ähnlich Sebastian Knöpker, *Michel Henry. Eine Einführung*, Düsseldorf 2012, 125 ff., wo Henry in einen hedonistischen Horizont gerückt wird.

30 „Wort und Religion: das Wort Gottes" in: Henry, *Radikale Religionsphänomenologie* (Text 10), 177. Damit verbunden ist die radikalphänomenologische Grundgegebenheit, dass das Leben mit sich selbst wie „vernietet" oder „zusammengeschweißt" ist; vgl. Cesare Del Mastro, „,L'être rivé à soi' et son intrigue narrative: Levinas et Henry phénoménologues-romanciers", in: *Revue Internationale Michel Henry*, Hft. 7 (2016), 169–192.

Denn durch die proto-relationale Rückbindung an das allein sich grün-
dende Leben (Selbstaffektion im „starken Sinne" nach Henry) ist der Affekt
dieser passiblen Selbsthervorbringung im Leben stets auch schon jene Kraft
(*force*), die sich selbst ergreift, um *Kraft* jeglichen Handelns oder Tuns überhaupt sein zu können. Eine „dreifache Gliederung" der Kraft, um den Vitalismusbegriff zu konstruieren (Passibilität, immanente Selbstübereinstimmung
der Kraft und ihr „Mehr" als „Ekzedenz" des subjektiven Handeln-Könnens),
trägt eine Kluft zwischen Affekt und Kraft dort ein, wo die ipseisierende „Steigerung des Lebens" immer schon stattgefunden hat. Diese bleibt in der Tat
als Geburt oder „Meta-Genealogie" des Sich in der unmittelbaren Einheit von
Affizierung und Potenzialisierung originär selbstgegeben, bzw. als individuie-
rende („schwache") Selbstaffektion im Schoß der („starken") Selbstaffektion
des Lebens selbst. *Stärke* und *Schwäche* drücken hierbei nämlich keine Kluft
oder Differe(ä)nz aus,[31] sondern ein transzendentales Bedingungsgefüge, wie
es zuvor schon durch Macht/Ohnmacht gekennzeichnet wurde. Wenn das
Pathos für Henry selber die Materie von Selbstaffektion, Mich und Kraft
schlechthin ist, dann zeigt dies zu Genüge, dass der Begriff des „Vitalismus"
diesem bereits in sich „dynamischen" Grundverhältnis von Leben/Lebendigen
nichts hinzufügt, so dass im Grunde auf ihn verzichtet werden kann.[32]

Insofern jedoch einmal die Vermittlung jener Kluft eingeführt ist, wie sie
den Affekt als Kraft „vitalisieren" soll, um Handlungsvollzug werden zu können,
kann man bereits gewiss sein, dass dann ebenfalls die Kategorie der *Zeitlichkeit*
nicht länger auf sich warten lässt, um das differe(ä)ntielle Anliegen einer „Differenz in der Immanenz" weiterzuführen:

> Der Übergang des Übermaßes (*excès*) der Passivität zur Überfülle des
> Aktes, dieses „Werden", in dessen Schnittpunkt sich der Ort einer Subjek-
> tivität als affektiv erprobte „Macht" zu handeln vertieft, findet sich zuvor
> durch die Ohnmacht seiner Macht überflutet [...] – was wäre das Prinzip
> davon, wenn nicht ein gewisser Modus der Zeitlichkeit?[33]

---

31   Vgl. zur Lektüre dieser beiden zentralen Begriffe bei Nietzsche unseren Text: „‚Wir, die
      Guten, die Glücklichen …' – eine radikalphänomenologische Nietzschelektüre", in: Rolf
      Kühn, *Lebensethos. Inkarnatorische Konkretionen originärer Lebensreligion*, Dresden 2017,
      46–62; ebenso Clément Berthot, „Michel Henry lecteur de Nietzsche ou le dépassement
      de l'hellénisme", in: *Revue Internationale Michel Henry*, Hft. 7 (2016), 133–150.

32   Dies zeigt der Beitrag von Michel Henry, „Heidegger, Descartes, Nietzsche: Schopenhauer
      et le ‚courant souterrain' de la métaphysique", in: *Les Etudes Philosophiques* Bd. 102, Hft. 3
      (2012), 307–313.

33   Jean, *Force et temps*, 59.

Nun weiß natürlich jeder kundige Leser, dass Henry stets selbst versucht hat, den rein immanenten Zusammenhang von Leid/Freude des Lebens als eine eigenwesentliche „materiale Zeitlichkeit" im Sinne einer „affektiven Historialität" zu verstehen, welche jede intentionale Bewusstseinszeit ausschließt.[34] Dies zeigen in gewünschter Eindeutigkeit alle radikalphänomenologischen Untersuchungen Henrys, wie wir dies zu Beginn in einer allgemeinen Hinführung zu unserer Thematik schon darstellten. Aber wenn die Immanenz als eine nur *formale* Struktur innerhalb der Architektonik oder „Duplizität" im henryschen Sinne von Leben/Welt betrachtet wird, um sie durch einen „Vitalismus des Handelns" ersetzen zu wollen, dann übernimmt genau dieser Vitalismus die Bestimmung einer notwendigen „Konvertabilität" des Affekts in das Handeln als *Freiheit* aus dem Ursprung der Ohnmacht der Passibilität heraus. Das heißt die *ethisch* autonome Bestimmung eines „Werdens" (*devenir*), das zu jener Kraft führen soll, welche die Materialität einer so „zeitlich bestimmten Affektivität" ausmache.

Es erstaunt dann zusätzlich nicht, wenn auch das „ursprüngliche Gedächtnis", welches in Henrys Interpretation von Maine de Birans Konzept der Gewohnheit (*habitude*) eine zentrale Rolle spielt, keine fleischliche Unmittelbarkeit als radikale Subjektivität mehr beinhaltet, sondern einen Bezug, der zwar „ohne Distanz zu einer Vergangenheit" sei, aber dennoch „niemals gegenwärtig gewesen".[35] Genau diese widersprüchlich anmutende Formulierung soll die „zeitliche Grundlage der Selbstaffektion" ergeben, wobei die radikalphänomenologische Korrektur in unseren Augen darin besteht, dass ein distanzloser Bezug (das heißt ohne „Kluft" im obigen Sinne) notwendigerweise ebenfalls eine zeitlose „Gegenwart" (*présent*) beinhaltet, welche die pathische Materialität des Selbsterscheinens des Lebens als Selbstgebung schlechthin ausmacht. Diese nicht konsequent zu Ende analysierte Ambivalenz von ontologischer Gewohnheit/Gegenwärtigkeit als leiblich-passiblem Identitätsgrund jeglichen Tuns und dessen immanenter Kraft führt dann aus unserer Perspektive der All-Potenzialität zu einem der problematischsten Begriffe der Ich-Ekzedenz, nämlich zu einem „Losreißen" (*arrachement*) von der originären Passibilität als solcher. Dieser Begriff lässt im Dunkeln, dass Henry niemals von irgendeiner radikalphänomenologischen (und nicht existentiellen) Möglichkeit gesprochen hat, sich tatsächlich von der passiblen Grundaffektion des Lebens lösen zu können. Denn Henrys Gegen-Reduktion ist nicht nur der

---

34   Besonders mit Bezug auf Heidegger vgl. auch Stephan Grätzel, Frédéric Seyler (Hrsg.), *Sein. Existenz, Leben: Michel Henry und Martin Heidegger*, Freiburg/München 2013.

35   Jean, *Force et temps*, 91 u. 97; vgl. dazu Henry, *Inkarnation*, 228–231: „Das Fleisch, immemoriales Gedächtnis der Welt".

Umsturz jeder klassischen Phänomenologie und intuitiven Lebensphilosophie bzw. Metaphysik allgemein, sondern kennt vor allem auch gerade kein *Losreißen* aus der ursprünglich passiblen Sphäre der Einheit von Leben/Welt heraus.[36]

3   Leibsein als „Mächtig-Sein" oder reine Potenzialität

Wir werden daher hier zu jener anfänglichen Kernfrage zurückgeführt, wie die Duplizität des Erscheinens keineswegs deren letztgültige Einheit ausschließt. Vielmehr ist die „Irrealisierung" einer Einheit des Erscheinens durch die Vorstellung als eine „Objektivierung" zu verstehen, die Genese und Abstraktion nur rein analytisch zusammenfallen lässt, wobei gerade diese zeitliche Genese der Kraft des Handelns die originäre *meta-genealogische* Einheit der rein immanenten Ursprünglichkeit als Passivität und All-Potenzialität keineswegs zugrunde richtet oder aufhebt. Wir können mithin für die weitere lebensphänomenologische Diskussion anerkennen, dass konzeptuelle Unterscheidungen durch neu eingeführte Begriffe wie *Kluft*, *Losreißen* oder *Differenzierung* bzw. auch „Aufspringen" (*déhiscence*) und „Spaltung" (*scission*) das Problembewusstsein um die rein phänomenologische „Gegenständlichkeit", nämlich um das Erscheinen als passible Potenzialisierung durchaus schärfen können. Aber die genannten Begriffe können letztlich nicht zu einer anderen radikalphänomenologischen Problematik überleiten, als Henry sie vor Augen hatte. Es geht nämlich nicht um eine „Entfremdung" (*aliénation*) des Handelns oder Tuns im Endeffekt,[37] was eine Differenzierung (bzw. *différance*) von Passivität/Aktivität tendenziell wie zeitlich impliziert, sondern um ein älteres Grundverhältnis von absolutem Leben/Lebendigem als radikaler *Individierung*, in die niemals irgendeine Entfremdung (bzw. Loslösung) eintreten kann.[38] Rein phänomenologischer Maßstab ist allein der immanente Vollzug jeglichen Tuns selber, welches als rein subjektive Praxis im eigenwesentlichen Sinne alle ekstatischen Fremdbestimmungen von sich weist.

---

36   Vgl. außer der Literatur aus Anm. 24 zu dieser fundamentalen Frage der Einheit von Leben/Welt auch Rolf Kühn, *Subjektive Praxis und Geschichte. Phänomenologie politischer Aktualität*, Freiburg/München 2008, hier bes. 176–208; *Natur und Leben. Entwurf einer aisthetischen Proto-Kosmologie*, Freiburg/München 2011, sowie Pierre Ziade, *Généalogie de la mondialisation. Analyse de la crise identitaire actuelle*, Paris 2015, 201 ff.

37   Vgl. Jean, *Force et temps*, 189 u. 196 f.

38   Für die Diskussion vgl. ebenfalls Emil Angehrn, Julia Scheidegger (Hrsg.), *Metaphysik des Individuums. Die Marx-Interpretation Michel Henrys und ihre Aktualität*, Freiburg/München 2011.

Henry eine Zweideutigkeit bei der Lektüre von Marx hinsichtlich des Ent-
fremdungs-Begriffs vorzuwerfen, welcher das zuvor genannte „Losreißen" als
Ekzedenz nicht berücksichtige, erscheint dabei noch weniger schwerwiegend
als zu dem überraschenden Ergebnis zu gelangen, die Phänomenologie be-
treibe hier einen Schnitt zwischen dem „Wirklichen" (*le réel*) und seiner „Phänomenalität". Dadurch stelle Henry in der Nachfolge Husserls das eigentliche
„absolute Werden des phänomenologischen Idealismus" dar – und der neu zu
entdeckende „phänomenologische Vitalismus" sei eher das „realistische Wesen
der Kluft",[39] da sie die „Proto-Veräußerung" der Welt mit dem „Losreißen" von
der Passivität innerhalb der Differenzierung von Leben/Welt als den ursprüng-
licheren Zusammenhang von Kraft/Zeit selbst verstehen ließe. Die Texte von
Michel Henry wollen es dem Leser allerdings stets selber ermöglichen, gerade
diesen Anspruch kritisch zu überprüfen, um die Lebensphänomenologie nicht
unnötig dem Verdacht anachronistischer Positionen auszusetzen, die ihrer
phänomenologischen wie ethischen und religionsphilosophischen Originali-
tät nicht gerecht werden, ohne einer entsprechenden Diskussion dabei ausweichen zu müssen.[40] Den Zugang zu einer *abgründigen* All-Potenzialität des
Lebens zu eröffnen, wie unser Beitrag hier es versucht, reicht daher ebenfalls weit über eine nihilistische Lebensanpassung hinaus, denn die „Verzweiflung am Leben" ist nicht das eigentliche Sprungbrett in die Abgründigkeit des
Lebens hinein.[41] Vielmehr bietet letztere gerade jene „Macht", die in der Mächtigkeit als Potenzialisierung für alle Vollzüge im originären Sinne erprobt wird.
Deshalb heißt es mit Recht in einem Text direkt über die Frage der „Potenzialität" von Michel Henry:

> Somit sind wir stets ein wenig mehr in Wirklichkeit als das, was wir sind,
> mehr als unser Leib. Die materiale Phänomenologie ist die radikale Theo-
> rie dieses „Mehr", das Nietzsche als *Wille* und *Macht* dachte, und welche
> die Über-Mächtigkeit des Lebens sind. Der Wille zur Macht ist der Ur-
> Leib, worin unser Leib zunächst in sich wie alles gelangt, was lebendig
> ist, und als das selber, was das Leben ist.[42]

---

39   Vgl. Jean, *Force et temps*, 224 f. u. 301 f.
40   Vgl. dementsprechend etwa Hans-Dieter Gondek, László Tengelyi, *Neue Phänomenologie
      in Frankreich*, Frankfurt a. M. 2011, 114–151, 269–284 u. 334–351, sowie die Beiträge in *Revue
      Internationale Michel Henry*, Hft. 7 (2016): *La phénoménologie de la vie: des textes aux con-
      textes*, von Patricia Castello, „La méta-phénoménologie chez Levinas et Henry", 195–200,
      oder auch Ivan Ortega Ortega Rodriguez, „L'essence de l'apparaître chez Henry et Pato-
      čka – immanence ou transcendance?", 201–212.
41   Vgl. in diesem Sinne Dusausoit, *Nihilisme et philosophie de la vie*, 21 f.
42   Als Anhang veröffentlicht in Kühn, *Wie das Leben spricht: Narrativität als radikale Lebens-*

Greifen wir diese Wirklichkeit des „Ur-Leibes" (*archi-corps*) noch genauer
einmal auf, so ergibt sich das Gesamtbild eines ursprünglich leiblichen Könnens aus der reinen oder transzendental individuierten Bezüglichkeit zum
Leben heraus, welche durch keinen sekundären Abstand – oder ein „Losreißen" von der Passivität – in Frage gestellt werden kann. Denn auch dies
unterläge wieder einer Schau, einem Blick oder einer Theorie, die sich das
absolut phänomenologische Leben nur im Sinne eines erklärenden Begriffs
zunutze machen, anstatt es in seiner ebenso unsichtbaren wie unbenennba-
ren Ursprungswirklichkeit als prinzipielles Leib-Wesen jeglicher Potenzialität tatsächlich zu *erproben*. Denn fällt in der Tat *jede* Vorstellung inhaltlich
wie formal in Bezug auf das „Leben" fort, wie es sein Erscheinen als Selbsterscheinen in seiner immanenten Hervorbringung erfordert, dann bleibt nur die
effektive „Praxis" des Leibes im umfassendsten Sinne als Herkunftsweise solch
ursprünglichen Vermögens gegeben, welches nicht mehr irgendeine metaphysische Fakultät ist, die zum Ursprungswesen hinzukäme, sondern vielmehr dieses selbst „ist", wie immer auch die traditionellen oder aktuellen Anschauun-
gen der Philosophie bezüglich einer Differenz zwischen Leib und Vollzug bzw.
Tun lauten.[43] Ist nämlich der subjektive Leib in seiner Immanenz der Urbe-
griff unserer Vermögen schlechthin, dann bedeutet dies, dass durch ihn die
Wesenhaftigkeit von „Können" (*pouvoir*) erst ergriffen werden kann, wodurch
die rein phänomenologische Leiblichkeit als Wesen des Mächtig-Sein-Könnens
überhaupt praktisch verstehbar wird. Gibt es letztlich keinen Signifikanten
(Gesagtes) für das Leibliche, wofür gerade auch die Kunst wie die Ökonomie als
kultureller *Vollzug* stehen,[44] dann ist der Begriff von Körperakten, von denen
unausweichlich aus intentionaler Sicht im *Plural* gesprochen wird, als erstes
in der Vorstellung aufzulösen. Bei der Betrachtung des Leibes in seiner effektiven Wirkweise, das heißt in der Ausübung seines Vermögens als prinzipiel-
lem „Ich kann", tritt nämlich niemals nur *ein* leiblicher Akt in Erscheinung,
sofern letzterer nur die Vorstellung von unserer Leiblichkeit als einheitlicher
Mächtigkeit ist. In der ek-statisch sich darstellenden Aktvielfalt erfolgt mithin
zugleich eine *Entrealisierung* hinsichtlich der grundlegenden Mächtigkeit des

---

phänomenologie. Neuere Studien zu Michel Henry, Cham (CH) 2016, 351–360, hier 359 (es
handelt sich um das Schlusskapitel aus Michel Henry, *Généalogie de la psychanalyse. Le
commencement perdu*, Paris 1985, 387–398).

43   Vgl. zum Beispiel Erik Alloa, Thomas Bedorf, Christian Grüny, Tobias Klass (Hrsg.), *Leiblichkeit. Geschichte und Aktualität eines Konzepts*, Tübingen 2012.

44   Vgl. M. Henry, *Können des Lebens*, 63–75 zu Kandinsky u. 90–113 über Marx, sowie auch
Jean Leclercq, „La critique de la déraison économique chez Michel Henry", in: *Revue Internationale Michel Henry*, Hft. 7 (2016), 87–94.

Leib-Sein-Könnens in dessen ununterbrochener Lebendigkeit transzendentaler Natur, die daher auch von keiner „Architektonik" oder „Topologie" angemessen eingefangen zu werden vermag.

Die unendliche Fähigkeit der Leibmächtigkeit in ihrer unablässigen Hervorbringungskraft ist also vom Denken her nicht nur nicht zu erfassen, sondern die diesbezüglich radikalphänomenologische Gegen-Reduktion zeigt, dass Fragen von angenommener Aktvielfalt, Differenz oder Kluft im Schoß eines solchen Geschehens kategorial vom Denken selbst geschaffene Probleme innerhalb des von ihm voraus entworfenen Vorstellungsraumes bilden. Demgegenüber ist prinzipiell festzuhalten, dass nur vom Wesen der Mächtigkeit des leiblichen Lebens aus in uns selbst her empfangen werden kann, was uns als ständige Möglichkeit des Könnens hervorbringt – nämlich das Leben als Selbstpotenzialisierung in seiner unmittelbaren Selbstgegebenheit. Entfällt damit auch jede in Zeit und Raum abgegrenzte Leibbewegung, dann tritt die phänomenologisch-ontologische Wirklichkeit der immanent verharrenden Mächtigkeit als „Substanz" im Sinne jenes „Fleisches" (*chair*) hervor, welches bei Henry genau die Grundmächtigkeit der rein subjektiven Leiblichkeit im Unterschied zu jeder objektivierenden Leibauffassung kennzeichnen soll, die stets nur eine ideale Bezeichnungsmöglichkeit des Leibverstehens intendiert:

> Diese Fähigkeit ist niemals ein Akt, der sich hier oder dort erfüllt, das heißt als jene im Raum auszumachende Bewegung, deren Dauer sich dann ebenfalls identifizieren ließe, nämlich als dieser oder jener Akt. Letztere sind niemals die Aktualisierung einer Mächtigkeit, wodurch diese genannte Mächtigkeit ihre Wirktatsächlichkeit (*effectivité*) erreichen könnte, indem sie eben zum Akt würde und sich in ihm verwirklichte. Vielmehr ist dieser Akt, wie alle aus dieser Mächtigkeit heraus möglichen Akte, nur möglich in ihr; ihre ontologische Wirklichkeit ist niemals etwas anderes als die Wirklichkeit dieser Mächtigkeit; deren Substanz ist ihre Substanz; ihr Fleisch ist deren Fleisch (*chair*),

wie Henry selbst schreibt. Sowie am Ende desselben Textes zur „Potenzialität":

> Das Wesen der Mächtigkeit ist also nicht das Unbewusste, sondern das erste Erscheinen, das Kommen (*venue*) des Lebens in sich. Das Prinzip des Gedächtnisses ist nicht die Vorstellung, sondern der Ur-Leib, worin die Über-Mächtigkeit wirksam ist und welchem das vorstellende Gedächtnis ebenfalls angehört, insofern es zunächst ein Vermögen ist. Dem Gedächtnis die Sammlung unseres Seins anzuvertrauen, all jener kleinen Stückchen unserer selbst, die in der absurden Außenheit der *Ek-stase* zerstreut

sind, all jener als traumatisch bezeichneten Ereignisse, welche den Lauf
unserer Existenz säumen, auf unendliche Weise den unendlich gerisse-
nen Faden all dieser kleinen Geschichten wieder herstellen zu wollen,
heißt [wie bei Freud] vergessen, dass diese Sammlung bereits erfolgt ist.
Es ist die innere ursprüngliche Sammlung, worin das Wesen jeder Mächtigkeit und das Gedächtnis selber besteht: die Ur-Offenbarung des Ur-
Leibes, die ewige Selbstumschlingung des Seins und sein Pathos sowie
das Wesen selbst unseres Seins vor seiner illusorischen Zerstreuung in die
irreelle Außenheit der *Ek-stase*.[45]

In den zuletzt angedeuteten phänomenologischen Analysepunkten von Fes-
tigkeit und Gedächtnis der Welt, die nur über die ontologische „Gewohnheit"
des Leibes im Sinne seiner transzendentalen Hervorbringungsmächtigkeit als
Können je gegeben sind, wird zugleich die Problematik jeder hermeneutischen
wie tiefenpsychologischen Sinn-„Sammlung" (Heidegger) angesprochen, die
letztlich vergleichbare Weisen darstellen, Einheit oder Identität unseres subjektiven Wesens über ein Zusammenstellen von triebschicksalhaften, biogra-
phischen oder geschichtlichen Fragmenten zu erreichen. Dass dies weitgehend
zum Scheitern verurteilt ist, dürfte nach den bisherigen Ausführungen deutlich
auf der Hand liegen und wird von Henrys weiteren Analysen zu Fragen der „Verdrängung" bei Schopenhauer und Freud unterstrichen.[46] Wir möchten hier nur
darauf verweisen, dass daher ebenfalls jegliche Lebensphilosophie als „Vitalismus" nicht nur eine *anonym* gedachte „Kraft" in sich birgt, welche der ursprünglichen Subjektivität als Erscheinenswirklichkeit nicht gerecht wird, sondern
darüber hinaus eine Metaphysik der formalen Vereinheitlichung des Subjektiven und seiner Geschichte enthält, weil dieser Begriff eben Kraft und Affekt
miteinander verbinden soll, sofern sie nicht bereits originär geeint wären. Dies
lässt leicht den Verdacht aufkommen, das Individuelle sei nur etwas *Empirisches*, da ihm eine Kraft vorausginge, die es sich erst durch „Losreißen" und
„Freiheit" in der Zeit anzueignen habe. Die rein phänomenologische Frage der
radikal individuierten Einheit von Anfang an ist daher fundamental und bildet
letztlich den Kern der Auseinandersetzung mit jeder metaphysisch gedachten
„Potenzialität", das heißt der Einheit von Individuum und Erscheinen. Denn
die Analyse unseres selbstaffektiv individuierten Seins als Gewohnheit und
Gedächtnis im leiblich lebendigen Vollzug als stetiger Praxis offenbart nicht

---

45   „Potenzialität", 357 u. 360.
46   Vgl. Henry, *Können des Lebens*, 46–62: „Die Frage der Verdrängung nach Schopenhauer und
     Freud"; dazu auch Nuno Miguel. Proença, „Inconscient et refoulement selon la phénomé-
     nologie de la vie", in: *Revue Internationale Michel Henry*, Hft. 7 (2016), 35–51.

nur ein ständig gegebenes Wissen um die Welt als Relation von Bewegung und Festem, sondern wurzelt letztlich in dem maßgeblichen *Gefühl,* einen Akt überhaupt *wiederholen zu können,* worin der eigentliche Grund der Erinnerung ruht, welche keinerlei „Verdrängung" eines hypostasierten Unbewussten kennen kann.[47]

Auf dieser grundsätzlichen Kritikebene des Verhältnisses von Metaphysik und radikaler Phänomenologie[48] kann mithin unterstrichen werden, dass die Einheit unseres Leibes stets ein Immanenzgefühl ist, und zwar in allen Weisen unseres konkreten Leibes, welche die unmittelbare Erfahrung des genannten ontologischen Könnens beinhalten. In dieser transzendentalen Einheit konstituiert sich die Einheit der Welt, und dank dieser Transzendentalität wird jede unserer Bewegungen oder Verrichtungen als das *selbe* Vermögen gelebt, dessen Ausübung sich nicht nur auf die Individuierung *eines* Aktes reduzieren lässt. Denn in seinem Ursprungswesen entgeht unser Leib der *Zeit,* so dass auch die Einheit unseres Leibes oder Ego im Sinne prinzipieller Subjektivität nicht auf einem Gedächtnis beruhen kann, welches fundamentalhermeneutisch oder psychologisch verstanden würde. Vollzieht sich jedoch die Einheit des Grundvermögens meines rein praktischen Seins als „Können" nicht durch die Zeitlichkeit, dann ist der Grund dieses Ursprungsseins *diesseits* intentionaler Erinnerung nicht konstituiert, sondern dem Sein unserer ontologischen Erkenntnis insgesamt immanent. Mit anderen Worten sind unsere Gewohnheiten, welche die Gesamtheit unseres Leibes bilden, kein „Unbewusstes", weil eine intentionale Erinnerung unseres Gedächtnisses fehlen würde. Denn diese Gewohnheiten sind nicht irgendwelche in unserem „Inneren" versteckte (libidinöse oder phantasmatische) Mechanismen, die in ihrer Latenz darauf warteten, dass das Begehren oder der Wille sie hervorriefen. Daher erlaubt es allein das Verständnis der absoluten Subjektivität, mithin des Ursprungsseins des Erscheinens noch *vor* allem empirischen Individuiertsein oder imaginär vorgestelltem Ich, jene „Gewohnheit" zu verstehen, die als Leib im Sinne des zuvor genannten „Fleisches" der „Potenzialität" alle ontologische Gegenwärtigkeit als mögliche Weltgegebenheit und -erkenntnis überhaupt in sich birgt, und zwar ohne dass

---

47   Vgl. schon Rolf Kühn, *Praxis der Phänomenologie. Einübungen ins Unvordenkliche,* Freiburg/München, 2009, 40–70: „Wiederholung als Habitualität und Potenzialität"; *Begehren und Sinn,* 187 ff.

48   Vgl. zur gegenwärtigen Diskussion hierüber Jean-Luc Marion, Joseph Wohlmuth, *Ruf und Gabe. Zum Verhältnis von Phänomenologie und Theologie,* Bonn 2000, wo ebenfalls die Fragen einer „Ersten Philosophie" der metaphysischen Tradition erörtert werden, sowie die Stellungnahme zu Marion in Michel Henry, *Phénoménologie de la vie I: De la phénoménologie,* Paris 2003, 77–104: Quatre principes de la phénoménologie, hier bes. 94 ff.

dieses rein praktische Wissen sich jemals aus der Immanenzsphäre herausbe-
geben – sich davon „losreißen" müsste. Angesichts der phänomenal durchaus
lückenhaften Vielheit der Welt auf der Ebene der horizonthaften Transzendenz
trägt unser Leib die Tiefe wie Dichte seiner Vergangenheit stets schon in sich,
aber diese „Tiefe" ist zugleich die Abwesenheit jeglicher „unbewussten" Tiefe
im freudschen Sinne, da der Leib in sich eine absolute Transparenz als unmittelbares Vermögen der Bewegung und des Tuns bildet.

Seit der griechischen Antike versetzte das philosophische Denken das Indi-
viduationsprinzip bereits in die raumzeitliche Körperlichkeit, während Geist
und Idee eine unpersönliche, homogene Substanz darstellten, wodurch sich
der Mensch in ein reines universales Bewusstsein und eine empirische Individualität verdoppelte.[49] Denn wenn die Individualität nicht von Anfang an
eine transzendentale ist, so kann auch das Verhältnis von Subjektivität und
Leib als Zusammenführung von Kraft und Affekt kein solches Individuierungs-
prinzip herbeiführen, weil der Leib in seinem Wesen immer schon eine absolute Subjektivität ist und keine bloß empirische Individualität. Wenn daher
das Leben des Ego das konkret phänomenologische Leben des Leibes selbst
bildet, dann wird aus dieser Individualität grundsätzlich eine *sinnliche* (und
nicht nur „vitale") Individualität, was nicht heißt, dass sie damit auch empirisch im metaphysischen Sinn sei, denn das „Fühlen" dieser transzendentalen
Sinnlichkeit ist das Vermögen oder Können, prinzipiell zu empfinden (*sentir*) und Bewegungen vollziehen zu können. Die Gewohnheit *fühlen zu können*, entspricht daher dem wirklichen Individuum diesseits jeder Formalität
oder Zeitlichkeit, was zugleich im Sinne Maine de Birans die schon anfangs
erwähnte „Anstrengung" (*effort*) als Bewegung einschließt, sofern eben der
radikalphänomenologische Grund des Leibes in der ontologisch gewohnheits-
mäßigen Bewegung des Ich als Können subjektiver Praxis beruht. Weil also das
Ursprungssein der Bewegung Subjektivität ist, so ist es auch das Sein des Ego –
oder eben die Individualität bzw. Ipseität, denn in diesem Immanenzbereich

---

49   Vgl. Henry, *Inkarnation*, 199 ff.; sowie schon unser Kapitel „Aristoteles und der Verlust der
     Materie" in: Rolf Kühn, *Individuationsprinzip als Sein und Leben. Studien zur originären
     Phänomenalisierung*, Stuttgart 2006, 13–50, als auch zum hier nicht weiter dargestellten
     Umsturz solchen Denkens durch Descartes, indem dieser das Ego als rein phänomenolo-
     gisches und nicht länger metaphysisches Erscheinensprinzip bestimmte, bereits Henry,
     Généalogie de la psychanalyse, Kap. I–III, und Kühn, *Leiblichkeit als Lebendigkeit*, 142 ff.
     Außerdem Annette Hilt, *Ousia – Psyché – Nous. Aristoteles' Philosophie der Lebendigkeit*,
     Freiburg/München 2005, 286–314: „Aristoteles und die Phänomenologie des Leibes und
     des Lebens"; Jean-Michel Le Lannou, „De la vie divine à la vie absolue, Aristote et Michel
     Henry", in: Alain David u. Jean Greisch (Hrsg.), *Michel Henry, l'Epreuve de la vie*, Paris 2001,
     359–382.

vollzieht sich die „Offenbarung" *sui generis* eines vor-ontologischen bzw. rein phänomenologischen Existenzmediums, welches als „originäres Wie" nichts anderes als die leiblich lebendige Subjektivität selbst ist. Insofern daher das Sein der Bewegung ein subjektives Sein darstellt, welches all unserem Vermögen zu fühlen immanent ist, verwirklicht das Leben mit seiner Mächtigkeit des Immer-Empfinden-Könnens ein je *individuiertes* Leben – ja geradezu das Leben der Individualität selbst, welches die Lebensphänomenologie als stetes „Mehr des Lebens" (Henry) in seiner Meta-Genealogie als *Wie* der Ipseisierung ohne welthafte Elemente oder Kategorien zu analysieren versucht.

So empfindet jedes Individuum auf *seine* Weise, insofern das, was wir fühlen, nicht weiter reduziert werden kann und mithin jedem eigen ist. Wie Henry in all seinen Werken kritisch herausstellt, scheint das wesenhaft individuelle Fühlen gegenüber der intellektuellen bzw. wissenschaftlich-technischen Erkenntnis heute als Quelle der Wahrheit immer mehr entwertet zu werden, was in seinen Augen die eigentliche „Krise des Okzidents" mit ihren beiden Todesgesichtern im Kommunismus und (Neo-)Kapitalismus heraufbeschwört.[50] Aber es bleibt radikalphänomenologisch auch nicht zu übersehen, dass dieses Empfinden rein subjektiven Ursprungs ein originäres Leben weiterhin formt, welches jedem theoretischen Leben als Boden dient. Wenn jedoch ein solches Leben als singuläres das Leben des Individuums schlechthin darstellt, dann kann das „Individuelle" auch nicht einfach mit dem *Empirischen* verwechselt werden, wie es das metaphysische Denken lange vorausgesetzt hat, insofern das Individuelle keine bloß kontingente Hinzufügung zum reinen Bewusstsein bedeutet, sondern die Ursprungsweise dieses Bewusstseinslebens selbst bildet.[51] Daher gehört die sinnliche wie sensuelle (libidinöse oder erotische) Individualität zum Ursprünglichsten in uns, nämlich zur absoluten Subjektivität, die als Erscheinensgegebenheit *vor* jeglichem vorgestellten Ich alle Modalitäten umfasst, in denen sich das Leben in seinem prinzipiellen Können ausdrücken kann. Als subjektiv-transzendentaler Leib entspricht dies der Spontaneität der absoluten Subjektivität im Sinne des erstgegebenen passiblen Mich selbst, wodurch dann auch jeder individuelle Bezug zur Welt wie zu Anderen ein je einmalig individueller Bezug ist, ohne bloß empirisch wie in der heutigen („objektiven") Ideologie zu sein. Dass Henry hierdurch zugleich die absolute Konkretion von *religio* und *ethos* als tiefste wie unmittelbarste „Offen-

---

50   Vgl. Henry, *Können des Lebens*, 76–89 u. 90–113.

51   Zur Auseinandersetzung mit dem *principium individuationis* nach Kant, Schopenhauer, Freud und Heidegger als Vorstellung, Wille, Lebensfluss oder Dasein vgl. Henry, *Inkarnation*, 285 ff.; *Affekt und Subjektivität*, 33–50: „Die Kritik des Subjekts".

barung" bestimmt,[52] lässt die bisher angedeuteten Analysen auch zur notwendigen Grundlage einer jeglichen Würde von „Person" (Ipseität) werden,
insofern bereits der einfachste wie bescheidenste Lebensaugenblick die unhin-
tergehbare Wirklichkeit von individuellem wie absolutem Leben (als Ab- wie
Ungrund) in der Gleichursprünglichkeit transzendentaler Lebendigkeit umfasst.

Ein „Man" oder „Etwas" kann demzufolge ebenso wenig fühlen wie ein allgemein metaphysisch angesetztes Prinzip (Sein, Vernunft etc.), wie Henry[53]
schon sehr früh in aller Deutlichkeit unterstrich, denn allein die immanent
konkret sich modalisierende „Potenzialität" des Individuums umfasst sowohl
das unendlich reiche Leben des Universums, die Unersetzbarkeit meines Seins
sowie dessen unzerstörbare Rückbindung an ein absolutes Leben, welches im
„Fleisch" solcher Ipseität oder Individuierung immer schon absolut inkarniert
ist und deshalb – wie bei Leibniz unter anderem[54] – auch *gut* genannt werden
kann. Deshalb vermag Michel Henry in seinem Roman *Le Fils du roi*, der in einer
Psychiatrieanstalt spielt, um die Wahrheit des Lebens als „Königssohn", der
jeder von uns ist, auch noch unter der Form des erniedrigensten psychotischen
und schizophrenen Wahnsinns zum Beispiel erscheinen zu lassen, von dieser
Erprobung eines äußerlich scheinbar vernichteten Lebens sagen: Hierbei „ist
die Berührung mit den rauesten Triebkräften des Seins nicht mehr durch die
Kalküle der Vernunft oder die Formen gesellschaftlicher List abgeschwächt".
Aber selbst in diesem Fall kann radikalphänomenologisch nicht davon abgesehen werden, dass hinter dieser Erscheinung „sich in jedem Menschen im Tiefs-
ten seiner selbst eine geheime Quelle verbirgt. [Sie] ergießt sich durch mich
hindurch, indem sie den Linien meines Leibes entlang rinnt, um mein ganzes
Wesen mit seinem wildbachartigen Geräusch zu erfüllen."[55] Dies ist letztlich

---

52   Vgl. zur Diskussion auch Gabrielle Dufour-Kowalska, *Logos et absolu. Relire la phénomé-
      nologie du christianisme de Michel Henry*, Louvain 2016.

53   Vgl. *Philosophie et phénoménologie du corps*, 148 f.; dazu auch Roland Vaschalde, „Selbstver-
      gessenheit und vergessen(d)es Leben. Eine phänomenologische Betrachtung der Alzhei-
      merkrankheit", in: Rolf Kühn (Hrsg.), *Pathos und Schmerz. Beiträge zur phänomenologisch-
      therapeutischen Relevanz immanenter Lebensaffektion*, Freiburg/München 2017, 136–146.

54   Vgl. „Theodizee in der Perspektive einer radikalen Phänomenologie", in: Henry, *Radikale
      Religionsphänomenologie*, 79–95, hier 84; zu diesen hier nur angedeuteten lebensethi-
      schen Konsequenzen vgl. auch Kühn, *Lebensethos*, 12–18 u. 188–210.

55   Henry, *Le Fils du roi*, Paris, 1981, 147 u. 135; vgl. dazu Simon Brunfaut, „*Le Fils du roi* comme
      source de l'imaginaire. Michel Henry lecteur de Pierre Janet", in: Adnen Jdey, Rolf Kühn
      (Hrsg.): *Michel Henry et l'affect de l'art. Recherches sur l'esthéthique de la phénoménologie
      matérielle*, Leiden/Boston 2012, 199–220; Kühn, *Wie das Leben spricht*, 277–312: „Henrys
      Romanwerk als Narration meta-individueller Geschichte", hier bes. 294 ff. zum *Fils du roi*
      als „Wahrheit unter der Form des Wahnsinns".

die genannte Gutheit oder auch „Seligkeit" des Lebens wie bei Eckhart, Spinoza oder Fichte,[56] die in all seinem ursprünglichen Wirken als „Potenzialität" oder „Ur-Können" am Werk bleibt – keine bloß formale Kraft, sondern eben eine je ebenso singuläre wie absolute Geburt in der Immanenz solchen Lebens.

4　　Schlussfolgerung zum Verhältnis von Lebensphänomenologie und Metaphysik

Abschließend wollen wir ausführlicher noch auf den Bezug von Lebensphänomenologie und Metaphysik eingehen, den wir nur gelegentlich im Verlauf des Beitrags angesprochen hatten. Methodisch ist es offensichtlich, dass *Begriff* und phänomenologische *Evidenz* in der Tat miteinander verbunden sind, sofern der Begriff für die sich beweisende Erfahrungsbestimmung bedeutet, was die Evidenz hinsichtlich der Horizonterfüllung ausmacht, nämlich welthafte Erfahrung überhaupt zugänglich zu machen. Die phänomenologische Evidenz will eidetisch *Allgemeines* am *Einzelnen* in konkreter Wesenhaftigkeit als Bewusstseinstypik und in transzendental synthetischer Systematik erschauen, das heißt als möglichen *Erfahrungsverlauf*, der zwar von keiner empirischen Individualität in dieser Weise realisiert werden muss, aber doch in seiner Empirizität an die je regionale Begrenzung mit deren internen Variationsmöglichkeiten gebunden bleibt.[57] Die apriorische Abstraktion dieser phänomenologischen Evidenzschau widerspricht also nicht der monadisch entfalteten Konkretheit des subjektiven Lebens innerhalb der Phänomenologie, während die klassisch metaphysische Begriffsbestimmung die Vorstellung eines Gegenstandes im Allgemeinen bedeutet, in dem einzelne Seiende das ihnen Gemeinsame besitzen. Diese *essentia* oder *quidditas* bezeichnete als *idea* zugleich die umfassende Wesensgegenwart als Identität von Erkanntem und Erkennendem, mit anderen Worten die Tatsache der Erfahrung als intuitiver oder an-schaulicher Erkenntnis durch das Zusammenwirken von Vernunft und Sinnlichkeit. Dabei impliziert solche Synthesis etwa nach Kant eine metaphysische Ontologie, die den Zusammenhang Sein/Seiendes als veritative Synthese jedoch nicht bis zu ihrer Grundlegung führt, welche nach Heidegger[58] die Ein-

---

56　　Vgl. Frédéric Seyler, „Der Einfluss der Transzendentalphilosophie Kants und Fichtes auf die Genese des Selbstaffektionsbegriffs in der Lebensphänomenologie Michel Henrys", in: *Salzburger Jahrbuch für Philosophie* Bd. 63 (2018), 107–122.

57　　Vgl. Edmund Husserl, „Grundprobleme der Phänomenologie 1910/11", in: *Zur Phänomenologie der Intersubjektivität, I. Teil: 1905–1920* (*Husserliana XIII*), Den Haag 1973, 194.

58　　Vgl. *Kant und das Problem der Metaphysik*, Frankfurt a. M. ²1951, hier bes. 156 ff.

sicht in das transzendent *offene* Verhältnis von ontischen Bestimmungen und ontologischer Begegnisart überhaupt verlangt.

Wie immer aber erkenntnistheoretisch im Einzelnen die Relationsbestimmung von Rezeptivität und Spontaneität ausfällt, es bleibt der problematische Sachverhalt bestehen, dass der Begriff (Beweis) weder ohne das rationale (kategoriale) noch das sinnliche (passiv-materiale) Moment denkbar ist, selbst wenn Kant den Begriff eine „unanschauliche Vorstellung" nennt, die allerdings nicht für sich allein *wirken* kann. Denn selbst der *reine Begriff* bleibt als Notion eine die Anschauung über die Einbildungskraft ordnende Verstandesregel, während der *empirische Begriff* sich den Anschauungsinhalt verstandesmäßig unterwirft.[59] Wenn aber das in unseren vorherigen Ausführungen in Anspruch genommene pathische oder impressionale *Leben* im rein phänomenologischen Sinne in allen rationalen wie sinnlichen Leistungen als solchen immer schon anwesend ist, bzw. darin unthematisch mitfungiert (wodurch Husserl gegenüber Kant die transzendentale Subjektivität erweitert),[60] dann kann solches Leben selbst *kein* Begriff im genannten Sinne mehr sein, weil es sich für seine eigene Begriffsbestimmung bereits selbst wieder voraussetzen würde. Gerade weil eine auch noch so augenblickshaft gedachte *Distanzierung* als „Kluft" vom Leben nicht möglich ist, um darin eine An-Schauung (*in-tueri*) desselben zu etablieren, bleibt solches Leben als *originäre Vollzugskraft* des Bewusstseins in dessen Spontaneität *wie* Rezeptivität eine uneinholbare Realität im Sinne des zuvor Dargestellten. Aufgrund radikaler Epoché als Gegen-Reduktion unterliegt es eben keiner Idee der „Vorhandenheit" (Heidegger) oder sonstiger Substanzialität mehr, sondern ist unmittelbar *sich-offenbarendes Lebenswissen* als immanente *affectio* ohne begrifflichen Gegenstandshorizont. *Leben als Nicht-Begriff* bedeutet daher eine Wirklichkeit oder „Existenz", deren Eigenwesen sich der verallgemeinernden Bestimmung entzieht, weil jede Allgemeinheit notwendiger Weise Abstraktion vom „Leben" beinhaltet, das als Vollzug sich eben nur je *individuiert* im Tun als Bewegung manifestieren kann, weshalb es auch als alleinige Wissenschaftsgrundlage für Husserl entfiel.[61] Wenn Husserl außerdem gegen den Empirismus der Erfahrung von Locke und Hume einerseits die „kategoriale Anschauung" gelehrt hat, andererseits in seinem Spätwerk aber stärker die Vergeschichtlichung des Wesens – zum Beispiel des Geometrischen als historisch gebundener Idealität

---

59   Vgl. *Kritik der reinen Vernunft*, A 320 (*Kants Werke, Akademie Textausgabe IV*), Berlin 1968,
        203 f.

60   Vgl. Henry, *L'essence de la manifestation*, 206 ff.; *Généalogie de la psychanalyse*, 125 ff.

61   Vgl. „Grundprobleme der Phänomenologie", 167.

in der „Krisis"-Schrift – zu berücksichtigen hatte,[62] dann scheint dies ein weiterer Hinweis dafür zu sein, dass die an sich reine Begrifflichkeit als Noese sich
dennoch letztlich nicht selbst trägt, weil sie einer materialen oder lebendigen
Intervention bedarf, ohne an dieser Stelle über „geschichtliches Leben" weiter
entscheiden zu müssen.

Die „Leerheit des Begriffs" ohne empirische Anschauung bei Kant, die dann
von Hegel dadurch aufgehoben wird, insofern bei letzterem der Begriff das
dialektische Wesen des Erscheinens als Erfahrung selbst bezeichnen soll,[63] verweist folglich darauf, dass der Begriff keineswegs *autonom* im Sinne der „Selbständigkeit" als der *Phänomenologie des Geistes*[64] sein kann, was aber gerade
hinsichtlich des rein phänomenologischen Lebens gilt, welches in seiner Autonomie als Horizontabwesenheit zugleich seine individuierte Erfahrungsma-
terialität als je reines Sich-Offenbaren in sich selbst besitzt. In dem Maße,
wie die Phänomenologie es durch ihre gegen-reduktive Selbstverpflichtung auf
das Originäre hin mit einer solchen Autonomie des reinen Erscheinens als
Selbsterscheinen zu tun hat, bekennt sie sich auch zum absolut „metaphysischen" Status dieses selbständigen Ursprungs – sofern sie ihn allerdings aus
ihrem eigenen methodischen Anspruch entlässt, sich innerhalb dessen Evi-
denzgrenzen „zeigen" zu müssen.[65] Die Kritik an der klassischen Metaphysik
als regulierender Manifestationsvorgabe durch das „Licht der Vernunft", in dem
alles Seiende phänomenal in ontologischer Prinzipienfolge innerhalb eines
allgemeinen Seins- oder Wesensbegriffs aufzutreten habe, sofern der Begriff
alles Anschauliche überhaupt regelt, ist daher eine identische Kritik an dieser ontologischen Transzendenzvoraussetzung als begrifflicher „Objektivität"
alles Erscheinenden. Mit dieser gegen-reduktiven Kritik an einer griechisch-
abendländischen Phänomenalisierungsweise, die im Allgemeinen nur *eine*
ontologisch-materiale Manifestation im Raum des Verstandes oder des Begriffs
als „Licht" berücksichtigt, ist aber nicht unbedingt jede Metaphysikmöglich-
keit destruiert, sofern die „Blindheit" der Anschauung ohne Begriff (bzw. ohne

---

62   Vgl. Jacques Derrida, *Husserls Weg in die Geschichte am Leitfaden der Geometrie. Ein Kom-
      mentar zur Beilage III der „Krisis"*, München 1987.
63   Zur Belastung des hegelschen Begriffs des Erscheinens als Erfahrung durch die im abso-
      luten Geist vorausgesetzte *Negativität* vgl. Henry, *L'essence de la manifestation*, 863–906:
      „Appendice: Mise en lumière de l'essence originaire de la révélation par opposition au
      concept hégélien de manifestation (*Erscheinung*)"; Rolf Kühn, *Anfang und Vergessen. Phä-
      nomenologische Lektüre des deutschen Idealismus – Fichte, Schelling, Hegel*, Stuttgart 2003,
      223–364.
64   Hamburg 1988, Kapitel I, IV A (120–127).
65   Vgl. Kühn, *Wie das Leben spricht*, 313–350: „Ein erneuertes Denken von Metaphysik und
      kultureller Existenz".

Dialektik) bereits gerade ein Urteil *aus der Sicht* jener Begriffsvernunft bedeutet, deren Rechtmäßigkeit als tatsächlich allumfassendes Bewusstsein erst zu begründen wäre. Anders gesagt, ermangelt es der vom Begriff her konstatierten Blindheit des sinnlich Anschaulichen an einer eigenen phänomenologischen Aufweisung, inwiefern das *Lichtlose* wesensgemäß überhaupt „blind" erscheinen *muss*. Erfolgt diese Aufklärung nicht, bleibt es im Grunde bloß bei einem faktuellen Urteil, dessen Allgemeinheitsgrad oder Beweiskraft nicht wirklich transzendental etabliert ist. Die seit der Antike bekannte Lichtmetaphorik, um das Wesen Gottes oder des Intellekts zu charakterisieren, muss daher zugleich immer auch als *Immanenz des Lebens* verstanden werden.[66]

Ist daher die unsichtbar „dunkle" Seinsimmanenz des rein phänomenologisch Affektiven als „Leben" ein *absolutes* Sich-Wissen, so ist „die Wiedereinschreibung der Phänomenologie" in dieses Absolute zwar eine Wiedereinschreibung in das „Metaphysische", aber nicht notwendigerweise in eine bisherige „onto-theologische Metaphysikgeschichte" (Heidegger), die insofern der Destruktion im radikalphänomenologischen Sinne unterliegt,[67] als die innere Selbsterprobung der Affektivität weder Schein noch Erscheinung als *Folge* der ontologischen *Sichtbarmachung* zulässt. Als „Selbsterscheinen" verlangt diese Affektivität, dass sich deren Phänomenologie am Wesen des Erscheinens als solchem und nicht mehr an der *Methode* auszurichten hat.[68] Damit rückt nicht nur die „Lebensvergessenheit" als eine an die Transzendenz verlorene „Selbstvergessenheit" in den Mittelpunkt, sondern „metaphysisch" führt *jede* phänomenologische Eigenschaft, die auf der Immanenzstruktur beruht, prinzipiell in den Akt des „Seins" als *Leben* ein, weil ihre Wirklichkeit zunächst nicht mehr durch ein (transzendentes) Seinsverständnis vermittelt ist, sondern vom absoluten Leben selbst her verständlich werden soll. Denn durch die affektive Einheitsstruktur des lebendigen Affiziertseins *jeder* erscheinenden Realität ist jener Zirkel durchbrochen, welcher das Absolute zunächst einem Wissensprinzip unterwirft, welches dann von diesem Absoluten her wieder selbst zu erhellen bleibt. Zwar nimmt so die lebensphänomenologische Subjektivität eine zentrale Stellung ein, weil das „Ego" als radikales *Mich* durch keine andere Struktur mehr definiert ist als durch die passibel-affektive Immanenz, aber eine metaphysikgeschichtliche Abhängigkeit ist hierbei insofern eben nicht länger

---

66   Vgl. als Kommentar zu Anselm von Canterbury den Beitrag von Michel Henry, „Hinführung zur Gottesfrage: Seinserweis oder Lebenserprobung?", in: *Radikale Religionsphänomenologie*, 145–160.

67   Vgl. Kühn, *Postmoderne und Lebensphänomenologie*, Kap. I, 1: „Reduktion und Destruktion bei Husserl und Heidegger".

68   Vgl. Henry, *Radikale Lebensphänomenologie*, 63–186: „Die phänomenologische Methode".

gegeben, als kein reflexiv-subjektives Bewusstsein das Modell für dieses Affek-
tivitätspathos abgibt, welches in seiner ungeteilten Unbedingtheit als reiner
Passibilität dennoch „metaphysisch" in einem neuen originären Sinne genannt
werden muss.

Die Inanspruchnahme des „Metaphysischen" für die Wirklichkeit des absolut pathischen oder subjektiven Lebens *diesseits* des Begriffs kann somit andererseits niemals ein Plädoyer für den *Irrationalismus* sein, wie dies mit Bezug
auf eine anachronistische Lebensphilosophie als „Vitalismus" zuvor diskutiert
wurde, weil eben die Legitimität des Begrifflichen als alleiniger Autonomie
überhaupt erst zu begründen wäre, um dann das Urteil des Irrationalen eindeutig fällen zu können. Eine gegenreduktive Metaphysik *setzt* daher nicht das
inconcussum (Descartes) oder „Wie" des Originären als Anspruch der begrifflichen Vernunft, die „etwas" nur aufgrund solchen Setzens anerkennen kann,[69]
sondern eine solch erneuerte Metaphysik will *jeden* Setzungsprimat unterlaufen, um das *Sich-Phänomenalisieren* in seinem reinen Selbsterscheinen als
Sich-Offenbaren überhaupt erst *deiktisch* andenken zu können.[70] Der schein-
bare Widerspruch hierbei, dass sich die Metaphysik selbst aufhebt, um dennoch „Meta-Physik" als ungeteilte Realitätsgewissheit in Anspruch nehmen zu
können, liegt darin, dass die Gegenreduktion als Sich-Offenbaren des Lebens
eben kein gegenständliches Etwas mehr kennt, aber dennoch solches vor-
stellungsmäßiges Nicht-Sein auch nicht einfach „Nichts" nennen kann, weil
die ununterbrochene Lebensselbstaffektion dies untersagt. Da zudem letztere
ebenfalls alles Denken und Sprechen durchzieht, kann der „lebensmetaphysi-
sche" Diskurs dennoch „anti-rational" sein, sofern er die phänomenologische
„Autonomie" des Verstandes als begriffliches Denken in Frage stellt, ohne die
philosophische Diskursivität selbst aufgeben zu müssen, da Wort wie Begriff in
der unmittelbaren „Transparenz" des Lebens stehen. Dies lässt sich auch so ausdrücken, dass alle Aussagen in der dritten Person bzw. im Genitiv (Erscheinung
des/von ...) oder im Dativ (Mir-Erscheinendes) in eine Erfahrung der *ersten Person* zurückzudeklinieren sind, wo „mein" Denken, Wollen etc. zunächst immer
schon Wissen um *sich selbst* als Denken bzw. Wollen ist, wie auch Spinoza und
Maine de Biran mit dem Gedanken des *ipsum intelligere* die bloße Ideenkon-
zeption Descartes' und Kants kritisierten.[71]

---

69   Vgl. Henry, *Généalogie de la psychanalyse*, 17–86, zur Auslegung des *videre videor* bei Des-
      cartes als passiblem Selbsterscheinen originärer Phänomenalisierung.
70   Vgl. Henry, *Inkarnation*, 127–148: „Beantwortung des allgemein-philosophischen Problems
      der Möglichkeit, das Leben zu denken".
71   Vgl. Pierre Maine de Biran, *Die innere Offenbarung des „geistigen Ich". Drei Kommentare
      zum Johannes-Evangelium*, Würzburg 2010; Rolf Kühn, *Lebensmystik. Ursprüngliche Erfah-*

Strukturell durften wir deshalb genau aus diesen Gründen ebenfalls auf die *Mystik* wie bei Meister Eckhart zurückgreifen, die wir methodisch nicht für ihr doxisch inhaltliches Empfinden als bestimmtes individuelles „Gottes-erleben" integrieren, wohl aber mit Blick auf den radikalphänomenologischen Zusammenhang von Nichts/Fülle bzw. Nichterkennen/Offenbarung anführen konnten,[72] um den genannten erneuerten Metaphysikstatus auch in Bezug auf eine Phänomenologie des absolut sich-offenbarenden Lebens zu klären. Mit *Bild* meint Meister Eckhart nämlich bekannter Weise genau die Vermittlungs-funktion des Begriffs schlechthin, insofern alle Onta der Welt im Sinne der Außenheit nur durch diese vermittelnde Ein-Bildung in die erkennende „Seele" eintreten können. Sich selbst aber vermag daher die Seele (Leben) gerade *nicht* zu erkennen, wie wir sahen, weil sie „von sich selbst kein Bild abziehen kann" – weshalb sie sich auch *nicht kennt*, im Unterschied zu allen anderen Dingen. Diese metaphysische Blindheit bzw. Dunkelheit der Seele (Leben) sich selbst gegenüber als prinzipielles *Nichtwissen* hat aber nicht nur eine reduktive Funk-tion, indem die Seele von allem lässt, um gerade dieser *Finsternis* „nachzuja-gen", sondern das reine *Dass* solchen Nichtwissens im Unterschied zu allem inhaltlichen *Was* lässt vor allem den verborgenen *Un-grund* der Seele (Leben) zur „Stätte" der alles entscheidenden Gottesgeburt in ihr werden, wie etwa Predigt 83 ausführt: „Du sollst [Gott] bildlos erkennen, unvermittelt und ohne Gleichnis. Soll ich aber Gott auf solche Weise unvermittelt erkennen, so muss *ich* schlechthin *er* und *er* muss *ich* werden."[73]

Wenn wir solche Bestimmung des „Metaphysischen" folglich für die tran-szendentale Geburt jedes Lebendigen im rein phänomenologischen Leben in Anspruch nehmen, und zwar aus der nicht-repräsentativen Struktur des reduk-tiv Mystischen heraus, dann deshalb, weil die traditionellen, ekstatisch meta-physischen oder phänomenologischen Konzeptionen der vollen Autonomie der *Selbstgebung* als Sich-Offenbaren nicht gerecht werden. In den meisten Fäl-len sind dem *Sich-Offenbaren* kategoriale oder prinzipienhafte Bedingungen unterlegt, die dem an sich bedingungslosen Sich-Offenbaren entgegenstehen,

---

rungseinheit von Religion und Ethik im Spiegel „philosophischer Mystik", Dresden 2018, 79–122 zu Spinoza u. 123–156 über Maine de Biran.

72   Vgl. Rudolf Miggelbrink, *Lebensfülle. Für die Wiederentdeckung einer theologischen Kate-gorie*, Freiburg/München 2008, Kapitel I, 4–5 zur Lebensphänomenologie.

73   Predigt 83, in: *Werke II*, hrsg. v. N. Largier, Frankfurt a. M. 1993, 195. In der „Armutspredigt" 52 hebt Eckhart dann sogar noch jede „Stätte" der Empfängnis als irgendeine selbstrefle-xive Relationalität auf: „Allhier (im Durchbrechen dahin, wo ich bin, was ich war) findet Gott keine Stätte (mehr) in dem Menschen, denn der Mensch erringt mit *dieser* Armut, was er ewig gewesen ist und immerfort bleibt" (*Werke I*, 463), 2015.

weshalb auch „Gott" prinzipiell nicht von einem Konzept oder von einer Idee aus bewiesen werden kann, sondern selbst die eigene „Erfahrungsbedingung" *gibt*, in der er erfahren bzw. erprobt werden kann.[74] Die *Wirkeinheit* der Seele (Leben) mit dem Leib ist in der Tat ebenfalls in jeder Hinsicht keiner Vorstellung mehr zugänglich – und somit ebenfalls *ohne Begriff*, denn jeder Begriff müsste hierbei wieder auf Vermittlungen zurückgreifen, die gerade jene Einheit sprengen, welche immer schon existiert. Das heißt, es müsste *von außen* gesagt werden, was als rein lebendige Immanenz *praktisch* ungeteilt wie unmittelbar geschieht.

Sofern diese Identität von Leib und Leben (Seele) das phänomenologische, ur-affektive *Bedürfen* mit dessen Modalisierungen an *Bewegung, Begehren* etc. darstellt, ist also das Zusammenwirken von Leib und Seele keine bloß formale Analogie zum „Werk" der „Gottesgeburt" wie „Seelengeburt", sondern genau deren phänomenologische Wirklichkeit als Leben, denn das selbe Leben wirkt in der Urleiblichkeit als Passibilität wie in der pathisch fleischlichen Geburt als *Mich*, wie wir analysierten. Wenn kein begrifflich gefasstes Seiendes jemals wird sagen können, was *als* Leiblichkeit geschieht, ohne dass dies dem unmittelbaren Geschehen selbst Abbruch täte (was für den anschaulichen Erkenntnisvorgang trotz „Abschattungen" im Sinne Husserls so nicht gilt), dann ist der transzendental individuierte *Leib* in dieser phänomenologischen Radikalität genau eine originär *„metaphysisch" erprobte Gegebenheit*, die zusammen mit der *„metaphysischen" Verlebendigung* als gegenreduktive Geburt im transzendentalen Leben gegeben ist. Eine auf diese Weise in Anspruch genommene „Metaphysik" gibt kein *quid* mehr als ontologisches Wesen aus, sondern sie reduziert die Washeiten auf ihre reine Gebungsstruktur aus dem Leben heraus, was nicht heißt, dass Erscheinen und Erscheinung voneinander getrennt sein müssen. Ein „Mensch" ohne reflexives *quid*, ohne onto-logische *essentia* sowie *existentia* (deren seins-relationale Unterscheidung sich schon für Husserls Phänomenologie in intentionaler Hinsicht aufgrund reiner Erlebnisimmanenz als irrelevant erweist), ist dann ein rein „aus Gott Geborener" – ein absolut phänomenologisch betrachteter, das heißt lebendiger „Mensch" als „Gott-Erleidender", wie wir zu Beginn schon erwähnten. Die Aufklärung dieser „Transzendentalität" als einer metaphysischen besagt dann, die Phänomenologie in ihrer letzten Möglichkeit als Analyse des reinen Erfahren-*Könnens* schlechthin auszuschöpfen, auf dem auch noch jeder gegenwärtig diskutierte

---

74 Vgl. zur Diskussion Murat Ates, Oliver Bruns, Choong-Su Han, Ole Sören Schulz (Hrsg.), *Überwundene Metaphysik? Beiträge zur Konstellation von Phänomenologie und Metaphysikkritik*, Freiburg/München 2015.

transzendente und eventuell religiöse „Anruf" im Sinne Heideggers, Levinas'
oder Marions basiert.[75]

Ist nämlich eine irgendwie gedachte *existenzielle* „Vereinigung" mit Gott als
Leben nur auf dem Grund einer *ontologischen* Einheit in deren Urphänomena-
lisierung möglich, dann muss der tatsächliche Verwirklichungsvollzug dieses
Absoluten eben das Wesen der Seele selbst bilden. Die totale Entblößung der
Seele für das Wirken Gottes in ihr ist folglich keine *ethisch* spirituelle Forderung im Letzten, sondern diese „Armut" ist das Wirken Gottes selbst – mit
anderen Worten seine alleinige *Kraft*, die nichts mehr „über" den Menschen
oder Gott „aussagt", sondern eine *innere* Strukturbestimmung des Wesens des
Ursprungerscheinens benennt. Bezeichnen wir diese reine Selbstrezeptivität
des Wesens bzw. Gottes als „metaphysisch", dann bedeutet dies die rein phänomenologische Wesenhaftigkeit Gottes und der Seele (Leben) unter Ausschluss
der Kategorie der *Andersheit*, die eben nicht nur eine logische Kategorie zum
prädikativen Vergleich ist, sondern das phänomenalisierende Wahrheitsme-
dium der *Welt*, in dem jegliches Sein dem „anderen" gegenüber „fremd" ist, weil
es sich nur als Vorstellung oder Bild in einem solchen Medium bzw. Feld geben
kann. Die *Bildentwerdung* ohne „Unterschiedenheit" nach Eckhart entspricht
daher der radikalphänomenologischen wie mystischen „Einselbstung" in das
Wesen im notwendigen, gegenreduktiven Verlassen der Außenheit (Schöpfung), weshalb Armut und Epoché etc. in dieser Bedeutung zur *eidetischen
Analyse* selbst gehören, die das Wesen des absoluten Lebens freilegen will –
und nicht bei einer nur geforderten Veränderung des geschichtlich menschlichen Lebens in der Zeit stehen bleibt.[76]

Im Sinne der dergestalt erneuerten Metaphysik wie Mystik *die Identität von
Ein-* wie *Ausschluss* des „Menschen" innerhalb des Sich-Offenbarens des Abso-
luten zu verstehen, heißt radikalphänomenologisch folglich, *alle* am Wesen des
Erscheinens teilhabende Manifestation als dessen Selbstmanifestation ohne
Überwindung von Fremdheit, Alterität oder Differe(ä)nz zu begreifen, so wie
Leib und Seele *ein* Leben sind. „Lebensmystik" als radikalisierte Phänomenolo-
gie (bzw. als deren sie begleitendes Korrektiv) meint dann im Unterschied zur
onto-theologischen Metaphysik „methodisch" den Abweis klassischer Deskrip-

---

75   Vgl. Michael Staudigl, „Phänomenologie der Religion oder ‚theologische Wende'? Zur Pro-
      blematik der methodischen ‚Integrität' radikalisierter Phänomenologie", in: *Focus Pragen-
      sis. Jahrbuch für Philosophie und Phänomenologie der Religion*, Bd. 1 (2001), 44–63.
76   Vgl. Henry, *Radikale Religionsphänomenologie*, 97–116: „Die innere Struktur der Imma-
      nenz und das Problem ihres Verständnisses als Offenbarung – Eckhart"; dazu ebenfalls.
      Jean Reaidy, *Naissance mystique et divinisation de l'homme intérieur chez Maître Eckhart
      et Michel Henry*, Paris 2015.

tion als onto-logischen Vollzug der Phänomenalisierung, wo das Seiende jeweils in ein „Bild" (Begriff oder Vorstellung) eingeschlossen bleibt.[77] Damit wird auch die *ontologische Differenz* beiseite gelassen, sofern damit angezeigt ist, dass eine unverzichtbare „Vermittlung" hinsichtlich dessen stattfindet, wie das Seiende zum Sein findet bzw. aus letzterem her sich begegnen lässt, wozu auch noch das heideggersche „Ereignis" gezählt werden kann. Meister Eckharts ganze Ablehnung des Wirkens Gottes *als Transzendenz* führt nicht nur zu der für ihn wichtigen Unterscheidung von *Gott* und *Gottheit*, bei der jede Aktivität in einem solch intentional-transzendenten Sinne fehlt, sondern sie sprengt genau den allgemeinen abendländischen Phänomenalisierungsprimat auf, wie er bei Heidegger am reinsten zur Konzeptualisierung gelangte:

> Das Problem der Möglichkeit der *Ontologie* ist demnach die Frage nach dem Wesen und Wesensgrund der *Transzendenz* des vorgängigen Seins-verständnisses […]: wie muss das *endliche* Seiende, das wir Mensch nennen, seinem innersten Wesen nach sein, damit es überhaupt *offen* sein kann zu Seiendem, das es nicht selbst ist, das sich daher von sich aus muss zeigen können?[78]

An die Stelle einer solchen aus der Tradition ererbten Problematik tritt die Identität von *Potenzialität* des Lebens und unmittelbar radikaler *Individuierung* in all unseren Vollzügen, wie durch unsere Untersuchung sicher deutlich gemacht werden konnte.

---

77 Vgl. für diese Problematik innerhalb von Metaphysik, Mystik wie Phänomenologie Kühn, *Lebensmystik*, 41–78: „Ungeteiltheit als Immanenz bei Meister Eckhart".

78 *Kant und das Problem der Metaphysik*, 46 (Hervorhebung RK).

TEIL 2

Metaphysik – Sprache und Denkstil

∵

Philosophie und Literatur – Die Sprachen des Denkens und die Zukunft der Metaphysik

Harald Seubert

Abstract

Der Aufsatz geht von der Beobachtung George Steiners aus, dass auch philosophische Gedanken eine literarische Gestalt haben. Er skizziert von hier her eine Phänomenologie philosophischer Rede, die nicht nur die Verschriftlichung, sondern auch den in der Antike gängigen mündlichen Vortrag zugrunde legt. Im einzelnen werden der Dialog (Platon und Cicero), das Selbstgespräch (zwischen Augustinus und Wittgenstein), das System der klassischen (deutschen) Philosophie, aber auch das Fragment bzw. der Torso (,Vorsokratiker') auf ihre sprachliche Gestalt befragt. Besonderes Augenmerk gilt narrativen Formen philosophisch spekulativer Gedankenführung, wie sie Hegel in der *Phänomenologie des Geistes* und Schelling in seinen *Weltaltern* ausführte und wie sie auch in der Moderne immer wieder versucht wurden, u. a. bei Heidegger. Über Steiner hinausgehend wird nach der Verbindung von Gedanke und literarischer Formgebung gefragt: Denn die Literarizität philosophischer Gedankenführung ist nicht nur eine Frage des rhetorischen Ornats. Bei gelungener Gestaltgebung zeigt sich eine vollständige Durchdringung von Form und Gestalt. Dabei belegt der Aufsatz die These, dass Philosophie auch im Gegenüber zur künstlerischen Invention ihren Standpunkt einnimmt. Deutlich wird auch, dass vor dem Hintergrund der Beachtung dieser Zusammenhänge zwischen Metaphysik und Moderne vielfältige Zusammenhänge bestehen.

1   Prolegomenon

The Poetry of Thought, deutsch: *Gedanken dichten* ist ein bemerkenswerter Großessay von George Steiner aus dem Jahr 2011 betitelt.[1] Steiner geht es darum, die Prosa als Kunstform, die nach Sartre in jeder philosophischen Konzep-

---

1   G. Steiner, Gedanken dichten, Frankfurt a. M. 2011. Ich habe diesen Faden in meinem Buch: *Philosophie. Was sie ist und sein kann*, Basel 2015, 273 ff. aufgenommen. Ich beabsichtige der hier verhandelten Frage eine größere Untersuchung zu widmen, in der auch die Methodizität der Denkformen und der Sprachgestalten im Einzelnen aufeinander abgebildet werden.

tion verborgen ist, herauszuarbeiten und in ihrer Eigenständigkeit sichtbar zu machen. Damit wird das im philosophischen Diskurs meist übersehene Grundproblem, wie die Welt zur Sprache kommen kann, eigens thematisch. Mitunter artikuliert sich Denken freilich nicht nur als Prosa, sondern auch, wie bei Platon, dramatisch, oder sogar als Gesang (Hölderlin). So würdigt Steiner die dialogische Dramatik Platons und die luziden akzelerierenden Rhythmen bei Descartes und er spannt den Bogen bis zu Wittgenstein und Heidegger. Gedanken als Literatur zu fassen, bedeutet für Steiner, nicht nur lesen, sondern hören zu lernen, ein akroamatisches Vermögen auszubilden, das den Pulsschlag und die Musikalität der Texte, ihre Grundstimmung hervorhebt. Es geht also gleichsam um eine Phänomenologie des rhythmisierten, gesprochenen Wortes. Dies verweist schon im Aufmerksamkeitsgestus auf einen „radikalen Bruch mit der westlichen historischen Vergangenheit", die Philosophie an die Schriftlichkeit band; es verweist damit auf die „Kurzlebigkeit" des Gedankens selbst. Zugleich zielt Steiner indes auf eine Erneuerung der Philosophie gegenüber den naturalistischen Reduktionen. Dies geschieht im metakritischen Blick auf die positivistische Vision, Denken könnte auf biochemische oder neuronale Prozesse zurückgeführt werden.[2] Es hätte dann in keiner Weise mehr den Charakter von Handlung und Bezeugung. Doch, so Steiners Vision: „Irgendwo wird ein rebellischer Sänger, ein Philosoph trunken vor Einsamkeit ‚Nein' sagen. Eine Silbe, erfüllt vom Versprechen der Schöpfung."[3]

Deutlich genug ist damit gesagt, dass das Verhältnis von Denken und Dichten, Denken und Darstellen eng mit dem Charakter morphopoietischer Metaphysik zu tun hat, die, im Sinn von Rudolph Berlinger und Wiebke Schrader, den Werkcharakter des zu sich kommenden Gedankens besonders betonte. Werkhaft (um neu zu Praxis zu werden) wird Welt zur Sprache gebracht.

Ein erster Hauptteil (2) wird einige der Sprachformen des Denkens Revue passieren lassen, ein zweiter, knapperer wird (3) die systematische Problemlage skizzieren.

2   Paradeigmata: Sprachformen der Philosophie

Auf die Sprachformung eines Gedankengefüges *zu hören*: dies macht nicht eine Vermittlungsgestalt transparent, eine rhetorische Einkleidung von Gedanken, die auch anders sein könnten. Es geht auch nicht nur um Fragen des Stils

---

2   Steiner, *Gedanken dichten* 290 ff.
3   Ebd., 293.

und der Präsentation.[4] Diese Fragestellung verweist auf eine innere Korrespondenz, in der sich der Gedanke seine Gestalt sucht, sich in Sprache und Werk verwandelt und einzig so auch als Gedanke seine konkrete Form gewinnt.

2.1 Das vorsokratische Fragment

Am Anfang der Sprachen des europäischen Denkens steht nicht Platon. Hier wird die Denklandschaft der Vorsokratiker sichtbar: ihre monolithischen Gebilde, als Torsi überliefert, sind Überbleibsel von Lehrgedichten *Peri tes physeos*: *Über die Natur*. Dabei fügen die Philosophen im tragischen Zeitalter der Griechen[5] aber die Topoi der werdenden Welt zusammen. Der überlieferte torsohafte Zusammenhang gewann eine paradigmatische Bedeutung für die Begriffs- und Werkstrukturen späterer Philosophen. Vor allem bei Denkern der aphoristischen Verknappung wird der vorsokratische Ton nachgeahmt werden. Wenn Wittgenstein etwa formuliert: „Gott offenbart sich nicht in der Welt." Oder „Ich bin meine Welt", dann schwingt die Apodiktizität von Heraklit oder Parmenides nach, auch wenn der Lehrinhalt in eine ganz andere Richtung zielt. „To auto gar noein te kai einai"[6] – der parmenideische onto-logische Grundsatz trug Jahrhunderte einer onto-theologischen Fragestellung.

Die Suche nach den *archai* und *aitiai*, den Ursachen und Gründen der werdenden Welt, werden im Vermächtnis der Vorsokratiker in einzelnen erratischen Sätzen aufgestellt. Bei Heraklit in der Evokation des *Logos keraunos* (des Logos als Blitz), dem *panta rhei* und der gegenwendigen Fügung, der *palintropos*, bzw. *palintonos harmonia*: in der Klang und Gegenklang miteinander verbunden sind.

Nietzsches Vision, in einem Aphorismus zu sagen, was andere in ganzen Büchern nicht sagen, die einkomponierte Verknappung und Verschweigung,[7] schließt an die vorsokratischen Fügungen an und versucht sie, einem nachfolgenden „tintenkleksenden Säkulum" neu zu tradieren, etwa in vieldeutigen Sätzen wie: „Werden und Sein: Es ergibt sich die volle Differenz".[8]

---

4 Auf diese Frage reduzierte Manfred Frank die Problematik: M. Frank, *Stil in der Philosophie*, Stuttgart 1992.

5 So die Formulierung von Nietzsches Schrift *Philosophie im tragischen Zeitalter der Griechen*, KSA I, München 1980, 800–872.

6 Parmenides, Diels Kranz, Fragment III. Zu dem thematischen Zusammenhang vgl. meinen Aufsatz *Das Eine und der Unterschied*, in: *Orte des Denkens*. Festschrift für Hamid Reza Yousefi zum 50. Geburtstag, Nordhausen 2017, 243 ff.

7 Dazu M. Riedel, *Vorspiele zur ewigen Wiederkunft. Nietzsches Grundlehre*. Köln, Weimar, Wien 2012, 103 ff.

8 F. Nietzsche, *Fragmente*, KSA 7, 23; aufgenommen in: ders., *Menschliches Allzumenschliches*, KSA 2, 41 f.

Was auch immer verlorengegangen sein mag, die Fragmente der Vorsokratiker spiegeln und überliefern Welt-Wahrheit in ihrer Sagbarkeit und Unsagbar-
keit. So setzen beide, Heraklit und Parmenides, unterschiedliche Akzente und
sagen doch dasselbe anders, womit sie gleichsam die Grundstimmung späteren Denkens vorgeben. Heraklit kennt die onto-theo-logische Einheit im Logos,
auf den gehört werden soll und nicht auf ihn, Heraklit. Doch diese Einheit
des Logos bedeutet zugleich Entzweiung, Frieden mitten im Streit. Parmenides
dagegen kennt die Zweiheit, die er mit den Irritationen der doxa verbindet.
Eben deshalb manifestiert sich in der Form des Fragments der Grundsatz, in
dem beide Denkweisen zusammenkommen: Das *Hen diapheron heauto* eine
in/von sich selbst Unterschiedene.

Dies ist ein auffälliger Gegensatz gegenüber der platten Selbstgewissheit der
Sophisten,[9] die sicher Avantgarde einer Aufklärung waren, aber in einem Duk-
tus, der sich seiner Sache viel zu sicher ist, um Philosophie zu sein und deren
Dissoi Logoi gerade nicht die andere Seite sehen, sondern sie verdrängen und
ins Unrecht setzen. Der Homo-mensura-Satz und andere Grundsätze bleiben
eindimensional, in der Form und im Gehalt. Dagegen folgt die vorsokratische
Änigmatik dem Grundsatz des Delphischen Orakels, das nicht ausspricht und
nicht verschweigt, sondern andeutet.[10]

2.2   *Der Dialog*

Der philosophische Dialog, dem Vittorio Hösle vor etwa zehn Jahren eine
Monographie widmete, ist historisch eine singuläre Angelegenheit.[11] Die Dialogform der Philosophie erreichte zu Beginn, eben bei Platon, bereits ihre
vollkommenste Gestalt. In der Form dieses maieutischen, Gedanken erzeugenden Gesprächs wird die sokratische Gegenkonzeption gegen die Antilektik
der Sophisten besiegelt. Denn, wie es im *Charmides* heißt: Dem Gespräch mit
dem Anderen geht das Selbstgespräch voraus, und es begleitet den Dialog.[12]
Dies ist die Formung des *Gnothi seauton*, zu dem Sokrates durch das delphi-
sche Orakel verpflichtet wurde. Oder, in der Selbsterkenntnis-Topologie des
Charmides: Der Blick in den Augapfel des/der anderen spiegelt das eigene Auge
wieder.

---

9   Vgl. Th. Buchheim, *Die Sophistik als Avantgarde modernen Lebens*, Hamburg 1986, 154 ff.

10 Vgl. dazu W. Schadewaldt, *Der Gott von Delphi und die Humanitätsidee*, Frankfurt a. M.
    1990, Neudruck der Ausgabe 1975.

11 V. Hösle, *Der philosophische Dialog*, München 2006, 7 ff.

12 *Charmides* 165a–c. Siehe B. Zehnpfennig, *Reflexion und Metareflexion bei Platon und Fichte.*
    Ein Strukturvergleich des Platonischen „Charmides" und Fichtes „Bestimmung des Men-
    schen", (Symposion Band 82) Freiburg/München 1987.

Der Dialog ist mithin von vorneherein die Werkform, die ein triadisches Geschehen sichtbar macht: Die Selbsterkenntnis durch – Zwiesprache mit dem Anderen (nicht in einem agonalen Sinn, sondern so dass er maieutisch gefördert, zu sich gebracht wird) – in der Klärung der Wahrheit eines Sachverhaltes. Satz und Seele werden gleichermaßen geprüft.[13]

Dabei ist der platonische philosophische Dialog, – ganz im Unterschied zu den mehr oder weniger ungelenken Versuchen, die später mit dieser Grundform der philosophischen Gedankenerzeugung angestellt wurden, eminentes Medium zur Erzeugung des Gedankens. Er ist wie Platon selbst es nannte, „wahre Tragödie"[14], in der aber am Ende nicht die Notwendigkeit des *Pathe mathein*, des Lernens im Leiden. sondern die Freiheit und Befriedung gewonnener Einsicht erscheint. Das tragische Grundgeschehen wird gleichsam entsühnt. Der Dialog transfiguriert damit auch die Geheimlehren der Mysterien und Mythen.

In den platonischen Dialogen, die Sokrates im Gespräch mit den Sophisten zeigen, wird deutlich, dass sich die Form durchgängig dem Gehalt der Texte anschmiegt, und dass sie miteinander korrespondieren: Die platonischen Frühdialoge enden in der Regel in einer Aporie. Sie verweisen den Denkenden auf das Nicht-aus-noch-ein-Wissen. An anderer, später Stelle erst wird der Faden wieder aufgenommen, – verknüpfend und bis in die höchsten Höhen als Schau der Idee des Guten. Eine immer dichtere Sequenz von Fragen führt auf den Begründungsengpass hin, während dagegen die Aussicht auf die Ideen in ruhigen Redesequenzen dargestellt ist.

Die Dramaturgie platonischer Dialoge schließt gerade auch das Nicht-Thematisierte mit ein, den Widerwillen des Gorgias und der Seinen zuzugeben, dass Tugend ‚gemäß der Natur' (*kata physin*) sein könne. Gegen die Tendenz ihrer Reden zu unbedingter Schrankenlosigkeit und Mehrhabenwollen (*pleonexia*) und zum schrankenlosen Tabubruch, muss die Sprache ihres Leibes zugeben, dass es doch Grenzen gibt: Ihr Erröten zeigt, dass der Leib einen Widerwillen gegen den Tabubruch nicht überwinden kann.

Diese Vielstimmigkeit, Berührung des inneren und äußeren Sinnes, Stimmigkeit von Gedanke und seiner Darstellung ist niemals wieder so erreicht worden, wie sie im platonischen Dialog existiert: Der philosophische Dialog exponiert wie nebenher in ‚Paradeigmata' (dem nebenbei Gezeigten) die großen systematischen Begriffe. Er verbindet Argumente mit Grundstimmungen, der Bejahung und der Verneinung.

---

13   Dazu mit weiteren Belegen H. Seubert, *Platon – Anfang, Mitte und Ziel der Philosophie,* Freiburg i. Br./ München 2017, 150 ff.

14   Platon, *Nomoi* 817b.

Spätere Dialoge werden Lehr- oder Streitgespräche; illustrierende Szenarien oder utopisch-idyllische Örtlichkeiten werden entworfen, um darin ein Gespräch zu situieren. Einen hoch entwickelten literarisch-rhetorischen Anspruch lässt Cicero erkennen, wenn er im Otium von Tusculum oder an den arkadischen Orten, an denen die alten Staatsmänner philosophische Debatten führen, Dialoge über Pflichten und die Haltung des wahren Römers inszeniert.[15] Doch die Verkürzung der *idea tou agathou* auf das *honestum*, des Ideals auf die schon erreichte Idealität der Stadt Rom und ihres Erdkreises und die Eichung von Philosophie auf das Gespräch zwischen erwachsenen Männern, die in Otium und Negotium, Staats- und Militärdingen und Philosophie, gleichermaßen erfahren sein müssen, macht zunichte, was das platonische Gespräch gerade ausgezeichnet hat: Die Dramaturgie, den Wechsel von Selbst-Erhellung und Erhellung des Anderen, die maieutische, Wahrheit erst hervorbringende Dimension des Gesprächs. Die Lehre wird vielmehr in den glanzvollen Mantel des Dialogs eingekleidet. Philosophie ist zugleich Rhetorik.

Die antike Lehre von der Musenkunst (*Mousike*) lehrte zwischen *Diegesis* und *Mimesis* zu unterscheiden. Diegesis ist der Bericht, die Erzählung aus dem Abstand. Mimesis dagegen ist die unmittelbar involvierte Darstellung.[16] Hilfreich sind diese Kategorien meines Erachtens auch für die Konfrontierung von Platon und Cicero: Bei Platon ist das Wahrheitsgeschehen Mimesis, gesprächhafter Selbstvollzug, übrigens auch mit einkomponiertem Gelächter und der Lust der Bejahung, der Verzweiflung am Begründungsengpass. Bei Cicero beginnt der diegetische Weg des Dialogs. Gewiss, wird man auch in den vielfachen mittelalterlichen Gesprächen, vor allem über den richtigen Glauben, philosophische Dignität finden können und gewiss sind Humes Dialoge über natürliche Religion noch einmal ein oszillierendes Stück philosophischer Befragung und Selbstbefragung.[17] Brillant sind jene Dialoge vor allem darin, dass Hume darin den Stand- und Gesichtspunkt des Verfassers verbirgt. Damit wird Leo Strauss' Diktum vom Zusammenhang von ‚Persecution and the art of writing' variiert. Doch auch die Problematik und Mehrdimensionalität der Probleme wird erörtert.

---

15   Cicero, *Tusculanae Disputationes*, lateinisch-deutsch, Zürich 1966, vgl. F. Klingner, Cicero, in: ders., *Römische Geisteswelt*, Stuttgart 1979, 110 ff., sowie O. Seel, *Cicero. Wort-Staat-Welt*, Stuttgart 1967, 240 ff.

16   Zur Typologie Platon, *Politeia* 392c6 ff. Zur Interpretation H. Seubert, *Polis und Nomos. Untersuchungen zu Platons Rechtslehre*, Berlin 2005, 286 ff. Über die Formgesetzlichkeiten auch N. Blößner, *Dialogform und Argument. Studien zu Platons „Politeia"*, Mainz 1997.

17   D. Hume, *Dialoge über natürliche Religion*, übers. v. N. Hoerster, Stuttgart 1981.

Der Dialog als Gedankenerzeugung, als Ausgang aus der Linearität der gängigen Logik findet man eher bei Nicolaus Cusanus, wenn der Kardinal mit seinem Begleiter bei dem Laien und Löffelschnitzer erkennt und sieht, dass die Wahrheit sich in der geprägten Form unmittelbar sinnlich erfassen lässt und dass die Wahrheit nicht in der Verborgenheit lebt, sondern gleichsam „auf den Gassen schreit".

Die philosophische Invention aber löste sich von der dialogischen Formgebung ohnehin. Die Dialoge des Aristoteles, von denen nur weniges überliefert ist, haben protreptischen Charakter (sie weisen auf die Beschäftigung mit der Philosophie hin, werbend und unter Umständen auch vor ihr warnend). Sie sind weder literarisch noch in ihrem gedanklichen Gehalt mit Platons Dialogwerk zu vergleichen. Aristoteles' genuines Denken ist in abbreviativen Abhandlungen überliefert, die, was die Grundbücher *Metaphysik* und *Physik* betrifft, Notizen oder Niederschriften von Vorlesungen gewesen sein dürften.[18] Damit fand (akademische) Philosophie nicht nur ihre Methode und Tektonik, sondern auch die Form, der sie bis heute weitgehend folgt.[19] Diese Form wirkt eher spröde. Sie ist am ehesten Anleitung zu eigenen philosophischen Untersuchungen. Wenn bei Platon Mythos und Tragödie noch die unmittelbaren Gesprächspartner sind, deren Ansprüche abgewehrt werden, so sind sie bei Aristoteles nur noch Lieferanten von zu reflektierenden Exempla. Doch die aristotelische Abhandlung hat es ihrerseits in sich: Sie öffnet sich auf doxa und Erfahrung, sie verbindet die Exposition scharf umgrenzter Begriffe und spekulativer Aussichten, auf die Theoria, mit der Anschauung von literarischen oder allmenschlichen Beispielen. Denkdrama ist sie nicht mehr. An die Stelle der strikten Fügung tritt die Erkundung nach verschiedenen Seiten. Aristoteles gibt gleichsam exemplarische Untersuchungsmuster vor, die in ein Begriffsnetz einmünden.

2.3   *Selbstgespräch. Die Meditation*

Eine genuinere philosophische Entfaltungsgeschichte als dem Dialog ist, so zumindest eine gängige Auffassung, der Meditation vergönnt gewesen. Sie kommt der monologisch-dogmatischen Mitteilung besonders nahe. Wenn sie literarisiert ist, findet sie zu starken inneren Bildern, wie in Descartes' II. *Meditation* mit der wegdenkenden Reduktion auf das Nicht-Bezweifelbare, in der auch die Außenwelt zurücktritt und schließlich der eigene Körper als Chimäre gedacht werden kann, die von einem täuschenden *Spiritus malignus*, erzeugt wurde.[20]

---

18   Dazu H. Flashar, *Aristoteles. Lehrer des Abendlande*, München 2013, 63 ff.
19   W. Welsch, *Der Philosoph. Die Gedankenwelt des Aristoteles*, München 2012, 377 ff.
20   Gregor Betz, *Descartes' „Meditationen". Ein systematischer Kommentar*, Originalausgabe,

Wenn sie stärker die Spuren mündlicher Mitteilung trägt, wie die Wissenschaftslehren von Fichte, übt sie einen starken Sog der Partizipation aus. „Denken Sie sich die Wand und sich selbst gegenüber dieser Wand": So ein verbum proprium in Fichtes erster Wissenschaftslehre und Muster der Entgegensetzung von Ich und Nicht-Ich.[21] Dies ist in der Fügung und Tonalität etwas völlig anderes als die in die Sache zurückgenommenen Untersuchungen von Aristoteles, oder von Wittgenstein. Die eigene Erkenntnis wird mit rhetorischer Verve dem anderen angesonnen, so dass er sie sich ganz zu eigen machen soll.

Meditationen bringen das Denken vor einem Problem oder einem Text in einen Schwebezustand. Sie erlauben es grundsätzlich, den Gedankengang abzubrechen, die gegenläufige Option zu erwägen oder weiterzugehen. Wenn sie weitergehen, im Gewissheit suchenden Zweifel, durch Engpässe der Begründung hindurch, dann führen sie, ansteigend oder vertiefend bis zu dem Absolutpunkt, an dem der Zweifel in Gewissheit umschlägt.[22]

Der Weg der Meditation bleibt, rhetorisch oder tatsächlich, offen. Sie ist konzentriertes Selbstgespräch der Seele mit der Sache selbst: vor allem in einem Rückgang auf das Grundprinzip, das keine weiteren Begründungen mehr erfordert und auch nicht zulässt.

Dabei können sich philosophische Meditationen mit der Confessio verbinden. Dies wird schon bei Augustinus sichtbar, in der Einkomposition der Bücher X und XI, der Memoria- und der Zeitanalyse in die *Bekenntnisse*. Der eigene Reflexionsweg, der Teil des Lebensweges und seiner Wahrheitssuche ist, wird zur idealtypischen Vorlage für die Meditationen des Anderen.

Meditationen führen das maieutische Erbe der platonischen Dialoge weiter: Sie beruhen ja auf dem sich von äußerer Sinneswahrnehmung ablösenden konzentrierten Blick ins Innere der Wahrheitsarchitektur. Dass dort etwas aufgefunden werden kann, ist die Voraussetzung einer Meditation, die häufig den Weg vom Fluss des Werdenden und Vergehenden zum Bild der Idee einschlägt, oder noch grundsätzlicher, den Wechsel von der alltäglichen zur philosophisch-eidetischen Einsicht bezeichnet. Insofern ist sehr vieles, was Edmund Husserl geschrieben hat, der Form nach ‚Meditation', die den phänomenologischen Blick ansinnt und mit ihm experimentiert, die Abschattun-

Stuttgart 2011; René Descartes, *Meditationen*, dreisprachige Parallelausgabe (lat., fr., dt.), hrsg. v. Andreas Schmidt, (Sammlung Philosophie) Göttingen 2011. Zur transzendentalphilosophischen Deutung R. Lauth, *Descartes' Konzeption des Systems der Philosophie*, Stuttgart-Bad Cannstatt 1997.

21   Dazu G. Zöller, *Fichte lesen*, Stuttgart-Bad Cannstatt 2013, siehe auch W. Janke, *Fichte. Sein und Reflexion. Grundlagen der kritischen Vernunft*, Berlin 1970, 9 ff.

22   Dazu R. Berlinger, *Vom Anfang des Philosophierens. Traktate*, Frankfurt a. M. 1965, insbesondere 9 ff.

gen der Gegenstände und die Rekonstruktionen der Alltagswelt mitvollziehbar macht.[23] Allerdings wird dies nur einem Leser möglich sein, der sich auf die Abstraktion des philosophischen Standpunkts eingelassen hat. Bei Husserl wirkt das Verfahren wie eine auf die Sache orientierte Untersuchung. Doch es ist eben keineswegs voraussetzungslos, sondern vielmehr nur vor dem die phänomenologische, bzw. eidetische Reduktion vollziehenden Blickpunkt aus nachvollziehbar. Was eine problemgeschichtliche Untersuchung zu sein scheint, vollzieht sich im Grunde als meditativer Akt.

Hegel bemerkte gelegentlich, im Blick auf Schellings Freiheitsschrift, in der Philosophie könne es kein Einzelnes geben, das wahr sei – und: In der Philosophie ließen sich nicht Resultate mitteilen, es bedürfte vielmehr der gesamten Dynamik einer Gedankenerzeugung.[24] Damit sind jene beiden Momente benannt, in denen philosophische Meditation in der *Metabasis eis allo genos* den Leitfaden der platonischen Dialoge weiterführt: Selbsterzeugung des Gedankens durch ein Individuum, das seine unverwechselbare Signatur anderen anzunehmen nahelegt, und ein Ausgreifen der sinnenden Gedanken auf das Ganze der Weltwissenschaft, bei Husserl in der unendlichen Aufgabe der Phänomenologie greifbar.

Die Meditation wird sich dabei immer wieder sammeln und konzentrieren müssen. Sie muss das freischwebende Sinnen, den assoziativen Vorgriff auf Probleme, auf einen scharf umrissenen Fokus zurücknehmen. So kreisen Meditationen immer um ein „Thema con variazioni". Übrigens ist Rudolph Berlinger ein Meister der Sprachform philosophischer Meditation, und dies gerade dort, wo es um die Klärung des Anfangs- und des Begründungsproblems geht.[25]

Berlingers Denken begründet, bewusster und expliziter als bei Husserl, den philosophischen Anfangspunkt als performativen Vollzug philosophischer Selbstbestimmung des Menschen, so wie sich ihm das Weltwesen Mensch selbst *„Experimentum medietatis"* erschließt.

---

23 Vgl. die ansatzweise Herausarbeitung G. Hoffmann, *Bewusstsein, Reflexion und Ich bei Husserl*, Freiburg/München 2001 und die von mir betreute Dissertation F. Thron, *Subjekt und Gegenstand: zur Konstitution der Außenwelt im Anschluss an Husserl und Carnap*, Freiburg i. Br./München 2013.

24 G.W.F. Hegel, *Vorlesungen. Ausgewählte Manuskripte und Nachschriften*, Hamburg 1983 ff., Bd. 9, 182 ff.

25 R. Berlinger, *Vom Anfang des Philosophierens*. Siehe auch meinen Aufsatz zur geistigen Physiognomie des Denkens von Berlinger: „Sein und Freiheit am Weltbeispiel Mensch. Die Aktualität Rudolph Berlingers aus Anlass seines 20. Todestages", in: *Perspektiven der Philosophie*, Bd. 44 (2018), 3–25.

2.4   *Narrativität*

Erst nach der Renaissance, mit bemerkenswerten Anfängen bei Giambattista Vico,[26] wird auch geschichtliche Erzählung eine legitime Form von Philosophie. Die Entfaltung des Wahren im Lauf der Geschichte, aber negativ auch der Verlust eines gegebenen Ursprungs und seine Neugewinnung können offensichtlich am überzeugendsten in einer Geschichte angenähert werden. Damit wird systematisch die transzendentalphilosophische Ahistorizität korrigiert, die in der husserlschen Phänomenologie noch weitergewirkt hat.[27] In den Zeit-Kategorien der antiken Metaphysik hat Geschichte nur bedingt einen Ort. Sie begegnet in der Deszendenz von der einen Idee, dem Göttlichen in die materiegeleitete Kontingenz. Das Eine und der Nous sind, um es mit der eindrucksvollen Bestimmung des Prinzipiellen im Neuplatonismus zu sagen, frei von Zeit. Erst die Psyche ist innerzeitlich und erst sie zählt Zeit.[28]

Der Herausforderung, die Geschichte an Metaphysik stellt, muss man sich also bewusst sein. Es gibt zwei bemerkenswerte narrative Vorlagen aus der Zeit der Gestalt gewinnenden klassischen deutschen Philosophie, zwei erratische Blöcke, deren Werkcharakter, auch im Fragmentierten, unmittelbar einleuchtet: Einmal ist dies Hegels *Phänomenologie des Geistes*, die vor den Augen des Lesers sich vollziehende *Wissenschaft der Erfahrung des Bewusstseins*. Sie ist wiederholt mit einem Bildungsroman verglichen worden, der Reifung und Erkenntnisgewinn seines Protagonisten so vor Augen führt, dass vergangene Haltungen – man denke an Goethes Wilhelm Meister-Romane – gleichermaßen verworfen und verändert übernommen werden.[29] Das Subjekt, das aus einer vermeintlichen Einheit der Naivität in die Entzweiung zwischen Bewusstsein und ihm sich erschließender Wahrheitsgeschichte katapultiert wird, verliert auf dem Weg von der ‚sinnlichen Gewissheit‘ über die Wahrnehmung bis hin zum subjektiven, objektiven und absoluten Geist, zu Kunst und Religion seine ursprünglichen Anmutungen und wird selbst jeweils ein Anderes. Auf dieser *Peregrinatio* stößt es aber nicht nur auf begriffliche Gestaltungen – und Abbreviationen, sondern auch auf Formen der Weltgeschichte,

---

26   G. Vico, *Prinzipien einer neuen Wissenschaft über die gemeinsame Natur der Völker*, 2 Bde., hrsg. v. V. Hösle und Chr. Jermann, Hamburg 1990; dazu S. Otto, *Giambattista Vico*, Stuttgart 1989, 9 ff.

27   Dazu J. Derrida, *Das Problem der Genese in Husserls Philosophie*, Zürich 2013.

28   Dazu W. Beierwaltes, *Plotin. Über Zeit und Ewigkeit. Enneade* III. 7, Frankfurt a. M. 1967, 14 ff.

29   Vgl. dazu etwa Th. Rentsch, „Negativität und dialektische Sinnkonstitution", in: E. Angehrn/J. Küchenhoff (Hrsg.), *Die Arbeit des Negativen. Negativität als philosophisch-psychoanalytisches Problem*, Weilerswist 2014, 61–77.

Aufklärung, Französische Revolution, Bürgerkrieg, oder auf die Ausprägungen der Naturerkenntnis seiner Zeit.

Strittig ist in Hegel-Forschung und Exegese bis heute, ob die *Phänomenologie* Einführung in das Ganze des Systems ist oder dessen erster, prolegomenahafter Teil.[30] Auch Hegel selbst dürfte in Konzeption und Ausarbeitung des Werkes dessen Charakter zunächst unentschieden gewesen sein. In jedem Fall nähert die Narration das System in einer erzählenden Form an, einer Dynamik, in der sich die Bewegung des Gedankens und der Umschlag der objektiven Gegebenheiten und der Bewusstseinsformen in der Zeit zeigt: eine Entwicklung, die in der Wissenschaft der Logik nur die Kategorien durchlaufen und die deshalb außerhalb der Zeit verläuft.

Hegel ging von seinen frühen Jenaer Systementwürfen über das Erzählexperiment der *Phänomenologie des Geistes* zum abgeschlossenen System weiter. Umgekehrt verfuhr Schelling: Er verabschiedet sich von den in rascher Sequenz entstandenen Systementwürfen seiner Frühzeit und entwickelt ein Bild der werdenden Welt: vor allem in den Weltalter-Fragmenten, die Vergangenheit, Gegenwart und Zukunft der werdenden Welt selbst in einem philosophischen Ur-Epos verdeutlichen: „Die Vergangenheit wird gewusst – die Gegenwart wird erkannt – die Zukunft wird geahndet", mit dem Zusatz der Darstellungsformen: „Das Gewußte wird *erzählt*, das Erkannte wird *dargestellt*, das Geahndete wird *geweissagt*."[31] Ein Problemeinsatz, der das System aufsprengen muss, deutet sich schon in der Abhandlung über das Wesen der menschlichen Freiheit und die damit zusammenhängenden Gegenstände, namentlich den Zusammenhang von Bösem und Freiheit an.

Es sei nicht verschwiegen, dass auch Martin Heidegger in einem Teil seines späten, der Seinsgeschichte gewidmeten Werkes sich diesen epischen Großformen angenähert hat. Es sind Erzählungen darin, die von der Nemesis geleitet sind, der großen Geschichte der Seinsvergessenheit, die gar nicht anders sein konnte und ohne die die Metaphysik nicht entstanden wäre.[32] Der epische Verlauf ist weitgehend ohne Autorisierung eines ‚Ich' in Gang gesetzt: ein großer Strom, in dem die metaphysischen Grundstellungen von den Vorsokratikern bis Nietzsche ihren notwendigen Ort einnehmen.

---

30 Dazu H.F. Fulda, *Das Problem einer Einleitung zu Hegels „Wissenschaft der Logik"*, Frankfurt a. M. 1973.

31 F.W.J. Schelling, *Die Weltalter*, SW VIII, hrsg. v. M. Schröter, 199.

32 Unter anderem M. Heidegger, „Entwürfe aus der Geschichte des Seins als Metaphysik", in: ders., *Nietzsche*, Bd. II, Pfullingen 1961, 455 ff.

2.5   *Das System*

Nicht die mikrologischen Beobachtungen, sondern die Gesamtstruktur ließen
Metaphysik in Phasen ihrer gebündelten Tiefe und reflexiven Kraft zur Systemgestalt kommen. Sie ist ausgezeichnet durch eine *Systasis*, ein notwendiges
Zusammenbestehen der Teile aus einem Grund, wobei dieser in der nachkantischen Philosophie nicht ohne weiteres als ‚Prinzip‘ aufgefasst wird, sondern,
wenn man von Fichtes erster *Wissenschaftslehre* 1794 ausgeht, eher als Tathand-
lung denn als Tatsache. Systeme sind umfassende Architekturen, Domen aus
unterschiedlichen Epochen und Symphonien vergleichbar. Kann eine kritisch-
transzendental gebrochene Begründungswissenschaft Philosophie im System
ihre legitime Struktur finden? Dies war zumindest der Anspruch von Hegel
oder Schelling. Während der eine an seiner Systemstruktur festhält, spielt
Schelling als junges Genie, wie der Gott Heraklits, mit System-Kondensationen,
nimmt sie auf, expliziert sie und verwirft sie wieder.

Die luzideste Systemgestalt hat vielleicht Baruch de Spinoza mit seiner
Ethica vorgelegt:[33] Deutlich werden darin Möglichkeiten und Grenzen der Gattung: Spinoza formt ein kristallines Gebilde aus Axiomata, Definitionen, Ablei-
tungen und Schlüssen, das der Euklidischen Geometrie folgt und in dem jede
Behauptung innerhalb der Systemkohärenz clare et distincte ausgesagt werden kann. Allerdings ist die Kehrseite eine Bindung der Philosophie an eine ihr
externe Darstellungs- und Beweisform, eben die Beweisform der Geometrie. Es
ergibt sich eine Vollständigkeit und Schlüssigkeit, die die cartesischen Meditationen nicht erreichten, der aber der Mangel anhaftet, dass sie sich nicht selbst
zu legitimieren vermag. Sie entwirft einen Innenraum, den man betreten muss,
um in ihm zu denken.

Paradigmatisch für das System sind aber gerade nicht die Summae der Scho-
lastik, namentlich von Thomas von Aquin. Sie sind Summierungen der dispu-
tativen Wissenskultur zwischen doctrina sacra und der natürlichen Vernunft.
Thomas’ Untersuchungen zeichnen eine aristotelische Grundkonzeption in
das Gefüge von Natur und Gnade ein. Den Anspruch einer Systasis des Ganzen, einer umfassenden Systematzität erheben sie aber gerade nicht.

Die kantische und nachkantische Philosophie sollte deshalb weder auf die
scholastische Summa noch auf Spinozas unnachahmliche, unübertreffliche,
aber zugleich sterile Struktur zurückkommen. Die Systemformen, an denen sie
arbeiten, sollen den Bruch zwischen Metaphysik und Erfahrung überbrücken.
Kant hat die Sprachlichkeit der Philosophie in der Methodenlehre der *Kritik*

---

33   Dazu H. Wolfson, *The Philosophy of Spinoza*, 2 Bde., Harvard UP, Cambridge, MA 1934, ins-
      bes. vol. 1, 235 ff.

der reinen Vernunft gegen eine mathematische Axiomatik ins Recht gesetzt, Philosophie beweise nur durch lauter Worte, betonte er.[34]

Kant formte deshalb seine ‚Kritiken' als große Abhandlungen, über deren Literarizität nur so viel zu sagen ist, dass sie in der Subtilität ihrer Definitionen sich besser erschließen, wenn man sie ins Lateinische übersetzt, und dass sie neben der präzisen Begrifflichkeit immer wieder außergewöhnlich dichte Metaphern hervorbringen, wie jene von der „Kopernikanischen Wendung" oder „Technik der Natur".

Doch die Werkgestalt eines Systems versuchte Kant aus gutem Grund nicht abschließend zu fixieren. Er belässt es in seiner Methodenlehre beim „Kanon der reinen Vernunft", womit ein Leitfaden bezeichnet ist, aber eben gerade kein Ganzes, das einen Abschlussgedanken evoziert. Diesen Versuch unternehmen je spezifisch Fichte, der frühe Schelling (mit dem Ich als Prinzip) und Hegel mit der umfassenderen Konzeption des Geistes.

Hegels Systematik bildet eine systematische Werkgestalt ab, wie sie in dieser Totalität vielleicht kein anderes Mal erreicht worden ist. Der Systembau hat die Struktur einer nach oben führenden Treppe, zugleich ist der Zusammenschluss von Logik und Realphilosophie zirkulär zu durchlaufen, nicht mehr Bildungsroman, sondern großes Lehrgedicht, in dem das *Ganze das Wahre* ist, das Einzelne sich aber in diesem Ganzen aus seiner Kontingenz in die Notwendigkeit gerückt findet.

Die endliche Weltnatur des Menschen hat Hegel freilich unkenntlich gemacht („Golgatha der Individuen"), was schon in den Schlussstücken der *Phänomenologie des Geistes* sich abzeichnet.[35] Es ist dieses Moment, in dem der philosophische Text seine Literarizität und Kontingenz getilgt zu haben meint, sie tatsächlich aber ableugnet.[36]

Doch die Werkgestalt des Systems überzeugte dauerhaft nicht, vermutlich vor allem, weil der Geist-Begriff in eine Krise geriet.[37] Nietzsche spricht von den Verwandlungen des Geistes, die zum ‚absoluten Geist' nicht mehr geführt werden sollen, Transzendenz wird in Reszendenz abgebogen. Deshalb kann Nietzsche dem System, mit einiger Berechtigung, wenn man auf die Systemepigonen blickt, einen Mangel an Rechtschaffenheit konstatieren.[38]

---

34   Kant, KrV, A 735. Dazu M. Riedel, *Kants ursprüngliche Fragestellung*, Frankfurt a. M. 1989.

35   Hegel, *Phänomenologie des Geistes*, Theorie-Werkausgabe Band 11, Frankfurt a. M. 1969, 588 ff.

36   Berlingers letzte, nur noch angekündigte Vorlesung hätte sich dieser Thematik gewidmet.

37   Dazu J. Derrida, *Vom Geist. Heidegger und die Frage*, Frankfurt a. M. 1998, 13 ff.

38   F. Nietzsche, *Götzen-Dämmerung*, KSA 6, München 1980, 63.

Systeme im 19. und 20. Jahrhundert lassen selten noch die Gefügtheit und Geschlossenheit erkennen, die der Titel beansprucht. Sie werden leicht zu Sammelsurien, Empirisches und Transzendentales durchmischend.

Die metaphysische Systematizität bleibt aber nichtsdestoweniger eine Aufgabe, die Denk- und Sprachfügung erfordert.[39]

2.6   *Systeme in Aphorismen: Nietzsches Formbewusstsein*

Friedrich Nietzsche hat seinen Denkansatz als „Umkehr des Platonismus" begriffen, zugleich zeigte er sich selbst in einem Brief an Overbeck Rohde überrascht, wie sehr sein Zarathustra platonisiere.[40] Die Inversion und die Neigung zum tragischen Zeitalter brachten den frühen Nietzsche aber nicht dazu, noch einmal den Versuch mit der Dialogform zu wagen. Das Selbstgespräch, die Seele mit sich allein lagen ihm näher.

Wenn Stefan George einmal hymnisch evozierte: sie hätte singen sollen diese Seele, verkennt der Wunsch gerade die innere Spannung zwischen Denken und Dichtung, die Nietzsche wie kaum ein anderer austrägt. Wo er Gedichte, hochmusikalisch und verspielt, in seine Gedankengänge hineinlegt, lassen sie seine Gedanken glitzern und leuchten. Doch diesem schönen allzu schönen Spiel misstraut er umgekehrt wieder.[41] Das Soliloquium führt zu einem Perspektivismus (F. Kaulbach),[42] in dem Nietzsche sich vervielfacht, Wanderer wird und sein eigener Schatten und in dem eigene Liebe und eigener Hass wie Inkunabeln auftreten.

Von der Abhandlung, mit der er, in der Form noch konventionell, die *Geburt der Tragödie aus dem Geist der Musik* beschwor, musste der soliloquiale, vielstimmige Philosoph sich entfernen. Er fand in den Aphorismen eine genuine Form, da sich die Aphoristik musikalisch interpretieren ließ, mit schnelleren und langsameren Verläufen, Crescendi und Decrescendi. Nietzsche erinnert bekanntlich ständig an die Vortragskunst des Lesens, das nicht stumm, unmusikalisch erfolgen darf. Zugleich betont er den unterschiedlichen Schwere- und Gravitationsgrad seiner Aphorismen. Es gebe gewichtigere und andere, die leichter zu nehmen seien. Der Weg von den einsamsten Gedanken, die er sich

---

39   Eine beachtenswerte neuere Ausformung des Systemanspruchs bei Lorenz Bruno Puntel, *Struktur und Sein. Ein Theorierahmen für eine systematische Philosophie*, Tübingen 2006, 34–48.

40   Brief vom 22. 10. 1883, KSA 6, 449. Nietzsche verbindet dies mit dem verwunderten Eingeständnis, „wie wenig" er Plato kenne.

41   Zu diesen Ambivalenzen in Nietzsches Schreibweise vgl. M. Riedel, *Freilichtgedanken. Nietzsches dichterische Welterfahrung*, Stuttgart 1998, 86 ff.

42   F. Kaulbach, *Nietzsches Idee einer Experimentalphilosophie*, Köln/Wien 1980, 11 ff.

auf den Wanderungen am Dach Europas oder an der Adria notierte, bis zu den Aphorismen mutet relativ kurz an, wenn man wörtliche Anklänge im Nachlass auf das publizierte Werk bezieht. Man kann darin auch eine Kunst des Verschweigens erkennen. Nietzsche bildete seine Aphorismen um eine ‚Leerstelle‘, ein ‚Verschweigen‘.

Dass er die dunklen und abgründigen Gedanken explizit in seinem *Zarathustra* dichtet, damit Evangelium und Platonismus kontrafasziert, Wille zur Macht und ewige Wiederkehr bildlich nuanciert, weil er sich der begrifflichen Nuancierung verschließt, ist Teil der Verschriftlichungskunst Nietzsches. Hegel konnte in metaphysischen Begriffen feinste Differenzen sichtbar machen, den Umschlag der Wahrheit in Unwahrheit. Nietzsche zeigt, exemplarisch in dem Stück ‚Vom Gesicht und Räthsel‘, wie der schwerste, abgründlichste Gedanke gedacht werden soll und wie eben nicht. Er zeigt dies aber eben nicht begrifflich, sondern in einer Bildrede.

Die Verrätselung, nicht erkannt, aber auch nicht verwechselt werden zu wollen, die Nicht-Identifikation unter Masken wurde zur ipsissima vox Nietzsches. Deshalb die vordergründige Rhetorik, das Buch für Alle, und darunter das Änigma, das „Buch für keinen".[43]

2.7 *Das Wechselverhältnis von Denken und Dichten*

Es ist zu beobachten, dass in der späten Moderne Philosophie sich wieder der Dichtung zuwendet. Dazu kam es, weil ein eminentes Denken aus guten Gründen, nicht den Weg der prekären Zwischenexistenz zwischen Dichten und Denken wählte, wie die Ausnahmegestalt Nietzsche es tat. Dass auf Inhalte, Metaphern, Sinnbilder der Weltdichtung in philosophischen Texten hingewiesen wird, ist seit Aristoteles nichts Neues. Hegel, Schelling, Schopenhauer tun dies, auch Adorno und zuweilen sogar Habermas zu Zwecken der Illustration.

Neu ist, dass das Denken seine eigensten Kategorien in einer Zwiesprache mit der Dichtung zu gewinnen versucht und ihr eine höhere Dignität, Nähe zum Ursprung der Sprache selbst, visionäre Direktheit zubilligt, wobei aber zugleich die Gefahr besteht, dass die Philosophie wieder sich selbst in die Dichtung hineinliest und eine Zirkularität entsteht. Besonders gelten all diese Tendenzen selbstverständlich vom späten Seinsdenken Heideggers und seiner Fluchtwege in die Dichtung, insbesondere Hölderlins und ihrer Durchlässigkeit zum vorsokratischen frühen Denken. „Die Sage" sei die Zeige, die aletheiahafte

---

43 Zur Ausformung verdeckten Schreibens bei Nietzsche auch Theo Meyer, *Nietzsche und die Kunst*, Stuttgart 1992, und jüngst H. Detering, *Der Antichrist und der Gekreuzigte. Friedrich Nietzsches letzte Texte*, Göttingen 2010.

Seinsoffenheit und Verborgenheit, die sich in der Dichtung dem Denken im Voraus zuspreche.[44]

An der Seinsvergessenheit habe also ein eminentes Dichten wie jenes von Hölderlin nicht Anteil. Nicht die klassische deutsche Philosophie, sondern ein Weltgespräch im Offenen des Wahrheitsgeschehens leitet den Bezug zu Hölderlin an. Heidegger hat dafür eine eigene Terminologie geprägt: Die ‚Zwiesprache‘ mit der Dichtung gegenüber der ‚Auseinandersetzung‘ mit einer Grundstellung der Metaphysik.

Bis ins Einzelne sind die Termini, die Apousia und Parousia der Seinsfrage ineinander verschränken, oder Topologien wie das Geviert zwischen Göttern und Menschen, Himmlischen und Sterblichen aus dieser Zwiesprache entwickelt.[45]

Man kann sich fragen, ob dies nicht ein gravierender Verlust eigenständiger philosophischer Kategorienbildung ist, eine Flucht in die metaphorischen, bzw. metonymischen Redeweisen der Dichtung, oder ob damit gar ein Schritt von der Sinnklarheit des Logos in eine Remythisierung aus der Dichtungssprache der Moderne vollzogen wird: Einer Dichtungssprache, die in einer Rezeption wie derjenigen Heideggers mit einer Stimmung von Zeitlosigkeit und ‚Heiligkeit‘ besetzt wird. Daher kann sich auch der Verdacht melden, Heidegger vertrete eine Art von Offenbarungstheologie mit Hölderlin (oder George) als seiner Offenbarungsquellen. Und wird in einem ‚Denken‘, das sich so weitgehend ans ‚Dichten‘ annähert, nicht die zarte, doch helle Differenzlinie in Frage gestellt, die zwischen beidem auch Heidegger zufolge verläuft? Doch man kann auch umgekehrt fragen, ob Heidegger das, was er zu denken und zu sagen versucht, anders überhaupt hätte sagen können, ob sein Denken nicht selbst redlicherweise den Übergang vollziehen muss.

Wenn Philosophie ihre Kategorien in indirektem Kommentar oder in der Aufdeckung von in einem religiösen, philosophischen, literarischen Text Gesagtem und Nicht-Gesagtem entfaltet, wie dies auch Derrida immer wieder tut, ist eine andere Anmutung gegeben. Sie nähert sich der Konzeption rabbinischer Textexegese und deren Aussage, dass die Lehre aus dem Lesen und wiederholten Relektüren hervorgehe. Autoritativ ist der Prätext auch dann. Doch weist er sich der Ergänzung und Kommentierung bedürftig, nicht zuletzt durch die Leerstellen, in die ein dekonstruierender Kommentar eintritt. Philosophie wird zur Interpretationsinstanz, nicht in dem Vorgriff auf Vollkommenheit,

---

44   Zentral dazu M. Heidegger, *Unterwegs zur Sprache*, Pfullingen ⁷1982, 241 ff.

45   Dazu exemplarisch, Heidegger, *Das Ding*, in: ders., *Vorträge und Aufsätze*, Pfullingen ⁶1990, 157 ff. Zu beidem mein in der Entstehung begriffenes Buch: *Heidegger. Nach dem Nullpunkt der Interpretation*, Freiburg i.Br./München 2018.

wie ihn Gadamer nahelegte, sondern eher in einer Logik der Negation. Ihre eigene Sache sagt sie, nicht in einem „Immer schon", sondern in einem „Von weit her", die sich aber die Anfangs- und Grundlegungsfrage von vornherein versagt.

Dennoch wirft Heideggers eminenter Verweis auf Dichtung Fragen auf: Es liegt nahe, die Depotenzierung des Begriffs nicht hinzunehmen. Eine eigenständige nicht-arbiträr ideologische Heidegger-Deutung setzte gerade hier an. Dieter Henrich konterkariert Heidegger, indem er Hölderlins eigenen Chronotopos aus der Zeitunabhängigkeit löst und innerhalb der nachkantischen Philosophie verortet.[46] Das Denken-Dichten-Gefälle wird dann zum Form- und Sachproblem Hölderlins, das nicht überzeitlich-zeitlos situiert ist, sondern in der Nachgeschichte der klassischen deutschen Philosophie seinen Ort hat.

Rudolph Berlingers bedeutende Hölderlin-Interpretationen scheinen mir hier einen bemerkenswerten eigenständigen Beitrag zu leisten, indem sie (hier und in anderen Interpretationen von Kunstwerken) die Struktur des endlichen Weltwesens Mensch in seinen Begründungsengpässen ans Licht bringen, dabei aber die Sprache und Formgesetzlichkeiten der Dichtung strictu sensu von der Kategorialität der Philosophie als Weltwissenschaft lösen.[47]

2.8 Paralipomena ins Zentrum: Essay, Untersuchung, Traktat

Von den Formen, in denen sich Philosophie zumeist artikuliert, war bislang nicht die Rede. Sie können Teil der übergreifenden Sprachrealisierungen sein, von denen bevorzugt zu sprechen war: des Systems, der Meditation, des Dialoges. Sie verweisen zu einem Teil aber auch darauf, dass Philosophie als Werk der Freiheit nicht abgeschlossen ist, sondern in ihrer poietischen Gestalt wieder über sich hinaustreibt. Die essayistische Form des Weiterfragens und Assoziierens, der Dokumentation von Untersuchungen, die letztlich unabgeschlossen bleiben, ist hier eine überzeugende und gängige Gestaltungsmöglichkeit. „Untersuchungen" ist keineswegs nur ein Titel zur akademischen Verständigung. Das kristallin durchgebildete Ganze, in einem Ausschnitt, der bereits Gestalt gewordene Gedanke kann sich in idealer Form im ‚Traktat' niederschreiben lassen. Dies sind gegenüber ambitionierten Formen philosophischen Schreibens fast unmerkliche Texturen. Allerdings haben auch sie keineswegs nur eine dienende Funktion. In sie komponiert sich, willentlich oder unwillentlich, die Struktur des Gedankens ein, der häufig seine Urheber weit

---

46 D. Henrich, *Gang des Andenkens. Beobachtungen zu Hölderlins Gedicht*, Stuttgart 1986, 57 ff.

47 Dazu R. Berlinger, *Philosophie als Weltwissenschaft. Abbreviatur eines ontologischen Problems*, in: ders., *Philosophie als Weltwissenschaft. Vermischte Schriften*, Bd. I. Hildesheim 1981, 13 ff.

überragt. Es ist also eine Barbarei, die Nietzsche schon sehr klar diagnosti-
zierte, wenn die Interpretation nur an Argumenten haftet, deren Tempi und
konkretisierte Werkgestalt aber ignoriert. In der Werkgestalt nämlich haben
wir es immer auch mit dem Wesensvollzug des Homo humanus als eines endlichen Weltwesens zu tun, des individuellen Menschen, der in die metaphysische Dimension ausgreift und doch endliches Weltwesen bleibt.

3 Skizze zur Systematik: Philosophische Sprachen und die Zukunft der Metaphysik

Deutlich wurde dies: Wir haben es bei dem zu wenig Beachteten der philosophischen Sprachformen nicht einfach mit Stilmomenten zu tun, die einen
rhetorischen Ornat ausbilden, und vielleicht das Temperament des Autors oder
der Autorin spiegeln. Auch nicht mit bloßer Rhetorik, vielmehr sagt es über
einen philosophischen Gedanken und seine Fügung viel aus, ob und welcher
Rhetorik er sich bedient.

Jene Sprachformen und literarisch-eidetische Gestalten zeigen vielmehr den
Werkcharakter eines Philosophierens an, das den vorläufigen Punkt setzt und
sich in einer *Poiesis* manifestiert. Daran wird sich weitere Praxis der Deutungen
und Missdeutungen, Zustimmungen und Ablehnungen, inspirieren.

Im Verlauf der Untersuchung bestätigte sich die Ausgangsannahme: Gedanke und sprachliche Form suchen einander, sie bedürfen der Passung und
der Entsprechung. Gerade die Überschüsse und Unstimmigkeiten werden aber
fruchtbar. Deshalb ist es keineswegs zufällig, sondern Teil ihrer eminenten
Suche nach dem Anfang, die im endlichen Begründungszusammenhang niemals in ihr Telos geführt werden kann.

Als Modell kann das Verhältnis von Sprache und Idee (Begriff) im platonischen Dialog *Kratylos* gelten. Weder ist, so das indirekt vorläufige Ergebnis
der Untersuchung, die Sprache unmittelbar Emanation der Sache, in Etymologie oder Grammatik, wie der Sprachmeister Kratylos es nahelegt; noch ist sie,
nach der klassisch sophistischen Position, eine bloße Thesis, pure Konvention.
In verschiedenen Sprachen lässt sich die Wahrheit des Gedankens dokumen-
tieren. Sie ist die eidetische Form, die sich in verschiedene Matrizes, einbilden
lässt, sie können ihr mehr oder weniger entsprechen.[48] Doch die bleibende
Formkraft der Idee beherrscht die Materie, etwa nach Art des Demiurgen im

---

48   Vgl. Platon, *Kratylos* 437d8 ff.

Timaios, der ja nicht Erstschöpfer ist, wohl aber die göttliche Ideation in sich aufnimmt.[49] Ingeborg Bachmanns Votum, es gelte, aus verschiedenen Gründen zu denken,[50] ist und bleibt auf der Ebene der Darstellung vollständig berechtigt. Auf der Ebene des Denkens gilt es dagegen, nach dem Prinzip selbst zu fragen. Endlichkeitssigniertheit und Ausstreckung auf Absolutheit des über sich hinausgehenden Geistes konvergieren hier: so dass die literarische Formgestalt von Philosophie gerade auch die Freiheit der Auseinandersetzung evoziert und die Resonanzoptionen.

Wenn man dieses Modell auf das Verhältnis von Denken und Darstellen bezieht, wird offensichtlich, dass systematisch grundsätzlich eine vermeintliche Archäologie in die Irre geht, die dem Gedanken seine Eigenständigkeit und Systematizität abspricht,[51] weil er sich sprachlich und in einer bestimmten Formgestalt manifestiert. Bei aller Größe ist dies auch die Grenze der Einreden von Hamann und Herder gegen die Transzendentalphilosophie Kants (was keineswegs bedeutet, dass nicht andere Einreden gegen diese Transzendentalphilosophie durchaus berechtigt und sogar geboten wären!). Es ist der Grundzug einer ideologischen Repristination gegenüber der Metaphysik, die immer wieder namhaft macht, welche vermeintlichen oder tatsächlichen Konkreta die Metaphysik ‚vergessen‘ habe und eben darum nicht originär sei. Im Namen des Leibes, des Bildes, der Sprache, der ökonomischen Verhältnisse wird diese Kritik erhoben und leitet regelmäßig nachmetaphysische Vorstellungen ein. Sprache und ihre Werkgestalt nehmen dabei allerdings eine singuläre Rolle ein, weil sie für den Gang artikulierten Denkens unverzichtbar sind: aneu phone – oder eben stimmhaft, in schriftlicher oder in mündlicher Form.

Philosophie wird vom assoziierenden Philosophieren auch dadurch unterschieden, dass diese Arbeit der begrifflichen Artikulation und verschriftlichten Werkgestalt geleistet wird – gerade auch im Wissen um ihren immer nur vorläufigen Charakter. Sonst ist es wie mit den Thomas Bernhard-Gestalten, wie ‚Wittgensteins Neffe‘, die im Kopf „die Abhandlung" vollendet hatten, im Kopf existierte sie genau elaboriert, doch zur Niederschrift kam es eben nie, – für die Konstitution eines metaphysischen Ansatzes ist es fundamental, dass er aus der Option der Möglichkeit des nur Gedachten, nur Gesprochenen in den des Manifesten übergeht.

---

49 Vgl. Platon *Timaios* 34a ff.
50 I. Bachmann, *Frankfurter Poetikvorlesungen*, in: dieselbe, *Werke*, Bd. 4, München 1984, 198.
51 Im Blick darauf werde ich die Linie dieser kleinen Abhandlung systematisch in einer Monographie weiterverfolgen.

Gleichermaßen tödlich für den Geist ist es nach Friedrich Schlegel, ein System zu haben und keines zu haben:[52] Eben in dieser gedoppelten Tödlichkeits-
drohung muss er dann allerdings im Gefüge aus Freiheit und Notwendigkeit
seiner konkreten Sprachformung zu leben beginnen.

Damit ist, meine ich, wesentliches für die Zukunft der Metaphysik gesagt.
Ihre Fragen und Optionen sind gerade nicht auf die Medien zu reduzieren,
in denen sie sich notwendigerweise als Erste endliche Weltwissenschaft artikuliert: Zeit, Sprache, Leiblichkeit. Metaphysik ist von ihnen aber auch nicht
unabhängig. Sie muss sich an sie binden und verändert damit ihre eigene
Gestalt. Aus vielen Gründen auf die *Eine* Arche zu denken, ist daher ihre Sache,
aus der perspektivischen Brechung das Denken des Einen einzuleiten und
Nietzsche müsste nicht so viel Sorge haben, dass seine Gedanken zu schön
leuchten. Sie können gar nicht genug leuchten, wenn die Wahrheit des Grundes
aus ihnen spricht. Nicht zu vergessen ist dies, dass Platon in seinem *Phaidros*
neben der lügenhaften und täuschenden Rhetorik auch eine aus der Wahrheit
der Idee resultierende Rhetorik evoziert, die ihre volle Legitimation behält.

Deshalb sind Gedanken nicht weniger wahr, wenn sie mit George Steiner
gedichtet sind, deshalb ist Metaphysik gerade dann auf den Weltgrund hin
transparent, wenn sie auch eine gefügte Werkgestalt und eine Sprache hat.

Umgekehrt muss es sehr nachdenklich stimmen, dass in ihren Mainstreams
Gegenwartsphilosophien ohne diesen Anspruch auftreten, dass sich die Texte
dem Kongress-Smalltalk und der Antragsprosa annähern, einer technokrati-
sche Scheinironie, und selten den Mut haben, über zweifelhafte Informati-
onsvermittlung hinauszugehen. Dass weder Problemata noch Klassiker, die sie
vorgedacht haben, auf diese Weise adäquat zur Darstellung kommen können,
ist offensichtlich. Gerade in der Reduktion zeigt sich wiederum die Konvergenz
von Sprache und Sache. Einer digitalisierten, von der Omnipräsenz des Net-
zes bestimmten Diskurszenerie und ihren Geschwindigkeitsparametern, ihrer
Geschäftigkeit und Jagd nach Pictures entspricht dies vordergründig. Aber
eben nur in einer vordergründig, gleichsam idiotischen Userunkultur, der wir
weitgehend folgen. Das Netz böte – durchaus in Konvergenz mit der Zukunft
der Metaphysik, auch die Möglichkeit eines komplexen, sich von der Informati-
onspflicht weitergehend befreienden Denkens, das problemgeschichtlich und
sachlich in die Tiefen führen kann, die erforderlich sind.

Man erinnere sich an das ‚Nein!‘, das Steiner ans Ende seines Werkes *Gedanken dichten* stellt. Das Versprechen der Schöpfung, von dem er spricht, ist

---

52   F. Schlegel, *Athenäum-Fragment* 53, in: F. Schlegel, *Studienausgabe*, Bd. 2, Paderborn/Mün-
      chen/Wien 1988, 109.

zugleich das andauernde Versprechen der Metaphysik, der Aussicht, dass die Welt in ihrer Unerschöpflichkeit auch weiterhin vielstimmig zur Sprache gebracht wird. Darin sind ein Gespräch wir – und werden fallweise doch zum Gesang.

Strenge Wissenschaft oder phantastische Erzählung? Überlegungen zum Status der Metaphysik im Gespräch mit Jorge-Luis Borges

Paola-Ludovika Coriando

Abstract

Während sich die Metaphysik in ihrer langen Geschichte als rationale Wissenschaft der „letzten Dinge" verstand, bringt sie der Schriftsteller Jorge-Luis Borges in die Nähe der Literatur. In seiner Erzählung *Tlön, Uqbar, Orbis Tertius* spricht er von der Metaphysik als einer „phantastischen Erzählung". Deren Wert scheint für Borges nicht darin zu liegen, dass sie objektive „richtige" Erkenntnisse liefert, sondern vielmehr in der Tatsache, dass sie eine Fülle von Systemen entwirft, deren Sinn sich uns erst in der Pluralität, und vielleicht sogar im Widerspruch, erschließt. Die Metaphysik – und allgemein die Philosophie – sind für Borges keine Wissenschaft, sondern ein Akt der Sinngebung, der sich jeglicher Verifizierbarkeit entzieht und dennoch eine unverzichtbare Würde besitzt. Leiten diese Gedanken nur die postmoderne, a-metaphysische Phase des Denkens ein, oder enthalten sie Winke, die für ein gewandeltes Verständnis der Metaphysik, diesseits ihrer postmodernen Ablehnung, fruchtbar gemacht werden können?

1   Einführung

Zum Wesen der abendländischen Metaphysik gehört der Anspruch auf eine globale Erklärung der Wirklichkeit. Seit ihrem griechischen Anfang, und in verschärfter Form durch die neuzeitliche Wende zum Selbstbewusstsein, lieferte die Metaphysik Theorien und Systeme, die auf eine rationale Letztbegründung des Seienden im Ganzen hinzielten und zugleich versuchten, die menschliche Existenz als Mittel und Gipfel der universalen Ordnung zu sichern.

Wenn die absolute Selbstherrlichkeit der Vernunft historisch gesehen eine begrenzte Zeitspanne umfasste und spätestens mit Kant ihre Selbstverständlichkeit verlor, so konnten auch neuere Positionen der Philosophie sich nicht ohnehin der Faszination einer „letztgültigen" Antwort entziehen. Ungeachtet der Tatsache, dass die Transzendenz aus dem Feld des Fragens ausgeklammert wurde, sah die Philosophie weiterhin ihre Aufgabe darin, *allgemeine* und *allgemeingültige* Strukturen der Wirklichkeit und des menschlichen Seins zu erforschen und begrifflich zu erfassen. Der Wille zu einer „letzten Erklärung" scheint im abendländischen Denken tiefer verankert zu sein als die Frage nach der Möglichkeit oder Unmöglichkeit metaphysischer Erkenntnis.

Freilich ist das Verständnis der Philosophie als strenger Wissenschaft, oder gar als Wissenschaft der „letzten Dinge", längst nicht mehr unangefochten. Spätestens mit der sogenannten „Postmoderne" haben sich viele philosophische Positionen endgültig vom Anspruch der Letztbegründung verabschiedet. Das hatte bekanntermaßen eine Verzettelung der Fragen und Zugänge zur Folge, so, dass es heute nicht mehr möglich ist, von einem allgemeinen, oder wenigstens vorherrschenden Selbstverständnis der Philosophie unserer Zeit zu sprechen. Was bleibt also aus dem überlieferten Anspruch der Philosophie? Kann die Philosophie heute noch für sich reklamieren, eine Wissenschaft der „letzten Dinge" zu sein? Wenn ja, unter welchen Bedingungen? Und wenn nicht, wozu noch philosophieren? Muss die Philosophie eingestehen, dass sie, weil sie der „Letztbegründung" nicht fähig ist, sich endgültig von ihrem höchsten Anspruch verabschieden muss?

Nachstehende Überlegungen möchten versuchen, einige Aspekte dieser Fragen am Leitfaden eines Gesprächs mit Jorge Luis Borges zu erörtern. Dieser Weg scheint bereits eine Vorentscheidung zu enthalten, denn Borges gilt als einer der Urväter der Postmoderne. Außerdem ist es gewiss nicht unproblematisch, den argentinischen Schriftsteller als Quelle für eine *philosophische* Abhandlung über den Status der Philosophie heranzuziehen; denn die Flüchtigkeit, mit der er philosophische Thesen für sich beansprucht, erschwert oft die rein denkerische Auseinandersetzung. Es wird dennoch zu zeigen sein, dass eine Beschäftigung mit den Gedanken Borges' zu einer besseren Konturierung der Frage nach dem Wesen der Philosophie führen kann – freilich unter der Voraussetzung, dass wir bereit sind, ihr überliefertes Verständnis kritisch zu hinterfragen.

2   Ein Weg mit Borges

2.1   *Tlön, Uqbar, Orbis Tertius*
Die ersten Schritte auf dem Wege eines philosophischen Gesprächs mit Borges führen zu seiner Erzählung *Tlön, Uqbar, Orbis Tertius*.[1] Diese 1940 erschienene Kurzgeschichte gilt als beispielhaft für Borges' typisches Erzählmuster: sie enthält mehrere sich durchkreuzende, aufeinander verweisende und schließlich

---

1   J.L. Borges, *Tlön, Uqbar, Orbis Tertius*. In: *Fiktionen. Gesammelte Werke*, Band 5: *Der Erzählungen Erster Teil*, übersetzt v. Karl August Horst, Wolfgang Luchting u. Gisbert Haefs, München 2000.

verschmelzende Ebenen von Realität und Fiktion, welche nicht als bloß stilistisches Mittel fungieren, sondern einen wesentlichen Teil der Geschichte selbst darstellen. Borges' Grundgedanke, alle gedachte oder beschriebene Realität sei nicht wenig fiktiv als die bewusst imaginierte und erdachte, erhält hier gleichsam seine theoretische Fundamentierung.

Ausgangspunkt der Erzählung ist die Findung eines Enzyklopädie-Artikels über ein geheimnisvolles Land namens *Uqbar*. Der nur in einigen Exemplaren der Enzyklopädie enthaltene Eintrag weckt das Interesse des fiktiven Ich-Erzählers, der sich auf der Suche nach Informationen in einem Labyrinth aus Quellen, Hinweisen und Vermutungen verwickelt sieht, die bis in das 17. Jahrhundert zurückführen. Nur grob wird das Land Uqbar in seinen physischen Merkmalen beschrieben, welche, wenngleich nur vage, auf eine Ortung im Mittelorient schließen lassen. Die Bewohner Uqbars sollen eine eigene Literatur entwickelt haben, deren Inhalte sich auf die Regionen von *Mlejnas* und *Tlön* beziehen. Während sich die Spurensuche auf der ersten fiktionalen Ebene vervielfältigt und zunächst wie eine rein intellektuelle Neugier, wenn nicht als ein bloßes Divertissement, präsentiert wird, beginnt die Fiktion (zweiten und dritten Grades) in die „Realität" (Fiktion ersten Grades) einzugreifen. In der „realen" Welt des Ich-Erzählers taucht plötzlich ein Buch auf; es ist der elfte Band einer der Welt von Tlön gewidmeten Enzyklopädie, welcher die Inschrift trägt: *Orbis Tertius*. Dieser Fund führt zur Entdeckung, dass die Erfindung Tlöns auf eine im 17. Jahrhundert wirkende geheime Gesellschaft zurückgeht, welcher auch der Philosoph George Berkeley angehörte. Nach der Rekonstruktion einiger Aspekte der Sprache, der Philosophie und der Kultur Tlöns, die von einem absoluten Idealismus im Sinne Berkeleys geprägt sind, sieht sich der Ich-Erzähler vor die Tatsache gestellt, dass die Weltanschauung Tlöns immer wirksamer in die reale Welt vordringt. Die (erfundenen) Ideen beeinflussen zunehmend die Wirklichkeit, die sich immer eindringlicher in ihrer Inkonsistenz zeigt. Gleichsam als empirische Bestätigung der idealistischen Weltvorstellung der Erfinder von Tlön gleicht sich die reale Welt immer mehr der idealen an – ein Prozess, der vom Ich-Erzähler durchaus als negativ bewertet wird. Entrüstet über diese rasanten Entwicklungen zieht sich der Erzähler am Ende der Geschichte – die bis in das Jahr 1947 vorgreift – zurück auf eine Übersetzungsarbeit, die wie eine verbliebene Insel der Wirklichkeit inmitten des unaufhaltsamen Weitergreifens der fiktiven Welt erscheint.

Für die Zwecke dieser Überlegung soll vor allem das „philosophisches Herz" der Erzählung berücksichtigt werden. Borges beschreibt Tlön als eine Welt, in welcher der Berkeley'sche Idealismus zum gesunden Menschenverstand geworden ist, während der Materialismus und der Empirismus in all ihren möglichen Formen als schier unvorstellbarer Stein des Anstoßes gelten. Die Bewohner Tlöns negieren die bewusstseinsunabhängige Realität der Außenwelt – sie tun es aber *instinktiv*, nicht erst in Folge einer theoretischen Reflexion. Wenn es sich dabei um eine „Weltanschauung" handelt, dann um eine verinnerlichte, gleichsam angeborene, eine Art „In-der-Welt-Seins", das sich auch in der Grammatik der verschiedenen Idiome niederschlägt.

Weil es im Weltempfinden der Tlönschen Bevölkerung keine feststehenden, bewusstseinsunabhängigen Dinge gibt, machen ihre Sprachen keinen Gebrauch von Substantiven. Eine dieser Sprachen beschreibt die Dinge mithilfe von unpersönlichen Verben, eine andere sieht die Urzelle der Sprache im einsilbigen Adjektiv. Feststehende Namen, welche reale, gleichbleibende Dinge benennen könnten, existieren nicht – und werden auf Tlön auch nicht vermisst. Es ist eine Welt, in der es keine Substanzen gibt: kein aristotelisches, durch Abstraktion gewonnenes *to ti en einai*, keinen gleichbleibenden Wesenskern, der eine gesicherte Orientierung in der Realität ermöglichen könnte. Weil die „Dinge" durch eine spielerische Akkumulation von Verben oder Adjektiven angezeigt werden, evozieren die Sprachen nur die jeweiligen Situationen, die punktuellen Eindrücke, niemals aber eine vorhandene Realität. Diese extrem idealistische Weltvorstellung ist auf Tlön nicht die Angelegenheit weniger Gelehrten, sondern Inhalt des *sensus communis*.

In einem wesentlichen Punkt unterscheidet sich die Tlönsche Weltvorstellung allerdings von derjenigen Berkeleys, der in der Erzählung als ihr Urvater fungiert. Während bei Berkeley der zentrierende Gedanke eines göttlichen Urwesens die Konsistenz des Universums garantiert, fehlt auf Tlön jegliche Vorstellung einer übergeordneten Instanz. Die Welt Tlöns wirkt so gleichsam wie eine „postmoderne" – oder jedenfalls postnietzscheanische – Übersetzung des klassischen Idealismus. Wie Nietzsches „Kind" leben die Bewohner Tlöns den ständigen Neubeginn; sie sind dem Wechsel der Eindrücke und der Zustände ausgeliefert, ohne allerdings den „Abgrund" der permanenten Dezentrierung zu erblicken oder ihn gar als eine Gefahr wahrzunehmen.

Wo es keine „Sachen" gibt, die das Denken als feststehendes Substrat nehmen könnte, wo demzufolge weder apriorische Urteile noch empirische Verallgemeinerungen a posteriori möglich sind, wäre es vorstellbar, dass sich die Menschen mit der reinen „animalischen" Lebensimmanenz abfinden und der Wissenschaft sowie – vor allem – der Metaphysik jeglichem Existenzrecht absprechen, besteht doch deren Reiz in der Hoffnung auf eine möglichst getreue Angleichung an die „wahre Wirklichkeit", jene Wirklichkeit, die die Bewohner Tlöns konsequent ablehnen. Überraschenderweise aber genießen Wissenschaft und Philosophie (Metaphysik) auf Tlön eine prominente Stellung; sie werden leidenschaftlich gepflegt und betrieben, eine Unzahl verschie-

dener philosophischer Systeme wird erfunden, präsentiert, diskutiert. Der kantische „Wirrwarr" an Meinungen und entgegengesetzten Ergebnissen initiiert
auf Tlön nicht die Dekadenz der Metaphysik, sondern ist ein Zeichen – oder gar
der Motor – ihres ungestörten Blühens. Die Bewohner Tlöns versuchen nicht,
die Vielfalt der metaphysischen Ansätze und ihre Unvereinbarkeit zu überwinden, sie sehen darin kein „Problem", sondern einen reizvollen Reichtum, der
gepflegt werden will; denn ihre Einstellung zur Metaphysik ist deren klassi-
schem Selbstverständnis diametral entgegengesetzt. Sie betreiben die Metaphysik nicht, weil sie sich letztgültige Antworten erhoffen, sondern ausschließlich aus „Liebe zum Erstaunlichen", aus Lust am Neuen, noch nicht Gesagten.
In spielerischer Leidenschaft pflegen die Philosophen auf Tlön die Metaphysik
in der Art und Weise, wie andere Gesellschaften die Dichtung, die Kunst, die
Literatur:

> Die Metaphysiker auf Tlön suchen nicht die Wahrheit, nicht einmal die
> Wahrscheinlichkeit: sie suchen das Erstaunen. Sie halten die Metaphysik
> für einen Zweig der phantastischen Literatur.[2]

Auch wenn es nicht selbstverständlich sein sollte, die Position des Autors mit
dieser innerfiktionalen Aussage gleichzusetzen, sind Sätze wie dieser, die Borges' „Urväterschaft" für die Postmoderne belegen – oder wenigstens zu belegen
scheinen. Mehr noch: sie bekräftigen das Problematische hinter seiner eigenen Auffassung von Philosophie und die zum Teil berechtigten Zweifel, ob
die Philosophie selbst Fruchtbares aus einer Auseinandersetzung mit diesen
Gedanken, die natürlich auch eine parodistische Intention haben, gewinnen
kann, zumal es sich streng genommen um keine philosophischen Gedanken
handelt, sondern – um literarische Bilder.

   Damit kündigt sich ein grundsätzliches Problem an, das vor jeglicher wei-
terführenden Interpretation besprochen werden sollte. Es ist das Problem des
Verhältnisses – und des Unterschiedes – zwischen Philosophie und Literatur, ein Unterschied, mit dem das Selbstverständnis der Philosophie steht und
fällt.

2.2   *Borges und der Unterschied zwischen Philosophie und Literatur*
Gleichsam als Bestätigung der programmatischen Bedeutung des zitierten Sat-
zes aus *Tlön, Uqbar, Orbis Tertius*, schenkt Borges dem Unterschied zwischen
Philosophie und Literatur keine besondere Aufmerksamkeit, sondern scheint

---

2   J.L. Borges, *Tlön, Uqbar, Orbis Tertius*, 107.

diesen Unterschied durchweg zu ignorieren; eine Tatsache, die die Flüchtigkeit im Umgang mit philosophischen Texten sowie seinen typischen, die gebührende Vertiefung philosophischer Gedanken verhindernden Eklektizismus erklärt. Borges verwendet – so die gängige Kritik – philosophische Thesen schlagwortartig, ohne sie in der jeweiligen Systematik zu verorten und argumentativ zu verfolgen; die philosophischen Einschübe in seinem Werk wirken oft undifferenziert und vereinfachend und erscheinen letztlich als ein bloßer literarischer Schmuck. Trotz des wiederholten Rekurses auf systematisch-streng argumentierende Philosophen wie Spinoza, Berkeley, Kant, Schopenhauer, zeigt Borges kein besonderes Interesse für die Argumentation selbst: eine Haltung, die – so weiter die Kritik – den Begriffen ihre eigene Schärfe nimmt und folglich ihre Relevanz schmälert.

Diese Kritikpunkte sind nicht unberechtigt. Es wird dennoch zu zeigen sein, dass Borges' Bedeutung für die *Philosophie* nicht hauptsächlich in seiner – sicherlich oft gewollt unpassenden – Verwendung philosophischer Begriffe oder in der offenen Auseinandersetzung mit der Philosophie und ihrer Geschichte liegt, sondern in seiner Gesamtkonzeption, die die unpräzise, weil nicht technische Verwendung philosophischer Begrifflichkeit gleichsam unterwandert und in ein neues Licht rücken lässt.

Doch kehren wir zurück zu unserer Frage: wie steht es mit dem Unterscheid zwischen Philosophie und Literatur?

Ein wichtiges Unterscheidungsmerkmal zwischen *klassischer* Philosophie und Literatur oder Dichtung gründet in der hierarchischen Unterordnung des Besonderen unter dem Allgemeinen und folglich der Literatur unter der Philosophie. Seit ihren Anfängen reklamierte die Philosophie die Erkenntnis der Allgemeinheit für sich, wohingegen die Literatur sich mit dem Partikulären, mit dem konkreten Einzelfall beschäftigte. Dieser allgemein anerkannte und nur von der Philosophie gelegentlich, wenn auch eher am Rande, reflektierte Unterschied – denn er ist und bleibt unbedeutend für Literatur und Dichtung – war nicht so sehr thematischer, sondern vor allem methodischer Natur: der Anspruch des Allgemeingültigen und Abstrakten verbot es dem philosophischen Denken, das Besondere, das konkrete Schicksal, in den Blick zu nehmen, wenn nicht als exemplarischer Fall oder als Beispiel auf dem Weg zur allgemeinen Erkenntnis. Die in der Philosophie gesuchte Allgemeinheit drückte sich im *Begriff* aus und der streng rational zu begründenden Argumentationskette, wohingegen der Literatur der Bereich des *Bildes* überlassen war und damit – in einer für die Metaphysik typischen Gleichsetzung – das Feld des Emotionalen, der „Gefühle" mit ihrer aus rationaler Sicht „obskuren" Vielschichtigkeit, Widersprüchlichkeit und möglichen Gefährlichkeit. Während die Philosophie die *Eindeutigkeit* des *terminus technicus* zum Maßstab ihrer Anstrengungen erhob, pflegte die Literatur die individuelle Verbindung, die Vieldeutigkeit, das Spiel der Assoziationen. Sie sollte nicht beweisen, sondern evozieren, bewegen und allenfalls „erziehen".

Die scharfe Trennung des philosophischen Zugangs vom literarisch-dichterisch-künstlerischen – mitsamt der Hierarchisierung beider Zugänge – verdankt sich der postulierten Sonderstellung der *ratio* und hat im Rahmen dieser Setzung ihre geschichtlichen Grenzen. Im späten neunzehnten und ausdrücklicher im zwanzigsten Jahrhundert begann die offene Auseinandersetzung mit dem klassischen Selbstverständnis der Philosophie, zunächst weniger im Sinne einer thematischen Diskussion als vielmehr als Praxis der Besinnung; so bei Nietzsche, der zwar keine endgültige Auflösung und Vermischung der beiden Ebenen postuliert, aber die Frage der Valenz des Gedankens und/oder des Bildes zum ersten Mal in den Vordergrund rückt. Doch erst in der hermeneutischen Phänomenologie Heideggers findet sich eine ausdrückliche und ausführliche Besinnung auf das Verhältnis von Dichtung und Philosophie.

Bei Heidegger erscheinen Denken und Dichten als gleichursprüngliche, wenn auch jeweils eigenen Gesetzen folgende Gesprächspartner. Zwischen ihnen walte eine „zarte, aber helle Differenz"[3]: zart, weil sie anders als in der klassischen Auffassung keine „grobe" und keine hierarchisch geordnete Differenz meint; hell, weil der Unterschied dennoch weiterhin als *Wesens*-Unterschied hervortritt. Auch Heidegger hält an der Unterscheidung von Bild und Begriff fest. Doch Begriff nennt im Horizont der hermeneutischen Phänomenologie nicht mehr die allgemeine Eingrenzung des Wesens im Sinne der Seiendheit des Seienden, ebensowenig wie das Reich des Bildes in der poetisch vorgestellten Individualität gesucht werden kann. Mitentscheidend für die Neubestimmung von Bild und Begriff ist die grundsätzlich neue Bedeutung des Emotionalen, der Stimmungen und Befindlichkeiten, welche von Heidegger als der tragende Boden des Da-seins gedacht werden. Die Stimmungen erschließen die Welt ursprünglicher als die Rationalität und bestimmen auch und in ausgezeichneter Weise den philosophischen Zugang: es sind die Grundstimmungen, die den geschichtlichen Standort des Daseins verorten, ihn offenbaren und die Wende zum „anderen Anfang" zu einer Erfahrung des Denkens werden lassen.

Doch auch wenn das Verhältnis zwischen Philosophie und Literatur sich zunehmend in Richtung einer Wechselseitigkeit und Nähe entwickelt, und selbst dort, wo die Sprache sich einiger für die Dichtung typischen Merkmale

---

3   Martin Heidegger, *Das Wesen der Sprache*, in: *Unterwegs zur Sprache*, Pfullingen 1979, 196. Siehe darüber Friedrich-Wilhelm von Herrmann, *Die zarte, aber helle Differenz. Heidegger und Stefan George*, Frankfurt a. M. 1999.

wie Rhythmus und Alliteration bedient, so scheint es unhaltbar, eine Auflösung aller Unterschiede zwischen Philosophie und Literatur zu postulieren oder anzustreben. Selbst dann, wenn die Philosophie sich vom klassischen Argumentationsstil und von der ausschließlichen Bindung an das Rationale befreit, weisen philosophischer und literarisch-dichterischer Zugang eine zwar schwer zu fassende, vielleicht nicht absolute und dennoch irgendwie *unüberwindbare* Irreduzibilität auf. Ob wir diese Irreduzibilität in der angestrebten Eindeutigkeit – wenn nicht Technizität – des Begriffes gegenüber der gewollten Ambiguität des dichterischen Bildes verorten, in der Bedeutung des Stils für die Literatur, die eher vom Spiel der Sprache und der Assoziationen lebt als von einem Argumentationsduktus, im anvisierten Grundsätzlichen der Philosophie gegenüber der Hervorhebung des Besonderen – meistens *wissen* wir, ob wir uns vor einem literarischen oder vor einem philosophischen Text befinden.

Wie steht es nun aber um den zitierten Satz von Borges, Metaphysik sei ein „Zweig der phantastischen Literatur"? Führt diese Einstellung in eine Sackgasse – oder eröffnet sie Möglichkeiten, etwas über das Wesen der Metaphysik – und damit auch der Philosophie – zu erfahren? Um dies zu klären, müssen wir genauer untersuchen, was Borges unter dem „Phantastischen" versteht.

3 Der verlorene Faden und die Zärtlichkeit des Suchens

3.1 Die Philosophie, das Phantastische, das Zögern

In der Erzählung *Tlön, Uqbar, Orbis Tertius* parodiert Borges nicht die Metaphysik als solche, sondern den *Ernst*, den sie an den Tag legt, und damit den in der Selbstauffassung der Metaphysik als strenge Wissenschaft begründeten Anspruch, eine letztgültige Wahrheit über das Seiende im Ganzen zu liefern. Parodiert wird das *Selbstverständnis* der Metaphysik und damit aller Philosophie, die auf eine Letztbegründung abzielt. Die Haltung der Menschen auf Tlön ist dem Indifferentismus, den Kant als eine mögliche Folge des in der Metaphysik herrschenden „Wirrwarrs" evoziert, diametral entgegengesetzt. Aus der Überzeugung, dass es keine letzte Wahrheit gibt, folgt nicht die Gleichgültigkeit gegenüber den metaphysischen Systemen. Die Philosophen dieser fiktiven Welt verstehen die Metaphysik als argumentatives Spiel mit Möglichkeiten und befleißigen sich ihrer mit der Leidenschaft und dem Ernst des Kindes, das nicht danach fragt, ob sein Spiel „wahr" ist oder nicht. Auf Tlön ist Metaphysik ein *ernstes Spiel*: weder eine „strenge Wissenschaft" noch ein bloßes Divertissement. Die beschriebene Haltung gegenüber metaphysischen Thesen erinnert an das „Spiel, das die Welt erfindet" des Heraklit, an das Kind

Nietzsches, das die Welt jeden Augenblick neu erdichtet. Mit der *Phantasie*, nicht mit dem rechnenden Verstand.

Borges selbst gibt keine grundlegend neue Definition dessen, was er unter „phantastischer Literatur" versteht. Er nennt als ihre Merkmale die Vermischung von Traum und Wirklichkeit, die Verwandlung, das Spiel mit der Zeit[4] – Elemente, die in seinen Werken vorzufinden sind. Doch er liefert keine genaue Wesensabgrenzung. Eine detaillierte Analyse des Begriffs des Phantastischen findet sich hingegen bei Tzvetan Todorov, der in seinem grundlegenden Werk *Einführung in die phantastische Literatur*[5] das Phantastische sowohl gegenüber dem *Realistischen* als auch gegenüber dem *Wundersamen* abgrenzt. Das Phantastische nimmt – so Todorov – gewissermaßen eine Zwischenstellung zwischen den beiden Möglichkeiten des Realistischen und des Wundersamen ein. Während das Realistische die Wirklichkeit in einer Weise beschreibt, die für den Leser kongruent mit seiner konkreten Erfahrungswelt erscheint und das Wundersame sich dagegen offen jenseits der Gesetze der realen Welt ansiedelt, ruft das Phantastische beim Leser ein *Zögern*, eine Unschlüssigkeit, eine Offenheit gegenüber dem Geschehen hervor; die phantastische Erzählung evoziert etwas, das nicht a priori mit der konkreten Erfahrungswelt kontrastiert und dennoch sich davon unterscheidet, weil es Elemente der Merkwürdigkeit oder des Magischen enthält. Vor der Welt des Phantastischen „zögern" wir, weil wir hin und her gerissen sind und keine feste Haltung gegenüber dem Erzählten einnehmen können: ist es wahr oder wenigstens wahrscheinlich? Oder bloße Phantasie, und unmöglich?

Wir zögern, und wenn wir zögern, können wir uns nicht entscheiden, wir bewegen uns „hin und her" zwischen zwei – oder mehreren – Möglichkeiten, die uns gleichzeitig in Anspruch nehmen und zu überzeugen suchen, ohne dass die eine vor der anderen einen eindeutigen Vorrang gewinnen kann. Wenn wir zögern, verweigern wir uns der Ausschließlichkeit einer Entscheidung. Unsere gewohnte Welt ist unterbrochen; die Verlässlichkeit der üblichen Dingzusammenhänge ist noch da, und dennoch „stimmt" etwas nicht. Wir sind ver-stimmt, verunsichert, und halten inne.

Zögern ist kein spezifisches Merkmal des Verstandes. Wenn der Verstand zögert, dann nur, weil er seine Rechnung mit den Möglichkeiten noch nicht

---

4   Vgl. Friedhelm Schmidt-Welle, „Borges und die phantastische Literatur. Eine Einführung", in: Katja Carrillo Zeiter (Hrsg.), *Borges und die phantastische Literatur*, Ibero-Online.de/Heft 9, 5.

5   Tzvetan Todorov, *Einführung in die phantastische Literatur*, übersetzt aus dem Französischen v. Karin Kenter, Senta Metz, Caroline Neubaur, Frankfurt a. M. 1992.

abgeschlossen hat; der Verstand wägt ab, überlegt, und wenn er sich nicht ent-scheiden kann, dann wartet er ab, bis ein schlüssiger Entscheidungsgrund auf-leuchtet. Das hier beschriebene Zögern ist viel eher eine Angelegenheit des „Herzens", eine Sache des „ordre du coeur". Zögern ist eine Stimmung, eine innere Haltung, ein Innehalten, ein Schritt zurück vor dem „selbstverständli-chen" Lebensvollzug und dessen Regeln. Wir zögern – vielleicht – aus innerer Scheu, wir zögern, weil wir unsere Endlichkeit verspüren, die innere Zurück-haltung gegenüber dem Großen, das uns plötzlich überwältigt. Zögern ist ein Staunen, das wir nicht beseitigen können und nicht beseitigen wollen, weil wir spüren, dass die „Wahrheit" weder auf der einen noch auf der anderen Seite liegt, sondern vielleicht, wenn überhaupt, nichts anderes ist als jenes Zwischen, das uns in Anspruch nimmt.

Die Einwohner Tlöns halten die Metaphysik weder für etwas Realistisches (für eine Wissenschaft, die eine gültige Auskunft über die Wirklichkeit gibt), noch für eine bloße Erfindung (für etwas Wundersames im Sinne des rein Erfundenen). Sie pflegen ihr gegenüber die „unschlüssige", „zögernde" Haltung, die nicht entscheiden kann und will, ob es sich dabei „genau so" verhält oder anders. Metaphysische Systeme sind für die „postmodernen Idealisten" Tlöns *mögliche Wahrheiten*, die nur wahr sind, wenn sie von anderen Systemen und Wahrheiten ergänzt werden. Wahrheit existiert nur im Schweben; Metaphysik ist auf Tlön keine letztbegründende Wissenschaft, aber auch keine grund-lose Erfindung. Sie ist nicht „todernst", aber auch kein reines Divertissement. Sie lebt von der Vermischung, von der ständigen Oszillation zwischen Ernst und Leichtigkeit, zwischen strenger Argumentation und innerer Zurückhaltung, zwischen Begeisterung und Nüchternheit. In diesem Zwischenreich liegt ihre eigene Wahrheit.

Wenn die Metaphysik als ein Zweig der phantastischen Literatur betrie-ben und gepflegt wird, so heißt dies, dass die Metaphysik selbst „Erzählung" ist, aber in einem eigentümlichen und ureigenen Sinne; denn sie ist diejenige Abzweigung, die sich nicht so sehr mit dem Partikulären, sondern mit dem Grundlegenden und Grundsätzlichen beschäftig; sie „rettet" nicht individu-elle Schicksale, sondern visiert den letzten Horizont an, um diesen im Begriff direkt und ausdrücklich zu benennen. Die Metaphysik „rettet" das Letzte und Grundsätzliche aus der Vergessenheit, indem sie es immer neu „erfindet" und bedenkt. Sie lebt in einer Haltung, welche die Pluralität der unter sich kon-kurrierenden Systeme nicht als Einwand gegen die Wahrheit der Metaphysik versteht, sondern als Bestätigung ihres unendlichen Reichtums. Wenn jedes System unvermeidlich Setzung und damit Eingrenzung ist, so hat erst die ganze Vielfalt der möglichen Setzungen ideell einen Anspruch auf „Gültigkeit". Die einzelnen Perspektiven sind notwendig, aber niemals wahr; erst die Haltung –

oder besser: die Stimmung – des Staunens und Zögerns vor den unbegrenzten Möglichkeiten des Denkens macht die metaphysischen Systeme „wahr".

Damit ist freilich das eigene *Selbstverständnis* der Metaphysik – und erst recht der neuzeitlichen – auf den Kopf gestellt. Doch die Haltung des Zögerns hat mit dem bloßen Zweifel oder dem Versagen gegenüber dem Beliebigen und nicht Überprüfbaren nichts Gemeinsames. Während der Zweifel tendenziell immer danach trachtet, in einer wenigstens ideell erreichbaren Sicherheit aufgehoben zu werden und somit etwas Negatives oder bestenfalls Propädeutisches bleibt, sind das Zögern und die Unschlüssigkeit gegenüber den „phantastischen" Erzählungen der Metaphysik eine *zu gewinnende* Haltung (Stimmung); sie sind kein Verlust, sondern die Eröffnung eines *gewandelten Stehens* vor den letzten Fragen. Es handelt sich um eine Selbstpositionierung, die den Herrschaftsanspruch des Subjektes aufgegeben hat, ohne sich damit endgültig der bloßen Kontingenz zu verschreiben. Einst „Königin der Wissenschaften", muss die Metaphysik – so scheint Borges zu suggerieren – endgültig *abdanken*, um „endlich" frei zu sein – *endlich*, weil die Zeit gekommen ist (die Zeit des Endes *und* des Neuanfangs) und *endlich*, weil sie *menschlich* werden soll.

Abdanken heißt verlieren: doch anders als im Besitz liegt in diesem Gestus eine ungeahnte Freiheit. Ist es diese *Freiheit*, die Borges in seinem Verständnis von Metaphysik und Philosophie vorschwebt?

3.2 Finden und Verlieren

In *Der Faden der Fabel*, enthalten in seiner letzten Publikation, *Die Verschworenen*, aus dem Jahr 1985, beschreibt Borges die geschichtliche Situation unserer Zeit mit folgenden Worten:

> Der Faden ging verloren; auch das Labyrinth ging verloren. Heute wissen wir nicht einmal, ob uns ein Labyrinth umgibt, ein geheimer Kosmos oder ein ungewisses Chaos. Unsere schöne Aufgabe ist es, uns vorzustellen, dass es ein Labyrinth gibt und einen Faden. Den Faden werden wir nie finden; vielleicht begegnen wir ihm und verlieren ihn wieder, in einem Glaubensakt, in einer Kadenz, im Traum, in den Philosophie genannten Wörtern oder im bloßen schlichten Glück.[6]

Diese Worte, die zweifellos als Ausdruck einer „postmodernen" Selbstpositionierung gelesen werden können, sind „seinsgeschichtliche" Worte, denn sie

---

6 J.L. Borges, *Der Faden der Fabel*, in: *Die Verschworenen, Gesammelte Werke*. Band 9: *Der Gedichte dritter Teil*, übersetzt v. Gisbert Haefs, München 2008, 406.

sagen den Ort, wo wir heute stehen. Sie künden von einem Verlust, aber sie künden vor allem von einer Hoffnung. Es lohnt sich, diese Stelle genauer zu bedenken.

Faden und Labyrinth, so Borges, gingen verloren. Gab es sie einmal? Jedenfalls meinten „wir" (der metaphysische Mensch), wir seien von einem Labyrinth umgeben: dem Kosmos, dem Seienden im Ganzen und seinen Gesetzen. Wir meinten aber auch, der Mensch hätte einen Faden, um sich im Labyrinth zurechtzufinden: es war der Faden der Rationalität mit ihrem Zugang zur allgemeinen Ordnung des Universums und der diese Ordnung garantierenden göttlichen Instanz. Sie beide gingen verloren: nicht nur der Glaube an die Möglichkeit, uns im Labyrinth zu bewegen und es zu erforschen (der Faden), sondern selbst die Gewissheit, dass es überhaupt eine geheime, uns vielleicht unzugängliche und dennoch das Universum tragende Ordnung gibt (das Labyrinth).

Seit diesem Verlust wissen wir nicht mehr, ob Ordnung oder Zufall, ob Sinn oder Sinnlosigkeit uns umgeben. Wir wissen nicht, ob uns die Mittel fehlen, um die letzten Dinge zu erkennen, oder ob es vielleicht gar keine „letzten Dinge" gibt, keine letzte Wahrheit und keine Antwort. Doch anstatt Indifferentismus oder Resignation zu evozieren, spricht Borges von einer „schönen Aufgabe".

Das Wort „Aufgabe" erinnert an Kant und die letzten Fragen, die nicht beantwortet werden können und uns dennoch *aufgegeben* sind. Doch während Kant das Dilemma der Vernunft letztlich nur in der praktischen Philosophie und ihren Postulaten lösen wird, besteht die „schöne Aufgabe" für Borges darin, „uns vorzustellen", *dass* es einen Faden und ein Labyrinth gibt. Diese Aufgabe, mag sie auch an das kantische „als ob" erinnern, ist kein Imperativ und keine ethisch-moralisch begründete Bestimmung – sie ist nur „schön". Es ist „schön", dass wir uns gegen alles faktische Nicht-Wissen-Können, gegen die Evidenz des „Blicks hinter die Kulissen", gegen die Versuchung der Indifferenz vorstellen, *dass* es ein Labyrinth gibt, und auch einen Faden – nicht einen, sondern mehrere.

Den Faden, oder die Fäden, werden wir „nie finden", wenn finden bedeutet: etwas in Besitz nehmen, es behalten, mit ihm rechnen. Dieses „Finden" ist Vergangenheit (oder vielleicht – wie Heidegger sagen würde – Gewesenheit), und dennoch schwebt Borges ein *anderes Finden* vor, wenn er schreibt: „vielleicht begegnen wir ihm und verlieren ihn wieder, in einem Glaubensakt, in einer Kadenz, im Traum, in den Philosophie genannten Wörtern oder im bloßen schlichten Glück". Es ist uns verwehrt, zu glauben, dass wir den Faden – Antworten, Erklärungen, letztgültige Chiffren der Entschlüsselung – jemals *finden* werden, weil, und solange – im Finden der Anspruch des Besitzes liegt, weil und solange das Finden gleichgesetzt wird mit der Inbesitznahme eines Fundes, den wir „unser" nennen können. Wenn dieses Finden uns verwehrt bleibt, so sind uns dennoch *Begegnungen* mit dem Faden, mit unendlichen Fäden möglich, Begegnungen mit dem „Sinn". Borges nennt als solche Möglichkeiten der Begegnung eine Kadenz, den Traum, das „bloße schlichte Glück" und auch die „Wörter", die „Philosophie" genannt werden. Auch die Philosophie ist eine Möglichkeit der Begegnung mit dem „Faden", obwohl wir nicht wissen, ob es diesen Faden überhaupt gibt oder nicht, ob diese Erfahrung und diese Begegnung überhaupt ein Schlüssel zu einem Labyrinth sind oder eine bloße Illusion. Philosophie ist eine Waffe gegen das Chaos, nicht anders als Kunst, Musik, Literatur, nicht anders als das Glück oder die Liebe: eine menschliche Waffe, denn wir brauchen Wege, Worte, Schritte die uns glauben lassen, wir gingen auf ein Licht zu. Ob dieses Licht existiert oder nicht, ist letztlich unwichtig. Wenigstens solange wir zögern, solange wir noch vor dem „großen Ganzen" zögern wollen und können.

Gemessen an den Ansprüchen der klassischen Metaphysik ist diese Haltung eine klare Herabsetzung der Philosophie. Denn die Philosophie wird hier in eine Reihe mit anderen Tätigkeiten und Haltungen des Menschen gestellt, in eine Reihe sogar mit dem Glück – einer „bloßen Stimmung".

Doch vielleicht liegt in dieser „Herabsetzung" zugleich die höchste Würdigung der Philosophie. Denn Philosophie ist für Borges ein Akt der *Sinngebung*, freilich erst dann und nur dann, wenn sie darauf verzichtet, Königin zu sein und bereit ist, *abzudanken* und einzusehen, dass sie *anders*, aber nicht *mehr* und nicht *weniger* ist als „das bloße schlichte Glück": eine Stimmung, die uns widerfährt und „wahr" ist nicht deshalb, weil sie Richtiges aussagt, sondern weil sie *geschieht*. Wenn wir glücklich sind, fragen wir nicht, ob dies richtig ist oder nicht, ob dieses Glück wahr ist oder nicht, wir fragen nicht, ob wir zureichende Gründe haben, glücklich zu sein und ob dieses Glück der „Wahrheit" entspricht oder nicht. Wir fragen auch nicht – oder wir sollten wenigstens nicht danach fragen – ob das Glück „für immer" ist oder ob es uns wieder verlassen wird. Tun wir dies, so geht uns auch das Glück verloren. Ähnlich wie das Glück lässt uns die Philosophie – so können wir Borges vielleicht verstehen – für Augenblicke einen Sinn erahnen, und wir sollten dabei nicht versuchen, ihn in Besitz zu nehmen, ihn zu erzwingen oder, vor allem, mit ihm zu rechnen. Wir sollten *zögern*, weil der Sinn dem Glück gleicht, das schwindet, sobald wir versuchen, es festzustellen. Weil der „Sinn" – vielleicht – das Heilige oder sogar das Göttliche ist.

In *Die Bibliothek von Babel* entwirft Borges die Idee einer möglichen Welt, die aus zufällig angeordneten, für die Bewohner unentzifferbaren Büchern besteht, welche – basierend auf den unendlichen Kombinationen der Buchstaben – alle möglichen Inhalte und alle möglichen Wörter und Sprachen in vollständiger Fülle enthalten. Sie sind das Ganze in jeder möglichen Deklination. Weil jeder Laut oder jede Buchstabenkombination in irgendeiner Sprache eine Bedeutung hat, könnte in dieser Welt „niemand eine Silbe" artikulieren, „die nicht voller Zärtlichkeit und Schauer ist, die nicht in irgendeiner dieser Sprachen der gewaltige Name eines Gottes ist."[7] Es gibt Götternamen, auch wenn wir nicht wissen, wo sie sich verbergen, auch wenn wir nicht einmal wissen und mit Gewissheit wissen können, ob es überhaupt Götter gibt. Doch was zählt, sind die Zärtlichkeit und der Schauer. Denn sie *sind*; und sie allein sind auch „unser".

Das Scheitern der Vernunft, die sich vor das Absurde – oder den Abgrund – gestellt sieht, hat zwei mögliche Folgen. Die erste ist die Indifferenz gegenüber allen Sinnfragen, gegenüber allen „Götternamen", das Versinken in die Beliebigkeit, in das Vergessen, in die bloße Immanenz des Lebens und seiner kontingenten Bedürfnisse. Die zweite ist die Möglichkeit, die Borges hier vorschwebt. Sie ist der Weg der *Erinnerung*, der Weg der Sinngebung, der Weg der Zärtlichkeit und des Schauers, der Weg des „Phantastischen" als einer inneren Haltung, die uns in allem, was ist, die Spur eines *möglichen Gottes* erblicken lässt. Wenn wir diese Zärtlichkeit erfahren – die Zärtlichkeit für das Ganze – kümmern wir uns nicht mehr um den Besitz. Wir kümmern uns nicht mehr um die „wahren" Namen der Götter. Wir wissen, dass in allem, was uns begegnet, sich ein Gott verbergen *könnte*. Wir wissen, dass auch jede Philosophie, wie Heidegger nahezu gleichzeitig mit Borges gedacht hat, ein „unbestiegener" und „unbesteigbarer" Berg[8] ist – nicht anders als jeder Augenblick des Glücks, jede gelungene Kadenz, jeder Anblick, der uns an den Sinn *und* an die Frage erinnert.

4   Schlussbemerkungen

Dieser Weg mit Borges hatte nicht den Zweck, Borges' Position zu definieren, sondern zu fragen, ob in seinem Werk Hinweise für ein mögliches gewandeltes Selbstverständnis der Philosophie gefunden werden könnten, für ein Selbstverständnis, das sich einerseits jenseits des Anspruchs der globalen Erklärung und der strengen Wissenschaftlichkeit positioniert, andererseits aber nicht in die Indifferenz gegenüber den letzten Fragen oder in die Haltung der Beliebigkeit verfallen möchte. Wir haben versucht, diese Hinweise zu erläutern, und haben

---

7 J.L. Borges, *Die Bibliothek von Babel*, in: *Fiktionen, Gesammelte Werke*, Band 5: *Der Erzählungen Erster Teil*, übersetzt v. Karl August Horst, Wolfgang Luchting u. Gisbert Haefs, München 2000, 159.

8 Martin Heidegger, *Beiträge zur Philosophie (Vom Ereignis)*, *Gesamtausgabe*, Band 65, hrsg. v. Friedrich-Wilhelm von Herrmann, Frankfurt a. M. 1989, 187.

uns dabei bewusst nicht zu der Frage äußern wollen, ob Borges zur „Postmoderne" gehört oder nicht. Denn diese Frage ist wie alle Fragen, die nur auf eine
Definition hinzielen, letztlich unfruchtbar.

Borges eröffnet Möglichkeiten eines Verständnisses von Philosophie, das
diese weder als Wissenschaft der Letztbegründung definiert (was heute unmöglich ist) noch auf die Beschreibung der bloßen Kontingenz reduziert (was die
Philosophie in die Bedeutungslosigkeit versinken lässt). Der klassischen Philosophie muss diese Auffassung zu Recht ein Gräuel bleiben. Denn sie verabschiedet endgültig die Hoffnung auf eine Letztbegründung, auf eine „richtige"
Meinung, auf die Objektivität, auf den Besitz irgendeiner „Wahrheit".

Doch gegen alle Versuchungen, Philosophie in die immanente Problembe-
wältigung zu zwingen und darin letztlich aufzulösen, gegen alle Indifferenz
hält uns Borges die Aufgabe der *Erinnerung* entgegen, die Aufgabe der Hoffnung. Sie ist für Borges zwar nicht mehr die „wohlbegründete" Hoffnung der
Metaphysik, dafür aber die *elegante* Hoffnung eines Einsamen. So heißt es am
Schluss der *Bibliothek von Babel*:

> *Die Bibliothek ist unbegrenzt und zyklisch*. Wenn ein ewiger Wanderer sie
> in irgendeiner Richtung durchmäße, so würde er nach Jahrhunderten
> feststellen, dass dieselben Bände in derselben Unordnung wiederkehren
> (die, wiederholt, eine Ordnung wäre: Die Ordnung). Meine Einsamkeit
> erfreut sich dieser eleganten Hoffnung.[9]

Elegant ist das Schöne, das, was sich schickt, was angemessen ist und edel. Die
Eleganz fragt nicht nach Bestätigungen: sie *ist*, so einfach wie das Glück. Oft
stellt sich Glück ein, wenn wir etwas „haben" – und doch nicht besitzen. Oft
hat das Glück, oft hat auch die Eleganz einer Geste, eines Gedankens, zu tun
mit einer leisen Vermutung, mit einer nur leicht uns anstimmenden *heiteren
Melancholie*, die Erinnerung und Vorahnung verbindet.

Wir haben den Faden verloren, aber wir sollten ihn nicht vergessen; wir sollten ihn *vermissen*. Wir sollten uns an die Fragen und an die Antworten der
Metaphysik erinnern, wie wir uns an Vermisste erinnern, die wir lieben, und
umso zarter lieben, wenn wir ahnen, dass sie in ihrer Abwesenheit wiederkeh-
ren und nicht aufhören, uns an unbekannte Götter zu erinnern.

---

9   J.L. Borges, *Die Bibliothek von Babel*, 160.

TEIL 3

Tradition – Kontinuität und Bruch

∵

Nietzsche: Philosophie als Selbstporträt

Jutta Georg

Abstract

Bei Nietzsche findet sich eine besondere Verwobenheit von Werk und Biografie. Das erlaubt uns womöglich, seine Philosophie auch als ein Selbstporträt zu verstehen. Die zahlreichen, miteinander verwobenen, metaphorischen Mosaiken dieses Porträts wie der freie Geist, das Wandern, der Amor fati, die Einsamkeit, das Schaffen, die Leibvernunft, die „grosse Gesundheit" etc. entbergen sich gleichsam auch als Gegenentwürfe zum traditionellen Denken, der Metaphysik, der Moral. Wenn man ihren Status in Nietzsches Philosophie untersucht, dann zeigt sich, dass Dionysisches und tragische Bejahung grundlegend sind. Sie würden demnach authentisch Nietzsches Bejahung des Lebens verkörpern.

Zahlreiche Stellen in Nietzsches Werk und das schließt den Nachlass mit ein, sind von biografischen Auskünften, etwa über seine Krankheiten, Befindlichkeiten etc. durchzogen. Von früh an hat er sich intensiven Selbstreflexionen hingegeben oder gar ausgesetzt. Auch wenn man bei Nietzsche Biografisches und Werk trennen kann und auch soll, ist die Verwobenheit zwischen den beiden bei kaum einem Autor so deutlich wie bei ihm. Zudem werden wir sehen, wie sehr die verschiedenen Mosaike des Selbstporträts miteinander verbunden sind und aufeinander verweisen. Die biografischen Verweise haben das Ziel, so meine These, ein Selbstporträt Nietzsches, zu entwerfen; eines das Nietzsche wohl bewusst gesetzt hat, um es kontrollieren zu können.

In der *Fröhlichen Wissenschaft* behauptet er: „Wir sind keine denkenden Frösche, keine Objektivir- und Registrir-Apparate mit kalt gestellten Eingeweiden", vielmehr müssten wir jeden Gedanken dem „Schmerz" abpressen und alles, „was wir von Blut, Herz, Feuer, Lust, Leidenschaft, Qual, Gewissen, Schicksal, Verhängniss in uns haben [...] beständig in Licht und Flamme verwandeln".[1] Hier sei auf Nietzsches Brief an Overbeck verwiesen, wo er unterstreicht: Er sei lebendig und „nicht bloß eine Analysirmaschine und ein Objektivations-Apparat"[2]. Schon an Silvester des schicksalhaften Jahres 1882 hatte er ihm

---

1 FW Vorrede, KSA 3, 349 f.
2 An Franz Overbeck, 14.11.1886, KSB 7, 282.

geschrieben: „Ich bin einmal nicht Geist und nicht Körper, sondern etwas drittes. Ich leide immer am Ganzen und im Ganzen. –"[3] Wenn er also dieses Dritte als ein Ungetrenntes ist, dann bezieht sich das auch auf seinen Anspruch, ein Experimentalphilosoph zu sein, und damit das eigene Leben und Denken unablässig zum Experiment zu machen.

> Das *Experiment* geht gegen den Instinkt des Leidenden: in einem hohen Sinn könnte man es geradezu den Beweis der Kraft nennen. Aus seinem Leben selbst ein *Experiment* machen das erst ist *Freiheit* des Geistes, das wurde mir später zur Philosophie …[4]

So noch in einer Melange aus Radikalität und Hoffnung Ende des Jahres 1888. Ein Experimentalphilosoph ist ein „freier Geist", ein zentraler Typus in Nietzsches Denken und zudem eine Selbstzuschreibung,[5] wie unter anderem eine Stelle aus der Vorrede von *Menschliches, Allzumenschliches* betont: er habe sich aus einer Not heraus, die freien Geister „zur Gesellschaft" erfunden, „um guter Dinge zu bleiben, inmitten schlimmer Dinge (Krankheit, Vereinsamung, Fremde, Acedia, Unthätigkeit)".[6] Aus Lebensnot will er den spektakulären Zukunftstypus kreiert haben, der in der freien Natur lebe, womit ihm die „Geheimnisse der Frühe" mit der Hoffnung auf die *Philosophie des Vormittages*",[7] gleichsam eine jungfräuliche Philosophie, offenbar werde. Die Klassifikation *Freigeist* ist das erste Mosaik des Selbstporträts in Nietzsches Philosophie.[8]

---

3   An Franz Overbeck, 31.12.1882, KSB 6, 313.

4   N 1888, KSA 13, 618.

5   „Sie sandten Ihre Zusage, das schönste Geschenk, das mir jetzt Jemand hätte machen können […] und Teubner sandte die ersten drei Druckbögen der ‚fröhlichen Wissenschaft'; und zu alledem war gerade der allerletzte Theil des Manuscriptes fertig geworden und damit das Werk von sechs Jahren (1876–1882), meine ganze ‚Freigeisterei'! […] so oft ich an Alles denke, bin ich erschüttert und gerührt und weiß nicht, wie das doch hat *gelingen* können: Selbst-Mitleid und das Gefühl des Sieges erfüllen mich ganz. Denn es ist ein Sieg und ein vollständiger und sogar meine Gesundheit des Leibes ist wieder, ich weiß nicht woher, zum Vorschein gekommen, und Jedermann sagt mir, ich sähe jünger aus als je. […] Ich will nicht mehr einsam sein und wieder lernen Mensch zu werden. Ah, an diesem Pensum habe ich fast Alles noch zu lernen!" An Lou von Salomé, 03.07.1882, KSB 6, 216 f.

6   MA, KSA 2, 15.

7   MA I 638, KSA 2, 363.

8   „Ein ‚freier Geist' – dies kühle Wort […] wärmt beinahe. Man lebt, nicht mehr in den Fesseln von Liebe und Hass, ohne Ja, ohne Nein, freiwillig nahe, freiwillig ferne, am liebsten entschlüpfend, ausweichend, fortflatternd, wieder weg, wieder empor fliegend; man ist verwöhnt, wie Jeder, der einmal ein ungeheures Vielerlei unter sich gesehn hat" MA I, KSA 2, 18.

Warum liebe ich die **Freigeisterei**? Als letzte Consequenz der bisherigen Moralität. *Gerecht* sein gegen Alles [...] *über sich* sein, die *Überwindung und der Muth* nicht nur gegen das Persönlich-Feindliche, Peinliche, auch in Hinsicht auf das Böse in den Dingen, *Redlichkeit*, selbst als Gegnerin des Idealismus und der Frömmigkeit, ja der Leidenschaft, sogar in Bezug auf die Redlichkeit selber; *liebevolle Gesinnung* gegen Alles und Jedes [...].[9]

Den abstrakt-allgemeinen moralischen Tugenden setzt Nietzsche die Redlichkeit entgegen: „Neu: die **Redlichkeit** leugnet *den* Menschen, sie will keine moralische *allgemeine* Praxis, sie leugnet *gemeinsame* Ziele", behauptet er 1881[10]; „die letzte Tugend, *unsere* Tugend heißt: Redlichkeit."[11] Im *Antichrist* fordert er, alles „preisgeben [...] woran sonst das Herz, woran unsre Liebe, unser Vertrauen zum Leben hängt". Redlichkeit sieht er als rückhaltlose Bewusstheit und Selbstbewusstheit als äußerste Form der Selbstkritik, um wahrhaftig zu sein. „Man muss rechtschaffen sein in geistigen Dingen bis zur Härte, um auch nur meinen Ernst, meine Leidenschaft auszuhalten", so im Vorwort zum *Antichristen*.[12] Über diese Redlichkeit verfüge der Freigeist als Kritiker von Moral und Religion; deren Ablehnung ist quasi die Basis seiner raison d' être. Er vertritt zudem eine andere Gerechtigkeit, eine ganz eigenverantwortliche, weil er seinem individuellen Gesetz folgt.[13] Mit diesem Gesetz erhält Nietzsches freier Geist einen

---

9   „Als Mittel dieser Freigeisterei erkannte ich die Selbstsucht als nothwendig, um nicht in die Dinge hinein verschlungen zu werden [...]. Die Freigeisterei ist also im Verhältniß zum Selbst und zur Selbstsucht ein Werden, ein Kampf zweier Gegensätze, nichts Fertiges, Vollkommenes, kein Zustand: es ist die Einsicht der Moralität, nur vermöge ihres Gegentheils sich in der Existenz und Entwicklung zu erhalten." N 1882, 1 [42], KSA 10, 20 f.

10   N 1881, KSA 9, 465.

11   N 1885/86, KSA 12, 44. „Eine Art von Redlichkeit ist allen Religionsstiftern und Ihresgleichen fremd gewesen: – sie haben nie sich aus ihren Erlebnissen eine Gewissenssache der Erkenntniss gemacht" FW 319, KSA 3, 550 f.

12   AC, KSA 6, 230 und 167.

13   Georg Simmel setzt sich in *Das individuelle Gesetz* (hrsg. u. eingel. v. M. Landmann, Frankfurt a. M. 1987) aus einer strebensethischen Perspektive heraus kritisch mit Kants Moralphilosophie auseinander; diese habe durch einen dogmatisch abstrakten Bezug auf das allgemeine moralische Gesetz des Sollens und der Pflichterfüllung die authentischen Potenzen jeder Individualität ignoriert und verkannt: „Die Illusion, daß, wenn die Vernunft der Sinnlichkeit befiehlt, damit doch ,wir selbst' uns das Pflichtgebot geben, kann Kant nur durch die in keiner Weise erwiesene, naiv dogmatische Behauptung stützen, daß jener vernunftsmäßige, allgemeingültige Teil von uns das ,eigentliche' Ich, das Wesen unseres Wesens ausmache. [...] Als allgemeines kann das Gesetz ein Sollen nur aus den einzelnen *Inhalten* des Lebens entwickeln, die aus dessen Quellung und zusammenhängender Bewegtheit entrückt, zu festumgrenzten, logisch, aber nicht vital verbundenen

ethisch grundierten Selbstbezug, wie auch die große Natur, der Übermensch und der tragisch-dionysische Künstler. Das individuelle Gesetz entspringt ihrer potenten Leiblichkeit, ihrer Kraft, und so gibt es zwischen ihrer großen Natur und diesem keine Differenz; weil ihr Wille zur Macht und das drängende Gefühl nach unablässiger Steigerung ihre Natur ist.

Wenn die freien Geister in der Natur leben, dann begeben sie sich bewusst in die *Einsamkeit*, die ich als weiteres Mosaik des Selbstporträts benenne.

> Wer nur einigermaassen zur Freiheit der Vernunft gekommen ist, kann sich auf Erden nicht anders fühlen, denn als Wanderer, – wenn auch nicht als Reisender *nach* einem letzten Ziele: denn dieses giebt es nicht. [...] die Geschenke all jener freien Geister, die in Berg, Wald und Einsamkeit zu Hause sind und welche, gleich ihm, in ihrer bald fröhlichen bald nachdenklichen Weise, Wanderer und Philosophen sind. Geboren aus den Geheimnissen der Frühe, sinnen sie darüber nach, wie der Tag zwischen dem zehnten und zwölften Glockenschlage ein so reines, durchleuchtetes, verklärt-heiteres Gesicht haben könne: – sie suchen die *Philosophie des Vormittages*.[14]

Der Wanderer ist auf einer einsamen Wanderung.[15] Ein Beleg für die Verwobenheit der einzelnen Mosaike im philosophischen Selbstporträt Nietzsches. Der Wanderer, eine zahlreich wiederkehrende Metapher seines Werks, bezeichnet einen Typus in grenzenloser Bewegung und Beweglichkeit, der nur seiner

---

Begriffen verfestigt sind. [...] Dem allgemeinen Gesetze gelingt es nicht, die Kategorie des Sollens über die Tat als Lebensäußerung zu erstrecken oder beide innerlich zu verbinden. [...] der Versuch, unsere sittlichen Handlungen aus ihrer Allgemeingültigkeit herzuleiten, ist schon darum bedenklich, weil gerade unsere *Sünden* viel mehr allgemeinen, typischen Charakter tragen als unser Tiefstes und Bestes." Simmel verteidigt die Autonomie des Lebensflusses; ein ständiges „Gleiten" sich verändernder individueller Lebensatome. Sein individuelles Gesetz kann als eine ethisch hoch angelegte Messlatte für individuelle Resistenz im Einklang mit den Strukturen der bürgerlichen Gesellschaft rezipiert werden, wobei Simmel von einen quasi melancholischen Selbstbezug als unveränderbare Tragödie, die jedoch schöpferisch sein soll, weil nicht zuletzt darin ihre resistente Kraft liege, ausgeht. Ebd., 198 f. u. 195.

14   MA I 638, KSA 2, 362 f.

15   *„Der Freigeist. Abschied* ‚Die *Krähen* schrei'n Und ziehen schwirren Flugs zur Stadt: Bald wird es schnei'n – Wohl dem, der jetzt noch – Heimat hat! Nun stehst du starr, Schaust rückwärts ach! Wie lange schon! [...] Versteck', du Narr, Dein blutend Herz in Eis und Hohn! [...] Daß Gott erbarm'! *Der* meint, ich sehnte mich zurück In's deutsche Warm, In's dumpfe deutsche Stuben-Glück!" N 1884, KSA 11, 329 f.

Leibvernunft vertraut.[16] Unverzichtbare Voraussetzung hierfür ist freilich die „grosse Loslösung", die zwingt, fortzugehen, ohne ein Ziel zu haben, aber neue Perspektiven zu gewinnen. Es ist die Leibvernunft, die diese neuen Perspektiven: Umwertung aller Werte, was auch jede Art von Zerstörung gutheißt und die „grosse Loslösung" ermöglicht.[17] In *„Wohin man reisen muss"* ist es quasi eine Selbsterfahrung: „Wer nach langer Uebung in dieser Kunst des Reisens zum hundertäugigen Argos geworden ist, der wird *seine Io* – ich meine sein *ego* – endlich überall hinbegleiten [...]. – So wird Selbst-Erkenntniss zur All-Erkenntniss in Hinsicht auf alles Vergangene" und womöglich auch „in Hinsicht auf alles zukünftige Menschentum".[18]

Diese große Loslösung kann als dialektischer Prozess eines radikalen, das gesamte Dasein umschließenden Aufbruchs verstanden werden; initiiert werde sie „plötzlich, wie ein Erdstoss: die junge Seele wird mit Einem Male erschüttert, losgerissen, herausgerissen [...] ein Wille und Wunsch erwacht, fortzugehn, irgendwohin [...] nach einer unentdeckten Welt"[19]. *Wandern* und *„grosse Loslösung"* können dem Selbstporträt hinzugefügt werden. Auch für sein Leben spricht er von einer „Loslösung" und zwar von seiner Familie:

---

16   Đurić rekonstruiert Aspekte von Nietzsches Leibvernunft in Termini, die man umstandslos auf Adornos „Nichtidentisches" applizieren kann. „Nietzsche war dem Zufälligen, Verschiedenen, Nichtgleichen stark verhaftet, dem, was der Begriff [...] verdrängt, verachtet und verwirft. Er glaubte, dass sich in diesem Nichtidentischen nicht nur dasjenige verbirgt, was allein wert ist, erkannt zu werden, sondern auch dasjenige, was einzig wahrhaft wirklich ist. [...] Vielleicht ist diese Demaskierung der gewalttätigen Vernunft gerade dasjenige, was seine Philosophie vor allem als eine Philosophie der Befreiung auszeichnet." Mihailo Đurić, *Nietzsche und die Metaphysik*, Berlin/New York 1985, 79.

17   Ein nachgelassenes Fragment von 1885 benennt die autobiografische Dimension der Wanderschaft als einer Loslösung: „Nachdem ich endlich ruhiger geworden war [...] löste ich mich langsam und ohne Unart aus meiner bisherigen ‚Gesellschaft' und gieng auf die Wanderschaft, – krank, lange Jahre krank. Eine große, innere größere Loslösung – denn philosophische Menschen treiben das Einzelne gern ins Allgemeine – eine willkürliche ‚Entfremdung' war in jener Zeit meine einzige Labsal: ich prüfte Alles, woran sich bis dahin überhaupt mein Herz gehängt hatte [...] ich that das Umgekehrte mit Allem, woran sich bisher die menschliche Kunst der Verleumdung und Verlästerung am besten geübt hat. [...] Und immer wieder diese harte innere Stimme, welche befahl: ‚fort von hier! Vorwärts, Wanderer! Es sind noch viele Meere und Länder für dich übrig: wer weiß, *wem* Alles du noch begegnen mußt?'" N 1885, 41[9], KSA 11, 683 ff.

18   MA II 223, KSA 2, 477 f.

19   MA I Vorrede 3, KSA 2, 15 f. „Ach, Schicksal und See! Zu euch muss ich nun *hinab* steigen! Vor meinem höchsten Berge stehe ich und vor meiner längsten Wanderung: darum muss ich erst tiefer hinab als ich jemals stieg: – tiefer hinab in den Schmerz als ich jemals stieg, bis hinein in seine schwärzeste Fluth! So will es mein Schicksal: Wohlan! Ich bin bereit." Za III, KSA 4, 195.

Die Loslösung von meinen Angehörigen fängt an, sich mir als wahre
Wohlthat darzustellen; ach, wenn du wüßtest, was ich in diesem Capi-
tel (seit meiner Geburt –) Alles zu überwinden gehabt habe! Ich mag
meine Mutter nicht, und die Stimme meiner Schwester zu hören macht
mir Mißvergnügen; ich bin *immer* krank geworden, wenn ich mit ihnen
zusammen war.[20]

Eine weitere biografische Bedeutung bekommt das Wandern hinsichtlich der
ewigen Wiederkehr des Gleichen; will Nietzsche doch bei einer Wanderung um
den See von Silvaplana diesen grundstürzenden Gedanken gewonnen haben.[21]
Seine Befindlichkeit in diesem Augenblick beschreibt er in *Ecce homo* als einen
veritablen Rausch.[22] Im Aphorismus „Der Wanderer" aus dem *Zarathustra*
hatte er schon notiert: „Du gehst deinen Weg der Grösse; nun ist deine letzte
Zuflucht worden, was bisher deine letzte Gefahr hiess!"[23]
    Nietzsche hat die Einsamkeit für die Entstehung seines Denkens als unver-
zichtbar angesehen: An Köselitz schreibt er:

Meine Erfahrungen in den letzten Wochen haben mir *bestätigt*, daß die
2-jährige absolute Enthaltung vom Verkehre hier in Genua das Hauptmit-

---

20   An Franz Overbeck am 06.03.1883, KSB 6, 338 f. Diese Loslösung wurde durch die Verleum-
      dungen seiner Schwester gegenüber Lou von Salomé ausgelöst.
21   *„Die Wiederkunft des Gleichen* […] Das neue *Schwergewicht: die ewige Wiederkunft des Glei-
      chen.* Unendliche Wichtigkeit unseres Wissen's, Irren's, unsrer Gewohnheiten, Lebensweis-
      sen für alles Kommende. […] Wir *lehren die Lehre* – es ist das stärkste Mittel, sie uns selber
      einzuverleiben. Unsre Art Seligkeit, als Lehrer der grössten Lehre. Anfang August 1881 in
      Sils-Maria, 6000 Fuss über dem Meere und viel höher über allen menschlichen Dingen! –
      " N 11[141], KSA 9, 494.
22   In der Zarathustraretraktion aus *Ecce homo* schreibt er: „eine Entzückung, deren unge-
      heure Spannung sich mitunter in einem Thränenstrom auslöst, bei der der Schritt unwill-
      kürlich bald stürmt, bald langsam wird […] ein vollkommnes Ausser-sich-sein mit dem
      distinktesten Bewusstsein einer Unzahl feiner Schauder und Überrieselungen bis in die
      Fusszehen; eine Glückstiefe […] das Bedürfniss nach einem *weitgespannten* Rhythmus
      ist beinahe das Maass für die Gewalt der Inspiration […] Alles geschieht im höchsten
      Grade unfreiwillig, aber wie in einem Sturme von Freiheits-Gefühl, von Unbedingtsein,
      von Macht, von Göttlichkeit. […] Das ist *meine* Erfahrung der Inspiration; ich zweifle nicht,
      dass man Jahrtausende zurückgehen muss, um Jemanden zu finden, der mir sagen darf ,es
      ist auch die meine'–" EH, KSA 6, 339 f. „Die Augustsonne ist über uns, das Jahr läuft davon,
      es wird stiller und friedlicher auf Bergen und in den Wäldern. An meinem Horizonte sind
      Gedanken aufgestiegen, dergleichen ich noch nicht gesehen habe" An Heinrich Köselitz,
      14. August 1881, KSB 6, 112.
23   „Ich bin ein Wanderer und ein Bergsteiger, sagte er zu seinem Herzen, ich liebe die Ebenen
      nicht und es scheint, ich kann nicht lange still sitzen" Za I, KSA 4, 193.

tel meiner leiblichen Genesung gewesen ist. Die ärmlichste Einsamkeit soll mir recht sein: aber, nochmals, ich will nicht verwechselt werden.[24]

Vor den „Fliegen des Marktes"[25] müsse man fliehen, lehrt Zarathustra. „Auch deshalb Einsamkeit [...], um nicht aus den Cisternen für Jedermann zu trinken"[26]. In „der freie Geist" fordert er „wählt die *gute* Einsamkeit, die freie muthwillige leichte Einsamkeit, welche euch auch ein Recht giebt, selbst in irgend einem Sinne noch gut zu bleiben!"[27] Wichtig ist in diesem Zusammenhang auch die Maskierung: Maske und Einsamkeit schließen in Nietzsches Klassifikation eine Allianz; die Einsamkeit brauche den Schutz der Maske: „Alles, was tief ist, liebt die Maske [...]. Jeder tiefe Geist braucht eine Maske: mehr noch, um jeden tiefen Geist wächst fortwährend eine Maske."[28] Der tiefe, sprich freie Geist gehört nicht zur und lebt nicht in der Sozialität, er ist ein Solitär hinter einer Maske, das macht ihn einsam. Wir fügen *Maske* und *Solitär*, Gegenentwürfe des „Heerdenthiers", dem Selbstporträt hinzu.[29] Diese sind unverzichtbar; man habe die Starken gegen die Überzahl der Schwachen zu verteidigen, die deren „organisirte Heerdeninstinkte"[30] gegen sich hätten. Man muss alle Bindungen an Familie und Gemeinschaft kappen und sich dem *„Horizont des Unendlichen"* aussetzen: „Wir haben das Land verlassen und sind zu

---

24 „Ich lerne eigentlich jetzt erst Zarathustra kennen. Seine Entstehung war eine Art *Aderlaß*, ich verdanke ihm, dass ich nicht erstickt bin. Es war etwas Plötzliches, die Sache von 10 Tagen." An Heinrich Köselitz am 17. 04. 1883, KSB 6, 361.

25 „Fliehe mein Freund, in deine Einsamkeit! [...] Wo die Einsamkeit aufhört, da beginnt der Markt [...] da beginnt auch der Lärm der grossen Schauspieler und das Geschwirr der giftigen Fliegen". Za I, KSA 4, 65.

26 „Unter Vielen lebe ich wie Viele und denke nicht wie ich; nach einiger Zeit ist es mir dann immer, als wolle man mich aus mir verbannen und mir die Seele rauben – und ich werde böse auf Jedermann und fürchte Jedermann. Die Wüste thut mir dann noth, um wieder gut zu werden." M 491, KSA 3, 290.

27 JGB 25, KSA 5, 42 f.

28 JGB 40, KSA 5, 57 f. In seinem Leben habe er daran gelitten, dass „alle meine menschlichen Beziehungen, mit einer Maske von mir zu thun haben, und ich fortwährend das Opfer davon sein muß, ein ganz verborgenes Leben zu führen". An Franz Overbeck am 10.01.1883, KSB 6, 326.

29 „Zur Entstehung der Person gehört eine zeitige Isolirung, ein Zwang zu einer Wehr- und Waffen-Existenz, etwas wie Einmauerung, eine größere Kraft des Abschlusses; und, vor Allem, eine viel *geringere Impressionabilität*, als sie der mittlere Mensch, dessen Menschlichkeit *contagiös* ist, hat Erste Frage in Betreff der *Rangordnung*: wie *solitär* oder wie *heerdenhaft* Jemand ist (im letzteren Falle liegt sein Werth in den Eigenschaften, die den Bestand seiner Heerde, seines Typus sichern, im anderen Falle in dem, was ihn abhebt, isolirt, vertheidigt und *solitär ermöglicht*." N 1887, KSA 12, 492.

30 N 1888, KSA 13, 303 f.

Schiff gegangen!"[31] Wenn man sich diesem Horizont überlässt, werden Navigation und Orientierung unmöglich; die erreichte Freiheit ist schwer errungen und noch schwerer erträglich. Man muss wagemutig sein, will man sich von allen Bindungen losreißen und die Einsamkeit ertragen. Wir fügen *Mut* – „Geist haben ist nicht genug: man muß ihn noch sich nehmen, und dazu gehört viel Muth"[32] – zum Porträt hinzu und konzedieren, dass Nietzsche einen ganz außergewöhnlichen Mut besessen hat, sonst hätte er seine provokativen Gedanken nicht veröffentlicht.[33] Zarathustra lehrt: „Der Krieg und der Muth haben mehr grosse Dinge gethan, als die Nächstenliebe."[34]

In vielen Briefen schreibt er über seine Einsamkeit: so auch 1888 an Hippolyte Taine[35]

> Denn meine Einsamkeit war immer vollkommen. Nicht daß ich dies beklagte. Ich glaube, es ist die Grundbedingung dafür, jenen äußersten Grad von Selbstbesinnung zu erreichen, der das Wesen meiner Philosophie ausmacht,

und an Mathilde Maier:

> *Jetzt* schüttele ich ab, was nicht zu *mir* gehört, Menschen, als Freunde und Feinde, Gewohnheiten, Bequemlichkeiten Bücher; ich lebe in Einsamkeit auf Jahre hinaus, bis ich wieder als Philosoph des *Lebens*, ausgereift und fertig verkehren *darf* (und dann wahrscheinlich *muß*).[36]

Überwiegend beklagt er sich freilich in seinen Briefen über seine Einsamkeit und sieht sie auch als eine Quelle seiner zahlreichen Krankheiten. „Fast sieben Jahre Einsamkeit und, zum allergrößten Theil, ein wahres *Hundeleben*, weil es an allem *mir* Nothwendigen fehlte! Ich danke dem Himmel, dass es Niemand

---

31   FW 124, KSA 3, 480.
32   N 1884, KSA 11, 386. „Erst die Unschuld des Werdens giebt uns den größten Muth und die
       größte *Freiheit!*" N 1883, KSA 10, 341.
33   „Es heißt Ecce homo [...]. Es handelt, mit einer großen Verwegenheit, von mir und mei-
       nen Schriften: ich habe nicht nur damit mich vorstellen wollen vor dem ganz unheimlich
       solitären Akt der Umwerthung, – ich möchte gern einmal eine Probe machen, was ich
       bei den deutschen Begriffen von *Preßfreiheit* eigentlich risquiren kann. Mein Argwohn ist,
       daß man das erste Buch der *Umwerthung* auf der Stelle confiscirt, – legal mit allerbestem
       Recht." An Heinrich Köselitz, 30.10.1888, KSB 8, 462.
34   Za I, KSA 4, 59.
35   An Hippolyte Taine am 17.12.1888, KSB 8, 532.
36   An Mathilde Maier am 15. Juli 1878, KSB 5, 337 f.

so recht aus der Nähe mit angesehn hat"[37]. Selten hat Nietzsche seine Hilfsbedürftigkeit, die aus Einsamkeit und Krankheit, und womöglich war das nicht immer zu trennen, sich speiste, so ungeschminkt dargestellt.

Nietzsche hat zwar den Schmerz und die Krankheit als Zustände geschärfter Sensibilität gewertet,[38] aber gleichzeitig unter ihnen gelitten, wiewohl er sie für sein Schaffen als unverzichtbar ansah; sei es doch der Schmerz, dem alles abgerungen werden müsse.[39] Essentiell sieht er ihn mit der Lust verwoben, die ursprünglicher sei: „der Schmerz erst als bedingt, als eine Folgeerscheinung des Willens zur Lust (des Willens zum Werden, Wachsen, Gestalten, das heißt *zum Schaffen*: im Schaffen ist aber das Zerstören eingerechnet)."[40]

Hier zeigen sich Überschneidungen mit Nietzsches Semantik des Dionysischen, wo Schaffen/Lust und Zerstören untrennbar ineinander verwoben sind: „die *Lust selbst am Vernichten* [...]. Der Imperativ: ‚werdet hart!', die unterste Gewissheit darüber, *dass alle Schaffenden hart sind*, ist das eigentliche Abzeichen einer dionysischen Natur –"[41] Der freie Geist, ein Experimentalphilosoph, der einsam, in freier Natur und damit abseits von Sozialität als ein Solitär[42] hinter einer Maske lebt, ist ein Schaffender, der den Schmerz, die Krankheit und die Härte als produktive Medien bejaht. Womit wir *Schmerz, Krankheit,*

---

37 An Franz Overbeck Anfang Dezember 1885, KSB 7, 116.

38 „Wer oft krank ist, hat nicht nur einen viel grösseren Genuss am Gesundsein, wegen seines häufigen Gesundwerdens: sondern auch einen höchst geschärften Sinn für Gesundes und Krankhaftes in Werken und Handlungen, eigenen und fremden: so dass zum Beispiel gerade die kränklichen Schriftsteller – und darunter sind leider fast alle grossen – in ihren Schriften einen viel sicherern und gleichmässigeren Ton der Gesundheit zu haben pflegen, weil sie besser als die körperlich Robusten, sich auf die Philosophie der seelischen Gesundheit und Genesung und ihre Lehrmeister: Vormittag, Sonnenschein, Wald und Wasserquelle verstehen." MA II, KSA 2, 522.

39 Den Menschen der Zukunft sei „die Eroberung, das Abenteuer, die Gefahr, der Schmerz sogar zum Bedürfniss geworden" GM II 24, KSA 5, 336.

40 N 1888, KSA 13, 522. „Es wird ein höchster Zustand der Daseins-Bejahung concipirt, in dem sogar der Schmerz, jede Art von Schmerz als Mittel der Steigerung ewig einbegriffen ist: der tragisch-dionysische Zustand." Ebd., 229.

41 EH, KSA 6, 349. „– Ich nahm den Willen zur Schönheit, zum Verharren in *gleichen* Formen, als ein zeitweiliges Erhaltungs- und Heilmittel: fundamental aber schien mir das Ewig-Schaffende als das *ewig-Zerstören-Müssende* gebunden an den Schmerz" N 1885, KSA 12, 113.

42 „*Die Wege der Freiheit.* – Sich seine Vergangenheit *abschneiden* (gegen Vaterland, Glaube, Eltern, Genossen – der Verkehr mit den *Ausgestoßenen* aller Art [...] das Umwerfen des Verehrtesten, das Bejahen des Verbotensten – die *Schadenfreude* in großem Stile an Stelle der Ehrfurcht – alle Verbrechen thun – Versuch, neue Schätzungen *Gerechtigkeit* als bauende ausscheidende vernichtende Denkweise, aus den Werthschätzungen heraus: *höchster Repräsentant des Lebens selber.*" N 1884, KSA 11, 140 f.

Schaffen und Zerstören für das Selbstporträt gewonnen haben. Neben anderen, belegt auch folgendes Zitat die Verwobenheit der einzelnen Topoi: „Genug, ich lernte erst aus der *Einsamkeit* heraus die zusammengehörigen Begriffe ‚freier Geist‘ und ‚Gesundheit‘ ganz zu Ende denken.“[43]

Die ihm von der Krankheit zugewachsene Kreativität reklamiert er insbesondere für den *Zarathustra*, mit dem ein „Aderlaß“ verbunden gewesen sei:

> Wirklich, liebster Freund, es scheint mir mitunter, als ob ich gelebt, gearbeitet und gelitten hätte, um dies kleine Buch von 7 Bogen machen zu können! ja als ob mein Leben damit eine nachträgliche Rechtfertigung erhalte. Und selbst auf diesen schmerzhaftesten aller Winter sehe ich seitdem mit anderen Augen: wer weiß ob nicht erst eine *so große* Qual nöthig war, mich zu jenem *Aderlaß* zu bestimmen, als welcher dies Buch ist? Du verstehst, es ist sehr viel Blut in diesem Buche.[44]

Zu vergessen ist jedoch nicht, dass es bei Nietzsche auch eine vollkommen negative Semantik der Krankheit, des Krankhaften, der Dekadenz gibt. Namentlich sieht er das Christentum als eine Krankheit und betont, man müsse krank sein, um Christ zu werden, zudem „kümmerlich“, „böswillig“, voll Hass gegen die Lebenstriebe.[45] Auf die herausgehobene Bedeutung des Schaffens in Nietzsches Denken kann hier nur kurz eingegangen werden: In „Vom Wege des Schaffenden“ steht: „Mit meinen Thränen gehe in deine Vereinsamung, mein Bruder. Ich liebe Den, der über sich hinaus schaffen will und so zu Grunde

---

43   N 1885, KSA 11, 658. „Wir ‚freien Geister‘ leben einzeln und hier und dort auf Erden – [...].
     Es gehört zu unserem Stolze zu denken, daß unsere Art eine *seltne* und *seltsame* Art ist;
     und wir drängen uns nicht zu einander, wir ‚sehnen‘ uns vielleicht nicht einmal nach einander. [...] Wenn wir das Wort ‚Glück‘ im Sinne *unserer* Philosophie gebrauchen, dann
     denken wir dabei nicht wie die Müden, Geängstigten und Leidenden unter den Philosophen vorallerst an äußeren und inneren Frieden, an Schmerzlosigkeit, an Unbewegtheit,
     Ungestörtheit [...]. Das Ungewisse vielmehr, das Wechselnde Verwandlungsfähige, Vieldeutige ist *unsere* Welt, eine gefährliche Welt.“ Ebd.

44   An Franz Overbeck am 17.04. 1885, KSB 6, 362.

45   „Man soll das Christenthum nicht schmücken und herausputzen [...]: es hat einen Todkrieg gegen den *starken* Typus Mensch gemacht es hat alle Grundinstinkte dieses Typus
     in Bann gelegt es hat aus diesen Instinkten das Böse, *den* Bösen herausfabrizirt: der starke
     Mensch als der typisch *verwerfliche* und *verworfene* Mensch es hat die Partei alles Schwachen, Niedrigen, Mißrathenen genommen: es hat ein Ideal aus dem *Widerspruch* gegen die
     Erhaltungs-Instinkte des starken Lebens gemacht ...: es hat die Vernunft selbst der geistigsten Menschen verdorben, indem es die obersten Instinkte der Geistigkeit als sündhaft,
     als irreführend, als Versuchungen empfinden lehrte ...“ N 1887, KSA 13, 188.

geht"[46], so im *Zarathustra*. „Nur im Schaffen giebt es *Freiheit*"[47], diese könne
jedoch nur in der Einsamkeit erlebt werden. „Schaffen – das ist die grosse Erlösung vom Leiden, und des Lebens Leichtwerden. Aber, dass der Schaffende sei,
dazu selber thut Leid noth und viel Verwandelung."[48] Jedoch: all diese zumindest partiell leidvollen Zustände sind geradezu unverzichtbar für etwas, das
Nietzsche in der Vorrede zur *Fröhlichen Wissenschaft* als die „Trunkenheit des
Genesenden" beschreibt.[49] Mit dieser Trunkenheit, quasi ein Triumph über
das Erlittene, kann alles auf den Kopf gestellt, können alle Werte umgewertet
und neue Perspektiven gewonnen werden. Im Vorwort findet sich Biografisches
im metaphorischen Gewand: „Sprache des Thauwinds", „Sieg über den Winter", „Lustbarkeit", „wieder offene Meere". „Genesung" bedeutet hier nicht allein
einen Zustand, den er nach der Loslösung von Wagner und der metaphysisch-
romantischen Weltsicht des Frühwerks erreicht haben will, sondern sie hat
auch einen biografischen Hintergrund, bezieht sie sich doch auf die vorübergehende Erholung von seiner schweren Krankheit. Eine Stelle aus *Der Fall Wagner*
lässt hierzu auch Biografisches aufscheinen: „Mein grösstes Erlebniss war eine
Genesung. Wagner gehört bloss zu meinen Krankheiten."[50] Genesung benennt
hier die Befreiung von Wagners Kunst, denn: „Wagners Kunst ist krank [...] *Wagner est une névrose*."[51] Wagners Krankheit ist seine künstlerische Degeneration.
Wagners Kunst ist nicht nur krank; sie macht krank. Das zumindest will Nietzsche erlebt haben; womit er eine radikale Kehrtwendung von seiner anfänglichen Emphase gegenüber Wagners Kunstschaffen vollzogen hatte, schien ihm
doch mit Wagner eine Renaissance der hellenischen Kultur möglich. In der
Geburt der Tragödie klassifiziert er Wagner als den „Ernsthaften", der die Kunst
nicht als Erheiterung begreift, dem es gelinge, beim Rezipienten eine rausch-

---

46   Za I, KSA 4, 83.
47   N 1883, KSA 10, 403. „Der Trieb zur Zeugung, zum Zwecke, zur Zukunft, zum Höheren –
     das ist die Freiheit in allem Wollen." Ebd.
48   Za II, KSA 4, 110.
49   Schon in *Menschliches, Allzumenschliches* hatte er geschrieben: „Ein Schritt weiter in der
     Genesung: und der freie *Geist* nähert sich wieder dem Leben, langsam freilich, fast wider-
     spänstig, fast misstrauisch. Es wird wieder wärmer um ihn, gelber gleichsam; Gefühl und
     Mitgefühl bekommen Tiefe, Thauwinde aller Art gehen über ihn weg." MA I Vorrede, KSA 2,
     19.
50   WA Vorrede, KSA 6, 12. „*An Richard Wagner*. Der du an jeder Fessel krankst, Friedloser,
     freiheit-dürst'ger Geist, Siegreicher stets und doch gebundener, Verekelt mehr und mehr,
     zerschundener, Bis du aus jedem Balsam Gift dir trankst – Weh! Daß du auch am Kreuze
     niedersankst, Auch du! Auch du! – ein Überwundner! [...] Die Narrenkappe werf' ich tan-
     zend in die Luft! Denn ich entsprang –" N 1884, KSA 11, 319.
51   WA Vorrede, KSA 6, 22.

hafte Selbstüberwindung zu erzeugen. „Der berauschte Mensch als Kunstwerk ohne Publikum.“[52] Auf die Emphase folgte nach vielen Enttäuschungen eine ebenso radikale Verachtung. Dem Dekadenten setzt dann *Die fröhliche Wissenschaft* Heiterkeit entgegen, sie sei ein südliches und leidenschaftliches Buch, Produkt seiner unerwarteten Genesung; die Dankbarkeit darüber durchziehe es:[53]

> Dies ganze Buch ist eben Nichts als eine Lustbarkeit, nach langer Entbehrung und Ohnmacht, das Frohlocken der wiederkehrenden Kraft, des neu erwachten Glaubens an ein Morgen und Uebermorgen, des plötzlichen Gefühls und Vorgefühls von Zukunft [...].[54]

Die Genesung wird im Folgenden dem Krankhaften, der Krankheit und damit dem, „was den Philosophen inspirirt hat“[55], antithetisch gegenübergestellt. Genesung verweist auch auf Nietzsches Topos der „grossen Gesundheit“ und diese wiederum auf seine provokante These, ob Philosophie bisher überhaupt nur eine Auslegung des Leibes, gar „ein *Missverständniss des Leibes* gewesen“ sei?[56] Wir können neue Elemente dem Selbstporträt hinzufügen: *Genesung* als ein produktiver post-pathologischer Zustand und die *„grosse Gesundheit“*, die der *Leibvernunft* folgt. Wie auch die anderen Mosaiken des philosophischen Selbstporträts ist die Leibvernunft gegen etwas gerichtet, gegen die Vernunft und das Bewusstsein:

> Die Bewusstheit ist die letzte und späteste Entwickelung des Organischen und folglich auch das Unfertigste und Unkräftigste daran. [...] Es ist immer noch eine ganz neue und eben erst dem menschlichen Auge aufdämmernde [...] *Aufgabe, das Wissen sich einzuverleiben*, [...] welche nur

---

52   „Welches war die Absicht des Willens? der doch zuletzt *einer* ist. Der tragische Gedanke, Rettung vor der Wahrheit durch Schönheit, unbedingte Unterwerfung unter die Olympischen aus entsetzlichster Erkenntniß, wurde jetzt in die Welt gebracht. Damit gewann der Wille wieder eine neue Möglichkeit zu sein: das bewußte Wollen des Lebens im Individuum, nach dem tragischen Gedanken natürlich nicht direkt, sondern durch Kunst.“ N 1870, KSA 7, 66 f.

53   „Die Dankbarkeit strömt fortwährend aus, als ob eben das Unerwartetste geschehn sei, die Dankbarkeit eines Genesenden, – denn die *Genesung* war dieses Unerwartetste. ‚Fröhliche Wissenschaft‘: das bedeutet die Saturnalien eines Geistes“. Unerwartet kam die Genesung, weil es nicht sicher war, dass „Vereisung“ und „Tyrannei des Schmerzes“ überwunden werden konnten. FW, KSA 3, 346.

54   FW, KSA 3, 345.

55   Ebd., 348.

56   Ebd.

von Denen gesehen wird, die begriffen haben, dass bisher nur *Irrthümer* uns einverleibt waren und dass alle unsere Bewusstheit sich auf *Irrthümer* bezieht![57]

Was durch das Bewusstsein vernachlässigt wird, sind Sinnlichkeit und Leiblichkeit, somit sieht sich Nietzsche legitimiert, die Leibvernunft gegen die „Bewusstheit" zu positionieren, und sie durch sinnenmächtige Wahrheiten zu substituieren. Sie vertrauen ausdrücklich den Einsichten des Leibes:

> [...] der Wissende sagt: Leib bin ich ganz und gar [...] und Seele ist nur ein Wort für ein Etwas am Leibe. Der Leib ist eine grosse Vernunft [...] Werkzeug deines Leibes ist auch deine kleine Vernunft, mein Bruder, die du „Geist" nennst [...].[58]

Der freie Geist verfügt über eine Leibvernunft mittels seiner „grossen Gesundheit", jedoch nur dann, wenn er sich den Prozeduren und Selbsttechniken der Überwindung und Selbstüberwindung auszusetzen vermag: „bis zu jenem Ueberschuss [...] welcher eben das Zeichen der *grossen* Gesundheit ist, jener Ueberschuss, der dem freien Geiste das gefährliche Vorrecht giebt [...] sich dem Abenteuer anbieten zu dürfen: das Meisterschafts-Vorrecht des freien Geistes!"[59] Hierzu müsse er sich „an scharfe hohe Luft, an winterliche Wanderungen, an Eis und Gebirge" gewöhnen, womit wir einen weiteren Verweis, hier zum Wandern haben.[60]

Kommen wir zurück zum Phänomen der Genesung. Wenn wir freilich genauer hinschauen, dann ist der „grosse Schmerz", der Genesung vorausgegangen, für die Häutungen, Selbstüberwindungen und neuen Einsichten verantwortlich. Durch ihn werde man „neugeboren" und:

> gehäutet, kitzlicher, boshafter, mit einem feineren Geschmacke für die Freude, mit einer zarteren Zunge für alle guten Dinge, mit lustigeren Sin-

---

57   FW 11, KSA 3, 382 f.

58   Za I, KSA 4, 39.

59   MA I Vorrede, KSA 2, 18. *„Die grosse Gesundheit"* belegt: „Wir Neuen, Namenlosen, Schlechtverständlichen, wir Frühgeburten einer noch unbewiesenen Zukunft – wir bedürfen zu einem neuen Zwecke [...] einer stärkeren gewitzteren zäheren verwegneren lustigeren, als alle Gesundheiten bisher waren". FW 382, KSA 3, 635 f.

60   GM II 24, KSA 5, 336. *„Der Wanderer im Gebirge zu sich selber. –* Es giebt sichere Anzeichen dafür, dass du vorwärts und höher hinauf gekommen bist: es ist jetzt freier und aussichtsreicher um dich als vordem, die Luft weht dich kühler an, aber auch milder an, – du hast ja die Thorheit verlernt, Milde und Wärme zu verwechseln" MA, KSA 2, 486.

nen, mit einer zweiten gefährlichen Unschuld in der Freude, kindlicher
zugleich und hundert Mal raffinirter als man jemals vorher gewesen war.⁶¹

Mit der Genesung gehe eine „Heiterkeit" einher und eine spezielle Form der
Oberflächlichkeit, die er auch den Griechen attestiert:

> Diese Griechen waren oberflächlich – *aus Tiefe*! Und kommen wir nicht
> eben darauf zurück, wir Wagehalse des Geistes, die wir die höchste und
> gefährlichste Spitze des gegenwärtigen Gedankens erklettert [...] die wir
> von da aus *hinabgesehn* haben?⁶²

Die Klassifikation „Wagehalse des Geistes" verweist einmal mehr auf eine
Selbstbeschreibung Nietzsches, die zu seinem Porträt gehört. Man muss mutig
sein, der Gefahr nicht ausweichen, sonst taugen die Gedanken nichts. Das zu
beherrschen, scheint er für sich in Anspruch genommen haben. In *Ecce homo*
wird daraus unter anderem „Warum ich ein Schicksal bin", auch das gehört zu
seinem Selbst-Porträt. Schicksalhaft für die Menschheit sei seine Kritik an der
christlichen Moral:

> Die *Entdeckung* der christlichen Moral ist ein Ereigniss, das nicht seines
> Gleichen hat, eine wirkliche Katastrophe. Wer über sie aufklärt, ist eine
> force majeure, ein Schicksal, – er bricht die Geschichte der Menschheit
> in zwei Stücke.⁶³

Die Selbstzuschreibung *Aufklärer* fügt dem Selbst-Porträt eine weitere Facette
hinzu, die am Ende der Schrift in einer radikalen Frontstellung kulminiert:
„*Dionysos gegen den Gekreuzigten ...*"⁶⁴; gleichsam ein zentrales Desiderat seiner Philosophie. Folgerichtig schließen sich die *Dionysos-Dithyramben* an *Ecce
homo* an. Dionysos und das Dionysische sind metaphorisch ausgedeutete Figu-
rationen ekstatischer Bejahung, sie stehen für Entgrenzung, den Rausch, für
Sinnenfreude und Immoralismus, und nicht zuletzt für eine Umwertung aller
Werte und damit gegen Moral und Leibfeindschaft, gegen Leiden und Res-
sentiments, gegen Dekadenz und Nihilismus, in summa gegen den christlichen Glauben. Wie umfassend er diese gewünschte Umwertung an sich bindet,
belegt folgenden Stelle aus „Warum ich so weise bin" aus *Ecce homo*: „Ich habe

---

61   FW, KSA 3, 351.
62   Ebd., 352.
63   EH, KSA 6, 373.
64   Ebd., 374.

es jetzt in der Hand, ich habe die Hand dafür, *Perspektiven umzustellen*: erster Grund, weshalb für mich allein vielleicht eine ‚Umwerthung der Werthe' überhaupt möglich ist. –"[65] Zu den Facetten Wagehals des Geistes/freier Geist und Aufklärer können wir nun die *Umwertung* aller Werte dem Selbst-Porträt hinzufügen und stellen fest: Nietzsches Selbstporträt gewinnt an Facetten. Mit dem Willen zur Macht sei eine „*Gegenbewegung*" verbunden, „welche in irgend einer Zukunft jenen vollkommenen Nihilismus ablösen wird [...]. Wir haben, irgendwann, *neue Werthe* nöthig ..."[66] Wenn auch der Willen zur Macht der Motor dieses steigernden Prozesses ist, so ist das Dionysische als dessen metaphorische Verkleidung genauso wichtig.

Von Anfang Januar 1889 finden wir zahlreiche Briefe, die Nietzsche mit „Dionysos" und mit „Der Gekreuzigte" unterzeichnet. Diese letzten Briefe gelten in der Forschung als Wahnsinnsbriefe und ja, das sind sie auch, aber eben nicht nur. Bis zum Schluss ist bei Nietzsche ein Notat nicht einfach zu kategorisieren. Er identifiziert sich sowohl mit dem Gekreuzigten wie mit Dionysos. An Heinrich Köselitz: „Singe mir ein neues Lied: die Welt verklärt sich und alle Himmel freuen sich. Der Gekreuzigte."[67] Einen Brief vom 1. Januar 1889 aus Turin an Catulle Mendès unterschreibt er mit „Nietzsche Dionysos."[68] Jetzt ist er Dionysos. An Cosima Wagner schreibt er mit der Überschrift: „An die Prinzeß Ariadne, meine Geliebte. Es ist ein Vorurtheil, daß ich ein Mensch bin." Er sei „in Griechenland Dionysos gewesen [...]. Zuletzt war ich noch Voltaire und Napoleon, vielleicht auch Richard Wagner ... Dies Mal aber komme ich als der siegreiche Dionysos, der die Erde zu einem Festtag machen wird [...] Ich habe auch am Kreuze gehangen ..."[69] Hinter der Maske Dionysos wagt er es, Cosima seine Liebe einzugestehen. Immerhin hat er das vollzogen, bevor er zusammengebrochen ist und mehr noch, er nimmt Bezug auf die Klassifikation des Dionysos in seinem Werk: aus der Erde ein Fest zu machen. Ein Fest der Bejahung, ließe sich anfügen. Wir fügen *Dionysos* und *Bejahung* dem Selbstporträts hinzu.[70] Alle Mosaiken des philosophischen Selbstporträts Nietzsches

---

65   Ebd., 266.
66   N 1887/88, KSA 13, 190. „die Umwertung aller Werthe: nicht mehr die Lust an der Gewißheit sondern an der Ungewißheit nicht mehr ‚Ursache und Wirkung', sondern das beständig Schöpferische, nicht mehr der Wille der Erhaltung, sondern der Macht usw. nicht mehr die demüthige Wendung ‚es ist alles *nur* subjektiv', sondern ‚es ist auch *unser* Werk!' seien wir stolz darauf!" N 1884, KSA 11, 225.
67   An Heinrich Köselitz, 04.01.1889, Ebd., 575.
68   An Catulle Mendès, 01.01 1889. Ebd., 571.
69   An Cosima Wagner, 03.01.1889, KSB 8, 572 f.
70   „Die Bedeutung, die Nietzsche dem Dionysischen beimißt, ist charakteristisch für seine ganze Geistesart als Philolog hat er mit seiner Deutung der Dionysoskultur einen neuen

sind wichtige Topoi, Metaphern, Bilder und Themen seines Denkens, wobei das Dionysische und die Bejahung, die eine tragische ist, einen ganz besonderen Status einnehmen.[71] Auch diese beiden sind mit den anderen Mosaiken verbunden. Obwohl Nietzsche alles andere als ein systematisch denkender Philosoph war, und er philosophische Systeme für Hokuspokus gehalten hat: „Der Wille zum System ist, für uns Denker wenigstens, etwas, das compromittirt […]"[72], hinterlässt er doch ein Panorama des Denkens in dessen Architektur die verschiedenen Elemente und Bausteine miteinander in Verbindung stehen.

Das Dionysische als tragische Kunst, Rausch, Tanz und Fest ist das Dispositiv der Entgrenzung und Überschreitung, der Entindividualisierung, der Transzendenz und des Transzendierens; eine Chiffre des ewigen Werdens. Zuerst und zumeist ist es eine Manifestation unbewusster Energien, die wir nicht kontrollieren können und genau das zeichnet sie für Nietzsche aus. Hier sollen wir die Zurichtungen der Zivilisation in all ihren Spielarten vergessen, übersteigen und überwinden. Insofern ist das Dionysische in den oben genannten Modi von Scheinbarkeiten der Kunst und des Artifiziellen auch ein Medium der Reinigung, mutmaßlich gar der Erlösung.

> Die Kunst als die *Erlösung des Erkennenden*, – dessen, der den furchtbaren und fragwürdigen Charakter des Daseins sieht, sehn will, des Tragisch-Erkennenden. Die Kunst als die *Erlösung des Handelnden*, – dessen, der den furchtbaren und fragwürdigen Charakter des Daseins nicht nur sieht,

---

Zugang zur Welt der Alten gesucht; als Philosoph hat er diese Deutung zur Grundlage seiner ersten einheitlichen Weltanschauung gemacht; und über alle seine späteren Wandlungen hinweg taucht sie noch in seiner letzten Schaffensperiode wieder auf; verwandelt zwar, insofern ihr Zusammenhang mit der Metaphysik Schopenhauers und Wagners zerrissen ist: aber sich doch gleich geblieben in dem, worin schon damals seine eigenen verborgenen Seelenregungen nach einem Ausdruck suchten; verwandelt erscheint sie zu Bildern und Symbolen seines letzten, einsamsten und innerlichsten Erlebens. Und der Grund dafür ist, daß Nietzsche im Rausch des Dionysischen etwas seiner eigenen Natur Homogenes herausfühlte: jene geheimnisvolle Wesenseinheit von Weh und Wonne, von Selbstverwundung und Selbstvergötterung, – jenes Übermaß gesteigerten Lebens, in welchem alle Gegensätze sich bedingen und verschlingen, und auf das wir immer wieder zurückkommen werden." Lou Andreas-Salomé, *Friedrich Nietzsche in seinen Werken*, hrsg. v. Ernst Pfeiffer, Frankfurt a. M. 1983, 90 f.

71 „‚In alle Abgründe trage ich noch mein segnendes Jasagen' … *Aber das ist der Begriff des Dionysos noch einmal.*" – „Der Reichste an Lebensfülle, der dionysische Gott und Mensch, kann sich nicht nur den Anblick des Fürchterlichen und Fragwürdigen gönnen, sondern selbst die fürchterliche That und jeden Luxus von Zerstörung, Zersetzung, Verneinung; bei ihm erscheint das Böse, Unsinnige, Hässliche gleichsam erlaubt" EH, KSA 6, 345.

72 N 1888, KSA 13, 477.

sondern lebt, leben will, des tragisch-kriegerischen Menschen, des Helden. Die Kunst als die *Erlösung des Leidenden*, – als Weg zu Zuständen, wo das Leiden gewollt, verklärt, vergöttlicht wird, wo das Leiden eine Form der großen Entzückung ist.[73]

Das Dionysische Nietzsches betont dessen zerstörerische Hinsichten, wie ein redlicher Aufklärer verschweigt er sie nicht: „der Rausch in der Zerstörung [...] das Gefühl der Kraftsteigerung und Fülle. Aus diesem Gefühl giebt man an die Dinge ab, man *zwingt* sie von uns zu nehmen, man vergewaltigt sie"[74]. Zerstörung muss sein, schlechterdings, denn die Ideologien der Verneinung haben wir über Jahrhunderte internalisiert; sie sind in unserem genetischen Code, uns zur zweiten Natur geworden. In *Ecce homo* schreibt er im Rückblick auf *Die Geburt der Tragödie*, das Dionysische sei die umfassendste Form der Bejahung, auch zur Opferung seiner „höchsten Typen", um der ewigen „Lust des Werdens" zu entsprechen, „die auch noch die *Lust am Vernichten* in sich schliesst ..."[75] Nietzsches Metaphorik des Dionysischen verkörpert als Entgrenzung eine gesteigerte Überhebung: „Meine *erste Lösung*: **die dionysische Weisheit** [...] *Lust an der Vernichtung des Edelsten* [...] *als Lust am* **Kommenden Zükünftigen**, *welches triumphirt über das* **Vorhandene noch so Gute**"[76]. Es ist gleichsam die Verkörperung umfassendster Bejahung, die in der Bejahung der ewigen Wiederkehr kulminiert. Der ekstatische Mensch wünsche die ewige Wiederkehr: „Oh Glück, oh Schmerz! Oh brich, Herz! Ihr höheren Menschen, lernt es doch, Lust will Ewigkeit. Lust will *aller* Dinge Ewigkeit, will *tiefe, tiefe Ewigkeit!*"[77] tönt das Nachtwandler-Lied. Entsprechend ist die suggestive Frage: „War *das* das Leben? Wohlan! Noch Ein Mal!'"[78] eine Schlüsselsentenz des nietzscheanischen Philosophierens. Diese Bejahung bebildert den Amor fati, seine Metapher für die Bejahung, die eine tragische ist und damit zugleich die höchste. Amor fati, den man auch zum individuellen Gesetz rechnen darf, beauftragt

---

73 Ebd., 521. Kunst und Erlösung schießen hier zusammen für ein bejahendes Leben, brauchen wir diesen „Cultus des Unwahren [...] weil wir im letzten Grunde schwere und ernsthafte Menschen und mehr Gewichte als Menschen sind [...]" so in *„Unsere letzte Dankbarkeit gegen die Kunst.* [...] Wir sollen auch *über* der Moral stehen *können*: und nicht nur stehen, mit der ängstlichen Steifigkeit eines Solchen, der jeden Augenblick auszugleiten und zu fallen fürchtet, sondern auch über ihr schweben und spielen! Wie könnten wir dazu der Kunst, wie des Narren entbehren? –" FW 107, KSA 3, 464f.

74 GD, KSA 6, 116.

75 EH, KSA 6, 312.

76 N 1883, KSA 10, 334f.

77 Za IV, KSA 4, 403.

78 Za III, KSA 4, 199.

uns, auf sämtlichen Ebenen und Hinsichten zum Ja bereit zu sein und es auch
zu leben. Diese resistente, individuelle Leistung soll eine *emphatische* Bejahung; ein Ja, so habe ich es gewollt, und ich will es auch unendlich viele Male,
sein. Sie fordert eine enorme Leistungs- und Leidensbereitschaft, in Situationen, in denen nichts schwerer ist, als Ja zu sagen, es zu vollziehen. Im „Epilog"
zu *Nietzsche contra Wagner* betont er, man müsse „im Sinne einer *grossen* Ökonomie, auch das Nützliche an sich" nicht nur ertragen, „man soll es *lieben* ...
Amor fati: das ist meine innerste Natur. –"[79] Die strebensethische Haltung des
Amor fati verdrängt das Leiden nicht, sondern ist vielmehr eine doppelte Ver-
söhnung: mit der uns umgebenden Natur und mit der Natur in uns. Folgende
Stelle kann geradezu als Nietzsches Manifest für die Bejahung als Amor fati im
Modus der ewigen Wiederkunft gelesen werden kann:

> *Mein neuer Weg zum „Ja".* Meine neue Fassung des *Pessimismus* als ein
> freiwilliges Aufsuchen der furchtbaren und fragwürdigen Seiten des Da-
> seins [...]. „Wie viel ‚Wahrheit' erträgt und wagt ein Geist?" Frage seiner
> Stärke. Ein solcher Pessimism *könnte münden* in jede Form eines diony-
> sischen *Jasagens* zur Welt, wie sie ist; bis zum Wunsche ihrer absolu-
> ten Wiederkunft und Ewigkeit; womit ein neues Ideal von Philosophie
> und Sensibilität gegeben wäre. Die bisher *verneinten* Seiten des Daseins
> nicht nur als nothwendig zu begreifen; und nicht nur wünschenswerth in
> Hinsicht auf die bisher bejahten Seiten [...], sondern um ihrer selbst wil-
> len, als die mächtigeren, fruchtbareren, wahreren Seiten des Daseins, mit
> denen sich sein Wille deutlicher ausspricht.[80]

Die verschiedenen Mosaiken von Nietzsches philosophischem Selbstporträt
fügen sich zu einem Gesamtbild, das Bejahung heißt, genauer: Bejahung des

---

79 NW, KSA 6, 436. „Der Ausdruck ‚*amor fati*' scheint weder in entsprechender Form bei den
griechischen Stoikern vorzukommen noch bei den römischen Nachahmern, weder bei
Cicero noch bei Seneca. Außerdem liegt in Nietzscheschen *amor fati* beträchtlich mehr als
in der stoischen Forderung, das Schicksal zu ertragen: es liegt darin die gesteigerte Forderung, das Schicksal, auch das härteste, zu bejahen und zu lieben. [...]" Nietzsches Amor fati
sei „frei gebildet, und zwar im bewußten Gegensatz zum christlich-dogmatischen Begriff
‚Amor Dei', der vertrauenden Liebe zum persönlichen Gotte. Diesem steht bei N. die Liebe
zum unpersönlichen Fatum, zum mehr oder minder zufälligen Schicksal direkt gegenüber." Hans Vaihinger, *Nietzsche als Philosoph*, Langensalza 1930, 72 und 100.

80 N 1877, KSA 12, 455. „[...] ein Meer in sich selber stürmender und fluthender Kräfte [...]
mit ungeheuren Jahren der Wiederkehr [...] diese meine *dionysische* Welt des Ewig-sich-
selber-Schaffens, des Ewig-sich-selber-Zerstörens [...] dieß mein Jenseits von Gut und
Böse" N 1885, KSA 11, 610 f.

Lebens. Gewonnen wurden diese zum einen aus der Kritik an dessen Verneinung im Abendland – wie Nietzsche es sieht –, und an den von ihm vorgelegten Formen der Bejahung, die in der zur Ewigen Wiederkehr des Gleichen kulminieren, eine, die nur der Übermensch uneingeschränkt vollziehen könnte. Dessen Existieren ist freilich auf die Zukunft verwiesen und zudem ungewiss. In „wir Gelehrten" vertraut er auf die „Kommenden":

> Es ist kein Zweifel, diese Kommenden werden am wenigsten jener ernsten und nicht unbedenklichen Eigenschaften entrathen dürfen, welche den Kritiker vom Skeptiker abheben, ich meine die Sicherheit der Werthmasse, die bewusste Handhabung einer Einheit von Methode, den gewitzten Muth, das Alleinstehn und Sich-verantworten-können; ja, sie gestehen bei sich eine *Lust* am Neinsagen und Zergliedern und eine gewisse besonnene Grausamkeit zu, welche das Messer sicher und fein zu führen weiss, auch noch, wenn das Herz blutet.[81]

Siglenverzeichnis

KSA   Friedrich Nietzsche, *Sämtliche Werke. Kritische Studienausgabe in 15 Bänden*, hrsg. v. Giorgio Colli/Mazzino Montinari, Berlin/New York 1980.

KSB   Ders., *Sämtliche Briefe. Kritische Studienausgabe*, hrsg. v. Giorgio Colli/ Mazzino Montinari, Berlin/New York 1986.

AC   *Der Antichrist*

EH   *Ecce homo*

FW   *Die fröhliche Wissenschaft*

GD   *Götzen-Dämmerung*

GM   *Zur Genealogie der Moral*

JGB   *Jenseits von Gut und Böse*

MA   *Menschliches, Allzumenschliches*

N   *Nachlass*

NW   *Nietzsche contra Wagner*

WA   *Der Fall Wagner*

Za   *Also sprach Zarathustra*

---

81   JGB 210, KSA 5, 142 f.

Nietzsche, Pascal et le suicide du sens historique

Lucie Lebreton

Abstract

En prenant pour point de départ le fragment posthume d'*Aurore* 7 [254], cet article met en évidence la profonde ambivalence de Nietzsche à l'égard de la pensée pascalienne. Si, dans ce fragment, il reproche à Pascal son manque de sens historique, et son incapacité à considérer autre chose que « l'individu isolé », d'autres textes en revanche montrent qu'il n'en reconnaît pas moins en lui un très grand penseur de la coutume, donc de ces habitudes collectives qui forgent au fil du temps la diversité des peuples. Nous tenterons d'expliquer ce contraste en montrant que, selon Nietzsche, le christianisme interdit au fond toute enquête de type historique. En parlant, à la suite de Nietzsche, d'un « suicide de la raison » et, plus précisément, d'un suicide du sens historique, nous tenterons de comprendre ce que le penseur français – tiraillé entre son sens aigu de l'histoire et la profondeur de sa foi – a fait de cette « terrible tension ».

Dans un fragment posthume d'*Aurore*, Nietzsche écrit :

> Pascal n'a en vue aucun amour *utile*, mais rien que des amours dilapidées, tout n'est qu'une égoïste affaire personnelle. Que de cette somme d'activités naisse une nouvelle génération avec ses passions, ses habitudes et ses moyens (ou non-moyens) de les satisfaire – cela, il ne le voit pas. Toujours et uniquement l'individu isolé, jamais ce qui devient (*Immer nur den Einzelnen, nicht das Werdende*).
>
> Nachlass Ende 1880, 7[254], KSA, 9, 370[1]

En dépit de son laconisme, ce texte nous livre des indications précises. Les « amours dilapidées » qu'évoque ici Nietzsche font référence à la théorie pas-

---

1 Les textes sont cités ici d'après l'édition française des œuvres complètes établies par Colli et Montinari : Friedrich Nietzsche, *Œuvres philosophiques complètes*, Paris, Gallimard (1967-2015), à l'exception des œuvres suivantes, pour lesquelles nous renvoyons aux traductions d'Éric Blondel : *L'Antéchrist*, Paris, GF-Flammarion, 1994, *Aurore*, Paris, GF-Flammarion, 2012, et à celles de Patrick Wotling : *Le gai savoir*, Paris, GF-Flammarion, 1998, *Par-delà bien et mal*, Paris, GF-Flammarion, 2000, *Généalogie de la morale*, Paris, Le Livre de poche, 2000, *Crépuscule des idoles*, Paris, GF-Flammarion, 2005.

© KONINKLIJKE BRILL NV, LEIDEN, 2019 | DOI:10.1163/9789004417618_007

calienne du divertissement[2] : l'amour humain, privé depuis la chute de son
véritable objet, le Dieu éternel et infini, tente de combler le vide laissé par son
absence en poursuivant des objets périssables et finis qui, dans leur incapacité fondamentale à le satisfaire, le vouent au changement et à l'agitation la
plus vaine[3]. Ainsi, dans l'*Écrit sur la conversion du pécheur*[4], Pascal explique
que l'âme touchée par la grâce divine comprend que

> son cœur ne s'étant attaché qu'à des choses fragiles et vaines, [elle] se
> doit trouver seule et abandonnée au sortir de cette vie, puisqu'elle n'a pas
> eu soin de se joindre à un bien véritable et subsistant par lui-même, qui
> pût la soutenir durant et après cette vie. / De là vient qu'elle commence
> à considérer comme un néant ce qui doit retourner dans le néant[5].

– Suit une longue énumération de tous les objets dont l'âme se détache peu
à peu lorsqu'elle en perçoit le caractère éphémère : son esprit, son corps, ses
amis, ses biens, l'estime, la vie même, etc. On le comprend, pour le chrétien
qu'est Pascal, tout amour est vain hormis celui de Dieu, parce que lui seul est
éternel comme l'âme elle-même, parce que c'est en lui que réside, pour chacun
d'entre nous, l'espoir du salut. Nietzsche suggère ainsi que l'auteur des *Pensées*, pris entre le néant et l'éternité, ne parvient pas à penser le temps. Aussi
demeure-t-il aveugle à ce qui fera proprement l'objet de l'enquête généalogique, la modification des instincts façonnés collectivement par ces différentes
manières d'aimer, d'agir, de vivre.

Pourtant, lorsqu'il formule ce reproche de ne considérer que «l'individu
isolé» et jamais «ce qui devient», Nietzsche semble oublier que Pascal n'en
est pas moins un très grand penseur de la coutume – et pas simplement des

---

2 Et non, comme le suggèrent les notes de la *Kritische Studienausgabe*, aux considérations développées dans le *Discours sur les passions de l'amour* (KSA, 14 Kommentar, 640). Si ce texte
figure bien dans l'édition Faugère, sur laquelle travaillait Nietzsche, comme un authentique
écrit de Pascal, il n'expose en revanche nulle part les idées auxquelles il est ici fait allusion.

3 Voir Pascal, *Pensées*, in : *Œuvres complètes*, éd. Louis Lafuma, Paris, Éditions du Seuil, 1963,
fr. 148 : «Qu'est-ce donc que nous crie cette avidité et cette impuissance sinon qu'il y a eu
autrefois dans l'homme un véritable bonheur, dont il ne lui reste maintenant que la marque
et la trace toute vide et qu'il essaye inutilement de remplir de tout ce qui l'environne, recher-
chant des choses absentes le secours qu'il n'obtient pas des présentes, mais qui en sont toutes
incapables parce que ce gouffre infini ne peut être rempli que par un objet infini et immuable,
c'est-à-dire que par Dieu même.»

4 Texte qui figure également dans l'édition que possédait Nietzsche : Prosper Faugère, *Pensées,
fragments et lettres de Blaise Pascal*, Paris, Andrieux, 1844, vol. I, 79 sq.

5 Pascal, *Sur la conversion du pécheur*, in : *Œuvres complètes*, éd. Louis Lafuma, Paris, Éditions
du Seuil, 1963, 290.

coutumes individuelles, mais aussi de ces habitudes collectives qui forgent au
fil du temps la diversité des peuples. Nietzsche aurait-il manqué tout cet aspect
de la réflexion pascalienne? Nous verrons qu'il était si loin de l'ignorer qu'il
paraît même avoir trouvé dans ces textes une abondante source d'inspiration.
Comment dès lors comprendre le sévère reproche que formule ce fragment
posthume d'*Aurore*? Et en quoi cette ambivalence de Nietzsche peut-elle être
l'indice d'une singularité de la pensée pascalienne? C'est ce que nous tenterons d'expliquer ici[6].

1   Pascal moraliste

Lorsque Nietzsche entreprend d'étudier, dans *Humain, trop humain*, l'origine
et l'histoire des sentiments moraux, il se met, on le sait, à l'école des moralistes français. Ceux-ci ne sont pas – contrairement à ce que leur nom pour-
rait laisser suggérer – des prédicateurs de morale; ils en sont même précisément le contraire, puisqu'ils étudient les mœurs et que, comme le rappelle Nietzsche, celui qui veut disséquer la morale doit auparavant accepter
de la tuer[7]. Le charme de la maxime, apprend-on dans un posthume de 1882
(Nachlass Sommer-Herbst 1882, 3[1] (121), KSA 10, 68), vient de ce qu'elle constitue un «paradoxe moral»: son contenu dément toujours la moralité que sa
forme présuppose. Les maximes des moralistes, en effet, n'ont ni l'ambition
d'être des prescriptions, ni celle de valoir universellement. Elles ne sont
maximes que par la forme, parce qu'elles constituent tout au plus des «indica-
tion[s] approximative[s] bonne[s] pour une dizaine d'années en tel pays ou
telle ville[8]» (MA II, Vermischte Meinungen und Sprüche, §5, KSA, 2, 382). Les

---

6   Sur la figure de Pascal dans l'œuvre de Nietzsche, mentionnons W.D. Williams, *Nietzsche and
     the French. A study on the influence of Nietzsche's French reading on his thought and writing*,
     Oxford, Basil Blackwell, 1952; Henri Birault, «Nietzsche et le pari de Pascal», *Archivio di Filoso-
     fia*, n° 3, 1962, 67-90, et sa thèse complémentaire inédite, *Nietzsche et Pascal*, Paris – Sorbonne,
     1970 (cet article, ainsi que le dernier chapitre de la thèse complémentaire, sont repris dans
     Henri Birault, *De l'être, du divin et des dieux*, édition établie par Mathias Goy, Paris, Éditions
     du Cerf, 2005, 17-41 et 42-87); Scarlett Marton, *Das forças cósmicas aos valores humanos*, Belo
     Horizonte, Ed. da UFMG, 2010, 211 sq.; Patrick Wotling, «Entre compréhension et déforma-
     tion. L'interprétation selon Pascal et Nietzsche», in: Éric Castagne et Patrick Wotling (dir.),
     Compréhension et interprétation, Reims, EPURE, 2014, 143-175; Peter Bürger, «Perspektivisches
     Denken: Pascal mit Nietzsche gelesen», in: Peter Bürger (dir.), *«Nach vorwärts erinnern».
     Relektüren zwischen Hegel und Nietzsche*, Göttingen, Wallstein Verlag, 2016, 117-129.
7   Voir MA II, Der Wanderer und sein Schatten, §19, KSA, 2, 553.
8   Nietzsche a certainement à l'esprit la première maxime de Chamfort: «Le paresseux et
     l'homme médiocre [...] donnent à la maxime une généralité que l'auteur, à moins qu'il ne

moralistes sont donc des psychologues au sens où le souhaite Nietzsche – non des métaphysiciens qui envisagent l'homme à partir de la notion transcendante d'âme éternelle –, mais des observateurs qui, tout au contraire, resituent les sentiments moraux dans la société qui les a fait naître, et acceptent de les inscrire dans la relativité d'un lieu et d'un temps donnés. En cela, le moraliste constitue bien aux yeux de Nietzsche l'antidote du philosophe, qui refuse pour sa part de « comprendre que l'homme est le résultat d'un devenir » (MA I, § 2, KSA, 2, 24). Or il faut remarquer que Pascal, dans *Humain, trop humain*, figure au nombre des grands moralistes que distingue Nietzsche, aux côtés de Montaigne, La Rochefoucauld, Chamfort, mais aussi de leurs prédécesseurs antiques, Épictète, Sénèque, Plutarque[9]. On peut d'ailleurs noter que le titre du § 2 d'*Humain, trop humain*, « Péché originel des philosophes (*Erbfehler der Philosophen*) » (MA I, § 2, KSA, 2, 24), où Nietzsche dénonce le manque de sens historique de ces derniers, est repris dans le deuxième tome au § 5 d' « Opinions et sentences mêlées » (*Eine Erbsünde der Philosophen*) pour opposer cette fois philosophes et moralistes, et dénoncer le fait que « de tout temps, les philosophes se sont approprié les thèses des psychologues (moralistes) et les ont *viciées* en les prenant absolument » (MA II, Vermischte Meinungen und Sprüche, § 5, KSA, 2, 382). – Ce que Nietzsche illustre aussitôt en montrant que Schopenhauer a perverti les analyses pascaliennes sur l'insatiabilité de la volonté humaine en faisant de cette volonté un principe métaphysique, un et universel, l'en soi de toutes choses.

Mais Nietzsche ne se contente pas d'évoquer Pascal dans *Humain, trop humain*, il lui emprunte aussi plusieurs analyses relatives à l'origine des croyances. Le § 226 en offre un assez bon exemple :

L'esprit asservi ne prend pas position pour telle ou telle raison, mais par habitude ; il sera par exemple chrétien, mais ce ne sera pas pour avoir scruté les diverses religions et choisi entre elles ; anglais, mais ce ne sera pas parce qu'il s'est décidé pour l'Angleterre ; non, il a trouvé le christianisme et l'Angleterre tout prêts et les a adoptés sans raisons, comme quelqu'un né dans un pays de vignes devient buveur de vin. Plus tard, une fois devenu chrétien et anglais, il aura peut-être réussi à trouver aussi quelques raisons en faveur de son accoutumance ; on aura beau renverser ces raisons, on ne le renversera pas, lui, ni le moins du monde sa position.

---

soit lui-même médiocre [...] n'a pas prétendu lui donner. » (Chamfort, *Maximes et pensées, Caractères et anecdotes*, Paris, Gallimard, Folio classique, 2005, 21)

9 Voir MA I, § 282, KSA, 2, 230.

[...] L'accoutumance à des principes intellectuels dépourvus de raisons est justement ce que l'on appelle croyance.

MA I, § 226, KSA, 2, 190

La première version de ce texte ne laisse guère subsister de doute quant à sa source d'inspiration : « Les hommes deviennent, selon leur patrie, protestants, catholiques, Turcs, comme quelqu'un né dans un pays de vignes devient buveur de vin. » (Nachlass Oktober-Dezember 1876, 19[10], KSA 8, 334) En effet le chrétien et, surtout, – plus remarquable – le « Turc », constituent les exemples favoris de Pascal dans ses fragments sur la coutume : « C'est [la coutume] qui fait tant de chrétiens, c'est elle qui fait les Turcs, les païens, les métiers, les soldats, etc[10]. » Nietzsche avait semble-t-il prévu de reprendre aussi les réflexions de Pascal concernant l'adoption des divers « métiers » puisque, dans le plan ébauché pour le premier volume d'*Humain, trop humain*, il projetait d'intituler son troisième chapitre, de manière très pascalienne, « Conditions et emplois[11] ». Pascal écrit par exemple au fragment 193 des *Pensées* :

> Chacun songe comment il s'acquittera de sa condition, mais pour le choix de la condition et de la patrie le sort nous le donne. / C'est une chose pitoyable de voir tant de Turcs, d'hérétiques, d'infidèles, suivre le train de leurs pères, par cette seule raison qu'ils ont été prévenus chacun que c'est le meilleur et c'est ce qui détermine chacun à chaque condition de serrurier, soldat, etc.

L'idée que développe Pascal dans tous ces fragments, c'est l'étonnant pouvoir qu'a la coutume de transformer le hasard en nécessité et la diversité en unicité, c'est-à-dire de rendre absolu ce qui n'est que relatif – pour le dire en termes nietzschéens, de fixer les valeurs[12]. Ainsi, le hasard d'être né dans un pays « tout de maçons » ou « tout de soldats[13] », devient par le travail de la coutume, une

---

10   *Pensées*, 821.
11   Nachlass Sommer 1876, 17[104] et 17[105], KSA, 8, 313 : « *Stände und Beschäftigungen* ». Dans la traduction allemande des œuvres de Pascal sur laquelle travaillait Nietzsche, le fragment 634 des *Pensées* est rendu de la sorte : « *Die wichtigste Sache des Lebens ist die Wahl eines Standes.* » (Blaise Pascal, *Gedanken, Fragmente und Briefe*, éd. de Prosper Faugère, trad. Dr C.F. Schwartz, Leipzig, O. Wigand, 1865, vol. II, 46.)
12   Voir JGB, § 211, KSA, 5, 144.
13   *Pensées*, 634. Voir le début du fragment : « La chose la plus importante à toute la vie est le choix du métier, le hasard en dispose. / La coutume fait les maçons, soldats, couvreurs. C'est un excellent couvreur, dit-on, et en parlant des soldats : ils sont bien fous, dit-on,

nécessité, on ne peut être que maçon, on ne peut être que soldat, simplement parce que, depuis l'enfance, on a entendu louer un métier et «mépriser tous les autres». Mais cette nécessité n'est pas vécue comme une contrainte; elle est perçue comme un choix volontaire – «on choisit[14]» – on l'accepte même avec plaisir: «O que cela est bien tourné! que voilà un habile ouvrier! que ce soldat est hardi! Voilà la source *de nos inclinations* et du choix des conditions[15].» En effet, «l'habitude [...] sans violence, sans art, sans argument nous fait croire les choses et *incline* toutes nos puissances à cette croyance, en sorte que notre âme y tombe naturellement[16].» Dans *Humain, trop humain*, Nietzsche montrera à son tour le lien étroit qui existe entre accoutumance et inclination: «Un genre important de plaisir, de source de moralité donc, naît de l'habitude.» (MA I, § 97, KSA, 2, 94) La coutume, explique encore Pascal, a le pouvoir de «rendre naturel[17]»:

> Qu'est-ce que nos principes naturels, sinon nos principes accoutumés. Et dans les enfants, ceux qu'ils ont reçus de la coutume de leurs pères, comme la chasse dans les animaux. / Une différente coutume en donnera d'autres principes naturels[18].

Mais elle masque la diversité qui lui est propre, comme elle dissimule le hasard des origines:

> Pourquoi suit-on les anciennes lois et anciennes opinions? est-ce qu'elles sont les plus saines? non, mais elles sont uniques et nous ôtent la racine de la diversité[19].

---

et les autres au contraire: il n'y a rien de grand que la guerre, le reste des hommes sont des coquins. À force d'ouïr louer en l'enfance ces métiers et mépriser tous les autres on choisit.»

14   Ibid.

15   *Pensées*, 35. Nous soulignons.

16   *Pensées*, 821. Nous soulignons. L'habitude crée donc une inclination, un penchant. Singulièrement, en citant dans ce fragment le psaume CXVII, 36, «*Inclina cor meum deus*», «Incline mon cœur ô Dieu», Pascal paraît mettre sur le même plan l'inclination à la foi qui naît de la coutume, et celle reçue par la grâce divine.

17   *Pensées*, 630: «Il n'y a rien qu'on ne rende naturel.»

18   *Pensées*, 125.

19   *Pensées*, 711. Voir le commentaire de Christian Lazzeri dans son ouvrage *Force et justice dans la politique de Pascal*, Paris, Puf, 1993, 46: «La répétition constante de ces approbations ou critiques finit par écarter l'idée même d'un choix concurrent possible en ôtant 'la racine de la diversité'.»

– Ou, pour le dire en termes nietzschéens, «[telle] coutume est nécessaire, car elle passe pour l'*unique* possibilité dont on se puisse trouver bien»
(MA I, §97, KSA, 2, 94)[20]. Pascal explique également que ceux qui sont sou-
mis à la coutume ne sentent pas son joug, parce que, comme le dit Nietzsche
dans l'aphorisme 226 cité plus haut, celui qui croit «par habitude» pense
croire par «raison». «On ne veut être assujetti qu'à la raison ou à la justice,
fait remarquer Pascal. La coutume sans cela passerait pour tyrannie.» C'est
donc parce que le peuple «croit que la vérité […] est dans les lois et les coutumes» qu'il s'y soumet, car il «prend leur antiquité comme une preuve de
leur vérité (et non de leur seule autorité sans vérité[21])». «Toutes les choses
durables, explique Nietzsche, sont progressivement si imprégnées de raison
que leur provenance irrationnelle en devient invraisemblable.» (M, §1, KSA, 3,
19) Les lois sont comme nos rivières, souligne Pascal en évoquant une image
montaignienne[22], si on les suit jusqu'à la source, on ne trouve qu'un petit
surgeon:

> La coutume fait toute l'équité, par cette seule raison qu'elle est reçue.
> C'est le fondement mystique de son autorité. Qui la ramènera à son prin-
> cipe, l'anéantit. […] Qui voudra en examiner le motif le trouvera si faible
> et si léger, qu['] […] il admirera qu'un siècle lui ait tant acquis de pompe
> et de révérence. L'art de fronder, bouleverser les états est d'ébranler les
> coutumes établies en sondant jusque dans leur source pour marquer
> leur défaut d'autorité et de justice. […] [La loi] a été introduite autrefois
> sans raison, elle est devenue raisonnable; il faut la faire regarder comme
> authentique, éternelle et en cacher le commencement, si on ne veut pas
> qu'elle prenne bientôt fin[23].

«Cherchant les raisons de la tradition, l'homme incline toujours à donner les
plus profondes», écrit pour sa part Nietzsche dans un posthume d'*Humain, trop
humain*. «Mais c'est l'inverse qui est vrai; les origines de Dieu, du mariage sont

---

20   Voir également MA I, §228, KSA, 2, 192: «Le milieu qui éduque l'individu tend à priver
      chacun de liberté en lui proposant toujours le moindre nombre de possibilités.»
21   *Pensées*, 525.
22   Montaigne, *Les Essais*, II, 12: «Les loix prennent leur authorité de la possession et de
      l'usage; il est dangereux de les ramener à leur naissance: elles grossissent et s'ennoblissent
      en roulant, comme nos rivieres: suyvez les contremont jusques à leur source, ce n'est
      qu'un petit surion d'eau à peine reconnaissable, qui s'enorgueillit ainsin et se fortifie en
      vieillissant.» (Montaigne, *Les Essais*, Paris, Puf, Quadrige, 2004, 583.)
23   *Pensées*, 60.

plates et sottes, le fondement de la tradition se situe intellectuellement très bas». (Nachlass Oktober-Dezember 1876, 19[96], KSA, 8, 353)[24]

On le comprend désormais, si l'histoire, telle que la conçoit Nietzsche, est celle qui – pour reprendre une formule de Michel Foucault – «apprend à rire des solennités de l'origine[25]», celle qui n'hésite pas à mettre en évidence la bassesse du commencement en «réintroduisant dans le devenir tout ce que l'on avait cru immortel chez l'homme[26]», alors, assurément, les considérations pascaliennes sur la coutume sont dignes des plus grands moralistes. En reprenant, à la suite de Pascal, le thème de la transmission de père en fils[27], Nietzsche pose dans *Humain, trop humain* les jalons de ce qui deviendra plus tard l'investigation généalogique.

Mais il est permis de penser que Pascal va plus loin que les autres moralistes. Il ne se contente pas de montrer le pouvoir de la coutume en mettant à jour la «*pudenda origo*» (M, § 102, KSA, 3, 90) des lois qui nous gouvernent. Il montre que c'est le corps qui constitue, pour reprendre l'image du pascalien Gérard Ferreyrolles, «le point d'appui de son levier[28]». «La coutume, écrit Pascal au fragment 821, fait nos preuves les plus fortes et les plus crues. *Elle incline l'automate* qui entraîne l'esprit sans qu'il y pense[29].» Le fragment 25 montre plus précisément que la coutume, non seulement agit sur le corps, mais crée en lui un mécanisme. Ainsi,

---

24   Voir également Nachlass Ende 1876-Sommer 1877, 23[70], KSA, 8, 426: «Ramener des grands effets à de grandes causes est un paralogisme très commun. [...] Il peut s'agir de petites causes, mais qui agissent pendant longtemps.»

25   Michel Foucault, «Nietzsche, la généalogie, l'histoire», in: *Hommage à Jean Hyppolite*, Paris, Puf, 1971, 147-172, rééd. in: Jean-François Balaudé et Patrick Wotling (dir.), *Lectures de Nietzsche*, Paris, Le livre de Poche, 2000, 102-130, 105.

26   Michel Foucault, op. cit., 116.

27   Voir par exemple MA I, § 227, KSA, 2, 191: «Chaque père élève son fils de pareille façon: tiens seulement cela pour vrai, lui dit-il, et tu sentiras comme cela fait du bien.» et MA I, § 92, KSA, 2, 90: «Du fait que les hommes, conformément à leurs habitudes intellectuelles, ont oublié le but premier des actes dits de justice et d'équité, et notamment que l'on a pendant des siècles dressé les enfants à admirer et imiter ces actes, il s'est peu à peu formé l'illusion qu'une action juste est une action désintéressée [...] car ce qu'on évalue très haut se recherche, s'imite, se multiplie à force de sacrifices.» Également: Nachlass 1876, 16[32], KSA 8, 292: «La désobéissance des fils à l'égard de leurs pères va toujours aussi loin que possible [...]. Mais il est au pouvoir des pères de fixer la limite parce qu'ils tiennent en main l'éducation et partant l'accoutumance.», ou encore MA I, § 272, KSA, 2, 224-225 et MA I, § 592, KSA, 2, 339. Chez Pascal, voir *Pensées* 125, 126, 193, 634.

28   Gérard Ferreyrolles, *Les Reines du monde, l'imagination et la coutume chez Pascal*, Paris, Honoré Champion, 1995, 28.

29   Nous soulignons.

la coutume de voir les rois accompagnés de gardes, de tambours, d'officiers et de toutes les choses qui *ploient la machine* vers le respect et la terreur fait que leur visage, quand il est quelque fois seul et sans ces accompagnements imprime dans leurs sujets le respect et la terreur parce qu'on ne sépare point dans la pensée leurs personnes d'avec leurs suites qu'on y voit d'ordinaire jointes. Et le monde qui ne sait pas que cet effet vient de cette coutume, croit qu'il vient d'une force naturelle[30].

La majesté qui nous semble empreinte sur le visage des rois ne nous vient que de l'habitude de les voir entourés de tout ce qui suscite physiquement en nous la terreur et le respect. Semblablement, Nietzsche expliquera que la coutume crée des automatismes : « Les actions résultant de l'*habitude* [...] sont des mécanismes inconscients, aussi dépourvus de moralité que les airs d'une pendule à carillon remontée. » (Nachlass Anfang 1880, 1[117], KSA, 9, 31) Il est vrai que Pascal ne va pas jusqu'à penser que ces mécanismes établis dans le corps se transmettent de manière héréditaire, comme le soutiendra Nietzsche lorsqu'il expliquera, par exemple, dans *Aurore*, que les débonnaires doivent leur caractère à « la crainte perpétuelle qu'avaient leurs ancêtres des empiètements étrangers » et à l'habitude défensive contractée par ces derniers d'atténuer, d'apaiser, de distraire, de flatter : « ils transmirent tout ce mécanisme délicat et parfaitement au point à leurs enfants et petits-enfants » qui même sans être « exposés à cette crainte perpétuelle [...] n'en jouent pas moins perpétuellement de leur instrument. » (M, § 310, KSA, 3, 225-226) Mais si Pascal ne va pas si loin, Nietzsche paraît bien reconnaître en lui l'un des inspirateurs de cette idée lorsqu'il reprend, dans tous les textes de cette période, son concept de « seconde nature » pour désigner ce qu'il appellera plus tard « *Einverleibung* », intériorisation, incorporation. Il écrit ainsi dans les *Considérations inactuelles* :

> Nous nous greffons une nouvelle habitude, un nouvel instinct, une seconde nature, qui feront dépérir notre nature primitive. [...] Mais certains [...] savent que cette première nature a naguère été une seconde nature, et que toute seconde nature, quand elle triomphe, devient à son tour une première nature.
>
> UB II, *Vom Nutzen und Nachtheil der Historie für das Leben*, § 3, KSA, 1, 270

Ce qui n'est jamais qu'une reprise fidèle du fragment 126 des *Pensées* :

---

30   Nous soulignons.

> La coutume est une seconde nature qui détruit la première. [...] J'ai grand peur que cette nature ne soit elle-même qu'une première coutume, comme la coutume est une seconde nature.

Pascal est bien un historien tel que le souhaite Nietzsche. Il pense l'homme comme incarné, ancré dans une collectivité, dans un lieu et dans un temps donné, en montrant que la coutume qui «peut tout[31]», au fil du temps, fait paraître nécessaire ce qui est contingent, unique ce qui est multiple, grand ce qui est dérisoire. La radicalité de la pensée pascalienne sur ce point est telle que la foi religieuse elle-même, comme toute autre certitude humaine, est vue comme un produit de la coutume[32]. Et ce ne sont pas seulement «les Turcs» qui croient à leurs miracles «par tradition[33]», pas seulement les «hérétiques» et les «infidèles[34]». C'est la coutume qui fait aussi «tant de chrétiens[35]», et la formule de l'apôtre Paul, «*fides ex auditu*[36]», «la foi vient par l'audition», acquiert sous la plume de Pascal une profondeur étrange[37]. Le caractère radical et subversif des intuitions pascaliennes n'avait pas échappé à Nietzsche: il ne lui a sans doute manqué, écrit-il pour la préface de *Par-delà bien et mal*, que de «vivre dix ans *de plus* [...] pour se rire férocement de son christianisme même» (JGB, Vorrede, *Dm*, KSA, 14 Kommentar, 346), comme il l'avait fait autrefois des jésuites.

2   Pascal chrétien

Si l'on s'en tenait aux considérations développées dans cette première partie, le reproche, que Nietzsche formule à l'égard de Pascal, de ne jamais penser «ce qui devient», paraîtrait presque incompréhensible. Mais ce serait ignorer la «terrible tension» (JGB, Vorrede, *Dm*, KSA, 14 Kommentar, 346) qui tourmentait cet esprit singulier. On en prend la mesure en constatant que, dans les *Pensées*, tous ces audacieux fragments sur la coutume ont seulement pour fonction de montrer la misère de l'homme déchu: l'homme en proie au péché ne sait plus reconnaître ni le vrai, ni le bien, ni le juste, et n'en a gardé que

---

31 *Pensées*, 577.
32 *Pensées*, 419: «Qui s'accoutume à la foi la croit et ne peut plus ne pas craindre l'enfer.»
33 *Pensées*, 899.
34 *Pensées*, 193.
35 *Pensées*, 821.
36 *Pensées*, 7.
37 «À force d'ouïr louer en l'enfance» (*Pensées*, 634) la religion chrétienne?

les notions vides qu'il remplit immanquablement par des principes erronés. Aussi toutes ces réflexions, qui semblent déjà mettre en œuvre une enquête de type généalogique, sont-elles aussitôt réintégrées dans une histoire chrétienne qui en constitue l'exact opposé, parce qu'elle est toujours une histoire organisée d'un point de vue supra-historique, du point de vue de l'éternité. Si la coutume est une «seconde nature», c'est parce qu'elle est rapportée dans les *Pensées* à une «première nature[38]» qui, tout à l'opposé de la «*pudenda origo*», reprend toute la mythologie de la haute origine en désignant l'homme tel qu'en lui-même, l'homme d'avant la chute. La psychologie historique du moraliste cède alors le pas à la psychologie traditionnelle, dont la métaphysique est l'héritière, fondée sur la notion d'âme éternelle. Or celle-ci n'a été inventée, aux yeux de Nietzsche, que pour entraver toute véritable enquête généalogique. Parce que l'âme est ce qui, en l'homme, demeure de sa première condition, elle doit constamment nous rappeler que celui-ci, fondamentalement, n'appartient pas à ce monde. Dieu, écrit Pascal, a «créé l'homme saint, innocent, parfait[39]». Celui-ci «est [donc] visiblement égaré et tombé de son vrai lieu sans pouvoir le retrouver[40]». Notre désir de bonheur et de vérité, écrit-il encore, ne «nous est laissé [...] que pour nous faire sentir d'où nous sommes tombés[41]». – Ce que Nietzsche résume en disant que le christianisme invite à regarder les hommes comme des «dieux en exil», comme «des êtres au fond trop bons et trop importants pour la terre, sur laquelle ils ne seraient que de passage» (M, § 425, KSA, 3, 261). Cette doctrine, en d'autres termes, vise à rendre l'homme «transcendant», à l'abstraire de toute inscription corporelle, géographique, temporelle, de manière à interdire toute enquête de type historique:

> Depuis le christianisme, nous sommes habitués à la notion superstitieuse d'«âme», à l'«âme immortelle», à l'âme-monade, qui a sa vraie patrie tout à fait ailleurs, et qui, pour ainsi dire, n'est tombée dans telle et telle contingence, dans le «terrestre», ne s'est «faite chair», que tout à fait par hasard: mais sans que son essence en soit touchée, et moins encore *conditionnée*. Les circonstances sociales, familiales, historiques, ne sont pour l'âme que des accidents fortuits, ou même des contrariétés; en tout cas, elle n'est pas leur *œuvre*. Par cette conception, l'individu est rendu transcendant.
>
> Nachlass Frühjahr 1888, 15[30], KSA, 13, 424

---

38   *Pensées*, 149.
39   Ibid.
40   *Pensées*, 400.
41   *Pensées*, 401.

La morale chrétienne, en invitant l'homme à se rapprocher de son lieu véritable, fait d'ailleurs de ce détachement à l'égard du monde une exigence[42]. La vie n'a plus désormais de valeur qu'envisagée du point de vue de l'éternité : « vivre *de telle manière* que vivre n'a plus de *sens*, *voilà* qui devient désormais le 'sens' de la vie » (AC, § 43, KSA, 6, 217) – ou, comme le dit Pascal lui-même : « Il n'y a de bien en cette vie qu'en l'espérance d'une autre vie[43]. » Dès lors, toute inscription dans ce monde-ci est rejetée comme vaine et dépourvue de valeur :

> Pourquoi la solidarité sociale, pourquoi la gratitude envers l'origine et les ancêtres, pourquoi travailler en commun, faire confiance, poursuivre un bien commun et le viser ?... Autant de « tentations », autant de déviations hors du « droit chemin ».
>
> AC, § 43, KSA, 6, 217[44]

La perspective de la récompense ou de la damnation éternelle détache l'individu et l'isole face à Dieu. Pascal l'explique en toute clarté :

> Nous sommes plaisants de nous reposer dans la société de nos semblables, misérables comme nous, impuissants comme nous ; ils ne nous aideront pas : on mourra seul. / Il faut donc faire comme si on était seul[45].

Notre condition véritable nous est révélée par le sentiment qui s'empare de Jésus au jardin des oliviers – celui d'un « délaissement universel[46] ». C'est donc à bon droit que Nietzsche met en balance, dans le fragment posthume d'*Aurore* cité en introduction, « *der Einzelne* » et « *das Werdende* ».

---

42   Voir Nachlass Frühjahr 1888, 14[116], KSA, 13, 292 à propos de la morale platonicienne : « Cette 'vertu' rendue totalement abstraite fut la grande tentation, incitant à se rendre soi-même abstrait : c'est-à-dire à se *détacher*... »

43   *Pensées*, 427.

44   Voir également Nachlass November 1887-März 1888, 11[363], KSA, 13, 159-160 : « l'idéal chrétien [...] dégage de toute attache avec le peuple, l'État, la communauté de culture, la juridiction, il rejette l'instruction, le savoir, l'éducation des bonnes manières, le gain, le commerce. »

45   *Pensées*, 151.

46   *Pensées*, 919. Voir le reste du fragment : « Jésus cherche de la compagnie et du soulagement de la part des hommes. / Cela est unique en toute sa vie ce me semble, mais il n'en reçoit pas, car ses disciples dorment. [...] / Jésus au milieu de ce délaissement universel / Jésus s'arrache d'avec ses disciples pour entrer dans l'agonie ; il faut s'arracher de ses plus proches et des plus intimes pour l'imiter. »

Nietzsche précise ailleurs de quelle manière le dogme chrétien de l'immortalité de l'âme barre la route à toute enquête de type généalogique. Celui-ci, explique-t-il, vise avant tout à infliger « une monstrueuse *peur* » (Nachlass Sommer 1886-Herbst 1887, 5[61], KSA, 12, 207), qui hypnotise[47], qui concentre le regard sur un seul et unique objet : le terrible danger de l'au-delà. Comme l'écrit Pascal, « il est impossible de faire une démarche avec sens et jugement, qu'en les réglant par la vue de ce point, qui doit être notre dernier objet[48]. » L'immortalité, en effet, n'a d'autre fin que « d'intensifier prodigieusement la notion de punition » et celle de « récompense », afin que la crainte et l'espoir qu'elles suscitent éclipsent toute interrogation concernant la loi elle-même dont elles sont la sanction.

> *L'origine, l'utilité, la rationalité du commandement, tout cela est refoulé de la conscience.* / Le moyen le plus essentiel de ce refoulement est que deux autres notions passent au premier plan, avec une monstrueuse violence : toutes deux excluant la vraie réflexion sur l'origine et la critique de la loi... / 1) la récompense / 2) le châtiment
>
> Nachlass Frühjahr 1888, 14[216], KSA, 13, 392[49]

La très grande crainte, la perspective d'un péril démesuré, ont pour fonction de ne laisser subsister que la réflexion concernant un intérêt personnel gravement menacé :

> Obéir absolument devient une affaire d'autopréservation primordiale, de « Une seule chose est nécessaire »... Ne pas obéir est taxé de suprême *inintelligence* – / L'égoïsme est mis en jeu, au point qu'obéir et désobéir s'opposent comme le *bonheur* et le *plus grand tort que l'on puisse se faire*
>
> Nachlass Frühjahr 1888, 14[216], KSA, 13, 393

Ces lignes, écrites vraisemblablement de manière préparatoire au § 57 de l'*Antéchrist*, donc à propos du code de Manou, s'appliquent admirablement bien à la religion chrétienne. Si la « *fin chrétienne* » est l'« extrême antithèse » de la « fin du Code de Manou » (AC, § 57, KSA, 6, 241), les moyens employés de part

---

47   Voir GM III, § 20, KSA, 5, 389-390 : « le regard hypnotique du pécheur, toujours tourné dans la seule et même direction (la direction de la 'faute') » et la référence à l'expérience de la poule de Kircher qui ne peut sortir du cercle que l'on a tracé autour d'elle.

48   *Pensées*, 427.

49   Nous soulignons.

et d'autre pour fixer les valeurs sont, manifestement, sensiblement les mêmes. Mais cette fois Pascal ne les analyse plus, et sa pensée apparaît dès lors seulement comme la réflexion la plus cohérente que peut se faire un individu qui en subit les effets[50]. Témoins ces fragments des *Pensées* qui exposent le scandale que constitue, aux yeux de Pascal, l'indifférence des hommes à l'égard de leur salut:

> L'immortalité de l'âme est une chose qui nous importe si fort, qui nous touche si profondément, qu'il faut avoir perdu tout sentiment pour être dans l'indifférence de savoir ce qui en est. [...] Cette négligence en une affaire où il s'agit d'eux-mêmes, de leur éternité, de leur tout, m'irrite plus qu'elle ne m'attendrit; elle m'étonne et m'épouvante: c'est un monstre pour moi[51].

En condamnant « l'indifférence » du libertin, Pascal confirme bien l'idée nietzschéenne selon laquelle, avec le salut et la damnation, c'est l'intérêt personnel de chacun, c'est l'égoïsme qui est violemment convoqué[52]. Pour grossir l'enjeu, pour donner des proportions démesurées à la crainte et à l'espoir, le christianisme n'hésite d'ailleurs pas, selon Nietzsche, à donner une excessive importance à chaque individu. L'humilité chrétienne est ambiguë parce que, dans cette religion, le mépris de soi n'est que l'envers d'une très haute estime de soi. Si Pascal « vante » et « abaisse[53] » en même temps, c'est que « grandeur » et « misère » ne sont, aux yeux de Nietzsche, que les deux faces d'une même vanité, celle du chrétien qui a perdu tout « sentiment de soi » (Nachlass Sommer-Herbst 1884, 26[442], KSA 11, 268)[54], parce qu'en le plaçant sous le regard de Dieu, on lui a retiré le droit de se faire juge de sa propre valeur. Avec la religion chrétienne, tout individu, aussi médiocre soit-il, prend, selon la formule du *Gai savoir*, les proportions d'un « grand criminel immortel » (FW,

---

50   Voir MA I, § 116, KSA, 2, 118-119: «Si le christianisme était dans le juste avec ses dogmes du Dieu vengeur, de la coulpe universelle, de l'élection par la grâce et du danger de damnation éternelle, ce serait un signe de débilité mentale et de manque de caractère que de *ne pas* se faire prêtre, apôtre ou ermite et ne pas travailler uniquement à son salut dans la crainte et le tremblement.»

51   *Pensées*, 427.

52   Voir le fragment posthume d'*Aurore* cité en introduction: «tout n'est qu'une égoïste affaire personnelle».

53   *Pensées*, 130.

54   Voir l'ensemble du fragment: «Les accès de grande admiration de soi et ceux de grand mépris et de dépréciation de soi sont liés: le mystique qui tantôt se sent Dieu, tantôt ver de terre. Ce qui *manque* ici, c'est le *sentiment de soi*.»

§ 78, KSA, 3, 434). Et « c'est à *cette* pitoyable flagornerie de la vanité personnelle que le christianisme doit sa *victoire*. » (AC, § 43, KSA, 6, 217)

En attirant l'attention de chacun sur son propre sort, ce système, en outre, fait paraître vaine, insensée même, « la science des choses extérieures[55] » :

> La notion de faute et de châtiment [...] [a] été inventé[e] *contre* la science [...]. L'homme ne doit *pas* jeter un regard hors de lui, il doit regarder en lui-même ; il ne doit *pas* regarder *dans* les choses avec l'intelligence et la circonspection qu'il faut pour apprendre.
>
>   AC, § 49, KSA, 6, 228[56]

Le fragment 164 des *Pensées* en offre une belle illustration : « Je trouve bon qu'on n'approfondisse pas l'opinion de Copernic. Mais ceci : / Il importe à toute la vie de savoir si l'âme est mortelle ou immortelle. » Le christianisme décourage en outre toute prudence et toute circonspection dans la pensée, parce que le chrétien qui croit à l'immortalité de son âme, paradoxalement, *n'a pas* le temps. Comparée à l'éternité, la vie terrestre n'est rien, et c'est pourtant dans ce très bref moment que se décide son sort pour jamais : « Car il est indubitable que le temps de cette vie n'est qu'un instant, que l'état de la mort est éternel, de quelque nature qu'il puisse être[57]... » Pascal ne cesse de répéter l'urgence de chercher Dieu : les cent ans de la vie d'un homme sont réduits à huit jours[58], les huit jours à une heure[59], et celle-ci enfin à rien du tout puisque la mort peut nous surprendre à tout instant[60]. Or, avertit Pascal, « si vous mourez sans adorer le vrai principe vous êtes perdu[61]. » Comme l'explique Nietzsche au paragraphe 501 d'*Aurore* : « le salut de la pauvre 'âme éternelle' dépendait alors des connaissances acquises durant sa brève existence, elle devait se *déterminer* du jour au lendemain, la 'connaissance' avait une importance redoutable ! » (M, § 501, KSA, 3, 294) Le fameux argument du pari, où Pascal enjoint l'incroyant de se décider pour ou contre Dieu, est bien ce que Nietzsche appelle un « attentat

---

55   *Pensées*, 23 : « Vanité des sciences. / La science des choses extérieures ne me consolera pas
       de l'ignorance de la morale au temps d'affliction. »

56   Voir également Nachlass Ende 1880, 7[158], KSA, 9, 349 : « l'idée d'être un dieu déchu, ou
       d'expier les fautes des anciens âges. Tous ces secrets effroyables autour de nous – nous ren-
       daient très intéressants à nos yeux ! mais totalement égoïstes ! On ne *pouvait* ni ne *devait*
       détourner le regard de *soi* ! »

57   *Pensées*, 428.

58   Voir *Pensées*, 326.

59   Voir *Pensées*, 163.

60   Voir *Pensées*, 154.

61   *Pensées*, 158.

spirituel». L'immortalité de l'âme est une manière de nous mettre «le couteau sous la gorge» en nous disant: «Tu dois décider en toi-même, car c'est de ta vie qu'il s'agit!» (M, § 82, KSA, 3, 78) Et c'est pourquoi, selon Nietzsche, les penseurs ont jusqu'ici tous été en quelque manière des «tyrans de l'esprit» (M, § 547, KSA, 3, 317), parce que la croyance en l'éternité les privait de cette durée bien plus réelle pour la science qui est celle de la chaîne des générations, de la transmission d'un savoir et d'une expérience toujours plus riches et plus profonds[62]. L'éternité ne laisse pas de temps pour l'*ephexis*, elle n'autorise pas à se plonger dans le «*gris*» (GM, Vorrede, § 7, KSA, 5, 254) de l'étude généalogique. L'abandon de ce dogme nous a rendus «plus modestes» en nous replaçant «parmi les animaux» (AC, § 14, KSA, 6, 180). Il nous a également rendu «le courage de nous tromper, d'expérimenter, d'accepter le provisoire» (M, § 501, KSA, 3, 294). «'Qu'importe de moi!', voilà qui est inscrit au-dessus de la porte du penseur de l'avenir» (M, § 547, KSA, 3, 318), c'est-à-dire, «Que nous importe encore le 'salut' de l'âme!» (GM III, § 9, KSA, 5, 357) ou, comme le dit Zarathoustra, «Qu'importe mon bonheur!» (Za, Zarathustra's Vorrede, § 3, KSA, 4, 15) – «Qu'importe», répète Nietzsche, là où Pascal disait: «*Il importe* à toute la vie de savoir si l'âme est mortelle ou immortelle[63]», «l'immortalité de l'âme est une chose qui *nous importe* si fort[64]». «La vertu de modestie», écrivait déjà Nietzsche dans *Humain trop humain*, est nécessaire à la «*philosophie historique*» (MA I, § 2, KSA, 2, 25). – Ce qu'il explique aussi en ces termes: «Perdre cet intérêt passionné pour nous-mêmes et tourner la passion vers l'extérieur, vers les choses (science) est aujourd'hui possible. Qu'importe de moi! Pascal n'aurait pas pu dire cela!» (Nachlass Ende 1880, 7[158], KSA, 9, 349)

3   Le «discours de la Machine» ou le suicide du sens historique

Nous comprenons désormais le reproche que Nietzsche formule dans le fragment posthume d'*Aurore* cité plus haut. La foi de Pascal lui interdisait, au fond, de penser l'histoire, d'examiner l'origine même du christianisme et de reconnaître ce que les valeurs qui le gouvernaient pouvaient avoir d'«empirique» et de «relati[f]» (Nachlass Frühjahr 1888, 14[109], KSA, 13, 287). Certains fragments, pourtant, témoignent du doute qui le tourmente:

---

62   Durée dont Pascal avait pourtant saisi toute l'importance. Voir la *Préface sur le traité du vide*, in: *Œuvres complètes*, éd. Louis Lafuma, Paris, Éditions du Seuil, 1963, 230-232.

63   *Pensées*, 164. Nous soulignons.

64   *Pensées*, 427. Nous soulignons.

On a beau dire : il faut avouer que la religion chrétienne a quelque chose d'étonnant. C'est parce que vous y êtes né dira(-t-)on. Tant s'en faut je me roidis contre par cette raison-là même, de peur que cette prévention ne me suborne, mais quoique j'y sois né je ne laisse pas de le trouver ainsi[65].

Pascal sent bien que sa pensée de la coutume – qui resurgit à travers cette objection qu'il se fait à lui-même, « c'est parce que vous y êtes né », – a le pouvoir de renverser son christianisme, et se défend de céder à la « prévention[66] ». Pourtant, il n'a pas voulu « sonde[r] jusque dans [sa] source[67] » ce dogme de l'immortalité de l'âme dont il avait fait « le point » et « le dernier objet[68] » sur lequel régler toutes ses démarches. Il ne s'est pas demandé, comme le fera Nietzsche, si cette idée « d'une éternelle survie personnelle » n'était pas en profonde contradiction avec toutes les paroles de Jésus rapportées dans l'Évangile[69], et si « Paul [n']a[vait] [pas] précisément opéré une restauration de grand style de tout ce que le Christ avait annulé par sa propre vie » (Nachlass November 1887-März 1888, 11[281], KSA, 13, 108) pour en faire l'instrument de sa puissance.

---

65 *Pensées*, 817.
66 C'est bien cette « prévention » que Nietzsche reproche à Pascal dans le Nachlass Winter 1880/81, 8[18], KSA, 9, 387 : « aussi puéril (*kindlich*) que Pascal et nos théologiens qui, lorsqu'il est question de savoir et de foi, s'imaginent involontairement qu'il s'agit toujours exclusivement de foi chrétienne. » Pascal est « puéril » lorsqu'il affirme le caractère exceptionnel de la foi chrétienne, parce qu'il se contente alors de « suivre le train de [ses] pères » (*Pensées*, 193). Sa sœur Gilberte écrit d'ailleurs dans la *Vie de M. Pascal* : « Il ne s'était jamais porté au libertinage pour ce qui regarde la religion, ayant toujours borné sa curiosité aux choses naturelles ; et il m'a dit plusieurs fois qu'il joignait cette obligation à toutes les autres qu'il avait de mon père qui, ayant lui-même un très grand respect pour la religion, le lui avait inspiré dès l'enfance, lui donnant pour maxime que tout ce qui est l'objet de la foi ne saurait l'être de la raison. » (Pascal, *Œuvres complètes* I, éd. de Jean Mesnard, Paris, Desclée de Brouwer, 1964-1992, 578).
67 *Pensées*, 60.
68 *Pensées*, 427.
69 Voir Nachlass November 1887-März 1888, 11[279], KSA, 13, 106 : « Rien n' […] est plus étranger [à Jésus] que la balourde absurdité d'un 'Pierre éternisé', d'une éternelle survie personnelle. Ce qu'il combat, c'est l'importance attribuée à la 'personne' : comment aurait-il voulu éterniser précisément *celle-là* ? / Il combat de même la hiérarchie à l'intérieur de la communauté : il ne promet une quelconque proportion de récompense selon le mérite : comment aurait-il pu entendre le châtiment et la récompense dans l'au-delà ! » Voir également Nachlass November 1887-März 1888, 11[270], KSA, 13, 101-102 à propos de la parabole des ouvriers de la onzième heure.

Mais Pascal, «du fond de sa terrible tension» (JGB, Vorrede, *Dm*, KSA, 14 Kommentar, 346), ne s'est pas contenté d'émousser son sens de l'histoire – il l'a retourné contre lui-même en le faisant travailler à sa propre perte. En effet, tout ce qu'il avait compris de la manière dont naît une croyance dans l'esprit de l'homme, toutes ses réflexions sur la coutume, sur le pouvoir qu'elle possède d'incliner le corps et de conditionner les pensées, Pascal va l'employer pour renforcer cette foi même qui interdit l'investigation de nature historique. C'est ce paradoxe que les premiers fragments des *Pensées* appellent «le discours de la Machine[70]». Pascal a fort bien compris que «la vie théorique est superficielle par nature» (Nachlass Sommer 1880, 4[134], KSA, 9, 134) et que, de ce fait, «ce qui doit d'abord être démontré ne vaut pas grand-chose» (GD, Das Problem des Sokrates, § 5, KSA, 6, 70). Parce que la nature humaine est désormais dominée par le corps, toutes les preuves rationnelles de l'existence de Dieu sont condamnées à l'impuissance. Ce qu'il faut selon lui pour opérer une véritable conversion, c'est «préparer la Machine[71]» à la religion chrétienne par le biais de la coutume – ou, comme le dira Nietzsche lui-même, «commencer par convaincre le *corps*» (GD, Streifzüge eines Unzeitgemässen, § 47, KSA, 6, 149)[72]. «La coutume fait nos preuves les plus fortes et les plus crues. Elle incline l'automate qui entraîne l'esprit sans qu'il y pense[73].» Ainsi, dans le fragment 418 où figure le célèbre argument du pari, ce n'est pas – contrairement à ce que l'on pense parfois – cet argument lui-même qui doit donner la foi à l'incroyant. Si ce raisonnement, parce qu'il relève de la prudence, est certes beaucoup moins «éloigné [...] d[e] [celui] des hommes[74]» que les preuves traditionnelles de l'existence de Dieu, il n'est pas en mesure de faire naître la foi. Le libertin que le fragment met en scène, tout en reconnaissant le caractère «démonstratif» du raisonnement, avoue finalement: «je suis fait de telle sorte que je ne puis croire». À quoi l'apologiste répond:

> votre impuissance à croire vient de vos passions [...] Travaillez donc non pas à vous convaincre par l'augmentation des preuves de Dieu, mais par la diminution de vos passions.

---

70 *Pensées*, 11.

71 *Pensées*, 11.

72 Voir *Pensées*, 821: «Il faut donc faire croire nos deux pièces: l'esprit, par les raisons [...]; et l'automate, par la coutume.»; *Pensées*, 847: «Il faut convaincre l'homme entier, en corps et en âme.»

73 *Pensées*, 821.

74 *Pensées*, 190.

Or, pour «diminuer les passions», c'est bien une discipline du corps que re-commande Pascal:

> Vous voulez aller à la foi, et vous n'en savez pas le chemin; vous voulez
> vous guérir de l'infidélité, et vous en demandez les remèdes: apprenez
> de ceux, etc. qui ont été liés comme vous et qui parient maintenant tout
> leur bien: ce sont gens qui savent ce chemin que vous voudriez suivre
> et guéris d'un mal dont vous voulez guérir; suivez la manière par où ils
> ont commencé. C'est en faisant tout comme s'ils croyaient, en prenant
> de l'eau bénite, en faisant dire des messes, etc. Naturellement même cela
> vous fera croire et vous abêtira. [...] Cela diminue les passions, qui sont
> vos grands obstacles[75].

Ainsi, «préparer la machine» à la foi, c'est d'abord pratiquer les rites chré-tiens, soumettre son corps aux «formalités[76]» en répétant les mêmes gestes: prendre de l'eau bénite, «se mett[re] à genoux», «prie[r] des lèvres, etc.[77]» ... «Naturellement même, ajoute l'apologiste, [– c'est-à-dire en vertu des lois de la nature elle-même –] cela vous fera croire et vous abêtira.» L'usage de ce verbe «abêtir» n'a pas manqué de faire scandale. Mais il est en parfaite cohérence avec les conclusions de Pascal concernant la manière dont naît humainement une croyance. Comme l'explique Étienne Gilson[78], la bête, pour le cartésien qu'est Pascal, c'est la machine, le corps, puisque les animaux sont dépour-vus d'esprit. S'abêtir, c'est donc faire comme les bêtes qui agissent non «par esprit» mais «par instinct[79]»: accomplir les gestes rituels sans faire intervenir l'esprit en toutes ces actions. Le «perroquet» «essuie» son «bec», «quoiqu'il soit net[80]», écrit Pascal pour expliquer ce que signifie agir par instinct: l'animal accomplit ce geste sans en connaître ni en considérer l'utilité. De même, un comportement devient moral selon Nietzsche quand, sous l'effet de l'habitude, les raisons qui ont poussé à l'adopter ont été oubliées[81]. Pascal est donc ce chrétien singulier qui, à rebours des luthériens – qui demeurent au fond plato-

---

75   *Pensées*, 418.
76   *Pensées*, 364.
77   *Pensées*, 944.
78   «Le sens du terme 'abêtir' chez Blaise Pascal» in: *Les idées et les lettres*, Paris, Vrin, 1932, 262-274.
79   *Pensées*, 105.
80   *Pensées*, 107.
81   Voir Nachlass Sommer 1880, 4[67], KSA, 9, 115: «Toutes les morales et les lois visent à enraciner des *habitudes*, c'est-à-dire à suspendre pour de très nombreuses actions la question du 'pourquoi?' de sorte qu'elles soient accomplies instinctivement.» Voir

niciens –, comprend ce que Nietzsche répétera à l'envi : « Avant tout et d'abord les œuvres, c'est-à-dire la pratique, et encore la pratique ! La 'foi' appropriée viendra d'elle-même, soyez-en convaincus ! » (M, § 22, KSA, 3, 34)[82]

Comme il l'avait expliqué à propos des fils reproduisant le comportement de leurs pères, Pascal souligne que l'abêtissement passe par l'imitation[83] : imitation de soi-même à travers la répétition[84] mais, plus encore, imitation de ceux qui ont déjà la foi. « Suivez la manière par où ils ont commencé », suggère-t-il. « L'*imitation* est le moyen de toute civilisation », expliquera semblablement Nietzsche, « c'est par elle que l'instinct se forme progressivement. [...] Apprentissage d'une *seconde nature* par imitation. » (Nachlass Sommer 1872-Anfang 1873, 19[226], KSA, 7, 489-490) Selon Pascal, il faut faire comme si l'on était déjà croyant pour le devenir véritablement : « C'est en faisant tout comme s'ils croyaient. » Une lettre de Jacqueline Pascal à son frère du 19 janvier 1655, décrit, sur l'exemple de la vertu de pauvreté, la logique de cette démarche : « Une des meilleures voies à mon sens » pour acquérir la vertu de pauvreté, dit-elle, « est de faire comme si on l'avait déjà, non pas par usurpation ou par hypocrisie, mais pour passer de l'appauvrissement à la pauvreté, comme on va de l'humiliation à l'humilité[85]. » Or, lorsqu'il décrit le processus d'incorporation (*Einverleibung*), Nietzsche développe exactement la même idée – sans hésiter, toutefois, à parler d'hypocrisie. Car, d'après lui, si celui qui joue ce rôle ne cherche pas à tromper les autres, il vise bien, qu'il le sache ou non, à se tromper lui-même. « L'exercice continu de la simulation engendre au final la *nature* : la simulation finit par se supprimer elle-même, organes et instincts sont les fruits inattendus du jardin de l'hypocrisie. » (M, § 248, KSA, 3, 204) Nietzsche explique

---

également MA II, Der Wanderer und sein Schatten, § 40, KSA, 2, 570-571 et Nachlass Ende 1876-Sommer 1877, 23[6], KSA, 8, 405.

82   Voir le reste de l'aphorisme : « Les docteurs protestants ne cessent de propager cette erreur foncière : seule compte la foi et c'est de la foi que doivent procéder nécessairement les œuvres. C'est tout simplement faux, mais cela paraît si séduisant que cela a leurré d'autres intelligences que celle de Luther (à savoir celle de Socrate et de Platon), bien que ce soit manifestement contraire à l'expérience quotidienne. » Pour les luthériens, la foi précède les œuvres, de même que, pour les platoniciens, la connaissance du bien suffit pour devenir bon. Pour Pascal en revanche, comme pour Nietzsche lui-même, « les états de conscience, n'importe quelle foi, n'importe quelle certitude de vérité [...] sont en vérité parfaitement indifférents et de cinquième ordre, comparés à la valeur des instincts. » (AC, § 39, KSA, 6, 211-212)

83   Notons d'ailleurs que le perroquet est l'animal mimétique par excellence.

84   Voir Nachlass Anfang 1880, 1[40], KSA, 9, 15 : « Agir selon ses habitudes, c'est 's'imiter soi-même', [...] *sans* que les mobiles de l'action première se remettent en branle. »

85   *Œuvres complètes*, III, éd. de Jean Mesnard, Paris, Desclée de Brouwer, 1964-1992, 70. Cité par Gérard Ferreyrolles, op. cit., 105.

plus clairement encore dans *Humain, trop humain* comment «le *rôle* devient vérité» (Nachlass April-Juni 1885, 34[134], KSA 11, 465):

> L'hypocrite, qui joue toujours un seul et même rôle, cesse à la fin d'être hypocrite; les prêtres, par exemple, qui, encore jeunes, sont d'habitude des hypocrites conscients ou inconscients, finissent par être naturels, et dès lors on ne peut mieux prêtres, en toute réalité, sans la moindre affectation.
>
> MA I, § 51, KSA, 2, 72

On ne sera pas surpris, dès lors, que Nietzsche commente le «discours de la Machine» en ces termes: «Pascal conseillait de s'accoutumer au christianisme, parce que l'on sentirait les passions disparaître. Cela signifie: tirer profit de sa *déloyauté* (*Unredlichkeit*) et s'en réjouir.» (Nachlass Winter 1880-1881, 8[31], KSA, 9, 389) «Suivre la coutume et s'habituer finalement à elle – au fond cela revient à être *déloyal* (*unredlich*)! [...] source de la moralité!!!» (Nachlass Winter 1880-1881, 8[25], KSA, 9, 388) En effet, l'honnêteté telle que Nietzsche la conçoit est avant toutes choses «honnêteté envers soi (*Redlichkeit gegen sich*)» (Nachlass Herbst 1880, 6[236], KSA, 9, 260)[86]. Or le but de toute accoutumance est au contraire la «duperie de soi-même (*Selbstbetrug*)» (MA I, § 52, KSA, 2, 73)[87]. Le passage de l'hypocrisie à la sincérité signifie seulement que l'on a fini par croire à son propre mensonge. Ce n'est pas que l'on cesse alors de mentir, mais l'on ment «innocemment», «ingénument», «naïvement» – c'est-à-dire «vertueusement» (GM III, § 19, KSA, 5, 386). Le plus souvent, d'ailleurs, même lorsqu'ils sont hypocrites, les hommes le sont inconsciemment[88]. L'enfant, par exemple, qui reproduit les comportements et les jugements de ses aînés sans les avoir encore complètement intériorisés, est un hypocrite inconscient: il joue un rôle sans même le savoir. L'hypocrisie consciente présuppose une lucidité sur soi-même dont la plupart des hommes sont dépourvus, ou qu'ils ne sont pas en mesure de soutenir. Le libertin auquel Pascal s'adresse, et

---

86   Le mensonge à autrui n'entre nullement en contradiction avec l'honnêteté véritable, – il la présuppose même: «la *simulation* intentionnelle repose sur un premier sens de l'honnêteté envers soi» (Nachlass Herbst 1880, 6[236], KSA, 9, 260). Pour être capable d'un authentique mensonge, il faut savoir «ouvr[ir] les yeux sur [soi-même]», et «distinguer [en soi-même] entre 'vrai' et 'faux'» (GM III, § 19, KSA, 5, 386). Voir également AC, § 55, KSA, 6, 238: «Le mensonge le plus ordinaire est celui par lequel on se ment à soi-même; mentir à autrui est relativement l'exception.»

87   Nietzsche évoque «l'auto-tromperie (*Selbstbetrug*) de Pascal» dans Nachlass Ende 1880, 7[184], KSA, 9, 355.

88   Voir MA I, § 51, KSA, 2, 72 cité plus haut.

qui doit « refaire pour son compte le même chemin d'habitudes qu'ont suivi la masse des chrétiens héréditaires[89] », sera peut-être, au début, un hypocrite conscient. Mais devenir « vrai », « sincère », est toujours vécu comme un soulagement, parce que le mensonge n'est aisé que lorsqu'il est complètement intériorisé. Selon Nietzsche, c'est cet aveuglement sur soi-même – qui constitue la ruine de toute probité – que Pascal cherche à susciter par le biais de la coutume. Or l'étrange fragment 99 des *Pensées* paraît bien lui donner raison :

> L'homme est ainsi fait qu'à force de lui dire qu'il est un sot il le croit. Et *à force de se le dire à soi-même on se le fait croire*, car l'homme fait lui seul une conversation intérieure, qu'il importe de bien régler. [...] Il faut se tenir en silence autant qu'on peut et ne s'entretenir que de Dieu qu'on sait être la vérité, et ainsi *on se le persuade à soi-même*[90].

La conversation est une figure de la coutume. Au XVIIe siècle, l'origine latine de ce terme, *conversari*, « se trouver habituellement avec », était encore parlante[91]. « On se forme l'esprit et le sentiment par les conversations[92] », explique Pascal, qu'il s'agisse des conversations avec autrui, ou des conversations intérieures. Dans l'un et l'autre cas, quand un même discours lui est continuellement répété, l'homme « est ainsi fait » qu'il finit par le croire. Il est donc possible de « se persuade[r] [Dieu] à soi-même » en se répétant inlassablement qu'il est la vérité. La méditation, la prière, la rumination des « vérités » du christianisme sont, comme la pratique des gestes rituels, d'efficaces moyens pour opérer la conversion, puis pour persévérer dans la foi[93].

---

89 Gérard Ferreyrolles, op. cit, 101 : « l'enfant *est* accoutumé à la foi, le libertin doit s'accoutumer à elle. »

90 Nous soulignons.

91 C'est ce que rappelle Gérard Ferreyrolles, op. cit., 74.

92 *Pensées*, 814.

93 Voir la lettre du 1er avril 1648 à Gilberte : « Cette pensée [les choses corporelles ne sont qu'une image des spirituelles] est si générale et si utile qu'*on ne doit point laisser un espace notable de temps sans y songer avec attention.* » (Nous soulignons) (*Œuvres complètes*, II, éd. de Jean Mesnard, Paris, Desclée de Brouwer, 1964-1992, 582) Également la lettre du 5 novembre 1648 : « C'est pourquoi *tu ne dois pas craindre de nous remettre devant les yeux les choses que nous avons dans la mémoire, et qu'il faut faire entrer dans le cœur*, puisqu'il est sans doute que ton discours en peut mieux servir à la grâce que non pas l'idée qui nous reste en la mémoire, puisque la grâce est particulièrement accordée à la prière, et que cette charité que tu as eue pour nous est *une prière du nombre de celles qu'on ne doit jamais interrompre. C'est ainsi qu'on ne doit jamais refuser de lire ni d'ouïr les choses saintes, si communes et si connues qu'elles soient.* » (Nous soulignons) (*Œuvres complètes*, II, Paris,

Pascal a compris que la coutume, qui « peut tout », a le pouvoir de faire taire les plus fortes objections de l'esprit contre la foi chrétienne – non seulement celles du libertin, mais aussi les siennes propres, qui, certainement, n'y opposaient pas une moindre résistance. Et c'est bien à soumettre sa conscience en matière intellectuelle – conscience que Nietzsche décrit comme « profond[e] », « blessé[e] », « formidable » (JGB, § 45, KSA, 5, 65)[94] – qu'il va finalement l'employer. En s'en remettant au pouvoir de la coutume, Pascal permet « au hasard, qui [l']a fait naître dans tel ou tel pays et avoir tels gens pour entourage, de prendre pour [lui] valeur de loi » (Nachlass Frühjahr 1880, 3[159], KSA, 9, 98) en se dissimulant à lui-même l'origine « plate et sotte » (Nachlass Oktober-Dezember 1876, 19[96], KSA, 8, 353) de cette loi. Si la foi de Pascal, comme Nietzsche l'écrit au paragraphe 46 de *Par-delà bien et mal*, « ressemble de manière terrifiante à un continuel suicide de la raison » (JGB, § 46, KSA, 5, 66), dans le « discours de la Machine », elle prend précisément la forme d'un suicide du sens historique[95].

∵

Pascal est bien « *l'arc doté de la plus haute tension* » (Nachlass 1885, 35[18], KSA, 11, 515). En lui, l'honnêteté chrétienne s'est « sublimée en conscience scientifique » (FW, § 357, KSA, 3, 600)[96], jusqu'à rendre possible l'examen froid et lucide du pouvoir de la coutume, et de la manière dont elle fait naître

---

Desclée de Brouwer, 1964-1992, 697) Ces deux lettres à Gilberte figurent dans l'édition Faugère des œuvres de Pascal.

94   Il faut garder à l'esprit que Pascal est l'homme de la « pensée de derrière » (*Pensées*, 91), de la « double pensée » (*Premier discours sur la condition des grands*, in: *Œuvres complètes*, éd. Louis Lafuma, Paris, Éditions du Seuil, 1963, 366) ou, pour le dire de manière nietzschéenne, « des arrière-pensées » (M, Vorrede, § 5, KSA, 3, 17) – donc tout l'inverse de l'innocent et de l'ingénu. « *Il faut* [...] *dire comme les autres, mais ne pas penser comme eux* », écrit-il au fragment 782.

95   Mais, ce faisant, la pensée de Pascal aborde les deux versants du questionnement nietzschéen sur la culture, en comprenant, d'une part, que la philosophie, la morale, la religion, et toutes les différentes manifestations de la vie d'un peuple sont gouvernées par ses instincts et, d'autre part, que ces diverses interprétations constituent autant de moyens d'agir en retour sur les instincts et d'en modifier l'organisation. C'est sans doute pour cette raison que Nietzsche reconnaît en lui « l'homme [...] le plus profond des temps modernes » (JGB, Vorrede, *Dm*, KSA, 14 Kommentar, 346). Pour la mise en évidence de ce double questionnement dans la pensée de Nietzsche, on se reportera aux analyses de Patrick Wotling : « La culture comme problème. La redétermination nietzschéenne du questionnement philosophique » in: Patrick Wotling, *« Oui, l'homme fut un essai ». La philosophie de l'avenir selon Nietzsche*, Paris, Puf, 2016, 19-89.

96   Voir également: AC, § 13, *Mp* XVI 4, KSA, 14 Kommentar, 439 : « La conscience scrupuleuse

les croyances dans l'esprit humain. Mais la source de ces analyses au plus haut point subversives demeure la morale chrétienne: «c'est [elle] [...] qui a accumulé dans des proportions formidables la force qui a tendu l'arc de manière si menaçante» (JGB, § 262, KSA, 5, 216). Le «discours de la Machine» est l'impossible synthèse tentée par cet esprit supérieur pour échapper à sa torture[97]: faire servir son sens aigu de l'histoire et sa probité intellectuelle au renforcement de la foi elle-même, donc à leur propre destruction. La foi qui en résulte – cette foi à laquelle on parvient par des détours qui présupposent l'incroyance elle-même[98] – conserve assurément quelque chose d'étrange. Les *Pensées* se voulaient être une apologie du christianisme; aux yeux de Nietzsche, elles sont surtout «les pages» qui «mettent à nu son destin et ce qui causera sa perte.» (M, § 68, KSA, 3, 65)

Liste des abréviations

AC   *Der Antichrist*
FW   *Die fröhliche Wissenschaft*
GD   *Götzen-Dämmerung*
GM   *Zur Genealogie der Moral*
JGB   *Jenseits von Gut und Böse*
MA   *Menschliches, Allzumenschliches*
M   *Morgenröthe*
UB   *Unzeitgemäße Betrachtungen*

---

     dans les petites choses, l'autocontrôle de l'homme religieux fut une école préparatoire et pour ainsi dire une *pré-forme* du caractère scientifique.»

97   Voir Nachlass Juni-Juli 1885, 36[59], KSA, 11, 573: «On sous-estime quel raffinement pour l'*esprit* amène la torture morale d'une conception du monde qui repose à la fois sur le christianisme et la logique scientifique.»

98   Pascal distingue certes la foi humaine qui naît de la coutume de la foi véritable qui ne peut être qu'un don de Dieu (voir *Pensées*, 7). Mais, comme nous l'avons déjà signalé dans la note 16, on remarque dans les écrits pascaliens une troublante analogie entre grâce et coutume: l'une et l'autre ne se conservent que par des efforts renouvelés, l'une et l'autre inclinent le cœur, l'une et l'autre passent du cœur à l'esprit, l'une et l'autre ont le pouvoir de transformer notre nature. Pour une analyse détaillée de cette quadruple analogie, voir Gérard Ferreyrolles, op. cit., 109 sq.

Den Neoklassizismus weiterdenken: Gadamer und die hermeneutische Reichweite des „Klassischen"

Rosa Maria Marafioti

Abstract

Um den Begriff des Neoklassizismus angesichts der heutigen Herausforderungen wei-terzudenken, kann der Versuch unternommen werden, das Klassische anhand der Her-meneutik Gadamers neu zu bestimmen. Gadamer erhebt das Klassische zur „wirkungs-geschichtlichen Kategorie schlechthin", da sich in ihm die Vermittlung zwischen Ver-gangenheit und Gegenwart zuspitzt. Der Klassiker vermag den historischen Abstand zu überwinden, weil er die jeweilige Gegenwart in einer solchen Weise anspricht, als wäre er mit ihr gleichzeitig. Diese „Gleichzeitigkeit" kommt dem Klassischen jedoch erst dank einer freien Wahl des Interpreten zu, der die Vergangenheit „über-liefert", indem er seine Zugehörigkeit zur Tradition anerkennt und so die Wahrheit seiner eige-nen Lebenswelt hervorscheinen lässt. Insofern unser Horizont heute nicht mehr nur unsere eigene Vergangenheit umfasst, sondern zugleich mit demjenigen der anderen Kulturen verschmolzen ist, lässt sich der Neoklassizismus als Dialog zwischen verschie-denen Sprachwelten umdeuten, aus dem eine mehrstimmige Überlieferung erwachsen könnte.

∴

Er glänzt vor uns, wie ein Komet entschwindend,
unendlich Licht mit seinem Licht verbindend.
J.W. VON GOETHE, Epilog zu Schillers Glocke

∴

1 Fragestellung

Das Wort „Neoklassizismus" bedeutet im strengen Sinne eine kulturelle Ten-denz, die sich stufenweise – je nach Land und Kulturbereich – zwischen dem 18. und dem 19. Jahrhundert, aber auch noch bis in die erste Hälfte des 20. Jahr-hunderts hinein in Europa verbreitete. Wie jede Form von Klassizismus, so wendete sich auch der Neoklassizismus bestimmten Autoren oder Werken zu, die er zum „Vorbild" erhob und denen er stilistische sowie moralische Normen entnahm. Der Neoklassizismus verband das „Klassische" so sehr mit der griechisch-römischen Antike, dass diese seither entschiedener als je zuvor für die Ursprungsquelle des Abendlandes gehalten wurde.

Die Debatte um den Beitrag der arabischen Kultur zur Entstehung der europäischen Geisteswelt, die zu Anfang des 21. Jahrhunderts in eine neue Phase eingetreten ist, welche mit der Verschärfung der Spannung zwischen christlicher und muslimischer Zivilisation zusammenhängt, hat jedoch die Identifikation des Klassischen mit dem Griechentum und dem Römertum neuerdings in Frage gestellt.[1] Außerdem ist man zu Nietzsches Deutung der griechischen Welt als sich aus den gegensätzlichen Prinzipien des Apollinischen und Dionysischen entfaltende zurückgekehrt,[2] um sie neu zu interpretieren. Die Vertiefung der Unterscheidung zwischen Klassik und Kanon dank der Erforschung ihrer normativen und formalen Struktur hat weiterhin ermöglicht, die Kanonisierung der griechischen Klassiker mit der Kanonisierung der christlichen, konfuzianischen und taoisten Texte zu parallelisieren.[3]

Demzufolge scheint es, dass die Definition eines bestimmten materiellen Inhaltes des Begriffes des „Klassischen" und seiner Verknüpfung mit einer harmonischen und idealen Welt heute nunmehr unmöglich geworden ist. Nichtdestotrotz tendieren Interpreten zeitgenössischer Ereignisse dazu, von Denkformen, Problematiken und Begrifflichkeiten der Antike – z. B. in Bezug auf die aktuelle Krise der Demokratie, die heutige Version der Sklaverei und die Rolle der Bildung in der Gesellschaft – Gebrauch zu machen. Ohnehin hat die offizielle Debatte um das Klassische es endgültig von seiner Bindung an eine bestimmte historische Periode und an ein bloß stilistisches Ideal gelöst.

Die Bezeichnung „ein Klassiker" behält jedoch auch noch heute den ursprünglichen Sinn bei, wonach sie im Allgemeinen einen Musterautor meint.[4] Das Adjektiv „klassisch" wird ferner den identitätsprägenden Kultur-

---

1 Vgl. Sylvain Gouguenheim, *Aristote au mont Saint-Michel: Les racines grecques de l'Europe chrétienne*, Paris 2008.

2 Vgl. Friedrich Nietzsche, *Die Geburt der Tragödie*, hrsg. v. G. Colli und M. Montinari (*Kritische Studienausgabe* 1), Berlin/New York 1988², 9–156.

3 Vgl. Jan Assmann, *Das kulturelle Gedächtnis: Schrift, Erinnerung und politische Identität in frühen Hochkulturen*, München 2007, 89–129, 272–280.

4 Während „*classicus*" im Römertum den Repräsentanten der ersten Bürgerklasse (d. h. einen Römer mit einem bestimmten Renteneinkommen) bedeutete, wird dieses Wort von Aulus Gellius in der Mitte des 2. Jahrhunderts in die Literatur aufgenommen, um den „erstklassigen" Schriftsteller zu charakterisieren, der als Maß für die grammatische Sprachrichtigkeit gelten konnte (vgl. Aulus Gellius, *Noctes Acticae*, XIX, 8, 15). Dem Terminus „*classicus*" wurde

erfahrungen sowie der historischen Blütezeit einer Nation zugesprochen.[5] Das, was der Bedeutungskern des Begriffes des „Klassischen" zu sein scheint, besteht also aus dem vorbildlichen Charakter, dem Anspruch auf Anerkennung und der Fähigkeit, sich im Laufe der Zeit immer neu zu bewähren. Um zu erfassen, was der „Klassizismus" als Wiederentdeckung des „Klassischen" bedeuten kann und damit zu erfahren, welches tiefere Phänomen ihm zugrunde liegt, gilt es, den Begriff des „Klassischen" zu erörtern.

Seine Wesenszüge können am Leitfaden der Hermeneutik von Hans-Georg Gadamer verdeutlicht werden, die hilfreich sein kann, einige Aspekte der aktuellen Debatte um das Klassische nachzuvollziehen. Da Gadamer in die Erläuterung des Klassischen die Leitgedanken seiner Hermeneutik einbezieht, kann ihre Darstellung anhand des Hauptwerkes *Wahrheit und Methode* (1960) den Begriff des Klassischen zirkelhaft beleuchten und so einen Beitrag zum Weiterdenken des Neoklassizismus leisten.

2   Das „Ereignis" des Verstehens und die Kanonizität des Klassischen

Die ausführlichste Stelle, an der Gadamer explizit den Begriff des Klassischen behandelt, findet sich im zweiten Teil von *Wahrheit und Methode*, der mit „Ausweitung der Wahrheitsfrage auf das Verstehen in den Geisteswissenschaften"[6] betitelt ist. Hier wendet sich Gadamer gegen die Tendenz der „historischen Schule", das Modell der Naturwissenschaften auf die Geisteswissenschaften zu projizieren, um durch die methodische Rekonstruktion von Vergangenheitsabschnitten eine objektive Erkenntnis zu erlangen. Gadamer ist der Ansicht, dass das Problem der Autonomie der Geisteswissenschaften nicht durch die Entwicklung einer eigentümlichen Methodenlehre bzw. einer Hermeneutik als Kunstlehre des Verstehens gelöst werden kann, sondern mit der Ausarbeitung einer „Ontologie des Verstehens"[7].

---

die damit verbundene Bedeutung von Mäßigkeit und einer mustergültigen Lebenshaltung erst später zugeschrieben. Vgl. dazu Franco Fortini, „Classico", in: R. Romano (Hrsg.), *Enciclopedia*, Torino 1978, Bd. III, 192–202.

5   Vgl. Thomas Stearns Eliot, „What is a classic?", in: F. Kermode (Hrsg.), *Selected prose of T.S. Eliot*, New York 1975, 115–131. Für die Kontextualisierung dieser These in der heutigen Debatte um die Definition des Begriffes des „Klassischen" vgl. Tansu Acik, „What is a Classic According to T.S. Eliot and H.-G. Gadamer?", in: *The International Journal of the Humanities*, Bd. 8 (2010), 53–63.

6   GW 1, 175.

7   Vgl. ebd., 3. Zur Frage nach dem Status der Geisteswissenschaften und ihrer Unabhängigkeit von den Naturwissenschaften vgl. ebd., 9–15; GW 10, 179–184.

Wie auch schon Heidegger misst Gadamer dem Verstehen einen ontologischen Charakter zu. Er beschreibt es als ein „Ereignis"[8] bzw. als ein geschichtliches Wahrheitsgeschehen, dank dessen sich diejenige „extramethodische Wahrheit" erfassen lässt, auf die die Geisteswissenschaften abzielen.[9] Gadamer erläutert Heideggers Begriff der „Geworfenheit" als Zugehörigkeit zu einer Tradition und seinen Begriff des „Entwurfs" bzw. des Verstehens *„als Einrücken in ein Überlieferungsgeschehen, in dem sich Vergangenheit und Gegenwart beständig vermitteln."*[10] Er ist also davon überzeugt, dass, wenn wir verstehen, wir uns weder an unsere Gegenwart klammern noch den Zeitabstand überspringen, der uns von der Vergangenheit trennt, sondern wir eine Art „roten Faden" aufrollen, der uns mit dem zu Verstehenden durch die Geschichte hindurch verbindet.

Dies ist am besten anhand des Klassikers aufweisbar. Gadamer schreibt: „Was ,klassisch' heißt, ist nicht erst der Überwindung des historischen Abstandes bedürftig – denn es vollzieht selber in beständiger Vermittlung diese Überwindung", indem es „der jeweiligen Gegenwart etwas so sagt, als sei es eigens ihr gesagt."[11] Im Gegensatz zur Historisierung der Kategorie des Klassischen und zu ihrer weiteren Beschränkung auf einen bloß deskriptiven Stilbegriff, die in Droysens Historismus begann und in der Vorstellung von Diltheys „historischem Bewusstsein"[12] gipfelte, betont Gadamer den Normcharakter des

---

8   Vgl. GW 1, 488. Gadamer eignet sich Heideggers Begriff des Ereignisses als Wahrheitsgeschehen an, indem er es als die ursprüngliche Zeitlichkeit auslegt (vgl. GW 4, 143) und es fruchtbar für die Hermeneutik macht.

9   Vgl. GW 1, 2–3; den zweiten Paragraphen der Einleitung zur italienischen Ausgabe von *Wahrheit und Methode, L'esperienza extrametodica della verità*, in: Gianni Vattimo, „Introduzione", in: Hans-Georg Gadamer, *Verità e Metodo*, it. Übers. v. G. Vattimo, Milano 1997[11], X–XLII, hier IV–XII. Gadamers Gegenüberstellung zwischen dieser Art von Wahrheit und jener, die erst durch die Anwendung einer Methode erreichbar ist, zog viel Kritik (u.a. von Jürgen Habermas und Paul Ricœur) und manchmal auch Missverständnisse auf sich. Für einen Überblick über die um dieses Problem entfachte Debatte vgl. Stefano Marino, *Fusioni di orizzonti. Saggio su estetica e linguaggio in Hans-Georg Gadamer*, Roma 2012, 38–40. Zu Ernst Tugendhats Vorwurf, Gadamer spiele die Wahrheit gegen die Methode aus (vgl. Ernst Tugendhat, „The Fusion of Horizons", in: ders., *Philosophische Aufsätze*, Frankfurt a. M. 1992, 426–432, hier 428), und zu Gadamers Selbstverteidigung, vgl. Hans-Georg Gadamer, Carsten Dutt, *Hans-Georg Gadamer im Gespräch*, hrsg. v. C. Dutt, Heidelberg 1995[2], 15–17.

10 GW 1, 295.

11 Ebd.

12 Zu Gadamers Begriff des historischen Bewusstseins vgl. GW 10, 175–178; die im Jahr 1958 an der Universität Leuven gehaltene Vorlesungsreihe, publiziert in Hans-Georg Gadamer, *Le problème de la conscience historique*, hrsg. v. P. Fruchon, Paris 1966 (aus dem Franz. zurücküvers. v. T.N. Klass, *Das Problem des historischen Bewusstseins*, Tübingen 2001).

Klassischen, der ihm jedoch nicht kraft irgendwelcher Teilhabe an einem allgemeingültigen Wert oder aufgrund seiner Fähigkeit zukäme, eine ewige Natur
des Menschen herauszukristallisieren: Nach Gadamer bedeutet die „Kanonizi-
tät" des Klassischen vielmehr die Maßgeblichkeit derjenigen Traditionsgehalte,
die sich dem Verstehen als denkwürdig vorstellen.[13]

Durch das Klassische zeigt sich der Boden, den Gegenwart und Vergangenheit gemeinsam haben und auf dem man aufbauen kann. Daraus folgt, dass
wir, wenn wir versuchen, die Welt eines klassischen Werkes zu rekonstruieren,
entdecken, dass wir selbst mit in sie hineingenommen sind und, auch umgekehrt, das Werk in unsere Welt gehört. Im „Klassischen" spitzt sich daher das
zu, was laut Gadamer als „ein allgemeiner Charakter des geschichtlichen Seins"
bezeichnet werden kann, und zwar „Bewahrung im Ruin der Zeit zu sein."[14] Das
Bewahrte besteht aus etwas, das sich immer neu bewährt, damit es als wahr
anerkannt werden kann.[15] Seine „Autorität" setzt sich darum nicht „despotisch"
durch, sondern muss von Mal zu Mal frei von denjenigen bestätigt werden, die
sich ihr als etwas ihnen nicht Fremdes freiwillig unterstellen.[16] Insofern das
Klassische jede Gegenwart anspricht, als ob sie mit ihm gleichzeitig wäre, ist es
nicht „zeitlos", sondern zeichnet sich gerade durch eine eigenartige „Gleichzei-

---

13   Gegen den Vorwurf, Gadamer wolle durch die dogmatische „‚Sagkraft‘ des Klassischen"
      ein Kriterium für die Wahrheit finden, um „den Ausfall der Methode" (Rainer Warning,
      „Zur Hermeneutik des Klassischen", in: R. Bockhold [Hrsg.], *Über das Klassische*, Frank-
      furt a. M. 1987, 77–100, hier 85–86) zu kompensieren, sollte man bedenken, dass für den
      Philosophen keine Norm ohne eine freie Anerkennung gilt und die Tradition selbst „der
      Bejahung" (GW 1, 286) bedarf.
14   GW 1, 294. Vgl. 292.
15   Vgl. ebd., 294. Gadamer fügt hinzu, dass das Klassische sich bewährt, weil es sich sel-
      ber bedeutet und deutet – er zitiert aus Hegels *Ästhetik* (vgl. Georg Wilhelm Friedrich
      Hegel, *Vorlesungen über die Ästhetik*, hrsg. v. H.G. Hotho, in: *Hegels Werke*, Berlin, Bd. 10/2,
      1837, 3). Gegen den Einwand, Gadamer habe mit der Idee der „Selbstdeutung" des Klassi-
      schen seine Kritik am historischen Objektivismus beiseite gelegt (vgl. Hans Robert Jauß,
      „Literaturgeschichte als Provokation der Literaturwissenschaft", in: ders. [Hrsg.], *Litera-
      turgeschichte als Provokation*, Frankfurt a. M. 1970, 144–207, hier 187), zeigt Teichert, dass
      Gadamers eigene Vorgehensweise im Fall klassischer Werke sich als „kreative Applikation"
      und Gespräch beurteilen lässt (vgl. Dieter Teichert, *Erfahrung, Erinnerung, Erkenntnis.
      Untersuchungen zum Wahrheitsbegriff der Hermeneutik Gadamers*, Stuttgart 1991, 138–146).
16   Zur „Rehabilitierung von Autorität und Tradition" vgl. GW 1, 281–287; Hans-Georg Gada-
      mer, *Über die Verborgenheit der Gesundheit. Aufsätze und Vorträge*, Frankfurt a. M. 1993,
      156–157. Nach der Veröffentlichung von *Wahrheit und Methode* betont Gadamer den kri-
      tischen Zug seiner Hermeneutik, um sie von den Anklagen Habermas' (Autoritarismus
      und Traditionalismus) zu verteidigen (vgl. z. B. J. Habermas, D. Henrich, J. Taubes [Hrsg.],
      Hermeneutik und Ideologiekritik, Frankfurt a. M. 1971, 47–49, 68, 73 f.).

tigkeit"[17] aus, auf die schon Hegels Einschätzung der Kunst „als die Gegenwart der Vergangenheit"[18] verwiesen hat.

3   Die „Applikation" als Aneignung der Tradition

Im Aufsatz *Ende der Kunst?* (1986) eignet sich Gadamer von Hegels These nicht die Idee der Minderwertigkeit der Kunst gegenüber der religiösen Vorstellung und dem philosophischen Begriff an, sondern die Annahme, es gebe etwas der Geschichte Übergeordnetes, das indes von einer eigenen Geschichtlichkeit charakterisiert sei.[19] Laut Gadamer wurde die hegelsche Überzeugung, die Kunst sei etwas Vergangenes, von der Erfahrung veranlasst, dass die Selbstverständlichkeit der überlieferten Werke und der christlich-humanistischen Tradition im Allgemeinen mit der Erweckung des „historischen Bewusstseins" verloren gegangen ist: Der letzte Versuch, eine abendländische Identität zu behaupten, sei der Klassizismus des 18. Jahrhunderts gewesen.

Weil die Rezeption klassischer Werke heute nicht mehr im Zeichen einer impliziten und kontinuierlichen Bewahrung steht, da sie einer ausdrücklichen Zuwendung bedarf,[20] erfolgt sie heutzutage umso mehr vermittels einer Neuorientierung, an der sich das Phänomen der *„applicatio"*, der „Anwendung", am deutlichsten veranschaulichen lässt, welches jede Form des Verstehens voraussetzt. In *Wahrheit und Methode* erläutert Gadamer die Anwendung, indem er auf die klassische Literatur eingeht. Gadamer schreibt, dass die Philologie, die auf „das alte Pathos des Humanismus" nicht ganz verzichtet habe und deshalb

---

17   GW 1, 293; vgl. 295.

18   GW 8, 208.

19   Gadamer beschäftigt sich mit Hegels Überzeugung, dass „die Kunst [...] nach der Seite ihrer höchsten Bestimmung für uns ein Vergangenes" „ist und bleibt" (G.W.F. Hegel, *Vorlesungen über die Ästhetik*, Bd. 10/1, 1835, 16; vgl. 134 f.), besonders in den Aufsätzen *Ende der Kunst? Von Hegels Lehre vom Vergangenheitscharakter der Kunst bis zur Anti-Kunst von Heute* (1985) und *Die Stellung der Poesie im System der Hegelschen Ästhetik und die Frage des Vergangenheitscharakters der Kunst* (1986) (in GW 8, 206–231).

20   Mithin gibt Gadamer zu, dass die Tradition auch durch Brüche weitergeführt wird, weswegen die Kritik, nach der Gadamer die Uneinheitlichkeit der Rezeptionsgeschichte eines Werkes übersehe (vgl. Dieter Jähnig, „Klassik und Historie", in: M. Gosebruch, L. Dittmann [Hrsg.], *Argo. Festschrift für Kurt Badt*, Köln 1970, 35–45, hier 41–43) und die ausnahmslose Kontinuität des Überlieferungsgeschehens des religiösen Sinnes auch auf Traditionen übertrage, die sich nicht auf heilige Texte gründen (vgl. Bernd Auerochs, „Gadamer über Tradition", in: *Zeitschrift für philosophische Forschung*, Bd. 49, Hft. 2 (1995), 294–311, hier 295–303), nicht ganz zutreffend ist.

glaube, dass in der Antike „alles auf vorbildliche Weise gesagt sei"[21], sich mit
der Wiederbelebung einer bloß stilistischen Perfektion nicht begnügen könne.
Wenn sie „Vorbildliches als Vorbild gelten" lassen wolle, müsse sie die „Texte in
Wahrheit nicht bloß auf einen rekonstruierten Adressaten" beziehen, „sondern
auf sich selbst".[22]

Gadamer ist der Meinung, dass durch diese Beziehung das Verstehen als
„eine ständig neue Form der Begegnung" geschieht, die eine „Applikation"[23] –
eine Anwendung des vom Text Gesagten auf die gegenwärtige Situation des
Philologen – einschließt. Infolgedessen wird der Sinn des Textes in jeder konkreten Situation neu und anders erschlossen.[24] Dasselbe gilt für den Text der
Weltgeschichte,[25] gelesen vom Historiker.

Ausgehend von einer Analyse der Art und Weise, wie der Philologe einen
Klassiker liest, gelangt Gadamer also zum Ausweis des allgemeinen Modus, in
dem sich der Mensch als situiertes Seiende den Überlieferungsgehalt anver-
wandeln kann. In dem der Verdeutlichung des Begriffes des Klassischen gewidmeten Unterparagraphen seines Hauptwerkes macht Gadamer bereits klar,
dass seine Erörterung „keine selbständige Bedeutung" beansprucht, „sondern"
die „allgemeine Frage" nach dem Verstehen eines geschichtlich Seienden (der
Mensch) „wecken"[26] möchte.

4   Die „Horizontverschmelzung" und der „eminente" Text

In den darauf folgenden Paragraphen deutet Gadamer die Applikation als eine
„Horizontverschmelzung", d. h. als eine Vermittlung zwischen den Horizonten
der Vergangenheit und der Gegenwart, die zwar ständig implizit stattfindet,
jedoch explizit zum Vorschein gebracht werden muss. Denn ihre Bewusstma-
chung ist notwendig, um die eigenen „Vorurteile" – die Sinn-Antizipationen,
die aufgrund der Zugehörigkeit des Verstehenden zur Tradition bilden[27] – einer

---

21   GW 1, 343.

22   Ebd. Vgl. 329; Rainer Warning, „Möglichkeiten gegenwärtigen Umgangs mit dem ‚Klassi-
      schen'", in: C. Dutt (Hrsg.), *Gadamers Philosophische Hermeneutik und die Literaturwissen-
      schaft*, Heidelberg 2012, 37–52.

23   GW 1, 343.

24   Vgl. ebd., 314. Zum Prinzip des „Andersverstehens", das sich jedoch nicht mit demjenigen
      des „Besserverstehens" (vgl. Immanuel Kant, *Kritik der reinen Vernunft* [1781, 1787], hrsg. v.
      J. Timmermann, Hamburg 1998, A 314/B 370, 349 f.) deckt, vgl. 301 f.

25   Vgl. GW 1, 345 f.

26   Ebd., 346.

27   Zu Gadamers Auffassung der „Vorurteile", die in Anlehnung an Heideggers „Vorstruktur

Prüfung zu unterziehen. Durch die Horizontverschmelzung können einerseits die „berechtigten" – Verstehen erzeugenden – Vorurteile von den „unberechtigten" – das zu Verstehende verbergenden – unterschieden werden;[28] anderseits erscheint die „Sache selbst" in einem neuen Licht, da die Tradition ausdrücklich angeeignet und in eine Überlieferung verwandelt wird.

Gadamer nennt den „kontrollierten Vollzug" der Horizontverschmelzung die „Wachheit des wirkungsgeschichtlichen Bewusstseins"[29], d.h. das Bewusstwerden des Interpreten über die „Wirkungsgeschichte" bzw. über die Geschichte der Sinnbereicherung der zu verstehenden „Sache". Mittels dieses Bewusstwerdens erkennt sich der Interpret als der Tradition zuge*hörig*, sodass er sie fortan weiterführt. Gadamer merkt an, dass die „hermeneutische Erfahrung" des Interpreten mit dem *„Hören"* auf die „Anrede"[30] des zu verstehenden Textes oder Ereignisses beginnt. Das Hören geht der Beantwortung der Frage voraus, auf die schon der geerbte Traditionsgehalt eine Antwort gegeben hat. Die Horizontverschmelzung geschieht, sobald das „hermeneutische Bewusstsein" beginnt, sich selbst zu befragen, um die ursprüngliche Frage zu rekonstruieren. Hiermit nimmt es an der Erweiterung des Horizontes des Sinnes teil.

Bei dieser Beschreibung des Verstehens arbeitet Gadamer Robin Collingwoods *Logic of Question and Answer* nach dem Modell der platonischen Dialektik um und stellt die These auf, dass die Logik der Geisteswissenschaften diejenige „von Frage und Antwort" ist. Demgemäß nimmt die Horizontver-

---

des Verstehens" (vgl. GA 2, 199–204) ausgearbeitet wurde, vgl. GW 1, 270–289; István Maria Fehér, „Prejudice and Pre-Understanding", in: N. Keane, C. Lawn (Hrsg.), *The Blackwell Companion to Hermeneutics*, Chichester 2016, 280–288.

28　Die Scheidung von „wahren" und „falschen" Vorurteilen erfolgt nach Gadamer dank des Zeitabstandes und kraft der „Logik von Frage und Antwort". Vgl. dazu GW 1, 304, 311 f.; Giuliana Gregorio, *Hans-Georg Gadamer e la declinazione ermeneutica della fenomenologia*, Soveria Mannelli 2008, 214–233, 260 f. Zum „Zwiespalt" in Gadamers Wahrheitsauffassung, gemäß der es einerseits nur eine *geschichtliche* Wahrheit gebe, anderseits aber auch die „Sache *selbst*", mit der das Verstehen übereinstimmen solle, vgl. Jean Grondin, „Gadamers ungewisses Erbe", in: G. Abel (Hrsg.), *Kreativität. xx. Deutscher Kongress für Philosophie. Kolloquiumsbeiträge*, Hamburg 2006, 205–215, hier 206–211.

29　GW 1, 312. Gadamer übernimmt die Metapher der „Wachsamkeit" von Heidegger, der sie seinerseits in Paulus' *Erst[em] Thessalonikerbrief*, 5, 6, vorfindet (vgl. GA 60, 104 f., 125). Vgl. dazu Jean Grondin, *Einführung zu Gadamer*, Tübingen 2000, 146–158.

30　GW 1, 466 f.; vgl. 462. Zur „hermeneutischen Erfahrung", die Gadamer ausgehend von Aristoteles und Hegel beschreibt, obwohl sie sich in der Selbsttransparenz des absoluten Geistes nie zuspitzen kann, vgl. ebd., 307, 352–368; Francesco Cattaneo, „Ermeneutica e libertà dell'esperienza. Un percorso tra Gadamer e Heidegger", in: F. Cattaneo, C. Gentili, S. Marino (Hrsg.), *Domandare con Gadamer. Cinquant'anni di* Verità e Metodo, Milano/Udine 2011, 203–228.

schmelzung „*die Vollzugsform des Gesprächs*"[31] an, in dem sich eine gemeinsame Sprache herausbildet,[32] die die zu verstehende „Sache" so zum Ausdruck bringt, dass sich die Gesprächspartner in ihrer Wahrheit als verbunden vorfinden und in ihrem Sein verwandeln werden. Das ontologische Vermögen des „*hermeneutischen Gespräch[s]*"[33] rechtfertigt Gadamers These, dass das „*Sein, das verstanden werden kann,* [...] *Sprache*"[34] ist. Heideggers „aletheiologische" Auffassung der Sprache und der Dichtung[35] „hermeneutisch" wendend, hebt Gadamer die „spekulative Einheit"[36] der „Sache selbst" mit der Sprache durch das Verstehen hervor, das sprachlich verfasst ist, da es einen Sinn artikuliert, aus-legt und bereichert. Verständnis und Auslegung gehören deshalb zusammen und beruhen auf der „Spekulativität" der Sprache, d. h. auf der Fähigkeit eines jeden Wortes, den ganzen Sinnzusammenhang, den es auf endliche Weise ausdrückt, widerzuspiegeln bzw. in seiner virtuellen Unendlichkeit anklingen zu lassen.[37] Gadamer fasst zusammen: „In einem gesteigerten Sinne begegnet all dies im dichterischen Wort", das auf eine Sinnganzheit verweist und „ein eigenes Verhältnis zum Sein ausspricht".[38]

Gadamer zählt die Poesie zu den sogenannten „eminenten" Texten, d. h. zu denjenigen Texten, für die der „Erkenntnisbezug auf Gegebenes ebenso verschwebt wie der kommunikative Bezug im Sinne der Anrede."[39] Die Auflösung des unmittelbaren Wirklichkeitsbezuges beim eminenten Text macht ihn wesenhaft angewiesen auf das Verstehen. Dieser Sachverhalt stellt jedoch

---

31 GW 1, 392; vgl. 304, 375, 368. Gadamer gesteht, seine eigene Logik auf Anregung von derjenigen Robin Collingwoods ausgearbeitet zu haben, ebd., 376–378, und in GW 2, 6. Er verweist auf Robin George Collingwood, *Denken. Eine Autobiographie*, dt. Übers. v. H.-J. Finkeldei, Stuttgart 1955, 30 ff. Zum „Vorrang der Frage" vgl. Csaba Olay, *Hans-Georg Gadamer. Phänomenologie der ungegenständlichen Zusammenhänge*, Würzburg 2007, 183–192.

32 Vgl. GW 1, 383, 391–392.

33 Ebd., 391.

34 Ebd., 478. Gadamer kommt auf diesen oft missverstandenen Satz zurück in GW 2, 334, 445 f. Für eine Auslegung von ihm vgl. Jean Grondin, *Von Heidegger zu Gadamer. Unterwegs zur Hermeneutik*, Darmstadt 2001, 100–105.

35 Vgl. GA 9, 333; GA 12, 107; GA 5, 59. Für die Unterscheidung von Heideggers Begriff der Sprache zu Gadamers Auffassung vgl. Hans-Georg Gadamer, *Das Erbe Europas. Beiträge*, Frankfurt a. M. 1989, 172; Donatella Di Cesare, *Gadamer. Ein philosophisches Porträt*, Tübingen 2009, 198 f.

36 GW 1, 479; vgl. 393.

37 Vgl. ebd., 460–478; GW 2, 354, 358.

38 GW 1, 473 f. Auf Seite 171 bezeichnet Gadamer die Kunst als „einen ausgezeichneten Fall von Verstehen" und bereitet die Entfaltung seiner philosophischen Hermeneutik vor, indem er im ersten Teil von *Wahrheit und Methode* eine „Ontologie des Kunstwerkes" in Hinblick auf ihre „hermeneutische Bedeutung" (107) entwickelt.

39 GW 2, 475. Vgl. 476, 348; GW 8, 74, 291 f.

keine Abschwächung dar, weil er der Sprachhandlung eine „eminente" Verwirklichung gewährt: Das Wort eines „eminenten" Textes gewinnt seine volle *Selbst-
präsenz*" und „läßt [...] die Sinnvielfalt seiner eigenen Nennkraft zur Entfaltung
kommen"[40], indem das Sein des von ihm Ausgedrückten „herauskommt"[41].
Deswegen führt Gadamer aus, dass die „Aussagen" eines „eminenten" Textes
„‚autonom' im Sinne der Selbsterfüllung"[42] sind. Sie machen eine „Sage" aus,
die „sich selbst bezeugt und nichts anderes, das sie verifiziert, zuläßt."[43] Ein
„eminenter" Text ist vor allem der Klassiker.

5   Der „absolute Augenblick" und die „Dialektik von Alt und Neu"

Gadamer erhebt das Klassische zur „wirkungsgeschichtliche[n] Kategorie
schlechthin"[44], um zu unterstreichen, dass sich die Dialektik von Frage und
Antwort bei ihm auf ausgezeichnete Weise vollzieht. Er schreibt: „Die
ursprüngliche Frage, auf die ein Text als Antwort verstanden werden muß",
nimmt hier „eine Sinnidentität in Anspruch, die immer schon den Abstand
zwischen Ursprung und Gegenwart vermittelt hat."[45] Diese Sinnidentität verwirklicht sich jedoch nur in der Differenzierung der Rezeption des Klassikers,
d. h. in seinem Werden durch das Verstehen. Im Aufsatz *Die Aktualität des Schönen* (1974) bezeichnet Gadamer deswegen die Identität eines Kunstwerkes als
„hermeneutisch": Sie „ist nicht durch irgendwelche klassizistischen oder for-
malistischen Bestimmungen garantiert, sondern wird durch"[46] das Verstehen
eingelöst, sofern das Verstehen eine Antwort auf den Anspruch des Werkes gibt.
Dadurch zeigt sich das in ihm zum Vorschein kommende Sein in seinen verschiedenen Aspekten, so als ob sie alle gleichzeitig „da" wären.

Gadamer erwägt die „Gleichzeitigkeit" als eigentümliche Zeitlichkeit des
Ästhetischen bereits in *Wahrheit und Methode*, wo er auf Heideggers Begriff

---

40   GW 2, 352 f.
41   Vgl. GW 8, 387, 390 f.
42   Ebd., 75.
43   Ebd. Vgl. 55, 286 f., 292, wo Gadamer betont, dass der Wahrheitsanspruch eines „eminen-
      ten" Textes sich nicht auf die *adaequatio intellectus ad rem* stützen kann. Neben der
      Poesie zählt er religiöse und juristische Texte zu den „eminenten". Zur ontologischen
      Wahrheit des Wortes vgl. István Maria Fehér, „Zur Bildtheorie des Wortes – ‚so wahr, so
      seiend'", in: *Internationales Jahrbuch für Hermeneutik*, Bd. 3 (2004), 81–98, hier 92 f.
44   GW 2, 476.
45   Ebd.
46   GW 8, 119.

von „Weile" als Temporalität des Seins verweist,[47] aber sich vor allem auf Kierkegaards Zeitauffassung beruft. Er will damit hervorheben, dass die Gleichzeitigkeit nicht wie etwas Gegebenes vorhanden ist, sondern vielmehr aus der Erfüllung einer „Aufgabe" entsteht, die die Forderung mit sich bringt, „sich so an die Sache zu halten, daß diese ‚gleichzeitig' wird."[48] Nach Kierkegaard hat jeder Glaubende nämlich die Aufgabe, im „Augen-Blick" der Begegnung zwischen Zeit und Ewigkeit „die eigene Gegenwart und die Heilstat Christi so total miteinander zu vermitteln, daß diese [...] wie ein Gegenwärtiges [...] erfahren und ernst genommen wird."[49] Genau wie der Christ vermittelt der Teilnehmer einer Kunsterfahrung seine Gegenwart mit derjenigen des Werkes. Gadamer nennt „absolut[er] Augenblick"[50] diejenige Zeit, in der der Aufnehmende eines Kunstwerkes seinem von allen Zeitbedingungen abgelösten Anspruch entspricht, indem er das in ihm sich darstellende Sein gegenwärtig werden und die Zeit sich erfüllen lässt.

In den Schriften über das „Rätsel der Zeit"[51] vertieft er seine Zeitauffassung sowie ihre hermeneutischen Implikationen und stellt fest, dass im Augenblick sowohl die Kontinuität der Geschichte als auch ihre innere Gliederung erfahrbar ist. Denn der im Augenblick geschehene Zeitenwandel ergibt sich aus einer

---

47   Vgl. GW 1, 129, Fn. 225; GW 3, 301. Heideggers diesbezüglicher Aufsatz ist *Der Spruch des Anaximander* (1946) (zur Weile vgl. GA 5, 350, 354 f.). Gadamer verdeutlicht die dem Kunstwerk eigene Zeitlichkeit, indem er sie ähnlich wie diejenige des Festes (die Begehung), wie die der Naturvorgänge und der Lebensalter (die organische Zeit) betrachtet (vgl. GW 1, 128 f.; GW 8, 131–135). Er bezeichnet eine solche Zeit als „erfüllt", um sie von der „leeren" Zeit der pragmatischen Tätigkeiten und von der „gemessenen" Zeit der Wissenschaft zu unterscheiden. Zu den das Kunstwerk betreffenden Zeitdimensionen vgl. Daniel L. Tate, „In the Fullness of Time: Gadamer on the Temporal Dimension of the Work of Art", in: *Research in Phenomenology*, Bd. 42 (2012), 92–113.

48   GW 1, 132.

49   Ebd. Vgl. GW 2, 55 f., 135 (wo auch auf Rudolf Bultmanns Konzeption des Augenblicks der Glaubensentscheidung verwiesen wird), 142, 471 f.; GW 4, 467; GW 8, 375. Vgl. dazu Zizhen Liu, *Augenblick und Angst. Kierkegaards Zeit- und Existenzauffassung in* Der Begriff Angst *und in den Climacus-Schriften*, Frankfurt a. M./Bern/Wien 2013, 29–34, 67–88, 148–170.

50   GW 1, 133. Gadamer eignet sich auch Heideggers Konzept des Augenblicks als eigentliche Gegenwart des Daseins implizit an (vgl. GA 2, 328, 447 f., wo Heidegger auf Kierkegaards „*existenzielle*" Auffassung des Augenblicks verweist), das in der Auseinandersetzung mit dem Begriff des „kairós" von Paulus und Aristoteles ausgearbeitet wurde.

51   So wird der Teil des 2. Bandes von Gadamers *Gesammelten Werken* (GW 2, 119–172) betitelt, der die folgenden Aufsätze enthält: *Die Zeitanschauung des Abendlandes* (1977), *Über leere und erfüllte Zeit* (1969), *Das Alte und das Neue* (1981), *Der Tod als Frage* (1975). Am wichtigsten für die Zeitthematik ist auch *Die Kontinuität der Geschichte und der Augenblick der Existenz* (1965) (GW 2, 133–145).

„Dialektik von Alt und Neu"[52]: Einerseits kann das „Neue" erst in Bezug auf das „Alte" definiert werden, sofern es in ihm als dem Vorangehenden wurzelt; andererseits klingt das „Alte" im Neuen als dem Nachkommenden an und zeigt sich in Form einer geschlossenen sinnhaften Einheit erst durch die Erfahrung des „Neuen".

Im Übergang vom Alten zum Neuen konfiguriert sich die Zeit in „Epochen", die allerdings keine abgründigen Zäsuren voraussetzen, die die Kontinuität der Geschichte zerfallen lassen würden.[53] Gadamers Ansicht nach relativieren sich das Alte und das Neue, da ihre Umgrenzung von unserer Wahl abhängt, durch die dasjenige im Verfließen der Zeit festgehalten oder aus der Vergangenheit zurückgeholt wird, welches sich als bedeutsam für die Gegenwart ausweist.[54] Die Kontinuität der Geschichte ist letztendlich das Ziel einer Aufgabe, die das wirkungsgeschichtliche Bewusstsein erfüllen muss, weil die von ihm vollbrachte Horizontverschmelzung die Gegenwart und die Vergangenheit (deren Sinn es zu bereichern gilt, der sich sodann als etwas „Neues" herausstellt) in der Einheit einer einzigen Überlieferung vereint, auf der die Kontinuität der Geschichte beruht.[55]

6   Die Botschaft der Klassiker in der heutigen Lebenswelt

Gadamer ist sich darüber im Klaren, dass die Einheit und die Einzigartigkeit „der" Überlieferung heute mehr denn je problematisch geworden ist. Die Gestaltung unserer „Lebenswelt" – der sprachlich verfasste Horizont, in dem wir als geschichtlich Seiende miteinander leben[56] – wird nicht mehr von einer

---

52   GW 4, 149. Gadamer versteht das Wesen der Zeit als „Übergang", den er ausgehend von Hölderlins Überlegungen um 1800 auslegt (vgl. Friedrich Hölderlin, „Das Werden im Vergehen", in: *Sämtliche Werke*, Kleine Stuttgarter Ausgabe, Bd. 4, Stuttgart 1962, 294–300).

53   Zur „Epoche" vgl. GW 2, 136–137; GW 4, 131, 148–149. Während es wahrscheinlich ist, dass Gadamers Konzept der Epoche von Heideggers und Diltheys Begriff der Generation (vgl. GA 2, 508) beeinflusst wurde, gibt es kaum eine Ähnlichkeit zwischen der Epoche im Sinne Gadamers und der Epoche, die sich nach Heidegger mit dem „Ansichhalten" des Seins decke (vgl. GA 5, 337 f.) und dessen Geschichte ermögliche.

54   Vgl. GW 4, 157 f.; vgl. 156. Trotzdem ist die Epocheneinteilung nicht der Willkür der Historiker ausgeliefert (vgl. 148). Auf ähnliche Weise muss sich die Auslegung eines Kunstwerkes auf den „Spielraum" möglicher Sinndeutungen beschränken, den es öffnet (vgl. GW 8, 117).

55   Vgl. GW 2, 142–145.

56   Gadamer eignet sich Husserls Kategorie der „Lebenswelt" produktiv an und gibt ihr die Bedeutung der ursprünglichen praxis, die auch in Heideggers Existenzial des „In-der-Weltseins" mitgemeint ist. Zu Gadamers Auslegung von Husserls Konzept der „Lebenswelt" vgl. GW 1, 252 f.; GW 3, 105–171.

verbindlichen Tradition angeleitet. Zudem erhalten wir durch das Verbindungsnetz, das dank der neuen Technologien entstanden ist, anregende Impulse von weit entfernten Kulturen.[57] Sie sollen die geschichtlichen Traditionen dazu anhalten, die Frage nach ihrer eigenen Identität zu stellen, ohne sich jedoch gegenüber fremden Anregungen zu verschließen. Zu diesem Zweck erinnert Gadamer im Aufsatz *Das Alte und das Neue* (1981) an die „*Querelle des anciens et des modernes*", während der „der Geist der Neuzeit [versuchte], [sich] mühsam und zögernd gegen das erdrückende Vorbild des klassischen Altertums zu behaupten."[58] Niemand konnte in diesem Kampf siegen, weil die Gegner in Wirklichkeit zueinander gehörten: Vorbilder sind zwar unerreichbar und, mögen sie sich auch verwirklicht haben, unwiederholbar. Doch können sie sich nur dann bewähren, wenn sie sich immer neu – im Gespräch – zeigen. Deshalb schlussfolgert Gadamer: „Nur das Alte, das neu ist, hält sich überhaupt – und nur das Neue, das nicht veraltet."[59]

Es mag hier zwar so scheinen, als ob Gadamer in diesem Aufsatz jede Tradition ausschließlich zur Wiederaufnahme ihrer eigenen Klassiker auffordere. In anderen (zum Teil späteren) Schriften trägt er jedoch der Relevanz des Dialogs zwischen verschiedenen Traditionen eindeutiger Rechnung als in *Wahrheit und Methode*.[60] Im Aufsatz *Wort und Bild* (1992) ruft Gadamer z.B. auf: „Nun gilt es, den eigenen Absolutheitsanspruch, der zum Wesen allen Heilswissens gehört, mit der Anerkennung anderer Traditionen zu vereinen und selbst mit ganz religionsfeindlichen Gesellschaftsordnungen gemeinsame Solidaritäten zu entwickeln."[61] Nur falls diese Menschheitsaufgabe geleistet werden könnte, würde die „Weltzivilisation" kein bloßer „*flatus vocis*" sein. Gadamer ist der Ansicht, dass „uns die Erfahrung der Kunst eine Ermutigung sein kann", weil sich im künstlerischen Bereich „seit alters eine beständige Wechselwirkung zwischen den Kulturen und den Zeitaltern" beobachten lässt, sodass man nicht

---

57   Im Vergleich zu Heidegger ist Gadamer viel eher bereit, die positive Seite am Technischen
       nicht zu verschweigen, zumal er „die beliebte Kritik an der Technik mit allen anderen
       Arten von Kulturkritik" (GW 2, 171; vgl. 159) für „unaufrichtig" hält. Zu Gadamers Versuch,
       einen Ausgleich zwischen den Erfordernissen der modernen Welt und der existenzialen Dimension der praxis zu finden, vgl. Stefano Marino, *Gadamer and the Limits of the
       Modern Techno-Scientific Civilization*, Bern 2011, 144–153.
58   GW 4, 160.
59   Ebd.
60   Auch in den Aufsätzen vor *Wahrheit und Methode* neigt Gadamer dazu, für die Auseinandersetzung mit anderen Kulturen nur zwecks einer besseren Selbsterkenntnis zu plädieren (vgl. z.B. GW 2, 35). Zur Kritik am in *Wahrheit und Methode* ausgeführten Traditionsbegriff, der zu umfangreich und deshalb nicht „identitätskonkret" sein könne, vgl. Auerochs,
       Gadamer über Tradition, 306–308.
61   GW 8, 376; vgl. GW 2, 172.

nur von einer „Gleichzeitigkeit", sondern auch „von einer gewissen Gegenwärtigkeit"[62] sprechen darf.

Der zeitlich und räumlich gesehen allumfassende Charakter der Kunst spitzt sich in den „eminenten Texten" bzw. in den Klassikern zu. Im *Nachwort zur 3. Auflage* (1972) von *Wahrheit und Methode* präzisiert Gadamer, dass sich der Anspruch des Klassikers, obzwar er zu jedem als einem Einzelnen spricht, Allgemeingültigkeit beansprucht, weil das Klassische ein Maß setzt.[63] Denn im „großen Augenblick"[64], in dem wir einen Klassiker verstehen, erfahren wir das, was sich in unserer Tradition als verbindlich ausgewiesen hat und das Lebenselixier unserer Welt ist. Ausgehend von Gadamer kann man also sagen, dass wir in jenem Augenblick, in dem wir uns heute selbst durch die Klassiker verstehen, wir zugleich die Aufgabe übernehmen, unseren Zeit-Raum in einen weiteren einzufügen, der erst in Verbindung mit demjenigen der anderen Kulturen zu umreißen ist. In diesem Sinne lässt sich auch jene Botschaft auslegen, die das Kunstwerk nach Gadamer uns zuspricht: „[N]icht nur [...] ‚Das bist du!'", sondern „auch: ‚Du mußt dein Leben ändern.'"[65]

7 Schluss

Wenn wir weiter versuchen, nicht nur den Klassikern unserer Tradition zuzuhören, sondern auch denjenigen ferner Kulturen, werden wir wohl an die Grenzen des Verstehens stoßen. Das würde jedoch kein Scheitern bedeuten, weil das „Unverständlich[e]" – so pointiert Gadamer im Aufsatz *Das Problem der Geschichte* (1943) – „ein Element unserer sittlichen Lebenserfahrung" ist, da es sich für das „Verhältnis von Ich und Du"[66] als mitkonstitutiv erweist. Im Aufsatz *Vom Wort zum Begriff* (1997) befürwortet Gadamer das Prinzip „Geltenlassen des anderen gegenüber sich selber" und geht näher auf die „weltpolitische Bedeutung des Verstehens"[67] ein, indem er auf die „Aufgaben, die [...] vor der

---

62 GW 8, 376, 8. Zeugnis dafür ist nach Gadamer das Bestehen einer „Weltliteratur" (vgl. GW 1, 167; GW 8, 371, 377).

63 Vgl. GW 2, 476.

64 Vgl. GW 8, 298 f.

65 Ebd., 8. Vgl. 33, 294, wo der Andere eindeutiger berücksichtigt wird, indem die Frage des Klassikers folgendermaßen lautet: „Wer bin ich und wer bist du?".

66 GW 2, 35.

67 Ebd., 183; Hans-Georg Gadamer, „Vom Wort zum Begriff. Die Aufgabe der Hermeneutik als Philosophie", in: J. Grondin (Hrsg.), *Gadamer Lesebuch*, Tübingen 1997, 100–110, hier 108. In der „praktisch-politischen Akzentuierung" der Bedeutung des Verstehens bei der philosophischen Hermeneutik sieht István Fehér eine der Differenzen von Gadamers und

Zukunft der Menschheit stehen", mit den Wörtern anspielt: „[N]ur wenn wir gegenüber einem anderen Menschen, in einer politischen Situation oder mit einem Text, soweit kommen, daß wir verstehen, werden wir uns überhaupt miteinander verständigen können."[68]

Wenn nun die Kategorie des „Klassischen" ausgehend von Gadamers Hermeneutik und im Hinblick auf unsere *multi*kulturelle Gesellschaft „formalanzeigend" definiert werden soll,[69] so kann man schlussfolgern, dass das „Klassische" im weitesten Sinne als der Anspruch zu verstehen ist, auf unseren Ursprung zurückzugehen, damit sich unser Sein uns zeigt und wir in die Lage versetzt werden, den Sinn der Existenz zu bereichern, indem wir uns frei und verantwortlich an die anderen binden, die gemeinsam mit uns am Ereignis einer „pluralistischen" Geschichte teilnehmen. Dementsprechend würde jeder (Neo)klassizismus die folgende Bedeutung beinhalten: sich die Wahrheit der eigenen Lebenswelt sagen zu lassen, indem man ihr dialogisches Wesen anerkennt und die Aufgabe auf sich nimmt, einen Horizont auszubilden, innerhalb dessen eine mehrstimmige Überlieferung – eine *trans*kulturelle Gesellschaft – heranwachsen könnte.

Siglenverzeichnis

Hans-Georg Gadamer, *Gesammelte Werke*, Tübingen: J.C.B. Mohr (Paul Siebeck)

GW 1   *Hermeneutik I: Wahrheit und Methode: Grundzüge einer philosophischen Hermeneutik*, Bd. 1, 2010[7].

GW 2   *Hermeneutik II: Wahrheit und Methode: Ergänzungen, Register*, Bd. 2, 1993[2].

GW 3   *Neuere Philosophie I: Hegel, Husserl, Heidegger*, Bd. 3, 1987.

GW 4   *Neuere Philosophie II: Probleme, Gestalten*, Bd. 4, 1987.

GW 8   *Ästhetik und Poetik I: Kunst als Aussage*, Bd. 8, 1993.

GW 10   *Hermeneutik im Rückblick*, Bd. 10, 1995.

Heideggers Auffassung vom Begriff des „Verstehens" (vgl. István Maria Fehér, „Verstehen bei Heidegger und Gadamer", in: G. Figal, H.-H. Gander [Hrsg.], *„Dimensionen des Hermeneutischen". Heidegger und Gadamer*, Frankfurt a. M. 2005, 89–115, hier 115).

68   Gadamer, „Vom Wort zum Begriff", 108.

69   Zu der „formal-anzeigenden" Definitionsweise vgl. Heideggers Ausführungen in GA 61, 31–34; zu der „formalen Anzeige" als Grundcharakter der philosophischen Begriffe, die „vollzugsmäßig" und „Aufgaben stellend" sind, vgl. GA 60, 62–65; GA 29/30, 421–431.

Martin Heidegger, *Gesamtausgabe*, Frankfurt a. M.: Klostermann

GA 2   *Sein und Zeit*, hrsg. v. F.-W. von Herrmann, Bd. 2, 2018[2].
GA 5   *Holzwege*, hrsg. v. F.-W. von Herrmann, Bd. 5, 2003[2].
GA 9   *Wegmarken*, hrsg. v. F.-W. von Herrmann, Bd. 9, 2004[3].
GA 12   *Unterwegs zur Sprache*, hrsg. v. F.-W. von Herrmann, Bd. 12, 2018[2].
GA 29/30   *Die Grundbegriffe der Metaphysik. Welt – Endlichkeit – Einsamkeit*, hrsg. v. F.-W. von Herrmann, Bd. 29/30, 2004[3].
GA 60   *Phänomenologie des religiösen Lebens*, hrsg. v. M. Jung, T. Regehly, C. Strube, Bd. 60, 2011[2].
GA 61   *Phänomenologische Interpretationen zu Aristoteles*, hrsg. v. W. Bröcker, K. Bröcker-Oltmanns, Bd. 61, 1994[2].

Poesie als zeitloser Ausdruck unerfüllter Sehnsucht: Zur Frage der Intertextualität von Shakespeares Dark Lady und Catulls Lesbia

Boris Hogenmüller

Abstract

Sowohl Shakespeares Sonette, erstmals publiziert 1609, als auch Catulls *carmina* (1. Jh. v. Chr.) gehören zweifelsohne zu den schönsten Produkten europäischer Literatur. Obgleich die beiden Dichter mehr als 1600 Jahre voneinander trennen, enthalten ihre Gedichte eine Vielzahl von Themen und Motiven, die sich in auffälliger Weise zu überschneiden scheinen. Beide Dichter lassen das jeweilige lyrische Ich die Liebe zu einer unbekannten, mit einem Pseudonym bezeichneten jungen Frau thematisieren. Dabei werden von beiden Dichtern die unterschiedlichen Facetten einer mal mehr, mal weniger glücklichen Liebesbeziehung in den Mittelpunkt der Gedichte gestellt. Interessant erscheint dabei, dass sich die thematischen Schwerpunkte in mehreren Sonetten im Vergleich zu den *carmina* so deutlich zu ähneln scheinen, dass eine intertextuelle Dependenz zu vermuten ist. Ziel der vorliegenden Studie ist es daher, exemplarisch an drei Sonetten des sogenannten *Dark Lady Zyklus* die zugrundeliegenden literarischen Prätexte zu identifizieren und die letztliche Abhängigkeit von den *Catulli carmina* nachzuweisen.

⋯

So long as men can breathe or eyes can see, so long lives this, and this gives life to thee –

⁖

1 Hinführung

William Shakespeares Sonette, die – 1609 erstmals publiziert – wohl teilweise bereits in den 1590er Jahren vorlagen,[1] gehören unbestreitbar zu den schönsten Werken der europäischen Poesie. In ihrer Gesamtzahl bestehen sie aus 154 Einzelgedichten.[2] Darin setzt sich der große englische Dichter umfassend mit dem Thema Liebe in all ihren Facetten auseinander, wobei diese nicht geschlechtsgebunden artikuliert wird. Während die Sonette 1 bis 126 einen jungen Mann ansprechen, dem sich das lyrische Ich verbunden fühlt, gerät ab Nummer 127 eine bis heute trotz zahlreicher Versuche noch immer unbekannte und in der Forschung daher als Dark Lady[3] bezeichnete Dame in den Fokus. Gerade die letztgenannten Gedichte sind geprägt von einer tiefgreifenden Erotik und Verbalisierung von Sexualität, wie sie in der zeitgenössischen Dichtung – beispielsweise eines Sir Philip Sidney (1554–1586) oder Michael Drayton (1563–1631) – unbekannt waren und damit eine Neuerung darstellten. Nicht selten wird daher angenommen, dass Shakespeare mit der neuen Form der Sonettdichtung den über Jahrhunderte geltenden Petrarkismus[4] – jene Stilform, die von dem Humanisten Francesco Petrarca (1304–1374) basierend auf dem mittelalterlichen Minnesang, begründet worden ist – ablöste und weiterentwickelte.

---

1 Vgl. u. a. M.L. North: „The Sonnets and Book History", in: M. Schoenfeldt (Hrsg.), *A Companion to Shakespeare's Sonnets*, Blackwell 2010, 204f.; M. Schoenfeldt, „Introduction", in: M. Schoenfeldt (Hrsg.), *A Companion to Shakespeare's Sonnets*, Blackwell 2010, 1–11; ebenso K. Duncan-Jones: „Was the 1609 Shake-Speares Sonnets Really Unauthorized?", in: *Review of English Studies* 34, 1983, 151–171; G. Taylor, „Some Manuscripts of Shakespeare's Sonnets", in: *Bulletin of the John Rylands University Library* 68, 1986, 210–246.

2 Vgl. u. a. W.G. Ingram, T. Redpath (Hrsg.), *Shakespeare's Sonnets*, London 1964; S. Booth (Hrsg.), *Shakespeare's Sonnets*, London 1977; K. Duncan-Jones (Hrsg.), *Shakespeare's Sonnets*, 1997; H. Vendler (Hrsg.), *The Art of Shakespeare's Sonnets*, Cambridge/London 1997; C. Burrow (Hrsg.), *The Complete Sonnets and Poems*, Oxford 2002; D. Patterson, *Reading Shakespeare's Sonnets: A New Commentary*, London 2010.

3 Die Identifikation der *Dark Lady* ist im Laufe der Zeit mehrfach versucht worden, jedoch niemals völlig zweifelsfrei gelungen, vgl. dazu u. a. A. Acheson, *Mrs. Davenant. The Dark Lady of Shakespeare's Sonnets*, London 1913; G.B. Harrison, *Shakespeare under Elizabeth*, New York 1933; G.P.V. Akrigg, *Shakespeare and the Earl of Southampton*, London 1968, 232–236; A.L. Rowse, „Revealed at Last: Shakespeare's Dark Lady", in: *The Times* [London] (29. Januar 1973); ders., *The Poems of Shakespeare's Dark Lady: Salve Deus Rex Judaeorum by Emilia Lanier*, London 1978; ders., *The Poems of Shakespeare's ‚Dark Lady'*, New York 1979; H. Hammerschmidt-Hummel, *Das Geheimnis um Shakespeare's 'Dark Lady'. Dokumentation einer Enthüllung*, Darmstadt 1999.

4 Vgl. dazu u. a. K.W. Hempfer, G. Regn (Hrsg.), *Der petrarkistische Diskurs. Spielräume und Grenzen*, Stuttgart 1993; S. Leopold, *Die Erotik der Petrarkisten. Poetik, Körperlichkeit und Subjektivität in romanischer Lyrik Früher Neuzeit*, München 2009.

Ähnlich wie Petrarca, der seine Liebeslyrik einem Mädchen mit Namen
Laura gewidmet hat,[5] übernimmt auch Shakespeare die der antiken Liebeselegie entlehnte Eigenart, eine nicht näher zu identifizierende Geliebte, die
die antiken Dichter als puella oder mit Pseudonym bezeichneten, als Objekt
der eigenen Sehnsucht und des intensiven Verlangens zu preisen, zu schmä-
hen oder zu beklagen. Damit stehen Shakespeare wie auch Petrarca in einer
Tradition, die in Dichtern wie Antimachos von Kolophon (Mitte des 5. Jh. bis
Anfang 4. Jh. v. Chr.)[6] und Mimnermos (um 600 v. Chr.)[7] ihren Ursprung genommen hat und in der römischen Liebeselegie unter ihren berühmtesten Vertre-
tern Cornelius Gallus, Albius Tibullus, Sextus Aurelius Propertius und Publius
Ovidius Naso am Ende des ersten Jahrhunderts vor Christus zur Vollendung
gekommen ist. All diese Dichter haben ihre Elegien an fiktive Frauengestalten
gerichtet, von denen heute lediglich die Pseudonyme bekannt sind. Während
Gallus in den wenigen erhaltenen Versen von einer Lycoris – möglicherweise
die Schauspielerin Cytheris – berichtet, ist es in Tibulls Werk u. a. eine nicht zu
identifizierende Delia, auf die sich die Klagen der persona des Dichters beziehen.[8] Properz wiederum richtet die Worte seines lyrischen Ichs an Cynthia, die
der Schriftsteller Apuleius im zweiten Jahrhundert nach Christus als Pseudonym einer ebenso unbekannten Hostia identifizieren möchte, wohingegen
Ovid als Adressatin der amores ein Mädchen mit Namen Corinna nennt. Diese
entstammt als einzige mit vollkommener Sicherheit der Fiktion des Dichters
und kann keiner historischen Person zugeordnet werden.[9]

Gleichwohl damit die Grundlage für die Konzeption der Dark Lady in den
Sonetten gelegt zu sein scheint, sind es bei genauerer Betrachtung jedoch nicht
so sehr die vier Hauptvertreter der römischen Liebeselegie, die Shakespeare bei
der Konzeption der Gedichte an seine puella beeinflusst haben, als vielmehr
der aus Verona stammende und früh am Ende der 50er Jahre des ersten vor-

---

5   Vgl. u. a. F. J. Jones, *The Structure of Petrarch's Canzoniere. A Chronological, Psychological and
    Stylistic Analysis*, Cambridge 1995.

6   Antimachos von Kolophon verfasste eine Sammlung elegischer Gedichte, die zu Ehren seiner
    verstorbenen Frau mit dem Titel ‚Lyde' überschrieben war. Darin behandelte er die Mythen
    der durch den Tod getrennten Liebespaare.

7   Mimnermos stammte wie Antimachos ebenfalls aus Kolophon. Von ihm stammt eine elegi-
    sche, heute lediglich in Fragmenten erhaltene Sammlung von Gedichten, die einer Nanno
    gewidmet waren.

8   Neben *Delia* richten sich die Klagen des lyrischen Ichs auch an einen geliebten Knaben mit
    Namen *Marathus* und eine gewisse *Nemesis*.

9   Vgl. dazu u. a. N. Holzberg, *Die römische Liebeselegie. Eine Einführung*, Darmstadt ²2001, 1–30;
    H.-C. Günther, *Albius Tibullus – Elegien. Mit einer Einleitung zur römischen Liebeselegie und
    erklärenden Anmerkungen zum Text*, Würzburg 2002, 19–22.

christlichen Jahrhunderts verstorbene Dichter Catull. Dessen wenige auf uns gekommene Gedichte – 116 an der Zahl – stellen erstmals in der Geschichte der römischen Literatur gerade das persönliche Empfinden menschlicher Regungen und Emotionen in den Mittelpunkt von Dichtung. Liebe und Hass, Leid und Freude, Enttäuschung und Hoffnung finden sich selten so authentisch und lebensnah ausgedrückt wie in den an eine mit dem Pseudonym Lesbia bezeichnete puella gerichteten Gedichten.

Dass Catull Shakespeare als indirektes Vorbild[10] bei der Konzeption der Dark Lady gedient hat, halte ich für eine These, die ich anhand einiger ausgewählter Gedichte aus dem Lesbia Zyklus im Vergleich mit den Sonetten der Dark Lady im Verlauf der vorliegenden Studie beweisen werde.

2 Intertextualität und Hypertextualität

Methodisch wird dabei grundsätzlich nach den verschiedenen Arten der Abhängigkeit zu unterscheiden sein, um bezogen auf die Intertextualität[11] den Grad der Dependenz der zu untersuchenden Sonette von Catulls Gedichten zu bestimmen. Insofern werde ich zu klären versuchen, ob es sich bei der Rezeption des Prätextes im Sinne der Hypertextualität[12] zunächst um direkte Zitationen, Adaptionen oder Nachahmungen handelt, die sowohl in Wortwahl, syntaktischer Struktur als auch Intention mit denen des ursprünglichen Textes übereinstimmen. Bei indirekten Zitaten andererseits wird der Fokus meiner Analyse darauf liegen, inwieweit inhaltliche Reminiszenzen, imi-

---

10   Dass Catulls Gedichte ab dem späten 15. Jh. bzw. frühen 16. Jh. in England vorlagen, gilt als bewiesen, vgl. dazu J. Haig Gaisser, *Catullus*, Oxford 2007, Kapitel 8: „Catullus' works slipped into England at an unknown date sometime in the late fifteenth or early sixteenth century. English poets soon began reading and imitating his poetry, but texts had to be imported from the continent and were not always easy to find."; vgl. auch J.R. Myers, *Nox perpetua: Reception and Translation of Catullus in Renaissance England* [Masterthesis Northeastern University Boston 2017]; grundsätzlich J.A.S. McPeek, *Catullus in Strange and Distant Britain*, London 1939.

11   Nach G. Genette, *Palimpseste: Die Literatur auf zweiter Stufe*, Frankfurt a. M. 1993, 10, ist unter Intertextualität die „effektive Präsenz eines Textes in einem anderen" zu verstehen, die sich in Form von Zitaten und Plagiaten, d.h. den ausdrücklich deklarierten bzw. nicht ausdrücklich deklarierten Übernahmen des Prätextes, sowie Anspielungen – Aussagen, zu deren vollständigem Verständnis die Kenntnis des Prätextes notwendig ist – zeigt.

12   Hypertextualität bezeichnet die Verbindung zwischen einem Hypertext und dem ihm vorausgehenden Hypotext. Der Hypotext ist als Hauptquelle der Signifikation eines Textes zu identifizieren, vgl. dazu Genette, *Palimpseste: Die Literatur auf zweiter Stufe*, 11 f.

tationes oder Anspielungen[13] auf das Vorbild vorliegen, die trotz aller sprachlicher und syntaktischer Veränderung im Kern den Ursprung der Information erkennen lassen.[14]

Bisweilen sind intertextuelle Anspielungen auf zugrundeliegende Hypotexte[15] jedoch nicht sogleich zu erkennen, insbesondere dann, wenn es sich um indirekte Allusionen auf Inhalte handelt, die auf der Metaebene der Texte zu finden sind.[16] Gerade diese versteckten Bezüge auf zugrunde liegende Hypotexte, deren Thematik im Hypertext tendenziell aufgegriffen wird, sind nach Gérard Genettes Theorie zu erfüllende Kriterien der Hypertextualität, die im Sinne einer Transposition eine Transformation von Stil und Thema, die Nachahmung eines Hypotextes, fordert.[17] Dass Shakespeares Sonette an mehreren Stellen eine solche stilistisch-thematische Transformation einzelner carmina Catulli aufweisen, halte ich für höchst wahrscheinlich. Den Beweis hierfür möchte ich im weiteren Verlauf meiner Studie herausarbeiten.

---

13   Vgl. dazu die grundlegende Unterscheidung von Reminiszenz, Imitation und Anspielung bei G. Pasquali, *Arte allusiva* (1942), in: ders., *Pagine stravagati II*, Florenz 1968, 275–282. Nach dessen Intertextualitäts-Theorie tritt ein bekannter Prätext durch geschickte Modifizierung im späteren Text hervor und wird vom kundigen Rezipienten als solcher erkannt. Vgl. zur Thematik u. a. C. Segre, *Intertestualità*, in: ders., *Avviamento all'analisi dell testo letterario*, Turin 1985, 85–90; A. Barchiesi, „Imitazione e arte allusiva. Modi e funzioni dell'intertestualità", in: G. Cavallo, P. Fedelo, A. Giardina (Hrsg.), *Lo spazio letterario di Roma antica*, Bd. I: *La produzione del testo*, Rom 1989, 81–114; A. Seele, *Römische Übersetzer. Nöte, Freiheiten, Absichten. Verfahren des literarischen Übersetzens in der griechisch-römischen Antike*, Darmstadt 1995; P. Schenk, „Formen der Intertextualität im Briefcorpus des jüngeren Plinius", in: *Philologus* 143 (1999), 114–116; G. Hutchinson, *Greek to Latin: Frameworks and Contexts for Intertextuality*, Oxford 2013.

14   Dabei muss geklärt werden, ob es sich um wirkliche Anspielungen (allusion) im Sinne der Intertextualität oder um eine zufällige sprachliche Übereinstimmung (accidental confluence of language) handelt, die davon zu unterscheiden sind, vgl. R. Thomas, „Virgils Georgics and the art of reference", in: *HSCP* 90 (1986), 173 f.

15   Zur Theorie der Hypertextualität im Kontext der Intertextualität vgl. Genette, *Palimpseste: Die Literatur auf zweiter Stufe*. R. Kuhlen, *Hypertext. Ein nicht-lineares Medium zwischen Buch und Wissensbank*, Berlin u. a. 1991.

16   Vgl. dazu C. Hartz, *Catulls Epigramme im Kontext hellenistischer Dichtung*, Berlin 2007, 31.

17   Vgl. Genette, *Palimpseste: Die Literatur auf zweiter Stufe*, 16.

3   Catulls Leben und Werk – Der Lesbia Zyklus

Die Gedichte des Gaius Valerius Catullus (85/84–54/53 v. Chr.)[18] bestechen
ebenso durch ihre metrische Vielfalt[19] wie die Mannigfaltigkeit von Themen[20]
und Formen[21]. Dabei bilden die polymetrischen, in Jamben und Hendekasyl-
laben abgefassten Gedichte den ersten Teil der Sammlung (c. 1–60). Neben
Freundschaft [u. a. Widmung des Buches an den Freund Cornelius Nepos (c. 1),
Einladung an Freunde (c. 13)], Spott [Invektiven gegen ehemalige Freunde und
Bekannte (u. a. c. 16. 21)] ist insbesondere die Liebe zu verschiedenen Personen
Hauptthema des ersten Teils [die Liebe zu Lesbia (in c. 2. 3. 5. 7. 8. 11. 43. 51.
58), Iuventius (c. 24. 48) und Ipsitilla (c. 32)]. Im zweiten Teil stehen hingegen
die „großen" Gedichte (c. 61–68). Ihre Themen erscheinen so vielfältig wie die
Metren, in denen sie abgefasst sind. Anonyme Hochzeitsgedichte (c. 61. 62), das
in Verse gefasste Aition des Kybele-Attis-Kultes und deren Priester (c. 63), das
Epyllion zu Ehren der Hochzeit des Peleus und der Thetis (c. 64) und schließlich die großen Elegien c. 65 bis 68, mit denen der Dichter eine eigenständige
Gattung der Literatur behandelt hat.

---

18   Über das Geburtsdatum wie auch das Sterbedatum herrscht seit ehedem Uneinigkeit
      in der Forschung. Anzunehmen ist, dass sich die von Hieronymus genannten Daten –
      Geburt 87, Tod 57 v. Chr. – in dieser Form nicht halten lassen. Wahrscheinlicher scheint
      eine Zeitspanne nach 87 bis nach 54 v. Chr.; vgl. dazu u. a. W. Kroll, *C. Valerius Catul-*
      lus (Stuttgart [7]1989) III [„[...] sicher bis zum Jahr 54"]; C.J. Fordyce, *Catullus*, Oxford
      1961, IX [„Catullus was certainly alive in 55"]; H.-P. Syndikus, *Catull. Eine Interpretation*,
      Darmstadt 2001, I 1 [„Es kann aber festgestellt werden, dass nichts darauf hindeutet, dass
      Catull noch nach dem Jahr 54 gelebt hat."]. Dagegen N. Holzberg, *Catull. Der Dichter*
      und sein erotisches Werk, München 2002, 18: „Da Hieronymus den Dichter dreißigjäh-
      rig sterben lässt, glaubt die Mehrheit der Forscher, man dürfte einfach ‚87–57' in ‚84–
      54' ändern. Aber zum einen muss die für das Sterbealter genannte Zahl nicht richtig
      sein, zum anderen findet sich der älteste erhaltene Beleg für den Tod Catulls in der
      Atticus-Vita des Nepos (Kap. 12.4), die vermutlich nicht vor dem Jahre 32 v. Chr. publiziert
      wurde."
19   Man unterteilt die carmina in drei Teile: in lyrische und jambische Versmaße, in die gro-
      ßen Gedichte und in die Epigramme, vgl. u. a. Kroll, 1989[7], IX–X [„Die Sammlung zerfällt
      nach dem ersten Eindruck in drei Teile: 1. die Gedichte in verschiedenen Maßen c. 1–60,
      unter denen die Hendekasyllaben überwiegen, 2. c. 61–68 die großen Gedichte, 3. c. 69–116
      die Epigramme in elegischem Maß."]; Syndikus, *Catull. Eine Interpretation*, I 62–70. Eine
      andere Einteilung gibt Holzberg zu bedenken (*Catull. Der Dichter und sein erotisches Werk*,
      45–53).
20   Vgl. A.L. Wheeler, *Catullus and the traditions of ancient poetry*, Los Angeles [2]1964, 15–16.
      26–32.
21   Vgl. Syndikus, *Catull. Eine Interpretation*, I 66–68.

„Gründlich verschieden von den kleinen Gedichten des ersten Buchdrittels",
so Hans Peter Syndikus[22], spiegeln die Epigramme des letzten Teils der Gedicht-
sammlung „schmerzlichste Umstände des eigenen Lebens" wider. Dementsprechend bewegen sich die Gedichte thematisch zwischen Spott und Invek-
tiven (c. 69, 71, 74, 74, 78, 93), Enttäuschung (c. 73, 77) und insbesondere dem
erneuten Aufgreifen der schwankenden Liebe zu Lesbia (c. 70, 72, 75, 76, 81, 83,
85, 86, 87, 109).

Die Gesamtschau der Sammlung zeigt, dass bestimmte Themen in einzelnen Gedichten wiederkehrend sind. Neben der Klage über den Tod des Bruders
ist dies gerade Catulls literarische Aufarbeitung der Beziehung zu jener puella,
die er hinter dem Pseudonym Lesbia[23] verborgen hat. Sie bestimmt, so erweckt
Catull den Eindruck, die ganze Existenz des Dichters. Lesbia ist es, die sein Herz
mit höchster Freude zu erfüllen und gleichzeitig in tiefstes Leid zu stoßen vermag. Lesbia, die er mit allen Sinnen und jeder Faser seines Körpers begehrt
und gleichzeitig aus ganzer Seele verachtet. Lesbia, die er aufrichtig liebt und
letztlich ebenso aufrichtig hasst. Eine Frau, die in Catulls Gedichten nicht selten Züge aufweist, die Shakespeare bei der Konzeption der Dark Lady Sonette
ebenso verwendet zu haben scheint, wie beispielhaft an drei Sonetten nachge-
wiesen werden soll.

4   Shakespeare Sonett 128 – Catull c. 2 und c. 51

Bereits das zweite Sonett des Dark-Lady-Zyklus, das unter der Nummer 128
geführt wird, weist einen interessanten thematischen Verlauf auf, der stark an
zwei Gedichte aus Catulls an Lesbia verfassten Zyklus erinnert. Darin ist zu
lesen:

> How oft, when thou, my music, music play'st,
> Upon that blessed wood whose motion sounds
> With thy sweet fingers, when thou gently sway'st
> The wiry concord that mine ear confounds,
> Do I envy those jacks that nimble leap
> To kiss the tender inward of thy hand,
> Whilst my poor lips, which should that harvest reap,
> At the wood's boldness by thee blushing stand.

---

22   Vgl. Syndikus, *Catull. Eine Interpretation*, I 67.

23   Vgl. u. a. M. Rotstein, „Catull und Lesbia", in: *Philologus* 78 (1922), 1–34; K. Quinn, *Catullus,*
      the Poems: A Commentary, London ²1970, 54–130; Syndikus, 2001, I 17–33.

To be so tickled, they would change their state
And situation with those dancing chips,
O'er whom thy fingers walk with gentle gait,
Making dead wood more blest than living lips.
Since saucy jacks so happy are in this,
Give them thy fingers, me thy lips to kiss.

In diesem Sonett thematisiert Shakespeare die Sehnsucht des lyrischen Ichs nach der Geliebten und dem tiefen Verlangen, ihr nahe zu sein und Zärtlichkeiten auszutauschen. Eingebettet in die fiktive Situation eines öffentlichen Auftritts der Dark Lady – sie spielt auf dem Klavier in Gegenwart eines Auditoriums (How oft, when thou, my music, music play'st, Upon that blessed wood whose motion sounds) –, beschreibt der Sprecher seinen Neid auf das Instrument. Denn dieses würde von den zarten Fingern der Angebeteten berührt werden (To be so tickled, they would change their state ... O'er whom thy fingers walk with gentle gait), so dass die Tasten aus totem Holz glücklicher zu sein scheinen als lebendige Lippen (Making dead wood more blest than living lips). Das Sonett endet mit der Aufforderung an die Geliebte, dem Klavier weiterhin ihre Finger zu widmen (Give them thy fingers), solange sie ihre Lippen dem Dichter für einen Kuss schenke (me thy lips to kiss).

Bemerkenswert erscheint in diesen Versen das zugrunde liegende Wortspiel mit der Semantik des Substantivs „jack", womit einerseits die Tasten des Klaviers, andererseits aber auch die Verehrer der Dame und damit die Konkurrenten des lyrischen Ichs gemeint sein können. Folglich würde die Aussage des Sonetts dahingehend zu verstehen sein, dass das virtuose Spiel der Dark Lady zwar die sie bewundernden Verehrer ansprechen darf, ihr Herz jedoch allein dem Dichter vorbehalten sein soll.

Interessant ist, dass Shakespeare in der Gestaltung des Sonetts auf zwei thematisch sehr ähnlich gestaltete Gedichte zurückgreifen konnte, die Catull mehr als 1600 Jahre zuvor verfasst hatte. Ein Blick auf Catulls c. 2 und c. 51 zeigt sehr deutlich, dass u. a. für Shakespeares Spiel mit dem Ausdruck „jack" beide carmina Catulli Vorbild sein konnten. Thematisch handelt es sich bei erstgenanntem Gedicht um die eindringliche Beschreibung des Dichters des von ihm beobachteten Spiels der Lesbia mit einem von ihr als Haustier gehaltenen Vögelchen. Im Wortlaut ist zu finden:

Passer, deliciae meae puellae,
quicum ludere, quem in sinu tenere,
cui primum digitum dare appetenti
et acris solet incitare morsus,

cum desiderio meo nitenti
carum nescio quid lubet iocari
et solaciolum sui doloris,
credo ut tum gravis acquiescat ardor:
tecum ludere sicut ipsa possem
et tristis animi levare curas!

Wie Shakespeare spricht Catulls persona[24] davon, dass er die puella beim Spiel beobachtet. Allerdings ist es nicht ein Musikinstrument, dem die Geliebte ihre Aufmerksamkeit schenkt, sondern ein unbedeutender kleiner Vogel, ein Spatz, den sie liebevoll auf dem Schoß hält, mit dem sie spielt und scherzt (quicum ludere, quem in sinu tenere / cui primum digitum dare appetenti / carum nescio quid lubet iocari). Auf diesen Spatzen scheint Catull ebenso eifersüchtig zu sein, wie es Shakespeares lyrisches Ich ist bezogen auf die Tasten des Klaviers. Im Unterschied zu Shakespeare ist Catull jedoch weniger zu einem Kompromiss fähig – die Finger mag die Lady den Klaviertasten widmen, solange sie ihre Lippen dem Dichter für einen Kuss schenkt –, sondern er formuliert den Wunsch, mit dem Spatz ebenso spielen zu wollen wie die puella (tecum ludere sicut ipsa possem), um sich zu trösten (et tristis animi levare curas), wie es seiner Ansicht nach Lesbia vermeintlich tut.[25]

Vergleicht man die thematischen Aussagen der beiden Gedichte miteinander, tritt deutlich das beiden Konzeptionen in ähnlicher Weise zugrunde liegende Motiv zu Tage – das unerfüllte Sehnen des lyrischen Ichs nach der Geliebten und der daraus resultierende Versuch der Selbsttröstung des Dichters, das beide Gedichte miteinander auf der Metaebene der Intertextualität verbindet. Es scheint naheliegend, Shakespeare eine gewisse Vertrautheit mit Catulls Dichtung zu unterstellen, eine Vermutung, die sich bei der näheren Betrachtung eines weiteren Gedichtes des Veroneser – konkret c. 51 – bestätigen lässt.

Dieses berühmte carmen, das unzweifelhaft als lateinische Nachdichtung eines ursprünglich von der von Lesbos stammenden Dichterin Sappho verfassten Gedichts gilt, beschreibt im Kern die physischen Reaktionen des von Catull eingesetzten lyrischen Ichs beim Anblick der Geliebten:

---

24   Vgl. zur Diskussion des lyrischen Ichs J. Haig Gaisser, *Catull. Dichter der Leidenschaft*, Darmstadt 2012, 51–75.

25   Zur Interpretation vgl. Syndikus, *Catull. Eine Interpretation*, 178–83; auch Holzberg, *Catull. Der Dichter und sein erotisches Werk*, 61–67.

Ille mi par esse deo videtur,
ille, si fas est, superare divos,
qui sedens adversus identidem te
spectat et audit
dulce ridentem, misero quod omnis
eripit sensus mihi: nam simul te,
Lesbia, aspexi, nihil est super mi
†††

Aus der Ferne betrachtend, hält Catull den Lesbia gegenübersitzenden Verehrer für einen Gott (Ille mi par esse deo videtur) oder sogar mehr als das
(superare divos). Dieser nämlich sei in der Lage, Lesbia immer wieder anzusehen (sedens adversus identidem te / spectat et audit) und ihr bezauberndes
Lachen zu hören (dulce ridentem), das Catulls lyrischem Ich, sofern er nur
daran denke, fast die Sinne raube (misero quod omnis eripit sensus mihi).[26]

Unmissverständlich spricht aus Catulls Worten der Neid auf den einen
Nebenbuhler – möglicherweise den Ehemann der Lesbia –, der bei Shakespeare um eine größere Anzahl von „jacks“ erweitert wird. Und ebenso wie
in Shakespeares Fiktion wäre implizit auch Catulls lyrisches Ich gerne jener
unbekannte ille bzw. einer dieser „jacks“, der sich der Angebeteten nähern darf
und ihrer Aufmerksamkeit gewiss wäre. Doch wie Shakespeare ist auch Catull
lediglich stiller Beobachter der Situation, ohne in diese eingreifen zu können.
Beiden bleibt somit nichts anderes übrig, als in Imaginationen den eigenen
Hoffnungen, Wünschen und Empfindungen Ausdruck zu verleihen.

Obgleich sicher auch hier keine direkten lexikalischen Übereinstimmungen
zu erkennen sind, erscheint es mir doch bemerkens- und daher erwähnens-
wert, dass in dem hier angeführten Sonett einige konzeptionelle Gedanken
aufgegriffen worden und somit inhaltliche Parallele zu den beiden Gedichten Catulls gegeben sind, die sich erneut auf der Metaebene finden lassen.
Sicher ist eine unmittelbare Abhängigkeit der Texte im Sinne von direkter
Intertextualität nicht gegeben. Allerdings sollte festgehalten werden, dass der
Gedanke des Vorbildcharakters der carmina Catulli für die thematische Konzeption des vorliegenden Dark Lady Sonetts, das aus kunstvollen Anspielungen auf Motive und Themen der übergeordneten Gedichten des Veronesers
besteht, vorhanden und somit eine indirekte Abhängigkeit nicht auszuschließen ist. Um diese These zu verifizieren, möchte ich den Blick auf zwei weitere

---

26   Vgl. Syndikus, *Catull. Eine Interpretation*, I 254–262.

Sonette richten, die ebenso interessante Parallelen zu weiteren carmina Catulli des Lesbia Zyklus aufweisen.

5   Shakespeare Sonett 138 – Catull c. 70

Das unter Nummer 138 geführte Sonett, das Shakespeare wohl ebenfalls in den 1590er Jahren schrieb, ist ein weiteres Gedicht, das sich einer aus Catulls Gedichten bekannten Thematik widmet. Im Original lautet der Text wie folgt:

> When my love swears that she is made of truth,
> I do believe her, though I know she lies,
> That she might think me some untutor'd youth,
> Unskilful in the world's false forgeries.
> Thus vainly thinking that she thinks me young,
> Although I know my years be past the best,
> I smiling credit her false-speaking tongue,
> Outfacing faults in love with love's ill rest.
> But wherefore says my love that she is young?
> And wherefore say not I that I am old?
> O love's best habit is a flattering tongue,
> And age, in love, loves not to have years told.
> Therefore I'll lie with love, and love with me,
> Since that our faults in love thus smother'd be.

Unschwer zu erkennen widmet sich das vorliegende Sonett einer speziellen Thematik der Liebesdichtung, die typisch für das Genre ist. In äußerst nachdenklichen Worten spricht das lyrische Ich von seinem inneren Kampf, den Schwüren der Geliebten (When my love swears that she is made of truth) trotz besseren Wissens, dass es sich um offensichtliche Lügen handelt (though I know she lies), Glauben schenken zu können (I do believe her). Shakespeare zu Folge hat die Dark Lady über ihr Alter gelogen (says my love that she is young), wie er selbst meint, aus Rücksicht auf sein jugendliches Alter (That she might think me some untutor'd youth … Thus vainly thinking that she thinks me young), obwohl er über dieses längst hinaus wäre (Although I know my years be past the best). Und dennoch möchte er ihrer Lüge gern Glauben schenken (I smiling credit her false-speaking tongue / Outfacing faults in love with love's ill rest), wenn ihn auch die Frage nach der Ursache ihrer Lüge beschäftigt (But wherefore says my love that she is young? /And wherefore say not I that I am old). Denn da Heuchelei für Liebe eigentümlich sei (O love's best habit is

a flattering tongue), wolle auch er selbst so vorgehen und sie belügen, wie sie
es mit ihm getan habe (Therefore I'll lie with love, and love with me), um die
gegenseitigen Verfehlungen auszugleichen (Since that our faults in love thus
smother'd be).[27]

Auch in Catulls Gedichten sind die Auseinandersetzung mit den Lügen
der angebeteten *puella* und der Selbstbetrug, ihren Worten doch immer wieder glauben zu wollen, ein bestimmendes Motiv verschiedener Gedichte. Ein
besonders offenkundiges Beispiel bietet c. 70, in dem der Dichter voller Resignation über *Lesbias* Lüge spricht:

Nulli se dicit mulier mea nubere malle
quam mihi, non si se Iuppiter ipse petat.
dicit: sed mulier cupido quod dicit amanti,
in vento et rapida scribere oportet aqua.

Catulls Worten zufolge habe *Lesbia* gesagt, dass sie allein Catulls lyrischem Ich
gehören (*Nulli se dicit mulier mea nubere malle*) und sogar Jupiter zurückweisen
wollte, wenn dieser sie begehrt hätte (*non si se Iuppiter ipse petat*). Doch alles,
was eine Frau einem Liebenden sage (*sed mulier cupido quod dicit amanti*),
könne man nicht für zutreffend halten und müsse es daher abschreiben. Deutlich zu erkennen ist in diesem kurzen Distichon die Enttäuschung, die Catull
widerfährt. *Lesbia* hatte, so die zugrunde liegende Fiktion, dem Dichter Treue
und Liebe geschworen (so u. a. in c. 109) – und diesen Eid wissentlich gebro-
chen. Catulls *persona* erkennt nun, möglicherweise am Ende der Beziehung,
den endgültigen Betrug. Die eigene Situation reflektierend, konstatiert er nun
nüchtern, dass er alles, was sie ihm in seinem vor Liebe trunkenen Zustand
gesagt hatte, für hinfällig erachten will und folglich in den Wind schreiben
muss (*in vento et rapida scribere oportet aqua*).[28]

Im Vergleich zu Shakespeares Aussage in Sonett 138 wird deutlich, dass beide
Protagonisten zunächst in ähnlicher Weise von ihren Angebeteten belogen
worden sind. Im Gegensatz zu Catull arrangiert sich Shakespeares lyrisches Ich
jedoch mit der Situation und versucht, durch eine eigene Lüge die der *Dark
Lady* auszugleichen. Die *persona Catulli* hingegen befindet sich bereits jenseits
des Zustandes der Selbsttäuschung und muss resignierend feststellen, dass er
blind vor Liebe und Verlangen *Lesbia* bedingungslos in ihrem falschen Spiel
vertraut hat. Und daher nun mit gebrochenem Herzen verlassen ist.

---

27   Vgl. E.A. Snow, „Loves of Comfort and Despair: A Reading of Shakespeare's Sonnet 138", in:
     English Literary History 47 (1980), 462–483.
28   Vgl. Syndikus, *Catull. Eine Interpretation*, III 3–6; Hartz, *Catulls Epigramme im Kontext hel-
     lenistischer Dichtung*, 177–180.

Der Vergleich der beiden Gedichte zeigt, dass die jeweilige Konzeption der Szenen zwar unterschiedlich erfolgt ist; gleichzeitig jedoch auch, dass das zugrunde liegende Motiv, der Betrug der Geliebten, in beiden Ausführungen identisch erscheint. Shakespeares kunstvolle Ausgestaltung in seinem Sonett kann daher mit einigem Zutrauen als ein Spielen mit den in Catulls Dichtung zugrunde liegenden Motiven gesehen werden. Letztlich ist daraus ein Sonett hervorgegangen, das letztlich auf dieselbe thematische Vorlage im Sinne der indirekten Intertextualität auf der Metaebene der Dichtung zurückgeführt werden kann.

Verstärkt wird meines Erachtens diese Vermutung durch die Betrachtung eines dritten und letzten Sonetts, das sich wohl am deutlichsten mit Catulls Gedichten vergleichen und auf dieses zurückführen lässt.

6   Shakespeare Sonett 145 – Catull c. 83 und c. 92

Emotionale Ausbrüche wie überschwängliche Liebesschwüre und Beteuerungen sind ebenso eigentümlich für Shakespeares Sonettdichtung wie die Äußerungen negativer Empfindungen. Wut über die Geliebte und Hass aufgrund ihres Handelns bestimmen dabei die Intention der Gedichte. Besonders pikant erscheint dabei, dass bisweilen diese Ausbrüche auch von der anderen Seite, *vice verso*, geschehen konnten, so dass das lyrische Ich zum vermeintlichen Ziel des Hasses wurde. Ein interessantes Beispiel hierfür bietet das unter der Nummer 145 aufgeführte Sonett. Dort ist zu lesen:

> Those lips that Love's own hand did make
> Breath'd forth the sound that said "I hate,"
> To me that languish'd for her sake:
> But when she saw my woeful state,
> Straight in her heart did mercy come,
> Chiding that tongue that ever sweet
> Was used in giving gentle doom;
> And taught it thus anew to greet;
> "I hate" she alter'd with an end,
> That follow'd it as gentle day
> Doth follow night, who, like a fiend,
> From heaven to hell is flown away;
> "I hate" from hate away she threw,
> And sav'd my life, saying "not you."

Im Zyklus der *Dark Lady* Sonette besitzt dieses Gedicht einen besonderen Stellenwert, handelt es sich doch um die Beschreibung der Gefühle eines Mannes, der so sehr in eine Frau verliebt ist, dass er, sobald sie nur äußert, etwas zu hassen (*Breath'd forth the sound that said "I hate,"*), in Furcht verfällt, sie habe diesen Hass auf ihn bezogen (*But when she saw my woeful state*). In Shakespeares Imagination allerdings bemerkt die *Dark Lady* ihren Gefühlsausbruch und die daraus resultierende Angst des Sprechers (*Straight in her heart did mercy come, / Chiding that tongue that ever sweet*) und fügt, ihre eigene Worte überdenkend (*And taught it thus anew to greet*), zu Shakespeares Erleichterung voll Mitleid hinzu, dass nicht der Sprecher des Sonetts das Ziel ihres Hasses sei (*"I hate" from hate away she threw, / And sav'd my life, saying "not you"*).

Das literarische Spiel, dem sich Shakespeare in diesem Sonett hingibt, findet sich in unzähligen Gedichten vor ihm immer wieder in unterschiedlichen Variationen. Auch Catull thematisiert in zwei – bzw. drei – seiner an *Lesbia* gerichteten Gedichte das Motiv des Hasses. Im Gegensatz zu Shakespeare bietet der Veroneser darin eine Wendung, die sich von der Shakespeares zwar grundsätzlich unterscheidet, *in nuce* allerdings auf derselben Grundlage basiert. So heißt es dort zunächst:

> Lesbia mi praesente viro mala plurima dicit:
> haec illi fatuo maxima laetitia est.
> mule, nihil sentis? si nostri oblita taceret,
> sana esset: nunc quod gannit et obloquitur,
> non solum meminit, sed, quae multo acrior est res,
> irata est. hoc est, uritur et loquitur.

Catull zufolge schimpfe Lesbia häufig über ihn in Gegenwart eines Nebenbuhlers (*Lesbia mi praesente viro mala plurima dicit*) zu dessen großer Freude (*maxima laetitia est*). Dies jedoch führt Catull skurriler Weise nicht auf Lesbias Desinteresse an ihm selbst zurück (*si nostri oblita taceret, sana esset*), sondern darauf, dass sie noch immer für Catull tiefe Zuneigung empfinde. Wäre es anders, so würde sie doch schweigen und nicht über ihn sprechen (*si nostri oblita taceret*). Da sie sich aber an ihn nicht nur erinnere (*non solum meminit*), sondern sogar auf ihn wütend sei (*irata est*), liege der Beweis auf der Hand. Noch immer müsse sie in ihn verliebt sein (*uritur*), weshalb sie nicht aufhören könne, über ihn zu schimpfen (*loquitur*).[29]

---

29   Vgl. u.a. Kroll, *C. Valerius Catullus*, 256; D.F.S. Thomson, *Catullus. Edited with a Textual*

Augenscheinlich liegt in Catulls Gedicht eine ähnliche Thematik zugrunde, wie sie Shakespeare aufgreifen wird. Die Geliebte ist verärgert und macht ihrem Ärger vehement Luft. Im Gegensatz zu der Dark Lady des englischen Dichter jedoch ist Lesbia eine wirkliche femme fatale, die Catull ganz offen mit einem anderen Mann betrügt und in dessen Beisein über das lyrische Ich des Gedichtes schimpft. Gleichermaßen differenziert ist die konkrete Zuweisung des Zorns auf eine bestimmte Person. Dieser bezieht sich bei Catull eindeutig auf die persona des Dichters, während in Shakespeares Version der Hass der Dark Lady auf den Dichter zu Unrecht angenommen wird. Catull wiederum deutet den Gefühlsausbruch seiner geliebten puella um und begründet ihn mit ihrer noch immer gegebenen tiefen Zuneigung der persona des Dichters gegenüber. Dabei jedoch täuscht er sich selbst über die Wahrheit hinweg.

Shakespeare seinerseits missversteht den emotionalen Ausbruch der Dark Lady, bezieht in zu Unrecht auf sich selbst und wird erst im letzten Moment aus seinem Irrtum gerettet. Aus Mitleid, das die Geliebte mit ihm und seiner Situation habe – ein Mitleid, das sich in Catulls Konzeption der Lesbia an keiner Stelle finden lässt.

Das Motiv des Schimpfens bzw. des Hassens greift Catull allerdings noch ein weiteres Mal im Kontext der Lesbia Gedichte auf:

Lesbia mi dicit semper male nec tacet umqua
de me: Lesbia me dispeream nisi amat.
quo signo? quia sunt totidem mea: deprecor illam
assidue, verum dispeream nisi amo.

Häufig, so formuliert es Catull, schimpfe Lesbia über ihn (Lesbia mi dicit semper male), was er darauf zurückführen will, dass sie ihn noch immer lieben müsse (Lesbia me dispeream nisi amat). Als Beweis diene ihm gerade der Umstand, dass er selbst die puella häufig verfluche (deprecor illam / assidue), obgleich er sie immerzu liebe (verum dispeream nisi amo).

Deutlich zu erkennen ist, dass in diesem Gedicht eine Variation des in c. 83 behandelten Themas vorliegt. Catull greift in dem vorliegenden Vierzeiler das zuvor angesprochene Motiv des Schimpfens, Fluchens bzw. Hassens, der maledictio, auf und bietet der Intention nach eine ebenso seltsame, auf Selbsttäuschung basierende Begründung wie in c. 83. Der Zorn der Freundin lässt sich als Ausdruck ihrer tiefen Liebe deuten, die der Dichter daraus erschließt, dass

---

and Interpretative Commentary, Toronto 1997, 510; Hartz, 2007, 187 f.; Syndikus, *Catull. Eine Interpretation*, III 46–49.

er sich selbst häufig in derselben Situation befindet wie die puella. Er verflucht sie, obgleich er sie liebt.[30]

7   Zusammenfassung der Ergebnisse

Die Ergebnisse der vorliegenden kurzen Studie sind meines Erachtens offenkundig. Die Analyse der in den Fokus gesetzten drei Sonette aus dem Dark Lady Zyklus des englischen Dichters William Shakespeare zeigt eine nicht zu leugnende Affinität zu jenen Themen und Motiven, die in den Gedichten des Lesbia Zyklus des Veronesers Catull zu finden sind. Gemäß der von Gérard Genettes formulierten Intertextualitätstheorie handelt es sich hierbei offensichtlich um eine innere Verbindung der Texte, die auf der Metaebene vorliegt und damit die Kriterien einer Dependenz – im Sinne der Intertextualität – erfüllt. In Catulls Gedichten des Lesbia Zyklus somit wenigstens indirekte Vorbilder zu sehen, die Shakespeare bei der Konzeption der Dark Lady Sonette beeinflusst haben, halte ich für ein nicht zu leugnendes Ergebnis, das zu weiterer Beschäftigung einladen soll.

8   Addendum: Ist Shakespeares Dark Lady eine ‚altera Lesbia Catulli'?

Auf die Frage nach einer – im wahrsten Sinne des Wortes – wesenhaften Übereinstimmung der Dark Lady mit der von Catull charakterisierten Lesbia lässt sich meines Erachtens ebenfalls eine klare Antwort erteilen. Wie allein anhand der hier angeführten Gedichte bewiesen werden konnte, zeigen sich bestimmte motivische Parallelen in der Konzeption der beiden Frauen, allerdings liegt mit Sicherheit keine Identität der beiden Gestalten vor. Zu unterschiedlich sind die charakterlichen Eigenarten, die sowohl Shakespeare als auch Catull ihren Protagonistinnen andichten. Im Gegensatz zur Dark Lady zeigt Lesbia in Catulls Gedichten keinerlei Tendenz zu Milde, Güte oder gar Vergebung gegenüber dem sie liebenden lyrischen Ich. Gleichzeitig ist Lesbia offensichtlich nicht allein ihrem Ehemann untreu, sondern gleichzeitig auch der persona Catulli, wie verschiedene Gedichte implizieren, und kann auch sonst in ihrem Verhalten mit dem Wesen einer ‚femme fatale' gleichgesetzt werden: Aus

---

30   Vgl. u. a. Fordyce, *Catullus*, 372–373. 381–382; Kroll, *C. Valerius Catullus*, 256; Quinn, *Catullus, the Poems: A Commentary*, 428 f.; Thomson, *Catullus*, 522; Syndikus, *Catull. Eine Interpretation*, III 76 ff.; Holzberg, *Catull. Der Dichter und sein erotisches Werk*, 187; Hartz, *Catulls Epigramme im Kontext hellenistischer Dichtung*, 187 ff.

der römischen Oberschicht stammend, ist Lesbia, wer auch immer sie letztlich sein mag,[31] gut situiert, gebildet, belesen und selbstbewusst, was auf eine reife Frau mittleren Alters schließen lässt – älter jedenfalls als die persona des noch jugendlichen Dichters. Damit unterscheidet sich Lesbia wesentlich von der Zeichnung der Dark Lady, die als junge Frau – und damit jünger als Shakespeare – vorgestellt wird und trotz manch herrischem Zug ganz und gar nicht an die Perfidität einer Lesbia heranreicht.

In Shakespeares Dark Lady eine altera Lesbia erkennen zu wollen, ist meines Erachtens daher sicher ebenso unzutreffend, wie eine grundsätzliche Verschiedenheit der beiden Damen anzunehmen. Vielmehr halte ich es für plausibel nachweisbar, in Catulls Lesbia die Skizze des Typus einer – fiktiven – Frauengestalt zu erkennen, die Shakespeare bei der Konzeption der Dark Lady neben weiteren ebenso fiktiven literarischen Zeichnungen von Frauen vor Augen gestanden hat. An ihnen konnte sich Shakespeare orientieren, ohne sie letztlich zu kopieren, und sie als Modell dafür nutzen, um nach eigenen Vorstellungen die Protagonistin seiner Sonette neu zu formen.

Somit steht Shakespeares Dark Lady in einer langen Reihe von Heroinnen wie Cynthia, Delia, Lycoris, Corinna, Beatrice und Laura, die in unterschiedlicher Nuancierung über die Jahrhunderte hinweg zum Objekt der Sehnsucht literarischen Schaffens geworden sind: stets individuell, geheimnisvoll und letztendlich ebenso unergründlich wie ihre realiter existierenden Geschlechtsgenossinnen.

---

31 Die Vermutung, in *Lesbia* die Schwester des Publius Clodius Pulcher und Ehefrau des Quintus Caecilius Metellus Celer zu sehen, ist seit der Antike immer wieder behauptet (u.a. Apul., *De magia* 10) und in der Forschung sowohl verteidigt als auch verworfen worden [u.a. P. Vettori, *Variae lectiones* (1553), 16, 1; L. Schwabe, *Quaestionum Catullianarum Liber* I, Gießen 1862, 55; F. Münzer, *Römische Adelsparteien und Adelsfamilien*, Stuttgart 1920, 274; F. Münzer, RE IV 1 (1900), s.v. Clodius Nr. 66 (Clodia), Sp. 105–107; Syndikus, *Catull. Eine Interpretation*, I 17–33; N. Holzberg, *Catull. Der Dichter und sein erotisches Werk*, München 2002, 14–18]. Eine unzweifelhafte Identifikation ist bis heute nicht erreicht.

Das Elend des Historizismus heute: Die Generationentheorie von William Strauss und Neil Howe

Christian E.W. Kremser

Abstract

Nachdem materiale Geschichtsphilosophien lange Zeit als ausgestorben galten, sind sie mittlerweile wieder auf dem Vormarsch. Illustrieren lässt sich dies an Steve Bannon, dem ehemaligen Chef-Strategen von U.S.-Präsident Donald J. Trump. Dieser ist Anhänger der von William Strauss und Neil Howe formulierten Generationentheorie. Bei dieser handelt es sich um ein Paradebeispiel für das, was Karl Popper als Historizismus bezeichnete. Ein Grund für das Wiederaufkommen solcher unwissenschaftlichen Spekulationen über den Verlauf der Geschichte ist darin zu sehen, dass die wissenschaftstheoretische Kritik, die an materialen Geschichtsphilosophien geübt wurde und die letztendlich auch ihren Untergang bedeutete, angesichts des vermeintlichen Tods des Kontrahenten weitestgehend verstummte. Angesichts der Auferstehung des Historizismus von den Toten scheint es nun aber geboten, sich die methodologische Kritik, die vor allem Popper an demselben übte, wieder in Erinnerung zu rufen. Aus diesem Grund soll es im Folgenden um eine Kritik des zeitgenössischen, durch die Generationentheorie von Strauss und Howe exemplarisch vertretenen Historizismus aus Sicht des Kritischen Rationalismus gehen.

1 Einleitung

Nachdem ihnen die methodologische Kritik wissenschaftstheoretischer Schulen, nach denen die Güte wissenschaftlicher Theorien hauptsächlich von der Konfrontation mit empirischen Beobachtungen abhängig zu machen ist – wie etwa dem Kritischen Rationalismus –, den verdienten Todesstoß gegeben hatte,[1] galten materiale Geschichtsphilosophien lange Zeit gewissermaßen als ‚ausgestorben‘. Es war sogar die Rede vom „Ende der Geschichtsphilosophie"[2]

---

1 Vgl. Martin Sebaldt, Andreas Friedel, Sabine Fütterer, Sarah Schmid (Hrsg.), *Aufstieg und Fall westlicher Herrschaft: Zum Grundproblem globaler Politik im Spiegel moderner Klassiker*, Wiesbaden 2016, 6.

2 Vgl. Richard Wisser, „Ende der Geschichtsphilosophie?", in: *Zeitschrift für Religions- und Geis-*

als einer eigenständigen Subdisziplin im Kanon der philosophischen Fächer;
ein erstaunlicher Umstand, bedenkt man, dass die materiale – oder wie sie
auch häufig genannt wird: die spekulative – Geschichtsphilosophie zum Zeitpunkt ihres Ablebens noch eine recht junge Disziplin gewesen war.[3] Seitdem
führte die materiale Geschichtsphilosophie allenfalls noch ein Randdasein in
der akademischen Philosophie. In der Lehre zeigte sich das etwa daran, dass
kaum noch Seminare und Vorlesungen zu diesem Themengebiet abgehalten
wurden und wenn doch, dann nur aus rein historischem Interesse oder in kritischer Absicht. Auch die Anzahl an Einführungen und Lehrbüchern ist – im
Vergleich – zu anderen Teildisziplinen der Philosophie – durchaus überschau-
bar.[4] In der Forschung wird die Bedeutungslosigkeit der materialen Geschichtsphilosophie schließlich daran deutlich, dass – abgesehen von wenigen Ausnah-
men –[5] für viele Jahre keine ernsthaften Versuche mehr unternommen worden
sind, die materiale Geschichtsphilosophie wiederzubeleben oder zu rehabili-
tieren.

---

tesgeschichte, Bd. 15, Hft. 1 (1963), 87–91; Hans M. Baumgartner, „Philosophie der Geschichte
nach dem Ende der Geschichtsphilosophie – Bemerkungen zum gegenwärtigen Stand des
geschichtsphilosophischen Denkens", in: *Allgemeine Zeitschrift für Philosophie*, Bd. 12, Hft.
3 (1987), 1–21; Tilmann Borsche, „Vom Ende der Geschichtsphilosophie durch Entgrenzung
ihres Gegenstands", in: Wolfgang Hogrebe, Joachim Bromand (Hrsg.), *Grenzen und Grenz-
überschreitungen*. XIX. Deutscher Kongress für Philosophie, Bonn, 23.–27. September 2002.
Vorträge und Kolloquien, Berlin 2005, 604–618.

3 Die Geschichtsphilosophie als philosophische Disziplin ist erst im Zeitalter der Aufklärung
entstanden. Der Begriff ‚Geschichtsphilosophie' findet sich das erste Mal in Voltaires Schrift
La philosophie de l'histoire aus dem Jahr 1765.

4 Vgl. etwa Richard Schaeffler, *Einführung in die Geschichtsphilosophie*, Darmstadt 1991; Karl-
Heinz Lembeck, *Geschichtsphilosophie*, Freiburg 2000; Lothar Kolmer, *Geschichtstheorien*,
Paderborn 2008; Thomas Zwenger, *Geschichtsphilosophie. Einführung und Kritik*, Darmstadt
2008; Alexander Demandt, *Philosophie der Geschichte: Von der Antike zur Gegenwart*, Köln
2011; Emil Angehrn, *Geschichtsphilosophie: Eine Einführung*, Basel 2012; Matthias Schloßber-
ger, *Geschichtsphilosophie*, Berlin 2013; Jörg Baberowski, *Der Sinn der Geschichte von Hegel
bis Foucault*, München 2014; Johannes Rohbeck, *Geschichtsphilosophie zur Einführung*, Hamburg 2015. Die Auflistung mag auf den ersten Blick beeindruckend anmuten. Ein Vergleich
mit einer Liste von Einführungen in die Ethik oder die politische Philosophie würde diesen
anfänglichen Eindruck aber sogleich auflösen.

5 Als wohl einziger Autor im deutschsprachigen Raum, der sich um eine kritisch-konstruktive
Rehabilitation der Geschichtsphilosoph bemüht, kann wohl ohne Übertreibung Johannes
Rohbeck gelten, vgl. zum Beispiel Johannes Rohbeck, *Technik – Kultur – Geschichte. Eine Reha-
bilitierung der Geschichtsphilosophie*, Frankfurt a. M. 2000; Johannes Rohbeck, *Aufklärung
und Geschichte. Über eine praktische Geschichtsphilosophie der Zukunft*, Berlin 2010; Johannes
Rohbeck, *Zukunft der Geschichte. Geschichtsphilosophie und Zukunftsethik*, Berlin 2013; Johan-
nes Rohbeck, „Rettende Kritik der Geschichtsphilosophie. Immanuel Kant im europäischen
Kontext", in: *Zeitschrift für kritische Gesellschaftstheorie und Philosophie*, Bd. 1, Hft. 2 (2014),

Dies hat sich jedoch in den letzten Jahren grundlegend geändert.[6] Mittlerweile sind materiale Geschichtsphilosophien, häufig ohne als solche erkannt zu werden, erneut auf dem Vormarsch. Dass sich diese wieder vermehrt einer großen Popularität erfreuen, lässt sich recht eindrücklich an der Person Steve Bannons festmachen, der in den vergangenen Jahren der internationalen Öffentlichkeit als Chef-Stratege der Wahlkampfkampagne des damaligen U.S.-amerikanischen Präsidentschaftskandidaten Donald J. Trumps bekannt wurde und der, nachdem Trump im Januar 2017 als Sieger der Wahlen ins Weiße Haus eingezogen war, für eine kurze Zeit einer seiner einflussreichsten Berater wurde. Bannon hatte durch die Vermittlung von Trump an Jeff Sessions, seinerzeit Senator des Bundesstaates Alabama, Trumps politisches Profil zu schärfen und mit Inhalten zu füllen geholfen, wodurch Trumps Wahlkampf erst professionalisiert wurde und an Fahrt aufnahm. Vor seinem politischen Engagement war Bannon Leiter der rechtspopulistischen Nachrichtenseite *Breitbart News*, der medialen Stimme der sogenannten *Alt-Right*-Bewegung,[7] und Dokumentarfilmer gewesen. Sein ideologisches Weltbild wurde, wenn auch nicht komplett, so doch in weiten Teilen von der von William Strauss und Neil Howe in *The Fourth Turning: An American Prophecy: What the Cycles of History tell us about America's Next Rendezvous with Destiny* entwickelten Generationentheorie beeinflusst. Über diese drehte er im Jahr 2011 sogar eine Dokumentation mit dem Titel *Generation Zero*. Nun ist in der Wissenschaftstheorie nicht unumstritten, ob einer Theorie ihre Instrumentalisierbarkeit für politische Zwecke vorgeworfen werden kann. Einigkeit besteht aber darin, dass einer Theorie ihre mangelnde Wissenschaftlichkeit zum Vorwurf gemacht werden

---

350–376; Johannes Rohbeck, „Für eine neue Geschichtsphilosophie", in: *Deutsche Zeitschrift für Philosophie*, Bd. 62, Hft. 1 (2014), 1–22.

6 Das neu erwachte Interesse an der Geschichtsphilosophie lässt sich an einer Reihe von Veröffentlichungen festmachen, die die Bedeutung der Geschichtsphilosophie für die Gegenwart zu ergründen suchen, vgl. beispielsweise Christian Schmid, *Können wir der Geschichte entkommen? Geschichtsphilosophie am Beginn des 21. Jahrhunderts*, Frankfurt a. M. 2013; Rudolf Langthaler, Michael Hofer, *Geschichtsphilosophie. Stellenwert und Aufgaben in der Gegenwart*, in: *Wiener Jahrbuch für Philosophie*, Bd. XLVI, Wien 2015.

7 Später sollte er nach seinem Ausscheiden aus dem Weißen Haus im August 2017, nachdem Präsident Trump auf sein Anraten hin den Anschlag auf Gegendemonstranten der rechtsextremistischen Demonstrationen in Charlottesville nicht direkt kritisiert hatte und deswegen unter öffentlichen Druck geraten war, auch dorthin wieder zurückkehren. Seine wiederaufgenommene Arbeit bei *Breitbart News* währte aber nicht lange. Als im Januar 2018 bekannt wurde, dass sich Bannon in einem Interview mit Michael Wolff für dessen Enthüllungsbuch *Fire and Fury: Inside the Trump White House* despektierlich über Trumps ältesten Sohn Donald Trump Junior und dessen Schwiegersohn Jared Kushner geäußert hatte, führte dies zum unwiderruflichen Bruch mit Trump und *Breitbart News*.

kann (auch wenn über die genaue Bedeutung des Wortes ‚wissenschaftlich‘ Uneinigkeit herrschen mag). Obwohl der Generationentheorie von Strauss und Howe immer wieder ebenjener Vorwurf gemacht wurde,[8] wurde sie dennoch durchaus wohlwollend aufgenommen sowie positiv rezipiert und erfreut sich nach wie vor großer Beliebtheit.[9] Tatsächlich hat sich ihre Anhängerschaft durch die mediale Aufmerksamkeit, die Bannon im Zuge der Berichterstattung über die vergangenen Präsidentschaftswahlen von Seiten der Presse geschenkt wurde, eher zu- als abgenommen. So kann dieser auch hierzulande immer wieder in einschlägigen Internetforen begegnet werden, in denen auch andere, wissenschaftlich fragwürdige Verschwörungstheorien propagiert und für den politischen Kampf gegen die offene Gesellschaft missbraucht werden.

Dass die Generationentheorie bislang – ungeachtet aller an ihr geübten Kritik – noch nicht aus der öffentlichen Wahrnehmung und dem akademischen Diskurs verschwunden ist, ist umso erstaunlicher, als dass es sich bei ihr um ein Paradebeispiel für eine zeitgenössische materiale Geschichtsphilosophie handelt. Ein Grund für das Wiederaufkommen solcher unwissenschaftlichen Spekulationen über den Verlauf der Geschichte ist darin zu sehen, dass die wissenschaftstheoretische Kritik, die an materialen Geschichtsphilosophien geübt wurde und die letztendlich auch ihren Untergang bedeutete, angesichts des vermeintlichen Todes des Kontrahenten weitestgehend verstummte. Dadurch, dass die Argumente, die gegen solche Entwürfe sprechen, zunehmend in Vergessenheit gerieten, konnte sich eine Atmosphäre ausbreiten, in der dem unbedarften Hang zu solchen unwissenschaftlichen Geschichtsinterpretationen wieder nachgegangen werden kann. Hinzu kommt eine populistische Stimmung in der Gesellschaft, die durch Schlagwörter wie ‚postfaktische Politik‘ oder ‚alternative Fakten‘ geprägt ist. All dies bereitete der

---

8 Vgl. beispielsweise Michael Lind, „Generation Gaps“, in: The New York Times (1997), online unter: https://archive.nytimes.com/www.nytimes.com/books/97/01/26/reviews/970126.26li ndlt.html?_r=1, zuletzt aufgerufen am 20.01.2019; David Brooks, „What's the Matter With Kids Today? Not a Thing“, in: *The New York Times* (2000), online unter: https://www.nytimes.com/ 2000/11/05/books/what-s-the-matter-with-kids-today-not-a-thing.html?ref=bookreviews, zuletzt aufgerufen am 20.01.2019.

9 Obwohl Strauss und Howe ihre Generationentheorie erst in *The Fourth Turning* komplett entwickelten, legten sie das Fundament zu ihr bereits 1991 in *Generations: The History of America's Future, 1584 to* 2069. Der frühere Vizepräsident der Vereinigten Staaten Al Gore nannte diese Studie das stimulierendste Buch, das er jemals über die U.S.-amerikanische Geschichte gelesen habe. Er schickte sogar ein Exemplar des Buchs an jeden Kongressabgeordneten, vgl. Eric Hoover, „The Millennial Muddle. How stereotyping students became a thriving industry and a bundle of contradictions“, in: *The Chronicle of Higher Education* (2009), online unter: https://www.chronicle.com/article/The-Millennial-Muddle-How/48772, zuletzt aufgerufen am 20.01.2019.

Wiederkehr des Historizismus, um es mit einem von Karl Popper geprägten Begriff auszudrücken, einen fruchtbaren Nährboden. Angesichts der Auferstehung des Historizismus von den Toten scheint es geboten, sich die methodologische Kritik, die vor allem Popper an demselben übte, wieder in Erinnerung zu rufen.[10] Aus diesem Grund soll es im Folgenden um eine Kritik des zeitgenössischen, durch die Generationentheorie von Strauss und Howe exemplarisch vertretenen Historizismus aus Sicht des Kritischen Rationalismus gehen. Das Vorgehen ist dabei wie folgt: In einem ersten Schritt soll die Generationentheorie von Strauss und Howe in ihren Grundzügen darstellt werden. Danach soll in einem zweiten Schritt die Kritik Poppers, dem Begründer des Kritischen Rationalismus, am Historizismus skizziert werden. Schließlich wird diese in einem dritten Schritt auf die Generationentheorie von Strauss und Howe übertragen.

2   Die Generationentheorie von Strauss und Howe in ihren Grundzügen

Ihre Generationentheorie legen Strauss und Howe – obwohl in anderen Schriften bereits vorbereitet –[11] als Ganzes erst in ihrer gemeinsam verfassten Monographie *The Fourth Turning* vor, die im Jahr 1997 erschien. Diese Schrift kann zu dem Wust an Literatur gezählt werden, der als Antwort auf Francis Fukuyamas *The End of History* entstand. Anstatt sich aber gegen die geschichtsphilosophische Unternehmung als solche zu wenden, die Fukuyama unternommen hatte, hält sie vielmehr dessen optimistischer Vorhersage über die Zukunft die pessimistische Prophezeiung entgegen, dass der „Winter wieder komme"[12]. Im Gegensatz zu Fukuyamas Vorstellung eines linearen Fortschritts in der Geschichte vertreten Strauss und Howe in ihrer gleichermaßen geschichtsphilosophischen Schrift ein zyklisches Geschichtsbild, nach dem das Eintreten einer Krise unmittelbar bevorstehe.

Nach der Generationentheorie lässt sich die Geschichte der Vereinigten Staaten von Amerika beziehungsweise der britischen Kolonien, aus denen

---

10   Bis zum heutigen Tag existiert keine systematische Darstellung der Kritik Poppers an der materialen Geschichtsphilosophie. Eine solche zu liefern, hat sich der vorliegende Aufsatz vorgenommen.

11   Bei den beiden Vorgänger-Studien handelt es sich um *Generations: The History of America's Future* aus dem Jahr 1991 und *13th-Gen* aus dem Jahr 1993.

12   William Strauss, Neil Howe, *The Fourth Turning: An American Prophecy: What the Cycles of History tell us about America's Next Rendezvous with Destiny*, New York 1998, 1. Alle wortwörtlichen Zitate wurden im Folgenden ins Deutsche übersetzt.

diese hervorgegangen sind, als eine immer auf die gleiche Art und Weise vonstattengehende Sequenz von Generationen verstehen. Diese Sequenz umfasst
die Zeitspanne eines langen menschlichen Lebens – in etwa achtzig bis hundert Jahre – und wird von Strauss und Howe auch als *Saeculum* bezeichnet.[13]
In der anglo-amerikanischen Geschichte soll es bislang sieben solcher Saecula
gegeben haben, wobei das letzte noch nicht abgeschlossen sei:[14]

1) Spätes Mittelalter (*Late Medieval*): 1435–1487,
2) Reformation (*Reformation*): 1487–1594,
3) Neue Welt (*New World*): 1594–1704,
4) Revolution (*Revolutionary*): 1704–1794,
5) Bürgerkrieg (*Civil War*): 1794–1865,
6) Große Macht (*Great Power*): 1865–1946,
7) Millennium (*Millennial*): 1946–2026?

Eine Generation wird nun von Strauss und Howe als eine in einem bestimmten
Zeitraum geborene Jahrgangskohorte definiert. Die Vertreter einer Generation
werden dabei durch drei Dinge miteinander verbunden: erstens durch eine
gemeinsame Verortung in der Geschichte in Folge einer zeitlich nah beieinander liegenden Geburt, zweitens durch mehrheitlich geteilte Überzeugungen
und drittens durch den Umstand, dass sich die Mitglieder einer Generation
zu eben jener zugehörig fühlen.[15] Eine Generation umfasst zwanzig bis fünfundzwanzig Jahrgänge und erstreckt sich damit über eine Zeitspanne, die in
etwa der Länge einer Phase des menschlichen Lebens entspricht. Nach Strauss
und Howe gibt es vier solcher Lebensabschnitte (*seasons of life*), die alle ungefähr gleich lang sind: die Kindheit (*childhood*), das junge Erwachsenenalter
(*young adulthood*), die Lebensmitte (*midlife*) und die Ältestenschaft (*elderhood*).[16] Mit dem Lebensabschnitt variiert dabei die soziale Rolle, die einem
Menschen innerhalb der Gesellschaft zukommt.

Die Kindheit – von 0 bis 20 Jahren –, der Frühling des Lebens, ist die Zeit
des Wachsens, in der ein Mensch von Seiten der Gesellschaft Fürsorge erhält.
Ein Mensch in diesem Alter erlernt Wissen sowie Fertigkeiten. Ihm werden
von den Ältesten gemeinschaftliche Werte vermittelt. Danach folgt das junge
Erwachsensein – von 21 bis 41 Jahren –, der Sommer des Lebens, in dem der

---

13 Vgl. ebd., 3.
14 Vgl. ebd., 123. Die sieben Saecula umfassen genaugenommen neben solchen, welche
     die Zeit der Vereinigten Staaten von Amerika abdecken, auch solche, die in die koloniale Zeit fallen, und sogar schließlich solche, in denen die Kolonialisierung Nordamerikas noch nicht einmal begonnen hatte, weswegen Strauss und Howe von der ‚anglo-
     amerikanischen' Geschichte sprechen.
15 Vgl. ebd., 65 ff.
16 Vgl. ebd., 16.

Mensch seinen Tatendrang am Stärksten verspürt. Diese Vitalität nutzt er, um
entweder den gesellschaftlichen Institutionen zu dienen oder um die gemeinschaftlichen Werte, auf denen diese ruhen, herauszufordern. Hiernach kommt
das mittlere Alter – von 42 bis 62 Jahren –, der Herbst des Lebens. Der Mensch
ist nun in ein Alter gekommen, in dem er führende Aufgaben in der Gesellschaft
zu übernehmen vermag und insofern zur Macht gelangt ist. Er verwaltet die
gesellschaftlichen Institutionen und wendet die gemeinschaftlichen Werte an.
Dabei gibt er die Richtung vor, in welche sich die Gesellschaft bewegt. Schließlich folgt mit der Ältestenschaft – von 63 bis 83 Jahren – der Winter des Lebens.
Die soziale Aufgabe eines Menschen in diesem Alter ist die Führung. Er leitet
die gesellschaftlichen Institutionen und gibt die gemeinschaftlichen Werte an
die jüngste Generation weiter, die sich gerade in der Kindheit befindet.[17]

Eine jede Generation wird in jungen Jahren von der Welt, in der sie auf-
wächst und die von älteren Generationen hervorgebracht wurde, geprägt und
wirkt in älteren Jahren entsprechend dieser Prägung auf die Welt zurück. Die
gemeinsame Verortung der Mitglieder einer Generation in der Geschichte führt
dazu, dass sie eine kollektive Persönlichkeit (*collective persona*) ausbilden. Jede
Generation hat insofern einen bestimmten Charakter.[18] Dieser Charakter umfasst, wie die Menschen über das Familienleben, die Geschlechterrollen, die
gesellschaftlichen Institutionen, die Politik, die Religion, den Lebensstil, die
Zukunft etc. denken.[19] Eine Generation wird so – sozialpsychologisch betrachtet – zu einem eigenständigen Individuum:

> Eine Generation kann denken, fühlen oder tun, was ein Mensch denkt,
> fühlt oder tut. Sie kann leichtsinnig, individualistisch oder kollegial, spi-
> rituell oder weltlich veranlagt sein.[20]

Dabei ist es aber nicht so, dass jede Generation in der Geschichte ihren ganz
speziellen Charakter aufweist. Der Charakter einer Generation kann nur einem
von vier Archetypen (*archetypes*) entsprechen.[21] Bei diesen vier Archetypen
handelt es sich um den Propheten (*Prophet*), den Nomaden (*Nomad*), den Helden (*Hero*) und den Künstler (*Artist*). Die kollektive Persönlichkeit einer Generation unterliegt einer steten Veränderung, die im Verlauf des Älterwerdens
vonstattengeht. In gewissen Teilen bleibt der Charakter der Jugend erhalten,

---

17 Vgl. ebd., 54–57; 75.
18 Vgl. ebd., 16.
19 Vgl. ebd., 65.
20 Ebd., 65.
21 Vgl. ebd., 18 f.

in anderen Aspekten verkehrt er sich im Alter in sein genaues Gegenteil.[22] Er verändert sich dabei gemäß für jeden Archetyp gleichbleibender Regeln und Entwicklungsstufen.

Die Generationen inkarnieren nun die Archetypen in einer festgelegten Reihenfolge, so dass sich ein Zyklus bildet:
– Eine Propheten-Generation folgt einer Künstler-Generation,
– eine Nomaden-Generation folgt einer Propheten-Generation,
– eine Helden-Generation folgt einer Nomaden-Generation,
– eine Künstler-Generation folgt einer Helden-Generation.
Die feste Reihenfolge, in denen die Generationen die vier Archetypen verkörpern, lässt sich damit erklären, dass jede Generationen in ihrer Kindheit von einer bestimmten gesellschaftlichen Stimmung geprägt wird:

> Die moderne Geschichte hat ihre eigenen Jahreszeiten – ihre eigenen Regenzeiten, Hitzeperioden, Trockenzeiten und Kälteperioden. Man bedenke nun, was passiert, wenn eine Gruppe von Menschen in einer Regenzeit aufwächst und in einer Kälteperiode erwachsen wird, während eine spätere Gruppe in der Trockenzeit aufwächst und in einer Hitzeperiode erwachsen wird. Weil die Jahreszeiten der Geschichte die Lebensabschnitte anders prägen, entstehen als Ergebnis unterschiedliche Generationen.[23]

Diese gesellschaftliche Stimmung, die zu einem bestimmten Zeitpunkt herrscht, ist aber wiederum abhängig von der konkreten Konstellation der verschiedene Archetypen verkörpernden Generationen, die sich in unterschiedlichen Lebensabschnitten befinden. Sie ändert sich kontinuierlich, da sich die unterschiedliche Archetypen inkarnierenden Generationen durch die verschiedenen Lebensabschnitte bewegen.[24] Howe und Strauss unterscheiden in diesem Zusammenhang vier Zäsuren – sogenannte Wendepunkte (*Turnings*) –, bei denen sich die gesellschaftliche Stimmung zu ändern beginnt. Sie läuten eine neue Ära ein und ereignen sich alle zwei Dekaden. Das Saeculum besteht somit aus vier Phasen. Zu Beginn eines jeden Wendepunktes beginnen die Menschen ihre Meinung über sich selbst, über die Kultur, die Nation und die Zukunft zu ändern. Die Phasen, in die sich das Saeculum zergliedern lässt, werden wiederum gleichgesetzt mit Wachstum, Reife, Entropie und Zer-

---

22   Vgl. ebd., 97.
23   Vgl. ebd., 55.
24   Vgl. ebd., 15 ff.; 99.

störung.[25] Strauss und Howe denken sich die Gesellschaft systemtheoretisch. Nach ihnen lässt sich ein Bereich der politischen Institutionen – die zivile Ordnung – von einem der menschlichen Überzeugungen – dem Werteregime – unterscheiden. Der im Saeculum vonstattengehende gesellschaftliche Wandel in Folge der Wendepunkte betrifft nun diese beiden Bereiche. Veränderungen in einem Gesellschaftsbereich wirken sich dabei zeitversetzt auf den anderen aus.

Der erste Wendepunkt ist ein Höhepunkt (*High*). Er stellt den Frühling des Saeculums dar.[26] Hierbei handelt es sich um eine Zeit ökonomischen Wohlstands, sozialer Solidarität und politischer Stabilität. In ihr kommt es zur Stärkung gesellschaftlicher Institutionen und der Schwächung des Individualismus. Eine neue zivile Ordnung wird implementiert und die letzten Reste des vorangegangenen Werteregimes lösen sich auf.[27] Es ist eine Renaissance des Gesellschaftslebens.[28] Eine Generation von Propheten wird in dieser Zeit geboren.

Der zweite Wendepunkt ist ein Erwachen (*Awakening*). Er stellt den Sommer des Saeculums dar.[29] Es läutet eine leidenschaftliche Zeit von spiritueller Umwälzung ein, in welcher die zivile Ordnung unter Angriff eines sich neu formierenden Werteregimes gerät.[30] In einem Erwachen wird die Uhr, wenn es um die Kultur geht, auf Null gestellt.[31] Es kommt zum Neuarrangement von spirituellem und geistigem Leben sowie der Kultur. Die Außenwelt einer profanen Welt fühlt sich im Vergleich zu der Innenwelt eines sakralen Seelenlebens trivial an. Neue spirituelle Agendas, soziale Ideale und utopische Experimente brechen hervor. Die Errungenschaften des vorangegangenen Wendepunktes werden als selbstverständlich betrachtet.[32] Das Erwachen stärkt die Wertschätzung gegenüber dem Individuum und dessen Privatsphäre.[33] In diese Zeit wird eine Nomaden-Generation geboren.

Der dritte Wendepunkt ist eine Auflösung (*Unraveling*). Er stellt eine Ära der Verwerfungen dar, in der die bisherige zivile Ordnung erste Erosionsanzeichen aufweist, welche Symptome der allmählichen Implementierung eines neuen

---

25 Vgl. ebd., 3.
26 Vgl. ebd., 41.
27 Vgl. ebd., 3.
28 Vgl. ebd., 101.
29 Vgl. ebd., 41.
30 Vgl. ebd. 3; 87.
31 Vgl. ebd., 46.
32 Vgl. ebd., 102.
33 Vgl. ebd., 46.

Werteregimes sind.[34] Bei ihm handelt es sich um den Herbst des Saeculums.[35] In dieser Zeit wird eine Helden-Generation geboren.

Bei dem vierten Wendepunkt schließlich handelt es sich um eine Krise (*Crisis*), den Winter des Saeculums.[36] Es ist eine Zeit von großen Umbrüchen, in der das Werteregime die Ersetzung der bisherigen zivilen Ordnung durch eine neue vorantreibt.[37] In einer Krise wird die Uhrzeit in Bezug auf das Politische auf Null gestellt.[38] In dieser Zeit kommt es zum Rearrangement der äußeren Welt von Macht und Politik. Es entstehen neue Institutionen.[39] Dabei kann es zu totalem Krieg, Revolutionen, Finanzkrisen, Wahlen autoritärer Herrscher usw. kommen. Im Vordergrund steht das basale Bedürfnis der Gesellschaft, einfach nur weiterbestehen zu wollen. Hierfür bedarf es eines öffentlichen Konsens, aggressiver Institutionen und persönlicher Aufopferungsbereitschaft. Die Gemeinschaft wird aufgewertet und der öffentliche Raum wiederentdeckt und erobert.[40] Die Krise besteht in dem Tod einer alten Ordnung und der Geburt einer neuen.[41] In dieser Zeit wird eine Künstler-Generation geboren.

Die Generationentheorie begnügt sich nun aber nicht einfach mit der Rekonstruktion der anglo-amerikanischen Geschichte, sondern schickt sich auch an, Prognosen über die Zukunft aufzustellen. Nach den Autoren ist das Buch in dem dritten Wendepunkt des Milleniums-Saeculums entstanden. Der nächste Wendepunkt wäre somit ein vierter, welcher in einer Krise der Gesellschaft bestünde. Entsprechend heißt das Buch auch *The Fourth Turning* und bezeichnet sich selbst im Untertitel als *An American Prophecy*. Strauss und Howe schreiben:

> Die Geschichte ist saisonal und der Winter kommt. Wie der Winter der Natur kann der Winter des Saeculums früh oder spät kommen. Ein vierter Wendepunkt kann lang und schwierig, kurz, aber schwer oder (vielleicht) mild sein. Er kann aber, wie ein Winter, nicht abgewendet werden. Er muss kommen. [...] Der nächste vierte Wendepunkt wird kurz nach der Jahrtausendwende, in der Mitte der Nullerjahre, beginnen. Um das Jahr 2005 wird ein plötzlicher Funke eine Krisenstimmung auslösen. Reste der alten Gesellschaftsordnung werden sich auflösen. Das politische und

---

34   Vgl. ebd., 3.
35   Vgl. ebd., 41.
36   Vgl. ebd., 41.
37   Vgl. ebd., 3.
38   Vgl. ebd., 46.
39   Vgl. ebd., 87.
40   Vgl. ebd., 46.
41   Vgl. ebd., 51.

wirtschaftliche Vertrauen wird in sich zusammenfallen. [...] Doch diese
Zeit der Schwierigkeiten wird Samen der sozialen Wiedergeburt bringen.
[...] Das Überleben der Nation wird auf dem Spiel stehen. Irgendwann vor
dem Jahr 2025 wird Amerika ein großes Tor in der Geschichte passieren,
vergleichbar der Amerikanischen Revolution, dem Bürgerkrieg und den
Zwillingskrisen der Großen Depression und des Zweiten Weltkriegs. Das
Risiko einer Katastrophe wird sehr hoch sein. Die Nation könnte in Auf-
ruhr oder ziviler Gewalt untergehen, geographisch zerbrechen oder autoritärer Herrschaft unterliegen. Wenn es einen Krieg gibt, wird es höchst-
wahrscheinlich einer von maximalem Risiko und Anstrengung sein – mit
anderen Worten, ein totaler Krieg.[42]

Strauss und Howe beschwören also in ihrem Buch eine endzeitliche Stimmung
und malen die Zukunft in fast schon apokalyptischen Bildern.

Nachdem die Generationentheorie von Strauss und Howe dargestellt wurde,
soll nun dazu übergangen werden, zu schildern, was Popper unter dem Begriff
des Historizismus versteht und was er an diesem zu kritisieren hatte.

3   Die Kritik Karl Poppers am Historizismus

Die letzten materialen Geschichtsphilosophien wurden in der ersten Hälfte
des 20. Jahrhunderts von Oswald Spengler, Arnold J. Toynbee, Max Weber
und Karl Jaspers formuliert.[43] Nach einer vernichtenden Kritik durch wissenschaftstheoretische Schulen, die besonderen Wert auf eine empirische Überprüfung von wissenschaftlichen Theorien legen und die den Gedanken einer
in der Geschichte ablaufenden Logik radikal in Abrede stellten, wurde die
materiale Geschichtsphilosophie als Projekt aufgegeben und ging als Disziplin
der Philosophie zugrunde.[44] Der wohl prominenteste Kritiker der materialen
Geschichtsphilosophie dürfte zweifelsohne Karl Popper – der Begründer des
Kritischen Rationalismus – gewesen sein, der sich an vielen Stellen in seinem
Gesamtwerk an einer solchen letalen Kritik versuchte.[45]

---

42   Vgl. ebd., 6.

43   Vgl. Emil Angehrn, *Geschichtsphilosophie*, 166 ff.

44   Vgl. Martin Sebaldt, Andreas Friedel, Sabine Fütterer, Sarah Schmid (Hrsg.), *Aufstieg und
      Fall westlicher Herrschaft*, 6.

45   Karl Popper, *Die offene Gesellschaft und ihre Feinde*, Bd. ii, Bern 1958; Karl Popper, *Das
      Elend des Historizismus*, Tübingen 1969; Karl Popper, „Prognose und Prophetie in den
      Sozialwissenschaften", in: Ernst Topitsch (Hrsg.), *Logik der Sozialwissenschaften*, Berlin

Den Feind, gegen den sich Popper mit seiner Kritik wendet, bezeichnet er als ‚Historizismus' – nicht Historismus wohlgemerkt. Unter diesem Begriff will er all jene sozialwissenschaftlichen Forschungsprogramme verstanden wissen, die einerseits bemüht sind, historische Gesetzmäßigkeiten in der Geschichte auszumachen, und die andererseits – ausgehend von diesen geschichtlichen Gesetzen – sich erdreisten, Prognosen über den wahrscheinlichen Verlauf der Zukunft zu treffen.[46] Pointiert heißt es diesbezüglich bei Popper: „Alles Denken und Handeln des Historizisten zielt darauf ab, die Vergangenheit zu interpretieren, um die Zukunft voraussagen zu können."[47] Als Hauptvertreter des Historizismus betrachtet dabei Popper zum einen Georg Wilhelm Friedrich Hegel und zum anderen Karl Marx,[48] wobei er bei der Verwendung des Begriffs auch noch an „einige andere Geschichtsphilosophien"[49] gedacht haben wird. Allen diesen historizistischen Versuchen sei gemeinsam, dass sie eine Logik, die der Geschichte unterliegen soll, ausfindig machen wollen. Der Historizist meint,

> wir könnten durch die Betrachtung der Geschichte das Geheimnis, das Wesen des menschlichen Schicksals entdecken. Der Historizismus ist auf der Suche nach dem Weg, den die Menschheit zu wandeln bestimmt ist; er will den Schlüssel zur Geschichte [...] oder den Sinn der Geschichte entdecken.[50]

Um die geschichtlichen Prophezeiungen, die der Historizismus aufgestellt hatte, als unhaltbar zurückweisen zu können, wählte Popper die Vorstellung historischer Gesetzmäßigkeiten als möglichen Angriffspunkt aus.[51] Sie ist tat-

---

1984, 113–125; Karl Popper, *The Open Universe: An Argument for Indeterminism*, London 1988.

46 Vgl. Karl Popper, „Prognose und Prophetie", 115.

47 Karl Popper, *Das Elend des Historizismus*, 40.

48 Für Poppers Kritik an Marx vgl. auch Ingrid Belke, „Karl Popper und die Geschichte", in: E. Nemeth, F. Stadler (Hrsg.), *Die europäische Wissenschaftsphilosophie und das Wiener Erbe*, Wien 2013, 63–83.

49 Karl Popper, „Prognose und Prophetie", 113.

50 Karl Popper, *Die offene Gesellschaft und ihre Feinde*, 333.

51 Eigentlich bringt Popper mehrere Argumente zur Widerlegung des Historizismus vor. Das wohl bekannteste dürfte aus dem englischen Vorwort zu *Das Elend des Historizismus* stammen. Es lautet wie folgt: „(1) der Verlauf der menschlichen Geschichte wird durch das Anwachsen des menschlichen Wissens stark beeinflußt. [...] (2) Wir können mit rational-wissenschaftlichen Methoden das zukünftige Anwachsen unserer wissenschaftlichen Erkenntnisse nicht vorhersagen. [...] (3) Daher können wir den zukünftigen Verlauf der menschlichen Geschichte nicht vorhersagen. (4) Das bedeutet, daß wir die Möglich-

sächlich für das historizistische Unternehmen zentral: Ist es nämlich nicht
möglich, in der Vergangenheit wiederkehrende Muster zu entdecken, so kann
dieses Muster auch nicht über die Gegenwart hinaus auf die Zukunft verlängert
werden. Insofern ist es nur konsequent, wenn Popper die Existenz solcher historischen Gesetze vehement leugnet. Warum sollte es aber keine historischen
Gesetze geben können?

Bevor diese Frage beantwortet werden kann, gilt es zunächst zu ergründen,
was Popper überhaupt als die Aufgabe der Geschichtsschreibung betrachtet
und was dies wiederum für die Verwendung von Gesetzen durch den Historiker bedeutet. Dieser Fragenkomplex stellt einen Bestandteil einer wissen-
schaftstheoretischen Reflexion darüber dar, wie ein guter Historiker zu arbeiten hat. In der Literatur hat sich für ein solches Unterfangen der Begriff der
formalen Geschichtsphilosophie eingebürgert. Als eine Art Meta-Theorie der
Historiographie versucht sie die Frage, worin nun eigentlich der Forschungsgegenstand der Geschichtsschreibung präzise liegt, zu beantworten. Im Zentrum des Erkenntnisinteresses liegt eine Ontologie der Geschichte. Die formale Geschichtsphilosophie fragt also danach, was Geschichte ist und wie
sie entsteht. Um Poppers Kritik am Historizismus nachvollziehen zu können,
muss zunächst behandelt werden, wie aus seiner Sicht eine wissenschaftliche
Geschichtsschreibung auszusehen hat. Kurz: Es gilt seine formale Geschichtsphilosophie zu entwickeln.

Um die Aufgabe zu identifizieren, die Popper der Historiographie zu-
schreibt, bietet es sich zunächst an, zu ergründen, wo Popper sie im Kanon
der Wissenschaften verortet. Popper stellt eine Taxonomie der Wissenschaften auf, wobei er die „oft als altmodisch angefeindete Auffassung verteidigen"[52] möchte, nach der eine Dichotomie zwischen solchen Wissenschaften
besteht, die an Generalisierungen interessiert sind, und solchen, deren Ziel die

---

keit einer theoretischen Geschichtswissenschaft verneinen müssen, also die Möglichkeit
einer historischen Sozialwissenschaft, die der theoretischen Physik entsprechen würde.
Eine wissenschaftliche Theorie der geschichtlichen Entwicklung als Grundlage historischer Prognosen ist nicht möglich. (5) Das Hauptziel der historizistischen Methode ist
daher falsch gewählt [...] und der Historizismus bricht zusammen" (Karl Popper, *Das
Elend des Historizismus*, XI). Dass nicht vorhergesagt werden kann, wie sich das menschliche Wissen entwickelt, ist zweifelsohne einer der Gründe, warum keine Geschichtsphilosophie formuliert werden kann. Meines Erachtens hat aber Popper an anderer Stelle –
und zwar in *Die offene Gesellschaft und ihre Feinde* – ein viel gewichtigeres Argument
entwickelt, weil es die Existenz des Gegenstandes einer Geschichtsphilosophie, d.h. die
Geschichte selbst, in Abrede stellt. Aus diesem Grund soll es im Folgenden nur um dieses
gehen.

52   Karl Popper, *Das Elend des Historizismus*, 112.

Erklärung von Einzelfällen darstellt.[53] Popper reproduziert hier, was gemeinhin als der Unterschied zwischen nomothetischen und idiosynkratischen Wissenschaften bekannt ist:

> Während den theoretischen Wissenschaften hauptsächlich an der Entdeckung universaler Gesetze liegt, nehmen die historischen Wissenschaften alle möglichen allgemeinen Gesetze als gültig an und beschäftigen sich hauptsächlich mit der Entdeckung und Prüfung singulärer Sätze.[54]

Der Unterschied zwischen den beiden Wissenschaftstypen lässt sich am besten mit Hilfe des deduktiv-nomologischen Modells erklären, welches Popper in seiner Grundformel entwickelt hat und das später von Carl Gustav Hempel und Paul Oppenheimer popularisiert wurde.[55]

Das deduktiv-nomologische Modell versucht die formale Struktur einer Erklärung abzubilden. Das Modell besteht aus zwei Bestandteilen, dem durch den logischen Schluss zu erklärenden, singulären Satz (Explanandum) sowie der Erklärung (Explanans). Die Erklärung wiederum besteht aus allgemeinen Sätzen (Gesetzeshypothesen) und besonderen Sätzen, d.h. empirischen Randbedingungen. Popper illustriert dies am folgenden Beispiel:[56]

[Allgemeiner Satz]
Jedes Mal, wenn ein Faden mit einer Last von einer gewissen Mindestgröße belastet wird, zerreißt er.
[Besonderer Satz 1]
Für diesen Faden hier beträgt diese charakteristische Mindestgröße ein Kilogramm.
[Besonderer Satz 2]
Das an diesem Faden angehängte Gewicht ist ein Zweikilogrammgewicht.

[Erklärung]
Der Faden reißt.

---

53   Vgl. Karl Popper, *Die offene Gesellschaft und ihre Feinde*, 326; Karl Popper, *Das Elend des Historizismus*, 64.
54   Karl Popper, *Das Elend des Historizismus*, 112.
55   Vgl. Karl Popper, *Logik der Forschung*, Tübingen 1969; Carl Gustav Hempel, Paul Oppenheim, „Studies in the Logic of Explanation", in: *Philosophy of Science*, Bd. 15, Hft. 2 (1948), 135–175.
56   Karl Popper, *Die offene Gesellschaft und ihre Feinde*, 324.

Es fällt sogleich auf, dass die Grundstruktur des deduktiv-nomologischen Modells für mehrere Zwecke Verwendung finden kann. Zum einen können Prognosen über künftige Ereignisse angestellt werden. Zum anderen können in der Vergangenheit liegende Ereignisse erklärt werden. Obwohl die Grundstruktur hierbei unverändert bleibt, variieren die Bestandteile, welche als gegeben angenommen werden.

Die Aufgabe der nomothetischen Wissenschaften, zu denen Popper auch die Sozialwissenschaften zählt, ist es, Gesetzmäßigkeiten zu entdecken. Zu diesem Zweck werden Gesetzeshypothesen aufgestellt, auf deren Grundlage dann Prognosen getroffen werden. Stimmen die Prognosen mit den tatsächlichen Ergebnissen in einer Überprüfungssituation – etwa einem Experiment – nicht überein, kann eine Gesetzeshypothese falsifiziert werden. Die nomothetischen Wissenschaften sind an den Gesetzeshypothesen interessiert, um sie zu überprüfen. Der singuläre Satz, die Prognose ist nur ein Mittel zum Zweck und wird einfach vorausgesetzt.[57]

Die idiosynkratischen Wissenschaften, zu denen Popper vor allem die Geschichte zählt, nutzen hingegen die Grundstruktur des deduktiv-nomologischen Modells, um daraus auf einen singulären Satz zu schließen. Sie setzen die Gesetzeshypothese voraus, um den Eintritt eines Ereignisses nachträglich zu erklären. An diesem sind sie ausschließlich interessiert. Die Gesetzeshypothese stellt dafür nur ein Mittel zum Zweck dar.[58]

Bei jeder Erklärung werden also bestimmte Gesetzmäßigkeiten angenommen. Dies gilt für alle Erklärungen, auch für die eines historischen Ereignisses. Der Historiker greift also, auch wenn er sich dessen häufig nicht bewusst ist,[59] auf Theorien zurück, wenn er Geschichte schreibt. Popper selbst zählt dafür eine Reihe von Beispielen auf:

> Wenn wir zum Beispiel die erste Teilung Polens im Jahr 1772 durch den Hinweis erklären, daß Polen keinesfalls der vereinten Macht Rußlands, Preußens und Österreichs widerstehen konnte, dann nehmen wir stillschweigend einige triviale universelle Gesetze an, wie etwa dieses: „Wenn eine von zwei ungefähr gleich gut geführten und gleich gut ausgerüsteten Armeen einen ungeheuren Überschuß an Menschen besitzt, dann gewinnt die andere niemals." [...] Wir können ein solches Gesetz ein Gesetz der Soziologie militärischer Macht nennen; aber es ist zu trivial,

---

57 Vgl. ebd., 325.
58 Vgl. ebd., 325f.
59 Karl Popper, *Das Elend des Historizismus*, 114.

um für die Erforscher der Soziologie je ein ernsthaftes Problem darzustellen oder um ihre Aufmerksamkeit zu erregen. Und wenn wir den Ent-
schluß Cäsars, den Rubicon zu überschreiten, etwa auf seinen Ehrgeiz
und seine Energie zurückführen, dann verwenden wir einige sehr triviale
psychologische Verallgemeinerungen, die kaum je die Aufmerksamkeit
der Psychologen auf sich ziehen würden.[60]

Der Unterschied zwischen den nomothetischen und den idiosynkratischen
Wissenschaften, der gerne darauf reduziert wird, dass sich die eine Art der
Wissenschaften für allgemeine Gesetze interessiert, während die andere dem
individuellen Einzelfall nachforscht, ist somit gar nicht so groß, wie man zunächst meinen könnte. Zum einen spielt das Individuelle auch bei nomothetischen Wissenschaften eine große Rolle. Schließlich werden Einzelereignisse
zur empirischen Überprüfung von Gesetzeshypothesen benötigt. Umgekehrt
kommen auch Gesetzeshypothesen in den idiosynkratischen Wissenschaften
zum Einsatz, wenn es darum geht, den Eintritt eines Ereignisses zu erklären.
Sowohl in den nomothetischen als auch in den idiosynkratischen Wissenschaften hat also das Allgemeine und das Individuelle seinen festen Platz. Der Unterschied besteht nur darin, an welchen Teil des deduktiv-nomologischen Modells
der forschende Wissenschaftler ein Erkenntnisinteresse hat und welche er ausgehend hiervon einfach nur voraussetzt. Popper bringt diesen Unterschied auf
den Punkt, wenn er schreibt:

> Im Sinne dieser Analyse kann jede kausale Erklärung eines singulären
> Ereignisses als historisch bezeichnet werden, insofern als die „Ursache"
> stets durch singuläre Randbedingungen beschrieben wird. Und dies
> stimmt vollkommen mit der populären Vorstellung überein, nach der
> etwas kausal erklären heißt: erklären, wie und warum etwas geschah,
> also seine ‚Geschichte' erzählen. Doch nur in der Geschichtsforschung
> sind wir wirklich an der kausalen Erklärung singulärer Ereignisse inter-
> essiert. In den theoretischen Wissenschaften sind solche Kausalerklärun-
> gen hauptsächlich Mittel zu einem anderen Zweck: zur Prüfung allgemei-
> ner Gesetze.[61]

Um der vergleichbaren Rolle des Gesetzes in der Geschichtsschreibung (es handelt sich um ein Gesetz) gerecht zu werden, ohne dabei den Unterschied (es

---

60 Karl Popper, *Die offene Gesellschaft und ihre Feinde*, 327.
61 Karl Popper, *Das Elend des Historizismus*, 113.

steht als solches nicht im Mittelpunkt des Erkenntnisinteresses) zu unterschlagen, schlägt Popper vor, solche Gesetzeshypothesen „allgemeine"[62] oder „historische"[63] Interpretationen zu nennen. Abgesehen davon, dass die in solchen Interpretationen angenommenen Gesetze einer Falsifikation nicht unterzogen werden sollen, ist es in den meisten Fällen auch nicht möglich, sie zu falsifizieren.[64]

Weil sie nicht falsifiziert werden können, kann es unendlich viele von ihnen geben. Aus dem Umstand, dass kein wissenschaftliches Demarkationsmerkmal existiert, mit Hilfe dessen der Geltungsanspruch der Interpretationen beurteilt werden könnte, folgt, dass alle gleich legitim sind. Hieraus erwächst eine gewisse Verantwortung für den Historiker, zum einen seinen Standpunkt zu explizieren und zum anderen dessen Erklärungskraft nicht zu überschätzen:

> Diesem Dilemma kann man natürlich dadurch entgehen, daß man sich über die Notwendigkeit, einen Standpunkt einzunehmen, im Klaren ist, daß man diesen Standpunkt offen darlegt und nie vergißt, daß er nur ein Standpunkt unter vielen ist und – selbst wenn er einer Theorie gleichkommt – vielleicht nicht geprüft werden kann.[65]

Die Geschichtsschreibung hat insofern etwas Konstruiertes. Es ist der Historiker, der die Geschichte schreibt. Er wird zum Geschichtenschreiber, d.h. er schreibt – durchaus im wortwörtlichen Sinne – Geschichte. Die Entscheidung darüber, was Geschichte wird und was nicht, trifft er. Aus diesem Grund ist Geschichte auch nicht einfach objektive Vergangenheit. Sie hat vielmehr die Form einer Narration. Geschichtsschreibung ist nichts anderes als das Erzählen von Geschichten. Dabei wählt der Historiker aus der Vergangenheit das aus, was ihm bedeutsam erscheint, um die Gegenwart besser zu verstehen. Es ist also nicht so, dass große Menschen Geschichte schreiben, wenn sie eine heroische Tat vollbringen, sondern der Historiker, wenn er zu der Auffassung gelangt, sie hätten eine historische Tat vollbracht.

Solche allgemeinen oder historischen Interpretationen können daher – das hatte sich gezeigt – nicht verallgemeinert werden, weil sie einfach vorausgesetzt werden. Der Fehler des Historizismus liegt nun darin, den eigenen Standpunkt zu generalisieren. Er begreift nicht, dass der eigene Interpretationsansatz nur einer unter vielen denkbaren ist:

---

62   Karl Popper, *Die offene Gesellschaft und ihre Feinde*, 329.
63   Karl Popper, *Das Elend des Historizismus*, 118.
64   Vgl. ebd., 118.
65   Ebd., 119.

Der Historizismus verwechselt diese Interpretation mit Theorien. Dies ist einer seiner Kardinalfehler. Es ist beispielsweise möglich, „die Geschichte" als Geschichte des Klassenkampfes oder des Ringens der Rassen um die Weltherrschaft oder als Geschichte der religiösen Ideen oder als Geschichte des Kampfes zwischen der „offenen" und der „geschlossenen" Gesellschaft oder als Geschichte des wissenschaftlichen und industriellen Fortschritts zu interpretieren. All dies sind mehr oder weniger interessante Standpunkte, gegen die als Standpunkte nichts einzuwenden ist. Aber die Historizisten stellen sie nicht als solche dar und sehen nicht ein, daß es zwangsläufig eine Vielfalt von Interpretationen gibt, die im Grunde alle gleich geistreich und gleich willkürlich sind [...]. Anstatt dessen präsentieren die Historizisten sie als Theorien und behaupten, daß „alle Geschichte die Geschichte von Klassenkämpfen ist" usw.[66]

Indem aber der Historizismus den eigenen Standpunkt verabsolutiert und nicht im Gedächtnis behält, dass es sich bei ihm nur um einen unter vielen möglichen Interpretationsansätzen handelt, verliert er seine Legitimität als historischer Standpunkt. Darin liegt der Unterschied zu anderen Erklärungsansätzen in der Historiographie:

Aber darf ich dem Historizisten das Recht absprechen, die Geschichte auf seine Weise zu interpretieren? Habe ich nicht soeben erklärt, daß jedermann dieses Recht besitzt? Meine Antwort auf diese Frage lautet, daß die historizistischen Interpretationen besonderer Art sind. Jene Interpretationen, die nötig und berechtigt sind und deren eine oder andere wir annehmen müssen, können [...] mit einem Scheinwerfer verglichen werden. Diesen Scheinwerfer lassen wir über unsere Vergangenheit streichen, und wir hoffen durch seinen Widerschein die Gegenwart zu erhellen. Im Gegensatz dazu gleicht die historizistische Interpretation einem Scheinwerfer, den wir auf uns selbst richten. Sie macht es uns schwierig, wenn nicht unmöglich, unsere Umgebung zu sehen, und sie paralysiert unsere Handlungen. Um diese Metapher zu übersetzen: Der Historizist sieht nicht, daß wir es sind, die die Tatsachen der Geschichte auswählen und ordnen, sondern er glaubt, daß „die Geschichte selbst" oder „die Geschichte der Menschheit" durch ihre inhärenten Gesetze uns, unsere Probleme, unsere Zukunft und sogar unseren Gesichtspunkt bestimmt.[67]

---

66   Ebd., 118.
67   Karl Popper, *Die offene Gesellschaft und ihre Feinde*, 332 f.

Warum ist es nun aber nicht möglich, Geschichte wie eine nomothetische Wissenschaft zu betreiben? Die formale Geschichtsphilosophie Poppers zeigt, wo er die Geschichtsschreibung in der Taxonomie der Wissenschaften verortet und welche Bedeutung Gesetzen in der Historiographie zukommt. Nun kann diese Einteilung seitens Poppers natürlich bestritten werden. Warum sollte es nicht möglich sein, Geschichte wie eine nomothetische Wissenschaft zu betreiben? Anders formuliert: Warum können keine historischen Gesetze aufgestellt werden, um sie zu falsifizieren? Der Grund hierfür ist denkbar einfach. Genau genommen gibt es nämlich keine Geschichte, wenn überhaupt existieren nur einzelne Geschichten von verschiedenen Ereignissen. Von ‚der' Geschichte im Kollektivsingular kann eigentlich nicht die Rede sein:

> Bisher habe ich selbst über „die Geschichte" gesprochen, als bedürfe dies keiner weiteren Erklärung. Das ist jetzt nicht mehr möglich; denn ich möchte es klarmachen, daß es eine „Geschichte" in dem Sinn, in dem die meisten Menschen davon sprechen, einfach nicht gibt.[68]

Warum kann es keine Geschichte geben? Das ist dem Umstand geschuldet, dass bei ihrem Schreiben zu viele Tatsachen berücksichtigt werden müssten. Daraus folgt: „Es kann keine Geschichte ‚der Vergangenheit' geben, ‚wie sie sich tatsächlich ereignet hat'."[69] Der Historiker muss aus den Ereignissen der Vergangenheit auswählen. Es bleibt ihm nichts anderes übrig, als sich auf das für ihn Wesentliche zu beschränken. Er muss entscheiden, welche Geschichte er erzählen möchte:

> Der Grund für den selektiven Charakter aller unserer Beschreibungen liegt, grob gesprochen, in dem unendlichen Reichtum und in der Mannigfaltigkeit der möglichen Aspekte der Tatsachen unserer Welt. Zur Beschreibung dieser unendlichen Fülle steht uns nur eine endliche Anzahl von Worten zur Verfügung. Wir können also beschreiben, solange wir wollen: unsere Beschreibung wird immer unvollständig sein, sie wird eine bloße Auswahl [...] der Tatsachen sein, die sich uns zur Beschreibung bieten. Es ist daher nicht nur unmöglich, einen selektiven Geschichtspunkt zu vermeiden, sondern ein solcher Versuch ist auch völlig unerwünscht; denn im Falle seines Gelingens würden wir nicht etwa eine mehr „objektive" Beschreibung erhalten, sondern eine bloße Anhäufung

---

68   Ebd., 333.
69   Ebd., 322.

> von völlig zusammenhanglosen Sätzen. Aber ein Gesichtspunkt ist natür-
> lich unvermeidbar; und der naive Versuch, ihn zu umgehen, kann nur
> dazu führen, daß man sich selbst täuscht und unkritisch einen unbewuß-
> ten Geschichtspunkt anwendet. [...] Somit ist es uns in der Geschichte
> nicht weniger als in den übrigen Wissenschaften unmöglich, einen
> Gesichtspunkt zu vermeiden; und die Annahme, daß wir ohne einen
> Gesichtspunkt auskommen können, muß zur Selbsttäuschung und zu
> Mangel an kritischer Sorgfalt führen.[70]

All dies führt dazu, dass es nicht möglich ist, von der Geschichte als solcher
zu sprechen, denn eine solche existiert schlicht und einfach nicht. Es kann
nur viele Geschichten geben. Bei dem, was für gewöhnlich unter Geschichte
verstanden wird, handelt es sich dann auch bei näherem Hinsehen eigentlich nur um eine illegitime Engführung auf bloß einen Bereich des menschlichen Lebens. Ist von Geschichte die Rede, so ist damit vor allem die politische Geschichte gemeint. Staatsmänner und Regierungen, Diplomatie und
Internationale Beziehungen, Kriege und Schlachten geben den Grundtenor der
Geschichtsschreibung an:

> Man spricht von der Geschichte der Menschheit; aber was man meint
> und was man in der Schule gelernt hat, ist die Geschichte der politi-
> schen Macht. Es gibt keine Geschichte der Menschheit, es gibt nur eine
> unbegrenzte Anzahl von Geschichten, die alle möglichen Aspekte des
> menschlichen Lebens betreffen, und eine von ihnen ist die Geschichte
> der politischen Macht. Sie wird zu Weltgeschichte erhoben. Aber das
> ist eine Beleidigung jeder anständigen Auffassung von der Menschheit.
> Es ist kaum besser, als wenn man die Geschichte der Unterschlagung
> oder des Raubes oder des Giftmordes zur Geschichte der Menschheit
> machen wollte. Denn die Geschichte der Machtpolitik ist nichts ande-
> res als die Geschichte internationaler Verbrechen und Massenmorde [...].
> Diese Geschichte wird in der Schule gelehrt, und einige der größten Ver-
> brecher werden als ihre Helden gefeiert.[71]

Es lässt sich somit festhalten, dass nach Popper die Historiographie keine
nomothetische Wissenschaft sein kann, weil es keine historischen Gesetze gibt.
Solche kann es nicht geben, weil es keine Geschichte gibt. Nachdem nun die

---

70   Ebd., 322 f.
71   Ebd., 334.

Kritik Poppers am Historizismus entwickelt wurde, soll es im Folgenden darum gehen, diese auf die Generationentheorie von Strauss und Howe anzuwenden.

4 Die Generationentheorie aus Sicht des Kritischen Rationalismus

Bereits eine kursorische Prüfung verrät sogleich, dass es sich bei der Generationentheorie von Strauss und Howe um ein Paradebeispiel für den zeitgenössischen Historizismus handelt. Der Historizismus zeichnet sich durch zwei Charakteristika aus: zum einen durch das Bestreben, historische Gesetzmäßigkeiten in der Vergangenheit ausmachen zu wollen, und zum anderen durch das Bemühen, diese Gesetzmäßigkeiten über die Gegenwart hinaus zu verlängern, um die Zukunft vorherzusagen. Die Generationentheorie scheint beide Voraussetzungen zu erfüllen. Allein der Untertitel verrät schon das historizistische Ansinnen des Werkes: Es handelt sich um eine Prophezeiung (*prophecy*), die davon berichtet, was die Geschichte uns über die Zukunft zu sagen hat (*History tell us*). Beide Autoren schreiben recht unverblümt, es sei die Belohnung eines Historikers, Muster (*patterns*) in der Geschichte, die sich über die Zeit regelmäßig wiederholen, und ihre natürlichen Rhythmen (*natural rhythms*) ausfindig zu machen.[72] Die Autoren bringen schließlich ihr historizistisches Ansinnen auf den Punkt, wenn sie schreiben: „Dieses Buch verwandelt die Geschichte in eine Prophezeiung."[73]

Wenn aber die von Strauss und Howe formulierte Generationentheorie eine Form des Historizismus darstellt, bedeutet dies im Umkehrschluss auch, dass sie den historizistischen Kardinalfehler begeht, den eigenen Standpunkt – als eine allgemeine oder historische Interpretation – mit einer Theorie zu verwechseln. Sie sitzt dabei dem naiven Fehlglauben auf, es sei möglich, eine Geschichte als eine lückenlose Darstellung vergangener Ereignisse, so wie sie sich tatsächlich ereignet haben, zu schreiben. Aus diesem Grund tritt sie auch mit einem vollkommen überzogenen Geltungsanspruch auf. Es zeigte sich nämlich, dass es eben nicht möglich ist, eine solche allumfassende Chronik zu verfassen, weil es genau genommen keine Geschichte gibt.

Dass ihnen von Seiten wahrer Historiker genau eben jenes Argument entgegengebracht werden könnte, war Strauss und Howe durchaus bewusst:

---

72 William Strauss, Neil Howe, *The Fourth Turning*, 2.
73 Ebd., 21.

In der akademischen Welt verziehen viele Historiker das Gesicht über den Vorschlag, dass die Vergangenheit irgendwelche Lektionen anbietet. Sie sehen keine intrinsische und vereinheitlichende Geschichte, sondern lediglich eine Wundertüte vergangener Details oder Fußnoten zu einer überholten Gesellschaftstheorie. In der Tat sagen einige Historiker jetzt, dass es überhaupt nicht die Geschichte gibt – nur eine Vielzahl von Geschichten, eine für jede Religion, Sprache, Industrie, Klasse und Rasse. [...] Die wissenschaftliche Zurückweisung der inneren Logik der Zeit hat zu einer Entwertung der Geschichte in unserer Gesellschaft geführt. An Ivy-League-Universitäten müssen Studierende Geschichte nicht mehr als eigenständiges Fach belegen. In Schulbüchern der öffentlichen Schulen werden Leckerbissen über vergangene Ereignisse mit Lektionen über Geographie, Politik und Kunst zu einer Art sozialtheoretischem Eintopf vermischt. Umfragen zeigen, dass Geschichte nun das Fach ist, für das sich Schüler von High-Schools am wenigsten interessieren. Im Pop-Jargon bedeutet „das ist Geschichte" so viel wie „das ist irrelevant".[74]

Strauss und Howe sind also mit dem Argument vertraut, dass es nicht ‚die' Geschichte im Kollektivsingular gibt. Wie begegnen sie nun aber dem Einwand? Ihr Konter besteht darin, zu monieren, dass auf Grund dieser Auffassung die Historiographie als Wissenschaft an Bedeutung verloren habe. Die Geschichtsschreibung würde sich nicht mehr – wie früher einst – großer Themen annehmen. Das sei zu bedauern. Um ihre Bedeutung wiederherzustellen, müsse sie sich wieder an solche heranwagen: „Um etwas zu bedeuten, muss die Geschichtsschreibung mehr tun."[75] Hierbei handelt es sich jedoch um ein wenig überzeugendes Gegenargument. Der Umstand, dass eine Wissenschaft im Verlauf der Moderne an Bedeutung verloren hat, kann keine Begründung dafür sein, dass sie sich wieder an ‚große' Fragestellungen herantraut und sich dabei in vollkommen unwissenschaftlichen Spekulationen über den Verlauf der Geschichte ergeht. Gerade durch die Reduktion des Geltungsanspruches ihrer Geschichtsschreibung hat die Historiographie überhaupt erst einen wissenschaftlichen Charakter erlangen können.

---

74   Ebd., 12.
75   Ebd., 13.

5   Schlussbetrachtung

Alles in allem lässt sich festhalten, dass die Generationentheorie von Strauss und Howe die gleichen, nicht ausräumbaren Fehler aufweist, die allen Formen des Historizismus gemein sind. Es ist insofern keine Herausforderung, deren „pseudo-wissenschaftlichen, pseudo-historischen und mythologischen"[76] Charakter aufzudecken. Führt man sich aber vor Augen, auf welchem unebenen Boden solche Geschichtsphilosophien konzeptionell erbaut wurden, stellt sich unweigerlich die Frage: Warum sind sie nach wie vor so erfolgreich?

Rechtfertigung könnte die Generationentheorie dadurch finden, dass ihre Prophezeiungen auch tatsächlich eingetreten sind. Ist es denn möglich, die innen- und außenpolitische Lage, in der sich die Vereinigten Staaten von Amerika unter U.S.-Präsident Trump gegenwärtig befinden, anders als einen vierten Wendepunkt im Sinne der Generationentheorie, d. h. als eine Krise, zu verstehen? So schreiben Strauss und Howe etwa über das Ereignis, das die kommende Krise auslösen wird, es könne sich dabei um eine Finanzkrise oder eine nationale Wahl handeln.[77] Weiter prophezeihen sie, dass sich die Vereinigten Staaten in ihren Außenbeziehungen während der Krise isolieren und nur noch auf sich selbst achten werden. Dieser politische Isolationismus wird auch nicht Halt vor der Wirtschaft machen.[78] Strauss und Howe sprechen weiter davon, dass eine Zeit des Populismus und des Faschismus auf die Vereinigten Staaten zukommen könnte. Der gesellschaftliche Ton schließlich werde rauer und die *Political Correctness* vor die Hunde gehen.[79]

Lassen sich solche Passagen denn überhaupt anders lesen als eine zutreffende Vorhersage der heutigen Situation, in denen sich die Vereinigten Staaten sowohl innen- als auch außenpolitisch befinden? Können Verteidiger solcher Theorien nun vorbringen, dass ihre Prophezeiungen sich erfüllt haben, wie es Howe auch wirklich tut?[80] Tatsächlich hatte Popper, obgleich er seine Kritik am Historizismus vor allem auf Hegel und Marx münzte, auch andere Geschichtsphilosophien vor Augen, denen er entschieden widersprechen wollte. Zu diesen gehören auch solche, die anstelle eines linearen Fortschritts von einem zyklischen Verlauf der Geschichte ausgehen. Geschichtsphilosophie solcher

---

76   Karl Popper, *Das Elend des Historizismus*, VII.
77   William Strauss, Neil Howe, *The Fourth Turning*, 272.
78   Ebd., 276.
79   Ebd., 291.
80   In einem Podcastinterview mit David McAlvany und Kevin Orrick am 05.07.2017 kommentierte Howe die aktuellen Ereignisse mit der Feststellung, dass sich die Vereinigten Staaten bereits seit acht Jahren in einer Krise befinden würden.

Art gab es zu Poppers Lebzeiten en masse, man denke nur an Spenglers oder
Toynbees universalhistorische Entwürfe. So finden sich bei Popper ebenfalls
Seitenhiebe auf solche Geschichtsphilosophien:

> Freilich, sobald man einmal an ein Gesetz der sich wiederholenden
> Lebenszyklen glaubt [...], wird man sicher fast überall geschichtliche
> Bestätigungen für diesen Glauben finden. Aber dies ist nur einer der vie-
> len Fälle, in denen metaphysische Theorien scheinbar durch Tatsachen
> bestätigt werden – durch Tatsachen, von denen sich bei näherer Prüfung
> herausstellt, daß sie im Lichte eben der Theorien ausgesucht wurden, die
> sie prüfen sollen.[81]

Das Problem bei derartigen Geschichtsphilosophien ist, dass bei ihrer Bestätigung die Ereignisse, welche sie belegen sollen, willkürlich ausgesucht werden. Sehr schön kann das an den oben erwähnten Prophezeiungen von Strauss
und Howe über die kommende Krise illustriert werden. Die Ausführungen zur
bevorstehenden Krise ergießen sich in *The Fourth Turning* über mehr als drei-
ßig Seiten. Dort werden von den beiden Autoren alle nur erdenklichen Horror-
Szenarien abgehandelt. Ausgesucht wurden eben aber nur solche Prophezeiungen, die sich auf den gegenwärtigen Zustand, in denen sich die Vereinigten Staaten befinden, lesen lassen. Die Prophezeiung von Strauss und Howe
besteht im Grunde genommen in einer bloßen Auflistung von Ereignissen, die
eintreten könnten. Dabei sind die beiden Autoren äußerst darauf bedacht, sich
nicht allzu sehr festzulegen. Dieser Unwille, Farbe zu bekennen, wird dann
auch noch als wissenschaftliche Tugend verkauft: Schließlich wäre es unwis-
senschaftlich, vorherzusagen, was genau passiert. Folge hiervon ist, dass sich
immer ein Ereignis finden lässt, das – in welcher Form auch immer – zur Theorie passt und zu ihrem Beweis angeführt werden kann. Von all den Ereignissen,
die nicht eingetreten sind, ist dann freilich nicht die Rede. Insofern beruht der
Beweis auf einer selektiven Auswahl von Ereignissen.
    Die Generationentheorie ist so erfolgreich, weil sie den Anschein erweckt,
als wäre sie empirisch gehaltvoll. Das genaue Gegenteil ist aber der Fall. Es werden keine historischen Gesetzmäßigkeiten mit Hilfe der Induktion entdeckt. Es
ist umgekehrt. Vermeintlich historische Gesetzmäßigkeiten werden von außen
in die Geschichte hinein projiziert. Der Glaube an den wie auch immer gear-
teten Verlauf der Geschichte steht immer zuerst. Die Geschichte wird so in ein
vorgefertigtes Muster gepresst. Dass ein solches Vorgehen ein klares Anzeichen

---

81   Karl Popper, *Das Elend des Historizismus*, 87.

für einen Mangel an Einbildungsvermögen darstellt, sah auch schon Popper, der über den typischen Historizisten das vernichtende Urteil fällte:

> Er glaubt fest an seinen Lieblingstrend, und Bedingungen, unter diesen dieser verschwinden würde, sind für ihn undenkbar. Das Elend des Historizismus, könnte man sagen, ist das Elend der Phantasielosigkeit.[82]

Eine Frage, die sich nun natürlich aufdrängt, lautet: Besitzt die Kritik Poppers am Historizismus Gültigkeit für alle materialen Geschichtsphilosophien, die in der Philosophiegeschichte vertreten worden sind? Um die Frage beantworten zu können, sei zunächst noch einmal kurz rekapituliert, was Popper unter dem Historizismus versteht: Unter dem Historizismus will Popper sozialwissenschaftliche Theorien verstanden wissen, welche in der Vergangenheit historische Gesetzmäßigkeiten entdecken, um sie dann auf die Zukunft zu übertragen. Poppers Historizismus-Begriff lässt sich in zwei Bestandteile zergliedern: erstens die Entdeckung geschichtlicher Gesetze in der Vergangenheit, mit Hilfe derer das Zustandekommen der Gegenwart erklärt wird, und zweitens die Übertragung dieser Gesetze auf die Zukunft. Werden diese beiden Bedingungen nun auch tatsächlich von allen materialen Geschichtsphilosophien erfüllt?

Der Blick in die Philosophiegeschichte verrät sogleich, dass dieser Typus der materialen Geschichtsphilosophie, der beide Bedingungen erfüllt, durchaus weitverbreitet ist. Als Beispiele hierfür können – wenn man sich mit Poppers Lesart einverstanden erklärt – Hegel und Marx angeführt werden. Für solche historizistische Geschichtsphilosophien gilt Poppers Kritik uneingeschränkt: Prophezeiungen über die Zukunft sind für einen geschichtsphilosophischen Autor nur dann möglich, wenn er glaubt, dass es die ‚eine' Geschichte auch wirklich gibt und ihr Verlauf bestimmten Gesetzmäßigkeiten folgt. Schickt sich also ein Geschichtsphilosoph an, ausgehend von seiner historischen Interpretation Prognosen über die Zukunft anzustellen, verabsolutiert er immer seinen eigenen Standpunkt. Ein zeitgenössisches Beispiel für so eine historizistische Geschichtsphilosophie ist zweifelsohne die Generationentheorie von Strauss und Howe.

Ein Blick in die Philosophiegeschichte zeigt, dass es auch Verfasser materialer Geschichtsphilosophien gab, die mit einem reduzierten Anspruch auftraten und zwar, indem sie nur die Gesetze der ‚bisherigen' Geschichte, nicht aber der zukünftigen entdecken wollten. Zwar suchen auch sie nach den Gesetzen der Geschichte. Sie unterlassen es aber, diese in die Zukunft hinein zu

---

82 Ebd., 102.

verlängern. Bei solchen materialen Geschichtsphilosophien ist nur die erste Bedingung für das Vorliegen des Historizismus erfüllt. Da aber beide Voraussetzungen kumulativ vorliegen müssen, können diese materialen Geschichtsphilosophien nicht zum Historizismus gezählt werden. Allerdings kann auch hier, obwohl keine Aussagen über die Zukunft getroffen werden, die Kritik Poppers Gültigkeit besitzen und zwar, wenn die betreffenden Propagandeure der materialen Geschichtsphilosophie ihre eigenen historischen Interpretationen für die einzig denkbare halten und so ihren subjektiven Standpunkt zu objektivieren suchen. In diesem Fall besitzt Poppers Argument, dass es keine Geschichte gibt, ebenfalls Gültigkeit. Sind sich solche geschichtsphilosophische Ansätze aber ihrer Relativität bewusst und treten deshalb nur mit einem reduzierten Geltungsanspruch auf, sind sie – zumindest Popper zufolge – durchaus legitim.[83]

Gemeinsam haben die bislang besprochenen Formen von materialen Geschichtsphilosophien, dass sie theoretisch veranlagt sind: Sie gehen davon aus, dass sich in der Geschichte positive Gesetzmäßigkeiten feststellen lassen. In diesem Modell ist die materiale Geschichtsphilosophie der theoretischen Philosophie zuzuschreiben, weil etwas geschildert wird, was nicht anders verlaufen kann: Die Geschichte verläuft auf eine bestimmte Weise – womöglich endet sie auch auf diese – und der Mensch vermag dies lediglich zu erkennen. Im Gegensatz zu einer solchen theoretischen Geschichtsphilosophie leugnen praktische Geschichtsphilosophien die Existenz einer solchen naturgesetzmäßigen Eigendynamik. Sie wollen vielmehr im Anschluss an Immanuel Kant den Verlauf der Geschichte auf einen normativen Zweck hin verpflichtet wissen. Insofern lässt sich nach dieser Konzeptualisierung die materiale Geschichtsphilosophie der praktischen Philosophie zuordnen, weil es zur intentionalen Setzung eines moralischen Ziels kommt: Die Geschichte wird zwar nicht unbedingt auf jene Weise verlaufen bzw. enden, sie sollte es aber und es ist an der Menschheit, dies sicherzustellen, indem sie der Geschichte ,auf die Sprünge' hilft. So verschwimmen die Grenzen zwischen Geschichtsphilosophie und Zukunftsethik. Die Kritik Poppers am Historizismus entbehrt bei dieser Form der materialen Geschichtsphilosophie jeglichen Anknüpfungspunktes. Popper selbst scheint einer solchen materialen Geschichtsphilosophie auch nicht abgeneigt gewesen zu sein. Seine vernichtende Kritik am Historizismus beschließt er mit den folgenden Worten, aus denen sich eine gewisse Sympathie für eine praktische Geschichtsphilosophie der Zukunft lesen lässt:

---

83   Vgl. ebd., 118.

Die Geschichte hat keinen Sinn, das ist meine Behauptung. Aber aus dieser Behauptung folgt nicht, daß wir nichts tun können, daß wir der Geschichte der politischen Macht entsetzt zusehen müssen oder daß wir gezwungen sind, sie als einen grausamen Scherz zu betrachten. Denn wir können sie interpretieren mit einem Auge auf jene Probleme der Macht-politik, deren Lösung wir in unserer eigenen Zeit versuchen wollen. Wir können die Geschichte der Machtpolitik deuten vom Standpunkt unseres Kampfes für die offene Gesellschaft, für eine Herrschaft der Vernunft, für Gerechtigkeit, Freiheit, Gleichheit und für die Kontrolle des internationa-len Verbrechens. Obwohl die Geschichte keinen Zweck hat, können wir ihr dennoch diese unsere Zwecke auferlegen, und obwohl die Geschichte keinen Sinn hat, können doch wir ihr einen Sinn verleihen.[84]

Festhalten lässt sich somit: Zwar ist mit Popper das letzte Wort über den His-torizismus gesprochen worden, keinesfalls aber das über die materiale Geschichtsphilosophie in ihrer Gesamtheit. Poppers Kritik kann aber als Maß-stab verstanden werden, anhand dessen eindeutig zu erkennen ist, ob es sich um eine legitime Geschichtsinterpretation handelt oder um eine unwissen-schaftliche Geschichtsmetaphysik.

---

84   Karl Popper, *Die offene Gesellschaft und ihre Feinde*, 344.

TEIL 4

Freiheit – Wege und Grenzen

..

Die Phänomenologie und das Politische: Überlegungen zu den methodischen Möglichkeiten und Grenzen der Phänomenologie

Thorsten Streubel

Abstract

Was kann die Phänomenologie zur politischen Theorie und politikwissenschaftlichen Forschung beitragen? Und inwiefern könnte die Phänomenologie selbst als politische Philosophie auftreten? Um diese Fragen beantworten zu können, müssen die methodischen Möglichkeiten und Grenzen der Phänomenologie auf grundsätzliche Weise reflektiert werden. Ich möchte zeigen, dass die Phänomenologie zwar die sogenannte „Politische Differenz" autonom (wenngleich mit gewissen Einschränkungen) abzuleiten vermag; dass sie aber weder als kategorische normative politische Theorie möglich ist noch in Konkurrenz zur empirischen Politikwissenschaft treten kann. Was die Phänomenologie aber leisten kann, sind zwei Dinge: Sie kann erstens die begrifflichen Grundlagen und ontischen Voraussetzungen des Politischen und der Politik (in Form einer politisch erweiterten Fundamentalanthropologie) thematisieren; und sie kann zweitens als ‚existenzielle Epistemologie' einen wichtigen Beitrag zur Aufklärung des Menschen über sich selbst leisten und damit eine postideologische, postreligiöse und postmoralische Gesellschaft befördern. In diesem Sinne ist die Phänomenologie politisch in sich selbst. Das heißt: Als Theorie und als potenzielles „Vernunftorgan" der Gesellschaft ist sie insofern zugleich praktisch, als sie auf eine aufgeklärte Gesellschaft abzielt. Hierin besteht ihre Aufgabe und ihr letzter Zwecksinn.

1   Die Fragestellung

Stellt man die Frage, ob und inwiefern die Phänomenologie die methodischen Ressourcen besitzt, das Politische und die Politik (wie auch immer man diese Begriffe genau bestimmen mag) zu theoretisieren, dann sollte man sich zunächst über den methodischen Kern der Phänomenologie Gedanken machen. Auch wenn sich die Phänomenologie seit Husserl weder als amundane Subjektphilosophie noch als empirisch-mundane Psychologie des Menschen verstanden hat, so ging es ihr doch immer darum, bei der Thematisierung der „Sachen selbst" niemals das thematisierende Subjekt zu vergessen. – Dem Anspruch nach ist die Phänomenologie nicht nur eine reflexive, sondern eine *selbst*reflexive Wissenschaft: Sie thematisiert nicht nur reflexiv das Verhältnis von Subjekt und Welt, sondern auch ihre eigenen Möglichkeiten der reflexiven Thematisierung dieses Verhältnisses. Und dies hätte auch eine Phänomenologie des Politischen zu beachten. Meine Leitfrage lautet daher: *Inwiefern kann die Phänomenologie mit ihren methodischen Mitteln den Bereich des Politischen und der Politik theoretisieren?*

Um diese Frage beantworten zu können, bietet es sich an, dieselbe in Teilfragen zu differenzieren:

(1)   Was kann die Phänomenologie zu den Grundlagen Politischer Philosophie und Theorie beitragen? Kann es so etwas geben wie eine „Eidetik" des Politischen oder gar eine eigenständige phänomenologische politische Theorie?

(2)   Gibt es möglicherweise unübersteigbare methodische Grenzen der Phänomenologie, die es der Phänomenologie vielleicht unmöglich machen, sich als Politische Philosophie zu konstituieren?

(3)   Inwiefern könnte die Phänomenologie schon in sich selbst politisch sein?

2   Der methodische Kern

Was ist Phänomenologie? Auch wenn diese Frage sicherlich nicht in wenigen Sätzen beantwortet werden kann, so möchte ich doch versuchen, einige wesentliche Aspekte hervorzuheben, die für die folgenden Überlegungen zentral sind. Man könnte die Phänomenologie im Sinne ihres Begründers Edmund Husserl als ein Projekt verstehen, Philosophie als strenge Wissenschaft durchzuführen. Hierzu gehören mindestens a) eine Methode, b) deren Begründung (also eine Methodologie) und c) ein Forschungsfeld. Ich habe anderenorts versucht, zu zeigen, dass methodisches Vorgehen, Methodenbegründung und Bestimmung des Forschungsfeldes nicht unabhängig voneinander vonstattengehen können, sondern nur in ein und demselben Begründungsgang.[1] Die Methode der Phänomenologie (und der Philosophie) im umfassenden Sinne ist hiernach nichts anderes als der (Erkenntnis-)Weg der Begründung und Selbstbegründung der Phänomenologie, also ihrer spezifischen Methoden im engeren Sinne (Methodologie) und ihres Gegenstandsbereichs. Wie eingangs bereits bemerkt, thematisiert die Phänomenologie das Verhältnis von Subjekt und Welt auf selbstreflexive Weise; dies heißt, sie muss immer auch ihre eige-

---

1   Vgl. Thorsten Streubel, *Kritik der philosophischen Vernunft. Die Frage nach dem Menschen und die Methode der Philosophie*, Wiesbaden 2016.

nen Möglichkeiten der Thematisierung ausweisen und begründen. Als Wissenschaft von den Phänomenen ist die Phänomenologie kognitiv auf die je eigene Anschauung (Erleben) bezogen, die das fundamentum inconcussum darstellt.[2] Ausgehend von den anschaulichen Gegebenheiten und deren Deskription versucht sie durch eidetische Variation nicht nur Wesensmöglichkeiten (Varianten) imaginierend zu eruieren, sondern damit zugleich auch zu begrifflich allgemeinen Aussagen (eidetischen Sätzen) zu gelangen, um so das je eigene Erleben auf bereichsspezifische Universalaussagen mit Anspruch auf objektive Gültigkeit hin zu transzendieren und so wissenschaftliche Intersubjektivität zu ermöglichen. Wichtig ist dabei, dass die Phänomenologie von der je eigenen Anschauung ausgehen muss, ohne jedoch bestimmte Phänomenbereiche *empirisch-einzelwissenschaftlich* zum Forschungsgegenstand machen zu können. Sie kann zwar z. B. die Natur als Teil der anschaulich gegebenen Lebenswelt (als Phänomen) betrachten und diese Gegebenheit zum philosophischen Thema machen und den Seinssinn dieses Grundphänomens zu bestimmen versuchen. Aber sie ist deshalb noch lange nicht befähigt, mathematische Naturwissenschaft im modernen Sinne zu betreiben.[3] Die Phänomenologie betrachtet selbstreflexiv das Verhältnis von Subjekt und Welt, vermag vielleicht sogar noch so etwas wie „Regionalontologien" zu erarbeiten, aber sie ist keine Einzelwissenschaft, die bestimmte mundane Phänomenbereiche zum Forschungsthema hat, sondern diese den Einzelwissenschaften überlässt. Was sie vielmehr thematisiert, ist das Transzendentale, also all diejenige phänomenalen Bedingungen, die die Präsenz von Welt und (mundanem) Selbst und deren wissenschaftliche Erforschung ermöglichen. Dass sie sich aber nicht darin erschöpft, Transzendentalphilosophie und Erkenntnisphänomenologie zu sein, werden die weiteren Ausführungen zeigen.

3   Die Phänomenologie und das Politische

Seit einigen Jahren wird auch hierzulande die sogenannte „Politische Differenz" zwischen dem Politischen (le politique) und der Politik (la politique)

---

2   Ich kann methodisch an allem Möglichen begründet zweifeln. Aber wenn ich versuche, zu bezweifeln, dass ich gerade zweifle oder überhaupt etwas erlebe, dann zerschellt dieser Zweifel stets am Faktum des erlebten Zweifelns wie des Erlebens überhaupt. Daher ist das Erleben als Anschauung unbezweifelbar und damit das fundamentum inconcussum.

3   Vgl. hierzu Thorsten Streubel, „Das Sein der Natur. Überlegungen im Anschluss an Kant, Schopenhauer und Husserl", in: Myriam Gerhard (Hrsg.), *Naturauffassungen jenseits derer der Naturwissenschaften*, Würzburg 2015, 13–52.

bezüglich ihres Sinns und ihres analytischen Mehrwerts kontrovers diskutiert.[4] Strittig ist schon die Differenzierung selbst zwischen dem Politischen und der Politik. Denn was sollte es über den Bereich der gewöhnlichen ‚Politik' hinaus geben, wie sie bisher von Politischer Theorie und Philosophie sowie vor allem der empirischen Politikwissenschaft (mit ihrer Differenzierung der Politik in die drei Dimensionen von polity, policy und politics) zum Forschungsgegenstand gemacht wurde und wird? Was könnte das sein, ‚das Politische' – im Unterschied zur Politik als staatliches (auch zwischen- und überstaatliches) Normengefüge, als politisches System, als Prozedur der allgemeinverbindlichen Entscheidungsfindung und Gesetzgebung etc.?

Die politische Differenz und insbesondere der Begriff des Politischen werden tatsächlich sehr unterschiedlich begrifflich gefasst. Thomas Bedorf etwa unterscheidet „fünf Weisen, die politische Differenz anzulegen":[5]

(i)   „Norm": das Politische als der normative Maßstab der Politik (z. B. Hannah Arendt);

(ii) „Hegemonie": das Politische als Freund-Feind-Antagonismus (z. B. Carl Schmitt);

(iii) „Unterbrechung": das Politische als Unterbrechung der politischen Ordnung „der Herrschaft und Verteilungsprozesse" (z. B. Jacques Rancière);

(iv) „Stiftung": das Politische als Instituierung und Formierung des Sozialen (z. B. Claude Lefort);

(v)   „Sozialität": das Politische als soziales Band (z. B. Jean-Luc Nancy);

Die Sache verkompliziert sich noch zusätzlich, wenn die politische Differenz zudem als Analogon der ontologischen Differenz Heideggers verstanden wird.[6] Denn dann ist das Politische nicht mehr Teil der ontischen Sphäre, sondern der ontologischen: So wie das Sein (bzw. das Ereignis) für Heidegger kein Seiendes sei, so auch nicht das Politische und die Differenz.

Auch wenn hier nicht der Ort ist, sich ausführlich mit dem Sinn und Unsinn der ontologischen Differenz zu beschäftigen (und den Nachweis zu führen, dass die ontologische Differenz aus einer Hyperhypostasierung des „Seyns"

---

4 Vgl. insbesondere Oliver Marchart, *Die politische Differenz. Zum Denken des Politischen bei Nancy, Lefort, Badiou, Laclau und Agamben*, Berlin 2016³ und: Thomas Bedorf/Kurt Röttgers (Hrsg.), *Das Politische und die Politik*, Berlin 2010.

5 Thomas Bedorf, „Das Politische und die Politik – Konturen einer Differenz", in: Thomas Bedorf, Kurt Röttgers (Hrsg.), *Das Politische und die Politik*, Berlin 2010, 13–37, 15 ff.

6 Vgl. z. B. Oliver Marchart, *Die politische Differenz*, 59 ff.

resultiert), so möchte ich doch zumindest hinsichtlich meiner weiteren Überlegungen klarlegen, dass ich (wie Richard Rorty[7] und andere) davon ausgehe, dass es nur Seiendes gibt und daher auch das Politische ontisch (z. B. als menschliche Handlungsmöglichkeit) zu verstehen ist. Mir scheint folgende Disjunktion vollständig zu sein: Das Seiende ist, das Nichtseiende ist nicht (tertium non datur). In Bezug auf die ontologische Differenz hieße das: Entweder existieren das Sein und das Ereignis (das Sein und Zeit gibt) oder eben nicht. Existieren sie, dann ,sind' sie – und insofern handelt es sich bei ihnen um Seiende/Existierende; oder sie existieren nicht, dann sind sie Nichtseiende (oder nur noematische Entitäten).[8] Ich bestreite also die Existenz der ontologischen Differenz und gehe damit auch davon aus, dass die „Politische Differenz" im ontischen Bereich (dem einzigen, den es gibt) anzusiedeln wäre. Wobei ich jedoch darauf insistieren möchte, dass diese Differenz ein fundamentum in re haben muss, also nicht nur eine begriffliche, sondern eine ontische Differenz darstellen muss, wenn sie einen analytischen Wert besitzen soll (was nichts anderes bedeutet, als dass sich im Bereich der politischen Wirklichkeit ein entsprechender Unterschied identifizieren lassen muss).

Im Weiteren soll es nun um die Frage gehen, ob die Phänomenologie die methodischen Ressourcen besitzt, das Politische und die Politik theoretisch zu erfassen. Kantisch gesprochen: Ist eine Phänomenologie des Politischen und/oder der Politik als Wissenschaft möglich? Ich möchte vorweg – anknüpfend an die oben angeführten Bestimmungen von (iii) und (iv) – den *ontischen* Begriff des Politischen so bestimmen,[9] dass das Politische etwas ist, was nicht ohne Menschen als potenzielle politische Subjekte gedacht werden kann und immer dann in Erscheinung tritt, wenn Menschen den Willen entwickeln, ihre Geschicke gemeinsam zu regeln.[10] Dies setzt voraus, dass sich in einem konkre-

---

7   Richard Rorty, *Kontingenz, Ironie und Solidarität*, Frankfurt a. M. 1999⁵, 189 (Fn. 13).

8   Ich möchte jedoch betonen, dass ich nicht die jeweiligen Phänomene bestreite, die Heidegger im Blick gehabt hat: Dass es eine Art Sinngeschehen gibt, das man mit Heidegger als „Welt" oder Sprache oder Ereignis bezeichnen kann, leugne ich ausdrücklich nicht. Ich bin jedoch davon überzeugt, dass Sinn und dasjenige, was Sinn generiert, selbst ein Seiendes ist. Nicht alles, was ist, ist ja von dinglicher Natur.

9   Über Normativität (i) werde ich mich weiter unten äußern. Die Freund-Feind-Unterscheidung (ii) scheint mir nicht notwendig zu sein, damit das Politische wirklich werden kann. Und ein soziales Band (iv) ist noch nicht per se etwas Politisches.

10   Das Politische als Wesen der Politik zu bestimmen, wie dies etwa Chantal Mouffe (*Über das Politische. Wider die kosmopolitische Illusion*, Bonn 2010, 15 ff.) vorschlägt, scheint mir auf eine Verwechslung von Tatsache (hier: der politischen Wirklichkeit) und Wesen (die grundbegriffliche Bestimmung der politischen Tatsachen) zu beruhen. Das Politische müsste hiernach im Grunde eine Definition dessen sein, was wir unter den Termini ,Politik' und ,politisch' verstehen sollten. Damit ist aber nur die Aufgabe bezeichnet, einen

ten Fall mehrere Menschen überhaupt als Gemeinschaft des Zusammenlebens begreifen (wollen) und zu der Einsicht gelangen, dass dieses Zusammenleben einer gemeinsamen Regelung bedarf. Politisch würde ein Zusammenleben also immer dann, wenn die Mitglieder einer Gemeinschaft begännen, den Versuch zu unternehmen, kollektiv verbindliche Entscheidungen bezüglich des Kollektivs zu erreichen, wozu auch gehört, die Modalitäten der Entscheidungsfindung selbst auszuhandeln. Man könnte auch in einem erweiterten Sinne sagen: Politisch im emphatischen Sinne wird es immer dann, wenn das Ganze der bestehenden oder künftigen Politik (der Verfassung und Verfassungswirklichkeit) zur Disposition steht, wenn also eine neue oder ursprüngliche Ordnung instituiert werden soll oder eine bestehende radikal in Frage gestellt wird (etwa in revolutionären oder Krisenzeiten). Auch wenn es sich hierbei sicherlich um eine Art Stipulation handelt, beansprucht diese trotzdem einen Unterschied in der Sache (also der politischen Wirklichkeit) zu markieren. – Sicherlich handelt es sich hierbei nicht um eine schlichte Tatsachenfeststellung, aber doch um die begriffliche Erfassung einer Wesensmöglichkeit, einer Möglichkeit des Menschseins bzw. der menschlichen Existenz. Es handelt sich also um eine modal-ontologische Unterscheidung.[11]

Worauf es jedoch hier zunächst ankommt, ist, dass diese begriffliche Bestimmung des Politischen von mir nicht durch eine rein phänomenologische Analyse der politischen Phänomene gewonnen wurde, sondern – ganz prosaisch – nur aufgrund der Beschäftigung mit der einschlägigen Literatur über die Grundlagen des Politischen sowie aufgrund gewisser historischer Betrachtungen (die ebenfalls vielfältig medial vermittelt sind). Dies ist insofern von systematischen Belang und daher hier kritisch zu reflektieren, als es offensichtlich

---

bestimmten Gegenstandsbereich in seiner Unterschiedenheit von anderen Bereichen begrifflich zu fassen. So könnten etwa Biologen eine ‚Lebendige Differenz‘ proklamieren, um den Begriff des Lebens von faktischem Leben und seiner Erforschung zu unterscheiden. Oder man versteht unter dem Politischen etwas Faktisches oder zumindest eine anthropologische Wesensmöglichkeit (wie ich es vorschlage), dann ist die politische Differenz eine begrifflich-ontische Differenz und müsste damit auch Teil der Wesensbestimmung des Politischen werden.

11   Kritisch könnte man gegen die Rede von einer politischen Differenz freilich einwenden, dass sie erheblich vom alltagssprachlichen Sprachgebrauch abweicht. Wenn man sagt: ‚Dies ist eine politische Frage‘ oder ‚Ich bin ein politischer Mensch‘, dann meint man i. d. R. mit ‚politisch‘ schlicht, dass es hierbei um das geht, was alle angeht und was kollektiv verbindlich geregelt werden sollte. Ich schlage daher vor, zwischen einem umfassenden Wesensbegriff (des Politischen und der Politik) und einem emphatischen Begriff des Politischen zu unterscheiden. Letzterer ist dem Ersteren zu subordinieren, da er (der emphatische Begriff) nicht das Ganze der politischen Phänomene abdeckt. Ob ein Wesensbegriff des Politischen sich mit dem alltäglichen deckt, wäre jedoch eigens zu klären.

nicht möglich ist, einfach „zu den Sachen selbst", also den politischen Phänomenen, zurückzugehen, um sie dann schlicht aufgrund eigener Anschauung zu beschreiben. Denn welches Phänomen überhaupt den Titel ‚politisch' verdient, ist unmöglich durch naive Phänomenanalyse anzugeben. Und dies aus mindestens zwei Gründen: Erstens ist es ohne begriffliche Kriterien (also einen Vorbegriff von Politik) völlig unklar, um welche Phänomene es überhaupt gehen könnte; und zweitens handelt es sich bei den Begriffen ‚Politik', ‚politisch' etc., um historisch überkommene Begrifflichkeiten, also bedeutungsmäßig gewissermaßen mehrfach präokkupierte Termini, deren Bedeutungsfeld ein historisches Apriori und damit eine positive Möglichkeitsbedingung der Forschung darstellt. Welche Phänomene überhaupt als politisch gelten können, ist durch eine bis in die Antike zurückreichende Theorie- und Begriffsgeschichte bestimmt, die von Kontinuitäten und kleineren und größeren Brüchen gekennzeichnet ist. Und auch ob diese Ausdrücke univok verwendet werden oder zumindest einen essenziellen semantischen Kern besitzen, oder ob sie eher nach dem Prinzip der Familienähnlichkeit strukturiert oder sogar äquivok sind, lässt sich nur durch eine auch historisch angelegte Begriffsanalyse herausfinden. Eine unhistorische Begriffsanalyse (eine oberflächliche Analyse des Sprachgebrauchs) würde hier daher zu kurz greifen. Nun könnte man freilich einwenden, dass dieses Problem stets auftritt, wenn es um phänomenologische Sachforschung geht. Auch die phänomenologische Bewusstseinsanalyse begann ja nicht an einem historischen Nullpunkt, sondern musste sich in der Sachanalyse von allen möglichen historischen Vorurteilen nach und nach befreien oder diese zumindest in echte Sachurteile verwandeln (wie man das sehr schön an Husserls Analysen in den *Logischen Untersuchungen* studieren kann). Könnte man daher nicht sagen, dass eine Phänomenologie des Politischen sich vor dem gleichen Problem stehen sieht wie jede phänomenologische Analyse? – Ja, dass die gewissermaßen semantische Präokkupation des Forschungsfeldes die Beforschung desselben allererst ermöglicht und daher gar kein echtes Problem darstellt? – Dies ist sicherlich richtig. Doch die Frage ist, ob es sich hier, also der vorgängigen begrifflichen Erschlossenheit des Bereichs des Politischen/der Politik, um eine *hinreichende* Bedingung der Möglichkeit einer politischen Phänomenologie handelt. Hier sind zunächst durchaus Zweifel angebracht. Mir geht es daher im Weiteren darum (wie der Untertitel bereits anzeigt), die methodischen Möglichkeiten, aber eben auch die *Grenzen* der Phänomenologie am Beispiel des Politischen/der Politik zu bestimmen. Was die politische Differenz betrifft, so scheint sie de facto nicht das Ergebnis einer freien Variation im Medium der Imagination (einer eidetischen Variation) zu sein, sondern letztlich das gedankliche Resultat historischer Betrachtungen und einer darauf aufbauenden analytischen Differenzierung. Man könnte auch sagen: Die politische Differenz verdankt sich ursprünglich einer Analyse und induktiven Verallgemeinerung von historischen Tatbeständen und ergibt sich aus der Dezision, einen erkennbaren (wenngleich modalen) Unterschied in einem Wirklichkeitsbereich auch begrifflich darzustellen und Ausdruck zu verleihen.

Nun ist die Phänomenologie weder Politische Ideengeschichte noch Geschichtswissenschaft. Die einzige Möglichkeit, streng methodisch auf phänomenologischem Wege zu dieser Differenz zu gelangen, scheint mir darin zu bestehen, ausgehend vom Eigensein (meinem Menschsein) und seiner vielfältigen (auch sozialen) Bedürfnishaftigkeit und Bezogenheit, die Wesensmöglichkeit eines politischen Zusammenschlusses einer Menschengemeinschaft auf Grundlage meines (des Phänomenologen) phänomenologisch einsetzbaren Möglichkeitssinnes zu imaginieren und sodann den Prozess der Instituierung (z. B. Verfassungsgebung) begrifflich von der daraus hervorgehenden Institution (z. B. Verfassungswirklichkeit) zu unterscheiden. Ob sich dies tatsächlich methodisch streng durchführen lässt, wäre freilich eigens zu zeigen. Ausschließen lässt es sich jedenfalls a priori nicht. Die Phänomenologie müsste sich hierbei nichtsdestotrotz *heuristisch* bei der rezenten Politischen Philosophie/Theorie als Ideengeberin orientieren, um dann dennoch einen autonomen Begründungsgang ins Werk zu setzen. Was nun obige Einwände doch einerseits bestätigt und diese zugleich produktiv wendet: Die Phänomenologie braucht sich demzufolge die politische Wirklichkeit nicht direkt und mehr oder weniger naiv anzusehen, sondern operiert ausgehend von der Verfasstheit des menschlichen Subjekts begrifflich-imaginativ und erkundet so eidetisch auch die politischen Wesensmöglichkeiten desjenigen Wesens, das wir selbst sind. – Wie gesagt: Hier handelt es sich lediglich um die Skizze eines Forschungswegs, den die Phänomenologie beschreiten müsste, wenn sie das Politische und die Politik als existenzielle Möglichkeit des menschlichen Subjekts eidetisch begründen wollte (und ihr der Ausgang von einer naiven Betrachtung der politischen Phänomene verschlossen ist). Der Mehrwert im Vergleich mit der bisherigen Politischen Philosophie würde in dem Aufweis bestehen, dass das Politisch-werden-Können des Menschen etwas ist, was nicht rein kontingent ist, sondern (nicht nur, aber auch) in der menschlichen Konstitution wurzelt und damit eine existenzielle Möglichkeit ‚*Mensch zu sein*‘ darstellt (aber ansonsten natürlich auch von bestimmten geschichtlichen Bedingungen abhängt).[12]

---

12   In der rezenten politischen Philosophie wird der Kontingenzbegriff nicht nur inflationär, sondern auch sehr vage verwendet. Ob es echte Kontingenz überhaupt gibt, wäre jedoch

Das Fazit der bisherigen Überlegungen könnte also lauten: Unterscheidet man zwischen Heuristik und Begründung, dann ist es zwar zweifelhaft, dass die Phänomenologie als Subjektphilosophie von sich aus auf die Idee einer politischen Differenz verfiele. Nichtsdestotrotz ist es nicht auszuschließen, dass die Phänomenologie diese Differenz eidetisch streng als menschliche Seinsmöglichkeit ableiten könnte: als Differenz zwischen der Instituierung von Politik (= dem Politischen als gemeinschaftlichem Konstitutionsakt oder -prozess und dem korrelativen Politischwerden der beteiligten Subjekte) und der Politik selbst als deren Ergebnis in ihren drei Dimensionen (= der Politik als Konstituiertem bzw. konstituiert Konstituierendem[13]).

Doch wie sieht es mit der Potenz der Phänomenologie in Bezug auf empirische und normative Fragen bezüglich des Gegenstandsbereichs ‚Politik' aus? Bisher hat sich lediglich ein möglicher Weg ergeben, wie die Phänomenologie selbst zur politischen Differenz gelangen könnte. Konkret müsste die Möglichkeit des Politischen wohl aus intersubjektiven, aber noch vorpolitischen Vergemeinschaftungsformen abgeleitet werden. Und da Intersubjektivität nicht ohne Subjekte denkbar ist, wäre methodisch von einer Ontologie des menschlichen Subjekts oder – wie ich es nenne – einer Fundamentalanthropologie auszugehen, um durch eidetische Variation der Existenzmöglichkeiten dieser Lebensform zur politischen Differenz zu gelangen. Das wäre im Grunde genommen noch nicht viel und würde die Phänomenologie sicherlich nicht zu einer veritablen Phänomenologie des Politischen promovieren. Inwiefern, so möchte ich daher fragen, könnte also die Phänomenologie als politische Theorie auftreten?

4   Zwei Theorieformen

Um diese Frage zu beantworten, bietet es sich an, zunächst zwei grundsätzlich verschiedene Theorieformen zu unterscheiden. Theorien kann man generell danach klassifizieren, ob sie nur beschreiben und erklären wollen, was der Fall ist (bzw. war oder möglicherweise sein wird) (i), oder ob sie zusätzlich einen normativ-kritischen oder auch emanzipatorischen Anspruch vertreten (ii).[14]

---

allererst zu zeigen. Wenn alles einen hinreichenden Grund haben sollte, gäbe es keine echte Kontingenz.

13   Ich meine damit, dass die Politik als System und Normengefüge etc. selbst produktiv ist; daher ist sie konstituiert-konstituierend.

14   Ich differenziere analytisch zwischen kritisch-normativen und emanzipatorischen Theorien, da nicht jede kritisch-normative Theorie per se emanzipatorisch, sondern durchaus

Natürlich lassen sich die beiden letztgenannten Theorie(unter)formen nicht auf alle Gegenstandsbereiche anwenden, sondern in der Regel nur auf solche, die in Beziehung zum menschlichen Handeln stehen. Dass diese Unterscheidung indessen gerade in Bezug auf ethische und politische Theorien sinnvoll ist, dürfte einleuchtend sein, da es sich hier um Theorien handelt, die auf einen Ausschnitt der Wirklichkeit gerichtet sind, der *wesentlich* durch Handlungen und Entscheidungen von Menschen mitkonstituiert wird und zudem selbst bereits vielfach normativ strukturiert ist. Somit lässt sich dieser Bereich nicht nur einfach theoretisch erfassen, sondern auch seine Verfasstheit kritisch hinterfragen. Es ist zwar falsch, wenn man den Gedanken der Veränderbarkeit nur mit dem Bereich des Menschengemachten assoziiert. Auch weite Bereiche der Natur (einschließlich der menschlichen) sind modifikabel. Aber es ergibt wenig Sinn, natürliche Gegebenheiten zu unmittelbaren Adressaten der Kritik zu machen. Für eine Überschwemmung etwa kann man nicht den Regen im rechtlichen, moralischen oder politischen Sinne verantwortlich machen, sondern höchstens Menschen, die gegen diese Umweltkatastrophe nicht genügend Vorkehrungen getroffen haben. (Dem Theisten bleibt es natürlich unbenommen, auch Gott anzuklagen.) Es scheint jedenfalls sinnvoll, den Bereich normativer Theorien und Theorien mit emanzipatorischer Stoßrichtung auf den Bereich des Menschlichen (des Menschengemachten und Menschenmöglichen) zu restringieren.

5   Die These

Legt man die Unterscheidung zwischen rein konstativen (empirisch-analytischen bzw. deskriptiv-explikativen) und normativ-kritischen und emanzipatorischen Theorieansätzen zugrunde, dann wäre zunächst zu fragen, ob die Phänomenologie die methodischen Ressourcen besitzt, zu einem oder gar zu beiden dieser Forschungsprogramme einen substanziellen Beitrag zu leisten. Allerdings dürfte diese Frage so noch zu ungenau formuliert sein. Präziser wäre zu fragen: Kann die Phänomenologie selber als empirische Sozial- und Politikforschung oder als normative Politische Philosophie auftreten? Oder kann sie lediglich Themenfelder bearbeiten, die beiden Forschungsansätzen voraus- und zugrunde liegen?

---

auch antiemanzipatorisch, reaktionär oder dogmatisch-religiös sein kann. Die nichtnormativen politischen Theorien könnte man auch kurz als konstative Theorien betiteln, da sie nur feststellen, was und warum etwas der Fall ist/war/sein wird.

Meine These hierzu lautet:

Die Phänomenologie ist eine Wissenschaft, die das Verhältnis von Subjekt und Welt und von Subjekt zu anderen Subjekten thematisiert und hierzu auch befähigt und kompetent ist. Sie kann aber weder mit den empirischen Sozialwissenschaften in Konkurrenz treten, noch kann sie als normative Ordnungswissenschaft im starken Sinne auftreten. Was sie aber vermag, ist die begrifflichen und ontischen Voraussetzungen des Politischen und der Politik aufzuklären.

6   Die Begründung

6.1   *Empirie und Phänomenologie*

Was die empirischen Sozialwissenschaften und insbesondere die empirisch-analytisch arbeitende Politikwissenschaft betrifft, so ist zu fragen: Ist die Phänomenologie eine empirische Wissenschaft, die mit ihren spezifischen Methoden die faktische politische Realität anders oder gar besser theoretisch durchdringen könnte als die einzelwissenschaftlichen Forschungsansätze? Könnte sich die Phänomenologie als methodische Alternative zur empirischen Forschung profilieren?

Diese Frage ist abschlägig zu beantworten: Wenn ich wissen will, wie es z. B. in der BRD auf Bundesebene de facto zu bestimmten Gesetzesinitiativen kommt, welche politischen Einstellungen in einer bestimmten Gesellschaft dominieren oder wie es zu einem politischen Machtwechsel kommen konnte, dann werde ich dies definitiv nicht mit phänomenologischen Beschreibungen ermitteln können. Und zwar aus dem einfachen Grund, weil ich an die entsprechenden Daten nur durch mühsame Datenerhebung (und nicht durch Reflexion auf das menschliche Weltverhältnis und eidetische Variation) komme.

Was unterscheidet die Phänomenologie von empirisch arbeitenden Einzelwissenschaften? Natürlich ist die Phänomenologie insoweit empirisch ausgerichtet als sie erfahrend vom transzendentalen Feld der Erfahrung (Husserl) oder vom In-der-Welt-sein des Daseins (Heidegger) oder dem leiblichen Zur-Welt-sein (Merleau-Ponty) oder (wie ich es formulieren würde) von der Präsenz von Selbst und Umwelt ausgeht. In diesem Sinne kann ihr Vorgehen als *transzendentale* oder *empirisch-transzendentale Erfahrung* bezeichnet werden. Sie bleibt aber hierbei nicht stehen: Wenn Husserl allgemeine Erfahrungsweisen und -strukturen, Heidegger allgemeine Existenzweisen und Merleau-Ponty allgemeine Weisen des Zur-Welt-Seins beschreibt, dann geben diese Autoren eben gerade keine Individualbeschreibungen ihres eigenen Erlebens zum Besten, sondern dem Anspruch nach Allgemeines, d. i. nicht nur Allgemeingültiges in Bezug auf etwas Individuelles, sondern auch und vor allem Allgemeingültiges in Bezug auf eine bestimmte Seinsart oder Lebensform (Subjekt, Dasein, Mensch). Husserl bezeichnete dieses Verfahren als „Eidetik". Nichtsdestotrotz kann die Phänomenologie nur das beschreiben, was sich im eigenen Erleben ‚zeigt' bzw. zur Gegebenheit bringen lässt. Von den empirischen Gegebenheiten des eigenen Erlebens, also den Phänomenen, steigt sie auf zum eidetisch Allgemeinen (und den reinen Möglichkeiten). Was sich auf diese Weise nicht gewinnen lässt, gehört auch nicht zum Bereich der selbständigen phänomenologischen Forschung im eigentlichen Sinne. Es sei denn, man möchte jede empirische Wissenschaft, z. B. die Hirnforschung, die experimentelle Physik oder die Molekulargenetik als Phänomenologie deklarieren. Dies würde jedoch eine begriffliche und faktische Entgrenzung der Phänomenologie bedeuten, die durch nichts zu rechtfertigen ist. Die Phänomenologie ist keine Wissenschaft von allem, was es im Einzelnen gibt, sondern höchstens die Wissenschaft vom Absoluten. Und selbst diese These ist kaum zu halten. Die Phänomenologie hat lediglich ihr eigenes Forschungsfeld: Es ist das Feld der Erfahrung selbst, auf dem – im Bilde gesprochen – die Einzelwissenschaften zwar operieren (es gewissermaßen beackern), aber ohne es angemessen zum Gegenstand machen zu können. Die einzige Einzelwissenschaft, die dies vielleicht könnte, wäre die Psychologie. Insofern sie sich jedoch als eine Wissenschaft begreift, die nur einen Weltausschnitt neben anderen beforscht, muss sie das transzendentale Feld notwendig als Psyche in der Welt missverstehen. Die Welt ist aber als System aller möglichen Umwelten gewissermaßen selbst das endlose transzendentale Feld der Erfahrung – Welt und Psyche sind daher gewissermaßen eins (wenngleich nicht: dasselbe).[15]

6.2   *Normative politische Theorie und Phänomenologie*
Auch dass die Phänomenologie als genuin Politische Philosophie im Sinne von (ii) aufzutreten vermag (etwa mit kritisch-normativer bzw. emanzipatorischer Stoßrichtung), ist zunächst skeptisch zu beurteilen. Denn eine logisch-stringente Ableitung normativer Aussagen ist weder aus einem realen noch einem axiologischen Sein möglich. Daraus, dass etwas ist oder als wertvoll bzw. unwertig empfunden wird, folgt – rein logisch betrachtet – normativ: nichts.

---

15   Versteht man unter Psyche den weiten Bereich des Erlebens und die Welt als System aller möglichen Umwelten für ein leibliches Subjekt, dann verhalten sich Welt und Psyche zueinander wie Form und Inhalt. Genauer: wie lebendige Gegenwart (Form) und wirkliches und mögliches Gegenwärtiges (Inhalt).

Selbst wenn man wie Nicolai Hartmann davon ausgeht, dass es objektive Werte gibt, folgt aus diesen kein: „Du sollst diese Werte verwirklichen." Nur aus etwas bereits Normativem kann Normatives inferenziell gefolgert werden. Woher kommen dann aber Werte und Normen? Werte sind m. E. nichts anderes als die Verallgemeinerung der Korrelate von Präferenzen, Neigungen, Wünschen etc. Und Normen sind menschliche Setzungen, die ebenfalls in Präferenzen und den daraus folgenden Wertungen gründen. Die Forderung nach umfassendem Tierschutz kann z. B. auf Tierliebe (bzw. Mitleid mit der Kreatur) basieren. Und diese ist der Grund dafür, dass dem Tierschutz ein hoher Wert zuerkannt wird. Der Wert wiederum ist ein zentrales Motiv für normative politische Forderungen (z. B. in Bezug auf Massentierhaltung).

Kurz: Werte und Normen entspringen den Präferenzen und dem Wollen von Subjekten. Dies umfänglich nachzuweisen kann als eine wichtige Aufgabe der Phänomenologie betrachtet werden. Gelingt es ihr, dies völlig evident zu machen, dann ist ihr damit freilich zugleich der Weg zur Normativität im strikten Sinne abgeschnitten. (Und dann nicht nur ihr, sondern jeder Theorie!) Das heißt zwar nicht, dass die Phänomenologie nicht für ein bestimmtes Gesellschaftmodell werben kann, indem sie aufzeigt, dass dieses im (Eigen-)Interesse aller oder zumindest vieler Menschen liegt. Aber es bleibt unmöglich, (ethische, rechtliche oder politische) kategorische Imperative logisch stringent abzuleiten und allgemeinverbindlich zu begründen.

Unter der Voraussetzung, dass das bisher Gesagte richtig ist, lässt sich also resümieren: Die Phänomenologie taugt weder als empirisch-analytische Politikwissenschaft noch als normative Politische Theorie im strengen oder starken Sinne (einer ethisch-politischen Deontologie). Was bleibt ihr also als mögliches Aufgabenfeld übrig?

Die Phänomenologie ist eine Grundlagenwissenschaft. Ich würde sogar sagen: Sie ist *die* Grundlagenwissenschaft (im Singular): Sie thematisiert das erlebende und erfahrende Subjekt und sein Verhältnis zu sich, zu anderen und allgemein zur Welt (einschließlich zur politischen Wirklichkeit) auf selbstreflexive Weise. Sie kann daher als Grundlagenwissenschaft auch der Politischen Philosophie und Theorie auftreten. Ich plädiere daher für die These, dass die Phänomenologie als Grundlagenwissenschaft Fragen und Themen behandeln kann, die obiger Unterscheidung von empirisch-analytischen und normativ-kritischen Theorieansätzen zunächst logisch vorausgehen. Das Kriterium hierfür ist, dass es um Fragen und Probleme geht, die prinzipiell aufgrund eigenen Erlebens und seiner imaginativen Variation (Eidetik) behandelbar sind. Ob sich daraus hypothetische Imperative ableiten lassen, die dann von einer empirisch gesättigten politischen Theorie verwertet werden könnten, bliebe zu prüfen.

6.3   *Phänomenologie als Fundamentalanthropologie*

Der Beitrag, den die Phänomenologie zur politischen Theorie beisteuern kann, lässt sich näherhin so bestimmen: Es mag zwar keine absoluten, überzeitlichen *normativen* Grundlagen einer politisch verfassten Gesellschaft geben. Dies ändert aber nichts daran, dass eine jede solche Gesellschaft *ontische* Grundlagen hat: Den Kosmos, eine Biosphäre und vor allen Dingen: den bzw. die Menschen.[16] Politik ist ohne (politische) Subjekte unmöglich, die auf eine bestimmte Art und Weise verfasst sind: Sie müssen über mindestens ein Willenszentrum (Ich), über Bewusstsein von Selbst und Welt (einschließlich eines Selbst-Bewusstseins de se), über einen Leib-Körper sowie einen gewissen geistigen Horizont verfügen. Ich nenne diese Verfassung die anthropoiale Verfassung, da nur sie eine echte politische Gemeinschaft, die über einen animalischen ‚Sozialverband' hinausgeht, ermöglicht. Eine politische Gemeinschaft besteht nicht schon dort, wo ein Alphatier zeitweise an der Spitze der Hackordnung steht, sondern erst da, wo die gemeinsamen Belange zum ausdrücklichen Thema werden, ja wo überhaupt allererst die Idee aufkommt, dass es eine res publica geben könnte oder sollte (s.o. zum Begriff des Politischen). Eine Phänomenologie des Politischen müsste daher als Phänomenologie des politischen Subjekts auftreten, welches, insofern es anthropoial verfasst ist, als elementares Macht-, Kraft- und Willenszentrum die Grundlage und der lebendige Motor von Politik und Gesellschaft ist. So könnte sie z.B. fragen, ab wann ein intersubjektives Verhältnis überhaupt als politisches bezeichnet werden kann. Kann das Wechselverhältnis zweier Personen bereits politisch sein? Oder bedarf es hierzu mindestens dreier Subjekte, die sich im Wechselverhältnis als politische Subjekte allererst konstituieren, indem sie sich auf *autonome* Weise kollektiv verbindlichen gemeinsamen Regeln unterwerfen? Oder muss eine Gruppe noch größer sein, damit sie politisch werden kann? Oder bedarf es immer auch eines Gegners oder Feindes, der einen Kooperationsversuch zu einem politischen stempelt? Die Antwort hängt natürlich davon ab, wie man das Wort ‚politisch' versteht. Aber wenn man das Politische und die Politik als etwas genuin Menschliches betrachtet und an die menschliche Verfassung bindet und aus dieser hervorgehen lässt, dann dürfte es nicht unsinnig sein, den Entstehungsort von Politik in einem zumindest temporären Zusammenschluss von Menschen zu lokalisieren, die gemeinsam zu handeln versuchen,

---

16   Ich verstehe hier unter ‚Mensch' die Idee einer bestimmten Lebensform, die begrifflich nicht mit dem Speziesbegriff ‚Homo sapiens' auf einer Stufe steht. Vgl. hierzu Thorsten Streubel, „Lebensform Mensch. Fundamentalanthropologische Reflexionen", in: *Perspektiven der Philosophie* 43 (2017), 3–25.

um ihr Zusammenleben verbindlich zu regeln.[17] Dies setzt voraus, dass Menschen überhaupt ein reflektiertes Eigeninteresse haben (was Selbstbewusstsein voraussetzt), sich und die Welt zumindest auf ähnliche Weise repräsentieren können (was Leiblichkeit und Bewusstsein voraussetzt), dass sie über „Fertigkeiten und Motivationen geteilter Intentionalität"[18] verfügen (was Wille und geistige Fähigkeiten voraussetzt) und miteinander sinnvoll kommunizieren können (was Sprache oder zumindest gestische Kommunikationsformen voraussetzt).

Historisch könnte die Phänomenologie kritisch an die metaphysische und politische Anthropologie Spinozas anknüpfen und als eine Theorie der Macht auftreten, die ihre Grundlage ebenfalls in der Theorie des Subjekts hätte.[19] Denn ,Macht haben' oder ,mächtig sein' bedeutet immer auch: *etwas zu vermögen*. Etwas zu vermögen ist aber ohne Leib-Körper, mittels dessen ich etwas willentlich vermag, undenkbar. Als Phänomenologie des Leibes und des Willenssubjekts könnte die Phänomenologie gewissermaßen die DNA des Politischen entschlüsseln und zugleich die Reduktionismen und Kurzschlüsse anderer, insbesondere naturalistischer und poststrukturalistischer Theorien, aufdecken.[20] Als Theorie der Intersubjektivität könnte sie die Möglichkeitsbedingungen von Gemeinschafts- und Gesellschaftsbildungen aufhellen. Als Theorie des verletzlichen und bedürftigen Subjekts könnte sie die Notwendigkeit der Kooperation als Voraussetzung der Entstehung von Politik erweisen. Als Emotionentheorie könnte sie sowohl die Kohäsions- als auch die antagonistischen Kräfte, die die Gesellschaft zusammenhalten oder sprengen, bestimmen. Und last but not least könnte sie als Habitus- und Handlungstheorie einen Beitrag zu der Frage leisten, wie es überhaupt zu kulturellen Prägungen (einschließlich politischer Einstellungen) kommt, und wie die Mechanismen der Erziehung funktionieren. Alles in allem könnte die Phänomenologie also – als

---

17   Natürlich ist nicht jede Kooperation schon politisch, aber sicherlich sind kooperative soziale Praktiken eine notwendige Voraussetzung für die Entstehung des Politischen.

18   Vgl. Michael Tomasello, *Die Ursprünge der menschlichen Kommunikation*, Frankfurt a. M. 2011.

19   Vgl. hierzu insbesondere: Martin Saar, *Die Immanenz der Macht. Politische Theorie nach Spinoza*, Berlin 2013, 133 ff. Im Unterschied zu Saar würde ich Macht jedoch gerade nicht als ein rein relationales Phänomen bestimmen, sondern den Menschen als Menschen als Machtpotenz beschreiben. Im luftleeren Raum würde sich die potenzielle Macht des Menschen freilich nicht aktualisieren können. Dazu bedarf es eines machtförmigen Feldes oder Raums der Macht. Das heißt aber nicht, dass Macht als Potenz und Potenzialität erst aufgrund eines Relationengefüges ex nihilo entstehen könnte.

20   Der Mensch ist mehr und anderes als ein Stück der Natur der Naturwissenschaften. Aber er ist auch bedeutend mehr als ein Diskurseffekt oder das Ergebnis von subjektivierenden Machtoperationen.

Theorie des Subjekts – einen wichtigen Beitrag zur politischen Anthropologie und damit zur Ontologie (oder Anthropologie) des Politischen leisten. Sie kann dies aber auf angemessene Weise nur tun, wenn sie selbst eine unverkürzte Theorie des politischen Subjekts zu geben vermag, wenn sie also nicht einfach nur ganz allgemein als Wissenschaft vom transzendentalen Subjekt oder vom quasi-transzendentalen Dasein aufträte, sondern als *Fundamentalanthropologie*. Unter einer Fundamentalanthropologie ist eine Anthropologie zu verstehen, die eidetisch verfährt, holistisch ausgerichtet ist und die transzendentale Dimension nicht unterschlägt. Dies heißt konkret: Zielgegenstand der Fundamentalanthropologie ist weder nur der Homo sapiens noch das transzendentale Subjekt überhaupt, sondern der Mensch als eine Seinsform sui generis, die auf unterschiedlichen Planeten ‚organisch' oder morphologisch unterschiedlich realisiert sein kann. Statt aber den Menschen in intentio recta und in naturalistischer Einstellung nur als biologischen Organismus mit integralem Selbst- und Weltmodell zu betrachten, versucht die Fundamentalanthropologie nachzuweisen, dass Körperlichkeit nur eines von sechs Grundmomenten des Menschseins (= Anthropoialien) ist. Neben der Körperlichkeit sind dies die nicht mit der Körperlichkeit identische Leiblichkeit, das Erleben (Bewusstsein), das Ich (geistig-voluntatives Subjekt des Subjekts), die Geistigkeit und die (jeweilige) Umwelt. Dass die jeweilige Umwelt ein Anthropoial ist, bedeutet, dass der Mensch nicht nur Subjekt in der Welt, sondern auch und in erster Linie Subjekt *von* seiner Umwelt ist (Transzendentalität). Und nur weil der Mensch auch das Subjekt der Umwelt ist bzw. diese ein Teilmoment seines Seins darstellt, können ihm andere menschliche Subjekte erscheinen und begegnen, mit denen er in Konflikt geraten, mit denen er aber auch zusammenleben und vielleicht sogar Politik inaugurieren kann.

Nur als Fundamentalanthropologie, so meine feste Überzeugung, kann die Phänomenologie auch die oben genannten Fragen in Bezug auf das Verhältnis der Phänomenologie zum Politischen beantworten. Nur aus der anthropologischen Grundverfassung lässt sich verstehen, inwiefern der Mensch auch ein zoon politikon ist (oder sein kann), und wie aus der anthropologischen Verfasstheit die Sphäre des Politischen entstehen und wiederum prägend auf das politische und gesellschaftliche Subjekt – dieses formend – zurückwirken kann. Ein Mensch ist dabei zunächst nur potentielles politisches Subjekt, das sich als aktual politisches erst dadurch konstituiert, dass es in einer politischen Sphäre selbst politisch wird oder eine solche allererst (mit-)konstituiert.[21]

---

21 Es dürfte wohl so sein, dass sich der Mensch als *politisches* Subjekt aktual erst dadurch
    konstituiert, dass er in einen politischen Zusammenhang eintritt, den er zusammen mit

6.4 *Phänomenologie als ideologiekritische und aufklärerische Wissenschaft*

Die Phänomenologie ist aber nicht erst als fundamentalanthropologische Grundlagenwissenschaft der Politikwissenschaft befähigt, sich als eine Art protopolitischer Theorie und Ontologie/Anthropologie des Politischen zu konstituieren. Indem die Phänomenologie als Aufklärung des Menschen über sich selbst auftritt, die Grenzen der Erkenntnis erkundet, zwischen legitimen und nichtlegitimen Wissensansprüchen zu unterscheiden weiß sowie jegliche Normativität letztlich auf das Wollen von Subjekten zurückführt und somit radikal ideologiekritisch verfährt, kann sie als Institution der Aufklärung als politisch in sich selbst aufgefasst werden. Politisch[22] würde sie dadurch, dass sie als Theorie zugleich praktische Wirksamkeit in Bezug auf die politische Kultur eines Landes oder gar der ganzen terrestrischen Menschheit entfaltete, z. B. indem sie durch wissenschaftliche Aufklärung den Weg zu einer postideologischen, postreligiösen und insbesondere postmoralischen Gesellschaft eröffnete. Eine postmoralische (nationale oder kosmopolitische) Gesellschaft wäre eine *geistig befreite, aufgeklärte* Gesellschaft, die darüber im Bilde ist, dass jeder Wert durch menschliche Wertung und jede (auch moralische) Norm durch menschliche Setzung entsteht, und die daher auch pädagogisch (durch schulische und politische Bildung) an wirklich autonomen Bürgern interessiert ist, also an Menschen, die den habituellen Willen haben, „eigentlich" zu sein – auch politisch. Die (ursprünglich heideggersche) Kategorie der Eigentlichkeit würde bedeuten, dass gemeinsam daraufhin gearbeitet wird, jeden einzelnen von Ideologemen und religiösen und sonstigen Dogmen zu befreien, so dass eine idealiter authentische individuelle Gewissens- und Willensbildung möglich wird. Eine postmoralische Gesellschaft wäre also keine unmoralische, sondern eine wirklich aufgeklärte und als das, eine radikal politische (und damit weiterhin konfliktuelle) Gesellschaft geistig befreiter Menschen. Diese zu bewerben und als im Interesse der Mehrheit der Menschen auszuweisen, könnte als die vornehmste Aufgabe der Phänomenologie als ‚politischer Wissenschaft' angesehen werden. *In diesem Sinne* könnte die Phänomenologie als kritisch-emanzipatorische Wissenschaft auftreten, als „Vernunftorgan der Gesellschaft" wirken und damit Teil des politischen Prozesses werden: Nicht als Begründerin kategorischer Imperative, sondern als Aufklärerin der Menschen über ihre

---

anderen Subjekten stiftet und kontinuiert. Man könnte vielleicht von einer Kokonstitution von politischem Subjekt und politischer Sphäre sprechen – mit der Einschränkung, dass dies für das einzelne Subjekt, das in eine bereits bestehende politische Ordnung eintritt oder hineinwächst, selbstredend nur in abgeschwächter Form gelten kann.

22 Hier ist ‚politisch' im weiteren Sinne zu verstehen.

wahren Interessen und Möglichkeiten. Dazu müsste sie sich freilich an Haupt und Gliedern radikal erneuern sowie den existenziellen Wert der Wahrheit für jeden einzelnen wie für die Gemeinschaft herausstellen.[23]

7   Beantwortung der Eingangsfragen

Zu (1) Was kann die Phänomenologie zu den Grundlagen Politischer Philosophie und Theorie beitragen? Kann es so etwas geben wie eine „Eidetik" des Politischen oder gar eine eigenständige phänomenologische politische Theorie?

Antwort: Ja, die Phänomenologie kann als Grundlagenwissenschaft politischer Theoriebildung fungieren, indem sie das politische Subjekt als Grund und Adressat von Politik zum Gegenstand ihrer Analysen macht. Zudem könnte sie korrelativ hiervon eine Anthropologie und Ontologie des Politischen in Form einer Eidetik des Politischen entwickeln. Dass diese Eidetik besonders umfangreich ist, darf allerdings bezweifelt werden. Vermutlich beschränkt sie sich darauf, das Politischwerdenkönnen des Menschen aufgrund seiner anthropoialen Verfasstheit aufzuweisen. Insbesondere wäre zu klären, wie die Subjekte der Politik beschaffen sein müssen, damit für diese Politik überhaupt eine Seinsmöglichkeit darstellt.[24] Außerdem wäre politisches Handeln und das Politische überhaupt von anderen Formen gemeinsamen Handelns (z. B. die gemeinsame Jagd, gemeinsames Kochen etc.) und von vorpolitischen Sozialitäten abzugrenzen.[25]

Zu (2) Gibt es vielleicht unübersteigbare methodische Grenzen der Phänomenologie, die es der Phänomenologie unmöglich machen, sich als Politische Philosophie zu konstituieren?

Antwort: Ja, die gibt es: Wenn sich aus keinem Sein ein Sollen ableiten lässt, dann kann es auch keine letztbegründete Politische Theorie im normativ

---

23   Vgl. Thorsten Streubel, „Wahrheit als existenzieller Wert. Versuch über das Verhältnis von Wahrheit, Philosophie und Leben", in: *Deutsche Zeitschrift für Philosophie* 65.3 (2017), 554–570.

24   In diesem Sinne handelt es sich bei Klaus Helds ansonsten sehr lesenswertem Buch *Phänomenologie der politischen Welt* (Frankfurt a. M. 2010) gerade nicht um ein Stück genuiner politischer Phänomenologie, sondern um die systematische Exegese einschlägiger Klassikertexte der politischen Philosophie.

25   Interessant wäre es in diesem Zusammenhang Husserls teleologische Ideen kritisch zu diskutieren, die letztlich nicht nur den Staat, sondern auch das Politische lediglich als Durchgangsstadium zu einer „Liebesgemeinschaft" begreifen. Vgl. hierzu ausführlich: Karl Schuhmann, *Husserls Staatsphilosophie*, Freiburg/München 1988.

anspruchsvollen (= kategorischen) Sinne geben. Was es aber geben kann, ist eine radikale Destruktion aller normativen Letztbegründungsansprüche, die Normativität nicht aus dem Wollen von Menschen ableiten. Dies würde bedeuten, dass die Phänomenologie durch ihre Aufklärungsarbeit zur endgültigen Befreiung der Politik von überkommenen Ideologemen sowie religiösen und moralischen Imperativen beitragen könnte. Die Phänomenologie könnte somit zur Befreiung der Gesellschaft von der Idee letztbegründbarer ethischer Normen (und damit auch vom „Hypermoralismus") beitragen und sie so auf den Weg zu einer postmoralistischen Gesellschaft führen. Es gibt dann kein subjektrelatives Gutes und Schlechtes bzw. Böses mehr. Alles, was sein soll oder nicht sein soll, muss politisch als Rechtsnorm konstituiert und (ohne Berufung auf eine universale Moral) als Ausdruck eines Mehrheitswillens begriffen werden.

Zu (3) Inwiefern ist die Phänomenologie schon in sich selbst politisch? Als Institution der Aufklärung und als Vernunftorgan der Gesellschaft könnte und sollte die Philosophie (und damit die Phänomenologie) durch ihre wahrheitsorientierte Arbeit selbst Einfluss auf das Denken und Handeln von Politikern und Bürgern nehmen. In diesem Sinne wäre die Phänomenologie politisch in sich selbst. Dies sollte sie als ihre ureigenste Möglichkeit ergreifen. Dann könnte die husserlsche Idee des Phänomenologen als Funktionär der Menschheit Wirklichkeit werden.

8   Eine offene Frage

Ich habe die Möglichkeiten und Grenzen der Phänomenologie zu bestimmen versucht. Einerseits ist die Phänomenologie keine Einzelwissenschaft und kann daher auch nicht in Konkurrenz zur Politikwissenschaft treten. Andererseits kann sie auch nicht als normative Disziplin im starken kategorischen Sinne auftreten. Nichtsdestotrotz kann sie mehr als eine Transzendentalphilosophie alten Stils sein, nämlich Fundamentalanthropologie, und damit auch politische Anthropologie in einem nichtnormativen Sinne. Als Erkenntnistheorie und Theorie des Wissens vermag sie zudem als kritische Orientierungswissenschaft aufzutreten und dadurch wesentlich zu einer geistigen Befreiung der Menschen beizutragen. Insofern ist eine politische Phänomenologie grundsätzlich möglich. Inwieweit eine in diesem Sinne politische Phänomenologie durch eine empirisch informierte politische Philosophie ergänzt werden muss oder ob die Phänomenologie eine vollwertige politische Theorie ausbilden kann, müsste allerdings noch eigens diskutiert werden. Denkt man an bereits existierende kritische politische Theorien und Gesellschaftstheorien, die sich direkt mit den ‚bestehenden Verhältnissen' auseinandersetzen, dann scheint es zumindest einer Art angewandter politischer Theorie zu bedürfen, die zwischen dem, was ist, und der ‚reinen' Phänomenologie vermittelt. Ob diese anwendungsorientierte Theorie in irgendeinem Sinne als phänomeno-logisch zu klassifizieren wäre, müsste noch eigens untersucht werden. Diesbe-züglich ist eine Grenzbestimmung also noch zu leisten.

Wilhelm von Humboldt – Über Staat und Gesellschaft

Georges Goedert

Abstract

Wilhelm von Humboldt, Diplomat und Wissenschaftler in einer Person, richtet sein Augenmerk besonders auf die Beziehung zwischen Staat und Bürger. Seine Hauptthese: Die Regierung hat nicht für das Glück und Wohl ihrer Bürger Sorge zu tragen. Jeder Einzelne kümmert sich um sich selbst, und zwar in völliger Freiheit. Das Glück liegt für Humboldt in der Tätigkeit, nicht im Besitz. Der Staat soll sich nicht in das Leben des Einzelnen einmischen. Tut er es dennoch, überschreitet er seine Grenzen und verursacht mehr Schlechtes als Gutes für den Einzelnen. Das Endziel des Staates ist der individuelle Nutzen. Was dem Wohl des Einzelnen nicht entspricht, muss der Staat vermeiden. Nur unter diesen Bedingungen vermag der Einzelne zu einem kreativen individuellen Wesen heranzuwachsen und so zur vollen Entfaltung seiner selbst gelangen.

1 Einleitung

Wilhelm von Humboldt ist eine vielseitige Persönlichkeit. An erster Stelle Diplomat und Politiker, erweist er sich ebenfalls als Literat, denn seine Begegnungen mit Goethe und Schiller machen aus ihm einen hervorragenden klassischen Schriftsteller, der mit der Sprache umzugehen weiß und großes Interesse für die Philosophie der Sprache zeigt.

Dass er sich auch als Philosoph bewährt, verdient besonders betont zu werden. Denn Philosophie wird leider oft von der Literatur getrennt, so dass man dazu gebracht werden könnte, sie als minderwertig zu betrachten. Doch Wilhelm von Humboldt hat keine Angst als politischer Pädagoge in seinen Schriften aufzutreten und eine philosophische Theorie zum Nutzen des Staates und seiner Bürger zu entwickeln.

Humboldt schöpft dabei aus einer reichen eigenen Erfahrung. Damit zeigt er uns, dass Philosophie die Möglichkeit besitzt, ihre Thematik vielfach zu wechseln. Schließlich vermag jedes Objekt, ob materieller, ob geistiger Natur, Gegenstand philosophischer Erwägungen zu sein. Das gilt besonders für den Staat und seine Beziehungen zu den Menschen.

© KONINKLIJKE BRILL NV, LEIDEN, 2019 | DOI:10.1163/9789004417618_012

2   Aus Leben und Werk

Zuerst aber ein Wort zur Persönlichkeit. Es soll unsere These unterstreichen, dass sein Leben die Gedanken, die er entwickelt, mitbestimmt. Wir verstehen Philosophie als Ausdruck einer handelnden Persönlichkeit. Sie geht aus dem Leben einer bestimmten Person hervor und wird durch dieses Leben geprägt.

Wir werden kurz das Leben und das Werk Wilhelm von Humboldts skizzieren, um speziell die Aspekte herauszustellen, die ihn als Schriftsteller zeigen. Er wird 1767, zwei Jahre vor seinem ebenfalls sehr bekannten Bruder Alexander, in Potsdam geboren. Der Vater ist preußischer Offizier. Es erfolgt eine kurze Zeit der Universitätsstudien in Frankfurt an der Oder, dann in Göttingen. Diese Zeit schließt Wilhelm bereits 1789 ab und begibt sich auf eine Bildungsreise nach Paris. Auch sein juristischer Staatsdienst, dem er kurze Zeit angehört, erfährt ein rasches Ende. Als Schriftsteller und Denker vermag er über diese Zeit nachzudenken, über ihr Gutes und ihr Schlechtes.

Ab 1792 verfasst er in verschiedenen Etappen die *Ideen zu einem Versuch, die Grenzen der Wirksamkeit des Staats zu bestimmen*.[1] Endgültig fertig ist dieses kleine, für uns so bedeutsame Werk erst 1851, wo es endlich als Ganzes erscheint. Es wird stets gerne gedruckt nach Niederlagen des Obrigkeitsstaates, und zwar speziell 1918 und 1945. Wir finden ebenfalls früh u.a.: *Über das Studium des Altertums und des Griechischen insbesondere* (1793). Es handelt sich um den Versuch einer Daseinsorientierung am Ideal der Griechen.

Ein Jahr später erfolgt die Übersiedlung nach Jena, dann, im November 1797, nach Paris. Der freundschaftliche Kontakt mit Goethe, mehr noch mit Schiller, lässt ihn definitiv zum Klassiker werden. Ein ergreifendes Zeugnis hierfür ist die Tatsache, dass der letzte Brief Goethes gerade an ihn gerichtet sein wird. Wilhelm von Humboldt reist viel durch Frankreich und Spanien. 1801 kehrt er nach Deutschland zurück. Von 1802–1808 ist er preußischer Resident beim Vatikan. Dann ist es wiederum Deutschland, wo ihm aufgrund seiner Ernennung zum Geheimen Staatsrat und Direktor der Sektion für Kultus und Unterricht im Ministerium des Inneren die Möglichkeit geboten wird, das gesamte preußische Bildungswesen zu reformieren. So wird er zum Gründer der Berliner Universität, wo die Vorlesungen im Herbst 1810 beginnen. Man sagt von ihm auch, er sei der Schöpfer des klassischen humanistischen Gymnasiums, immer noch mit den Griechen als Vorbild.

---

1   Wilhelm von Humboldt, *Ideen zu einem Versuch, die Grenzen der Wirksamkeit des Staates zu bestimmen*, hrsg. u. m. e. Nachwort v. Robert Haerdter, (Reclams Universal-Bibliothek) Stuttgart 1991.

Besonders herausstellen sollten wir ein amtliches Schriftstück aus dem Jahre 1809, in dem er die Gleichstellung der Juden mit allen anderen Staatsbürgern fordert. Der Titel lautet: *Über den Entwurf einer neuen Konstitution für die Juden.*

Im Juni 1810 erfolgt seine Ernennung zum Staatsminister und Gesandten in Wien. Hier nimmt er an wichtigen historischen Ereignissen teil. 1814 ist er neben dem Fürsten und Staatskanzler von Hardenberg zweiter Vertreter Preußens auf dem Wiener Kongress. Auf weitere Aufträge und Begebenheiten können wir nicht eingehen. Nach der Entlassung aus dem Ministerrat und dem Staatsrat am 31. Dezember 1819 zieht er sich aus dem öffentlichen Dienst zurück. Sein Wohnsitz ist jetzt wieder Tegel, wo er sich hauptsächlich mit Sprachforschung und Sprachphilosophie beschäftigt. Besonders interessant ist seine philosophische Behandlung der Sprache als Versinnlichung des Geistigen, der Idee.

Wilhelm von Humbold stirbt 1835 in Tegel an der Parkinsonschen Krankheit, sechs Jahre nach seiner Gattin Caroline von Dacheröden, die er 1791 geheiratet hatte.

3   Grundgedanken einer liberalen Theorie

Hier konzentrieren wir uns hauptsächlich auf Wilhelm von Humboldts Jugendwerk *Ideen zu einem Versuch, die Grenzen der Wirksamkeit des Staats zu bestimmen*, das auch als sein Hauptwerk betrachtet werden darf.

Zentrum der Problematik ist bei ihm evidenterweise die menschliche Freiheit, besonders im Hinblick auf das individuelle und kollektive Verhalten. Dazu liefern Materie und Geist ihre respektiven Denkansätze. Es ist absolut unerlässlich, die Freiheit ins Feld zu führen, spricht man vom Staat und von dessen Mitgliedern, selbst wenn diese nicht alle Bürger sind und sich auf gesellschaftlicher Ebene in verschiedenen Schichten – in einer Hierarchie von Funktionen, wie das ja bereits bei Plato der Fall ist – bewegen. Der Staat teilt sich in drei Gewalten, in die ausführende, die parlamentarische und die juridische. Diese sind im Laufe des 19. Jahrhunderts nach und nach zu einer demokratischen Selbstverständlichkeit geworden, die jedermann kennt, vielleicht aber nicht unbedingt respektiert. Viele demokratische Staaten weisen diktatorische Strukturen auf. Wenn wir die Zustände unserer heutigen Zeit untersuchen, sprechen wir nicht einmal von der sozialistischen Demokratie, sondern vom Staatssozialismus, der sich grundlegend von der westlichen, auf den Rechten des einzelnen Menschen beruhenden Demokratie unterscheidet, selbst wenn es hier wie dort um das Streben nach Gleichheit geht. Die Gleichheit ist jedoch in beiden Fällen nicht dieselbe.

Bei Wilhelm von Humboldt entdecken wir Voraussetzungen was den Menschen betrifft, die keinesfalls den Verzicht auf Subjektivität bedeuten, das heißt hier impliziterweise auf Freiheit. Die objektiven staatlichen Bestimmungen reichen nicht aus. Kern jeglichen Geschehens ist das Innere des Menschen.

Die Menschen streben nach Freiheit, was auch heißt, es gehöre zur Natur des Menschen, Freiheit zu begehren. Dies ist bekannt und in vielen Schattierungen offenkundig, im Positiven wie im Negativen. Ohne Freiheit kann der Einzelne sich nicht entfalten. Dabei geht es um Freiheit innerhalb der Gesellschaft, wie auch um Freiheit psychologisch betrachtet. Das bedeutet, man kann noch im Gefängnis frei sein. Weiterhin unterscheiden wir die Freiheit des Einzelnen und die kollektive Freiheit. Letztere ist mit historischen und soziologischen Bestimmungen verbunden.

Wichtiger noch und tiefgreifender ist die Unterscheidung der Freiheit *von* und der Freiheit *zu*. Man befreit sich *von* Hindernissen, um zu einem begehrten Ziel zu gelangen, und man ist frei, will man bestimmte Tätigkeiten verrichten, die gegebenenfalls keinen Zwang dulden. Das mag im Einzelfall Mühe und Anstrengung kosten. Denken wir hierbei beispielsweise an Nietzsche, für den echte Freiheit einzig und allein in dem Vollzug dieser Anstrengungen besteht und damit auf den Übermenschen hinweist oder wenigstens für diesen Platz schafft.

So lesen wir bei Humboldt:

> Was nicht von dem Menschen selbst gewählt, worin er auch nur eingeschränkt und geleitet wird, das geht nicht in sein Wesen über, das bleibt ihm ewig fremd, das verrichtet er nicht eigentlich mit menschlicher Kraft, sondern mit mechanischer Fertigkeit. (37)

Der einzelne Mensch ist also für sein Schicksal bestimmend. Er muss es auf sich nehmen und in seinem Innern verarbeiten. Anschließend erwähnt der Autor die Griechen:

> Die Alten, vorzüglich die Griechen, hielten jede Beschäftigung, welche zunächst die körperliche Kraft angeht oder Erwerbung äußerer Güter, nicht innere Bildung, zur Absicht hat, für schädlich und entehrend. (ebd.)

Dies zeigt, wie wichtig das innere Geschehen ist.

4   Innere Bildung

Daraus ließe sich mancher Schluss auf unser heutiges Computerzeitalter ziehen. Wie verhält es sich darin, so dürfen wir fragen, mit der hier von Humboldt erwähnten und besonders den Griechen zugesprochenen „inneren Bildung"? Wilhelm von Humboldt ist ein Klassiker durch und durch. Man darf behaupten, dass bei ihm die Weisheit der Alten, an erster Stelle der Griechen, immer noch ihre schönsten Blüten treibt. Sind wir aber gewillt, diese Lehren auch heute noch entgegenzunehmen?

Die *Ideen zu einem Versuch, die Grenzen der Wirksamkeit des Staats zu bestimmen* enthalten ein Stück politischer Philosophie über das Verhältnis von Staat und Gesellschaft, was auch heißen soll, Staat und Individuum. Wir können von Kollektivität versus Individualität sprechen. Die Individualität wird von Humboldt höher eingeschätzt als die Kollektivität. Es geht um individuelles Wohlergehen und nicht wie im Marxismus-Leninismus um den Sieg und die Übermacht einer Klasse, im gegebenen Fall des Proletariats. Das Beste ist, die Menschen leben so zusammen, dass jeder nur aus sich selbst heraus und sich nur für sich selbst entwickelt.

Hauptwert ist der einzelne Mensch als Endzweck. Dies heißt nicht die Vervollkommnung des Einzelnen, sondern schlicht dessen bestmögliches individuelles Sein innerhalb des Zusammenseins unter den unzähligen Mitgliedern des Volkes, zu dem er gehört: „Der wahre Zweck des Menschen [...] ist die höchste und proportionierlichste Bildung seiner Kräfte zu einem Ganzen." (22) Freiheit ist hier Bedingung, nicht Zweck. Der Zweck erscheint bei Humboldt individual-sittlich definiert: Der Mensch soll frei sein, um ganz er selbst sein zu können. Humboldt schließt kategorisch die Forderung aus, die Regierung habe für das Glück und das Wohl, das physische und das moralische, der Nation zu sorgen. Er sieht darin den übelsten Despotismus. Damit ordnet er sich geistesgeschichtlich betrachtet in die Gegenströmung zum aufgeklärten Absolutismus friederizianischer Prägung ein.

Dabei spielt bei Wilhelm von Humboldt die Sprachphilosophie eine wichtige Rolle. Seine diplomatischen Erfahrungen bringen ihn auf so manche Spur von der Philosophie der Politik. Den Staat versteht er folglich mit dem einzelnen Bürger in Verbindung zu setzen. Die vom Staat verordnete Gesetzgebung, die mit dem Grundgesetz beginnt, ist eine allgemeine, d.h. sie wird ausgeübt als dieselbe für jedermann.

Von den *Ideen* wird gesprochen als von der *Magna Charta* des deutschen Liberalismus. Sie nimmt eine der beiden Eckpositionen ein in der Frage nach dem Verhältnis zwischen Staat und Einzelmensch. Die andere ist diejenige Hegels, nach welcher der Einzelne den Staat überall in seinem Tun wiederfindet, ob es sich nun um Materialität handelt, ob um Geistigkeit. Aus dieser Trennung und Differenz ergeben sich verschiedenartige, und gewöhnlich sich einander opponierende politische Tendenzen und Bewegungen.

Die Gesellschaft in einem Staat besteht aus dem Zusammenexistieren zahlreicher Menschen. Humboldt hatte sich gerade in seiner Jugend mit anthropologischen Fragen befasst und war sehr interessiert an naturphilosophischen Abhandlungen, die er gewissermaßen als Grundlage für seine Gedanken über Bildung und Geschichte benutzte. Zum eigentlichen Problem wurde bei ihm somit die Bildung des Einzelmenschen und die Beziehung, die er dabei dem Staat nicht zugestand, da er der Ansicht war, dieser würde dabei nur störend in den individualmenschlichen Entwicklungsprozess eingreifen.

5   Keine soziale Maßnahmen

Wir sollten auch wissen, wie die soziale Position des jungen Mannes aussah, als er begann, an den *Ideen* zu arbeiten. Humboldt war ein Aristokrat, der für Armut und überhaupt für soziale Probleme keinen Sinn hatte. Seine Ansicht vom Staat war nicht, wie schon angedeutet, die des aufgeklärten Absolutismus friederizianischer Prägung. Friedrich der Große starb 1786 – also ein wichtiges Ereignis für den zu dieser Zeit 19-jährigen Humboldt. Der König stand nach wie vor jenseits des Rechts. Seine Position legitimierte sich durch seine Autorität.

Diese Auffassung der obersten Herrschaft dauerte bekanntlich noch lange nach dem Wiener Kongress weiter und verwandelte sich nur sehr langsam in diejenige Form von Demokratie, wie wir sie heute in unseren sogenannten westlichen Ländern kennen. Friedrich II. verstand sich allerdings als „erster Diener" seines Volkes, was uns von einem Fürsorge-Despotismus sprechen lässt. Einem solchen wollte Wilhelm von Humboldt sich aber nicht unterwerfen, da die individuelle Freiheit dadurch verlorenginge. Als freier Aristokrat, vermochte er diese Fürsorge nicht zu ertragen. Sie konnte seinen Ansprüchen nicht entsprechen.

Dies beeinflusste evidenterweise sein Bildungsideal. Wir behaupten, Humboldt konnte sich diese Unabhängigkeit gegenüber dem Staat leisten. So finden wir bei ihm denn auch keine Erörterungen von wirtschaftlich-sozialen Fragen. Das entspricht in doppelter Hinsicht seiner Zeit. Von Sozialismus war noch nicht die Rede. Auch waren damals die staatlichen Ambitionen eigentlich die Interessen einer Elite, und diese Elite war es, die den Staat bildete. Wahre Macht bekam der Staat konkret gesehen erst mit dem Fortschreiten demokratischer Bestrebungen.

6   Die Beschränkung staatlicher Wirksamkeit

Humboldt fragt nach dem Zweck des Staates? Wozu ist der Staat da? Die Antwort wird auf funktioneller Ebene geliefert. Hierin unterscheidet Humboldt sich von den modernen Staatstheorien, also beispielsweise von Thomas Hobbes bis zu Jean-Jacques Rousseau, die nach dem Ursprung des Staates fragen und dementsprechend ihre respektiven Theorien entwickeln. Nach ihnen soll es die Entstehung sein, welche die Macht und Organisation des Staates legitimiert. Die entsprechenden Theorien nennen wir nicht funktionelle, sondern genetische.

Die Fürsten, wie man sie früher kannte, brauchten Macht und Reichtum. Sie sind mit ihrer Besitz- und Machtgier denn auch Zweck des absolutistischen Staates. Der Wohlstand des Volkes dient dazu, diesen Zweck zu erfüllen. Somit liegt es auf der Hand, dass die Regierung für das Wohl und das Glück der Bevölkerung Sorge tragen muss. Gerade darin aber sieht Humboldt, wie bereits gesagt, den ärgsten Despotismus. Der Leser spürt, dass in diesem Fall die vom Staat ausgeübte Herrschaft sich illegitimerweise auf das Innere der Menschen ausdehnt. Der dem einzelnen Menschen dienliche Zweck ist bei Humboldt individual-sittlich definiert: Der Mensch muss frei sein, um ganz er selbst werden zu können, um sich also bestmöglich zu verwirklichen.

Also lehnt Humboldt die Zwecksetzungen seitens des Staates hinsichtlich des vermeintlich wahren Wohls des einzelnen Menschen in der Bevölkerung ab. Brauchbare Zwecksetzungen gehen nach ihm nur von realen, konkreten Individuen aus. Andernfalls ist die so begehrte Freiheit nicht erreichbar. Somit ist die Gewalt des Staates nur insofern legitimiert, als sie die Handlungsfreiheit der Untergebenen sichert, was vor allem heißt, dass sie dem Einzelnen ermöglicht, seine eigenen, individuellen Zwecke zu setzen und ihnen nachzugehen.

Von größter Wichtigkeit ist sicherlich die These von der Ablehnung der staatlichen Fürsorge für den Bürger. Wir haben uns noch heute damit auseinanderzusetzen. Der Sozialstaat, wir wissen es, sorgt für seine Bevölkerung und macht deren Sicherheit und Wohlergehen von sich abhängig. Wir dürfen von einem Subsidiaritätsprinzip sprechen. Es herrscht heutzutage leider, allgemein gesehen, eine Versicherungs-Mentalität. Dies grenzt an einen wahren Glauben an die Allmacht des Staates. Man meint, der Staat müsse sämtliche Aufgaben lösen, die sich im Leben des Einzelnen stellen. Alltägliches Planen, eigenes Wollen, individuelle Vorsicht: das alles tritt in den Hintergrund. Dafür ist der Staat da, so denkt man. Dabei gehen aber nicht nur gewisse Teilstücke unserer Freiheit verloren, sondern auch unsere ganze innere Entfaltung. So wird bspw. unsere Freiheit in Zukunft von Robotern bedroht werden, die uns in unseren

Alltagstätigkeiten mehr und mehr ersetzen sollen. Was wird dann überhaupt noch an menschlichen Fähigkeiten bleiben? Man ist berechtigt, diese Frage zu stellen.

Aber zurück zu Wilhelm von Humboldt. Wir wissen jetzt, dass er als Aristokrat spricht. Für sein Wohlergehen bedarf es keiner staatlichen Interventionen. Im Gegenteil! Diese können für ihn nur voller lästiger Hemmungen sein, voller abträglicher Hindernisse seiner Tüchtigkeit. Man denke nur nicht an die Minderbemittelten! In der Einleitung der *Ideen* lesen wir:

> Nach *Einem* Ziel streben, und dies Ziel mit Aufwand physischer und moralischer Kraft erringen, darauf beruht das Glück des rüstigen, kraftvollen Menschen. (14)

Wir können schon jetzt resümierend sagen: Es geht um das Glück des Einzelnen. Und dieses Glück liegt in seiner Tätigkeit, nicht in seinem Besitz. Es erfolgt aufgrund von dessen kraftvollem Ringen. Die Rolle des Staates dem Bürger gegenüber ist bloß eine negative, keineswegs eine positive. Er hat ausschließlich für dessen Sicherheit Sorge zu tragen. Das Wohl des Bürgers jedoch ist einzig und allein durch dessen eigene Initiative und Fähigkeit bedingt. Um sonstige Aufgaben hat der Staat sich nicht zu kümmern. Er nimmt seine Sicherungsaufgabe wahr mit ihren technisch-instrumentellen Hilfsfunktionen. In anderen Worten: Er ist gezwungen, über die notwendigen Mittel physischer Gewaltanwendung zu verfügen. Anarchismus duldet er nicht.

Dies geht deutlich in die Richtung des politischen Liberalismus. Die Prosperität der gesamten Bevölkerung ist nur zu erreichen dank dem freien Spiel individueller Kräfte, im Gegensatz zum Merkantilismus, der sich verpflichtet sieht, dieses Ziel abhängig zu machen von Vorschriften des Staates. Geht der Staat über seine Grenzen hinaus, dann verübt er mehr Schlechtes als Gutes. Dies läßt uns der Titel des kleinen Werkes wenigstens ahnen: *Die Grenzen der Wirksamkeit des Staats*. Anders gesagt, heißt das: Staatliches Handeln vermag Bildungsideale für den Einzelnen weder zu formulieren noch zu fördern. Das überschreitet die eigentliche Kompetenz des Staates.

Wenn unser Autor eine negative Einstellung hat gegenüber der Tätigkeit des Staates, selbst wenn diese wohltätig sein mag, dann dürfte es ein Leichtes sein, sein Denken diesbezüglich seiner persönlichen Erfahrung zu entnehmen. Verlief doch fast sein ganzes berufliches Leben innerhalb der staatlichen Institutionen. Frei war er nur dank seiner Freundschaften und seiner Studien. So kommt es, dass er sich in hohem Grad für die Wirksamkeit des Staates und deren Grenzen interessieren konnte.

7   Das Humboldt'sche Bildungsideal

Es stellen sich hier zwei Fragen: 1) Weshalb sollen wir dem Staat keine positivere Rolle zumuten? 2) Wie soll der Staat gestaltet sein, will er nicht einer Art Despotismus verfallen?

Die positive Aktion des Staates hinsichtlich des Bürgers birgt das Risiko, zum Totalstaat auszuarten. Dann wird der Einzelne politisch bevormundet, und das kommt für Humboldt keinesfalls in Frage. Hierin ist er der entschiedene Gegner einer Auffassung des Staates, wie beispielswiese Thomas Hobbes sie bereits im 17. Jahrhundert mit seinem *Leviathan* vertrat.

Endzweck ist bei Hobbes der Nutzen des Individuums. Humboldt dagegen strebt nach einer qualitativen Vollendung der Persönlichkeit. Beide Ziele sind unverwechselbar. Hobbes kommt mit einer wesentlich gleichförmigen Menschennatur aus, wohingegen Humboldt sich mit der einmaligen Besonderheit − wir dürfen sagen: Eigentümlichkeit − einer jeden einzelnen Person befasst. Echte individuelle Bildung kann nicht entstehen mit Hilfe des Staates. Damit ist auch bereits vorausgesagt, dass die marxistisch-leninistische Klassentheorie nicht akzeptabel sein kann.

Wahre Bildung ist beim Einzelnen nur unter solchen Umständen möglich. Humboldt strebt nach der Erhöhung des Menschen, nicht nach dessen Komfortsteigerung. Die Sicherung mittels des Staates mag so viel wert sein wie die Gerichte und die Polizei, doch zur individuellen Vollendung trägt sie keineswegs bei. Das lebendige Individuum ist Selbstzweck, und zwar in der allseitigen Fülle seiner Möglichkeiten. An der Verwirklichung eines einzelnen Wertprinzips, wie Weisheit oder Gerechtigkeit, ist Humboldt nicht gelegen. Selbst die Prinzipien bedeuten für ihn Unterdrückung der einzelnen Person. Einzig und allein geht es ihm darum, dass die einzelne Person sich mit Hilfe eigener personaler Kräfte weiterentwickelt. Alles andere sieht er als bloßes Hilfsmittel, als Mittel zum Zweck an.

Humboldt leugnet aber nicht den Wert der Interpersonalität. Der Einzelne ist auf die Begegnung mit anderen Menschen angewiesen. Hiermit zeigt sich bei unserem Autor ein Ansatz von Philosophie des Dialogs. Wir denken an Martin Buber. Die Begegnung mit anderen Personen vermag Aneignung zu bedeuten, was auch heißt: Verwandlung ins Eigene. Auf sich allein gestellt, steht das Individuum zurück hinter der Fülle der in der Menschennatur angelegten Wertmöglichkeiten. Deshalb ist die Begegnung mit anderen Menschen unerläßlich.

So kann die Menschheit sich auch nur in der Vielheit voneinander höchst verschiedener Persönlichkeiten verwirklichen und sogar verbessern. Humboldt spricht auch von einem „schönen menschlichen Charakter". Vergessen wir nicht: In der deutschen Klassik spielt die Ästhetik eine wesentliche Rolle. Das darf uns nicht wundernehmen. Ist doch jede echte Kunst eine individuelle Kreation, beruhend auf der schöpferischen Tätigkeit des Einzelnen. Unter dem Aspekt der Selbstverwirklichung bedarf es folglich auch des Miteinanders. Alleinsein ist nicht das Richtige, falls man bei sich ein vollkommeneres Menschsein verwirklichen möchte.

Nach allem bislang Gesagten sollten wir verstehen können, dass Humboldt eine Gesellschaftsform verlangt, die jedem Einzelnen erlaubt, sich aus sich selbst heraus zu entwickeln. Dazu bedarf es der ungebundesten Freiheit. Die Gemeinschaft, in welcher der Einzelne gedeihen soll, muss dementsprechend so wenig wie möglich durch feste Einrichtungen reglementiert sein. Keine Institution, keine Gesetzgebung vermag ihn in der ganzen Ursprünglichkeit seiner Persönlichkeit zu erfassen und zu gestalten. Er ist auf sich selber angewiesen und bedarf folglich der größtmöglichen Freiheit gegenüber dem Staat. Es ist dies eine äußere Willkürfreiheit, die nur zwecks Bedarfs der äußeren Sicherheit eingeschränkt werden darf. Hier kommt trotz allem das Recht zum Zuge. Es kann zwischen den Einzelnen nur dank der zwingenden Autorität des Staates Realität gewinnen. Es gilt, die Freiheit des einen vor der Freiheit der andern zu schützen. Die individuelle Freiheit wird damit aber nur um ihrer selbst willen eingeschränkt. Kränkung einer Person durch eine andere heißt es zu vermeiden.

Somit dient der Staat zwar der Bildung, doch tut er dies nur indirekterweise. Er schafft Möglichkeiten zur individuellen Persönlichkeitsvollendung. Aber er muss sich enthalten, direkt auf das Wohlergehen seiner Bürger einwirken zu wollen.

8   Das Überschreiten der legitimen Wirksamkeit des Staates

Falls der Staat diese Einschränkung missachtet, entsteht für das Gemeinschaftsleben und somit für den einzelnen Bürger Schaden. Man kann auch behaupten, dann schädige die Gemeinschaft sich in ihrer Gesamtheit selbst. Es ergeben sich nachteilige Folgen, wenn der Staat sich über die Grenzen, denen er verpflichtet ist, hinwegsetzt mit der Absicht, Gewinn für die ganze Nation zu erzwingen.

Hier wäre mit Wilhelm von Humboldt auf folgende Punkte zu achten:

1.   Jede staatliche Lenkung, selbst die legitime, vermag uniformierend zu wirken. Dies bedeutet die Schädigung der individuellen Verschiedenheiten. Die Selbstgestaltung der menschlichen Persönlichkeit wird gemindert, wenn nicht sogar aufgehoben. Hier ist man geneigt, an die Dikta-

turen des 20. Jahrhunderts zu denken, nicht nur an ihre Schrecken, sondern ebenfalls an ihre Disziplinierungen. Vielleicht hat dort schon ein auf dem kantischen kategorischen Imperativ beruhender Gehorsam eine späte Rolle gespielt. Attraktiv mag die Uniformierung sein, indem sie hilft, die Friedensstörungen im Innern eines Volkes zu vermeiden. Andererseits darf man jedoch auch behaupten, dass damit die Tendenz zu einem materiellen Utilitarismus verbunden ist. Die staatliche Lenkung kann nämlich zur Steigerung des Lebensstandards beitragen, aber materielles Wohlergehen und Genuss des Eigentums entsprechen nicht dem Anliegen Humboldts, der die Bildung des Einzelnen zum höchsten menschlichen Ziel macht und dabei selbst die Entbehrungen und Schmerzen nicht ausschließt. Also auch der Wohlfahrtsstaat wäre nach Humboldt abzulehnen.

2. Heutzutage ist man überzeugt, dass der Staat seine Wirksamkeit nicht allein auf den Zweck der Sicherheit der Bürger beschränkt. Humboldts Ansichten sind aus heutiger Sicht einfach übertrieben. Man muss allerdings bedenken, dass er in einer Zeit mit anderen Charakteristiken lebte.

3. Heute ist der Staatsapparat nur eine Teilfunktion der Gesellschaft. Auch nehmen die staatlichen Akteure gegenüber der Gesellschaft nicht mehr dieselbe Rolle ein. Siehe den Parlamentarismus! Hinzu kommt, dass alle gesellschaftlichen Gruppierungen und Interessenrichtungen sich gerne an der staatlichen Willensbildung beteiligen. Dem Staat kommt es auf die Leistungen seiner Bürger an. Ihm steht es zu, in alle Lebensbereiche einzugreifen, nicht nur in den der Sicherheit. Unsere Gesellschaft ist eben eine andere geworden. Das wirkt sich auf den Staat aus, der heute weit wichtigere Aufgaben übernimmt, besonders auch international.

4. So wie die einzelnen Akteure in der Gesellschaft heutzutage nicht mehr dieselbe Bedeutung besitzen, so sind sie auch in den Wissenschaften auswechselbar. Dem Staat kommt es einzig und allein auf die Leistungen des Einzelnen an. Bei Humboldt dagegen ist es immer wieder die Rückkehr auf die gleiche These: Das selbständige Suchen fördert die Persönlichkeit des einzelnen Menschen und sollte somit eine Bereicherung darstellen. Fertige wissenschaftliche Ergebnisse sind für ihn weniger interessant. Dabei geht die eigene individuelle Bewährung verloren, und mit ihr das Verantwortungsgefühl für uns selbst und für unsere Mitmenschen.

Dank dem technischen Fortschritt hat sich die Gesellschaft geändert. So halten wir die Einmischung des Staates in das wirtschaftliche und soziale Leben sicherlich für notwendig. Aufgabe des Staates in unseren Ländern ist es besonders, den Kapitalismus zu regeln. Dazu wäre noch viel zu sagen. Mit der Globalisierung ist die gesellschaftliche und politische Realität nicht nur eine ganz andere geworden, sondern auch eine viel komplexere und kaum noch überschaubare.

Produktiv könnten die Denkansätze Humboldts uns anregen, dass wir wieder mehr Eigeninitiative wagen und mehr Eigenverantwortung für uns in Staat und Gesellschaft übernehmen sollten, statt uns in vielen Angelegenheiten darauf zu verlassen, dass der Staat sich um uns kümmern wird. Dies führt zum Aufgeben eigenständigen individuellen Suchens. Die Kehrseite, wenn wir zu viele unserer Belange dem Staat überantworten, bedeutet den Verlust gewisser Bereiche unserer Freiheit und persönlichen Entfaltung.

Für unsere Kinder nur das Beste? Systematische Analyse der ethischen Argumente zum genetischen Keimbahn-Enhancement

Dagmar Fenner

Abstract

Der Beitrag befasst sich mit dem Keimbahn-Enhancement, d.h. dem Enhancement am eigenen Nachwuchs, das wegen der Möglichkeit der „Menschenzüchtung" und „Designer-Babys" besonders umstritten ist. Noch stehen solche Verbesserungsmöglichkeiten nur für einfache monogene Eigenschaften zur Verfügung, und ihre Anwendung an menschlichen Embryonen ist beim gegenwärtigen Forschungsstand aufgrund zu hoher Risiken unverantwortlich. Gleichwohl ist zu Recht eine heftige Debatte darüber im Gange, ob im Fall risikofreier Methoden solche Eingriffe ethisch legitim wären. In Kapitel 2 werden die Argumente für genetisches Enhancement systematisiert und geprüft, in Kapitel 3 die Gegenargumente. In Kapitel 4 wird die Erwartung simpler Lösungen in Form genereller Verbote oder Gebote als unangemessen abgelehnt und auf die Notwendigkeit der intersubjektiv-rationalen Begründung der für jeden menschlichen Lebensentwurf notwendigen Grundgüter oder Allzweckgüter verwiesen. Sowohl in wissenschaftsethischer als auch politischer Hinsicht braucht es klare internationale ethische Richtlinien, die Forschung und Praxis gentechnischer Methoden streng regulieren und eine Verschärfung gesellschaftlicher Ungerechtigkeit vermeiden.

1   Einleitung

In der aktuellen Diskussion über medizinisches Enhancement führt insbesondere die Frage nach der genetischen Verbesserung der Nachkommen zu heftigen Kontroversen, weil dann Menschen von Grund auf „gemacht" werden können.[1] Für weltweites Entsetzen führte der in den Medien im November 2018 verkündete Vorstoß eines chinesischen Forschers, dem bei einem Embryo durch Manipulation bzw. „Editing" eines Gens die Immunisierung gegen Aids gelungen sein soll.[2] „Genetisches Enhancement" umfasst sämtliche medizini-

---

1   Vgl. dazu die Einleitung zum Sammelband mit dem provokativen Titel *Menschen machen*, hrsg. v. Jürgen Straub u. a., Bielefeld 2012, 10.
2   Vgl. exemplarisch Lena Stallmach, „Diese Versuche an Babys sind skrupellos", in: NZZ, 26.11.2018.

schen Maßnahmen, die zum Zweck der Verbesserung der physischen, psychischen und kognitiven Fähigkeiten über ein normales menschliches Maß hinaus das Erbgut des Menschen verändern.[3] Eingriffe in die genetische Grundausstattung zur Erreichung einer besseren Ausgangsdisposition nennt man „genetic engineering" oder „Genmanipulationen".[4] Dabei kann es sich entweder um „somatische" oder „Keimbahnmanipulationen" handeln, sodass genauso wie zwischen „somatischer" und „Keimbahntherapie" im Rahmen der Gentherapie eigentlich auch im Enhancement-Bereich zwischen „somatischem genetischem Enhancement" und „Keimbahn-Enhancement" unterschieden werden müsste: Beim „somatischen genetischen Enhancement" werden bestimmte gewünschte Gene in einzelne Körperzellen des Menschen eingeführt.[5] So schleust man beim sogenannten Gen-Doping im Sport eine DNA-Sequenz mit einer Bauanleitung für gewünschte Eigenschaften in die Körperzellen ein, um z. B. das Muskelwachstum anzuregen. Demgegenüber wird im Rahmen eines „Keimbahn-Enhancements" gezielt in die Keimzellen, also die Ei- oder Samenzellen eines Erwachsenen, oder aber in die Zygote als Verschmelzung von Ei- und Samenzelle im frühen Embryonalstadium eingegriffen, wodurch Einfluss genommen wird auf die Kinder und deren Nachkommen.[6]

Da sich jenseits des spezifischen Bereichs des Sports bioethische Debatten hauptsächlich an dieser zweiten Form des „Enhancements am Nachwuchs" im Kontext der Reproduktionsmedizin entzünden,[7] soll es im folgenden Beitrag nur um dieses genetische Enhancement im engen Sinn gehen. In der Debatte um genetisches Enhancement wird meist stark verkürzt zwischen einer staatlichen, zentralen, autoritären und heteronomen „Eugenik von oben" und einer

---

3 Vgl. die Definition bei Nikolaus Knoepffler, „Ein Strukturmodell genetischen Enhancements des Menschen", in: Nikolaus Knoepffler u. Julian Savulescu (Hrsg.) *Der neue Mensch? Enhancement und Genetik*, Freiburg i. Br./München 2009, 277–296, hier: 279.

4 Vgl. etwa Glover, *What Sort of People Should There Be?*, New York 1984, 29, Jan-Christoph Heilinger, *Anthropologie und Ethik des Enhancements*, Berlin/New York 2010, 27 f. oder Bernward Gesang, *Perfektionierung des Menschen*, Berlin/New York 2007, 21.

5 Vgl. Lioba Welling, *Genetisches Enhancement. Grenzen der Begründungsressourcen des säkularen Rechtsstaates?*, Heidelberg 2014, 26. Den Inhalten nach wird die Unterscheidung zwischen den zwei Formen von genetischem Enhancement zwar stets gemacht, aber ohne dafür eine klare Terminologie einzuführen (vgl. ebd. oder Knoepffler, *Ein Stukturmodell*, 282).

6 Vgl. Welling, *Genetisches Enhancement*, 37.

7 Vgl. exemplarisch Stefan Lorenz Sorgner, *Transhumanismus: „die gefährlichste Idee der Welt"!?*, Freiburg i. Br. 2016, 41 f., Jürgen Habermas, *Die Zukunft der menschlichen Natur. Auf dem Weg zu einer liberalen Eugenik?*, 2. Aufl., Frankfurt a. M. 2002, 34 f. oder Bettina Schöne-Seifert/Davinia Talbot, „Einleitung", in: dies. (Hrsg.), *Enhancement. Die ethische Debatte*, Paderborn 2009, 9–24, hier: 17 f.

liberalen, dezentralen autonomen „Eugenik von unten" unterschieden.[8] Die staatliche „alte Eugenik" von oben steht zu Recht in der Kritik, weil dabei im Sinne einer konsequentialistischen utilitaristischen Ethik meist die Verbesserung des objektivistischen Weltzustandes oder die Maximierung des Gesamtnutzens Ziel ist. In totalitären Staaten wie im Naziregime oder in der gleichfalls gern als abschreckendes Beispiel genannten Dystopie *Schöne neue Welt* (1932) von Aldous Huxley werden Menschen als Mittel zur Realisierung staatlicher Ideologien oder Gesellschaftsmodelle degradiert, sodass ihre Freiheit missachtet und das Wohl bestimmter Menschengruppen verringert wird. Ethisch ganz anders zu bewerten scheint jedoch die liberale „neue Eugenik" von unten zu sein, bei der die Freiheit der Eltern gewahrt und die genetische Ausstattung des Nachwuchses individuell verbessert werden soll.

Vorweg sei auf die derzeit noch äußerst beschränkten realen Möglichkeiten gentechnischer Veränderungen verwiesen. Zwar stellte die 2012 entwickelte Kombination von CRISPR und Cas9 zum Schneiden der DNA eine bahnbrechende Neuerung und soll bei der erwähnten Genmanipulation in China zur Anwendung gekommen sein. Die meisten menschlichen Charaktereigenschaften sind im Gegensatz zu simplen äußeren Merkmalen wie Größe, Augen- oder Hautfarbe polygen, d. h. sie hängen teilweise von mehreren tausend in Wechselwirkung stehenden Genen ab.[9] Es ist also durchaus unklar, ob komplexe Eigenschaften wie Intelligenz oder Moralität überhaupt je genetisch verbessert werden können. Außerdem prägen die Gene die Eigenschaften eines Menschen grundsätzlich nur zu ca. 50 %, für den Rest sind Um- und Mitwelt sowie Selbstformung verantwortlich.[10] Die folgende Prüfung der Argumente für und gegen genetisches Enhancement setzt jedoch hypothetisch voraus, dass die Disposition der Nachkommen durch Gentechnik wesentlich und ohne größere Risiken beeinflusst werden kann. In Kapitel 2 werden die wichtigsten Argumente für genetisches Enhancement und in Kapitel 3 die Gegenargumente aufgelistet, ohne dass damit der Anspruch auf Vollständigkeit erhoben würde. In Kapitel 4 wird ein kurzes Fazit gezogen.

---

8   Vgl. etwa Nicholas Agar, *Liberal Eugenics. In Defence of Human Enhancement*, Oxford 2004, 5 f., Christian Lenk, *Therapie und Enhancement. Ziele und Grenzen der modernen Medizin*, Münster/Hamburg/London 2002, 89 oder Gesang, *Perfektionierung des Menschen*, 38.

9   Vgl. Gesang, *Perfektionierung des Menschen*, 21.

10 Vgl. ebd., 19.

2   Argumente für genetisches Enhancement

2.1   *Das Beste für die Kinder oder Steigerung ihres Wohls*

Ein von den Eltern individuell und autonom für ihre Kinder ausgewähltes genetisches Enhancement erscheint auf den ersten Blick im Unterschied zu staat-
lich verordneten eugenischen Programmen ethisch unproblematisch. Denn es
kann als hinreichend empirisch gesicherte Tatsache gelten, dass alle Eltern nur
das Beste für ihre Kinder wollen und sich nichts mehr wünschen, als dass ihre
Kinder ein gutes Leben haben und glücklich werden.[11] Hinter dem „Recht auf
reproduktive Freiheit" oder „Fortpflanzungsfreiheit" der Menschen als Kompo-
nente des Selbstbestimmungsrechts steht in westlichen Demokratien die legiti-
mierende Annahme, dass nur die Eltern selbst alle Parameter ihrer komplexen
Lebenssituation und damit der bestmöglichen Bedingungen des potentiellen
Nachwuchses überblicken können.[12] Auch bei der Erziehung ihrer Kinder lässt
der Staat den Eltern einen großen Entscheidungsspielraum, weil die für das
Gedeihen der Kinder entscheidende Nähe und vertrauensvollen Bindungen
nur in einem familiären Privatbereich jenseits staatlicher Aufsicht und Kontrolle möglich sind.[13] Dennoch lassen sich ethische Grenzen dieser Freiheit
rechtfertigen, die auch mit Blick auf das genetische Enhancement relevant
sind.

Allererst wären externe individuelle Bewertungsmaßstäbe der Eltern klar als
ethisch problematisch zu verurteilen: Bei der Auswahl der besten genetischen
Mitgift für die Kinder sollte ausschlaggebend sein, was für die Kinder selbst das
Beste ist. Wenn die Eltern jedoch unter den „besten Kindern" diejenigen verstehen, die ihnen selbst beispielsweise durch Gehorsamkeit oder Weltruhm als
Supertalente am meisten Nutzen oder Glück bringen, ist dies genauso verwerflich wie das „Zurichten" der Kinder für spezifische gesellschaftliche Aufgaben
wie in George Orwells *Schöne neue Welt*.[14] Sollten vermittels des Nachwuchses eigene unerfüllte Wünsche oder Lebensträume realisiert werden, stellte
dies eine Instrumentalisierung dar und verletzte die Selbstzwecklichkeit und

---

11   Vgl. Leon Kass u. a., *A Report by the President's Council on Bioethics: Beyond Therapy. Bio-
      technology and the Pursuit of Happiness*, New York/Washington 2003, 27, wo das Kapitel
      2 „Better Children" mit den rhetorischen Fragen eingeleitet wird: „What father or mother
      does not dream of a good life for his or her child? What parents would not wish to enhance
      the life of their children, to make them better people, to help them live better lives?" und,
      ganz ähnlich Allan Buchanan/Dan Brock u. a., *From Chance to Choice. Genetics and Justice*,
      Cambridge 2000, 156.
12   Vgl. Buchanan u. a., *From Chance to Choice*, 209 f.
13   Vgl. ebd., 172 f.
14   Vgl. ebd., 164.

Würde der Kinder im kantischen Sinn.[15] Ethisch vertretbar sind nur Manipulationen zum mutmaßlichen Wohl der zukünftigen Kinder aus deren eigenen Perspektive, sodass mit ihrer späteren Einwilligung gerechnet werden kann.[16] Davon abgesehen darf der moderne liberale Staat das elterliche Selbstbestimmungsrecht hinsichtlich Reproduktion und Erziehung grundsätzlich da einschränken, wo entweder das Kindeswohl oder aber das öffentliche Wohl in Gefahr ist.

Als allgemeiner normativer Maßstab für das „Beste der Kinder" kann die psychologische Kategorie des „Kindeswohls" gelten: Das „Kindeswohls" liegt in dem Maße vor, in dem ein Kind

> die körperlichen, gefühlsmäßigen, geistigen, personalen, sozialen, praktischen und sonstigen Eigenschaften, Fähigkeiten und Beziehungen entwickeln kann, die es zunehmend stärker befähigen, für das eigene Wohlergehen im Einklang mit den Rechtsnormen und der Realität sorgen zu können.[17]

In ethischen Diskussionen über verschiedene erzieherische und gentechnische Maßnahmen wird das Vermeiden einer Schädigung des Kindeswohls im negativen Bereich meist für erlaubt oder sogar geboten gehalten, wohingegen die darüber hinausgehende positive Förderung des Kindeswohls viel kritischer betrachtet wird. Entsprechend wird die sogenannte „negative Eugenik" häufig als ethisch zulässig oder sogar verpflichtend eingestuft, weil sie zur Beseitigung negativer Eigenschaften auch die Reparatur schwerer Gendefekte umfasst und deswegen in die Nähe einer allgemein gebilligten Krankheitsprävention rückt.[18] Demgegenüber wird die „positive Eugenik" zur Verbesserung menschlicher Eigenschaften und Fähigkeiten mit großer Skepsis betrachtet, weil es dabei statt um „Therapie" um „Enhancement" geht. Doch selbst wenn „negative Eugenik" von vielen Biokonservativen in ihrem Bedeutungsspektrum auf das Verhindern von schweren Erbkrankheiten reduziert wird und der Gegensatz „negative"/„positive Eugenik" dann mit „Therapie"/„Enhancement" zusammenfällt, ist damit lediglich gezeigt: Genetische Manipulationen zur Beseitigung

---

15   Auf das Argument der Freiheit und Würde der Kinder wird unten in Kap. 3.1 eingegangen.

16   Vgl. Buchanan u. a., *From Chance to Choice*, 164 f.

17   Rudolf Sponsel, „Kindeswohl-Kriterien", in: *Internet Publikation für Allgemeine und Integrative Psychotherapie* 2001, http://www.sgipt.org/forpsy/kw_krito.htm, Abruf 1. 3. 2018.

18   Vgl. zu dieser unterschiedlichen ethischen Bewertung von „negativem" und „positivem genetischen Enhancement" etwa Glover, *What Sort of People Should There Be?*, 30 oder Buchanan u. a., *From Chance to Choice*, 105 f.

stark beeinträchtigender Erbkrankheiten sollten zwar in der Forschung vordringlich sein, aber über die ethische Verwerflichkeit des genetischen Enhancements ist damit noch nichts gesagt. Nach Habermas ist lediglich „negative Eugenik" zulässig, weil nur bei dieser mit einer späteren Einwilligung des Kindes gerechnet werden kann.[19]

Zumindest bei einigen darüber hinausgehenden „Allzweckgütern" dürfte jedoch gleichfalls mit einer solchen Einwilligung gerechnet werden. Denn „Allzweckgüter" sind per definitionem Eigenschaften oder Fähigkeiten, die für die Verwirklichung praktisch aller Lebenspläne von Vorteil sind und damit keine bestimmten Vorstellungen vom guten Leben voraussetzen.[20] In Diskussionen um genetisches Enhancement werden etwa Gesundheit und Immunabwehr, Hör- und Sehfähigkeit, Intelligenz bzw. konkreter Gedächtnis und Konzentrationsfähigkeit, Empathie, Optimismus und Selbstkontrollfähigkeit aufgeführt.[21] Anstelle eines strukturellen Unterschieds zwischen Schadensvermeidung und Nutzen wäre daher differenzierter von einer Hierarchie von Gütern abnehmender allgemeiner Bedeutsamkeit wie etwa bei Sportlichkeit und Musikalität bis hin zu individualethisch belanglosen Eigenschaften wie Schönheit oder Geschlecht auszugehen. Ethisch legitimes genetisches Enhancement zum Wohl des Kindes setzt jedenfalls überzeugende Konzepte des Guten und empirische Forschungen voraus.

2.2 Das Beste in moralischer Hinsicht

Im ersten Pro-Argument wurden zwar externe, von außen an die Kinder herangetragene Verbesserungsziele als problematisch zurückgewiesen, sofern es sich um sehr spezifische persönliche Wünsche der Eltern oder eine gezielte staatliche „Zurichtung" für ganz bestimmte gesellschaftliche Aufgaben handelt. Ethisch gerechtfertigt scheint aber das ganz allgemeine moralische externe Anliegen zu sein, mithilfe von Biotechnologien die Gesellschaft oder die Welt besser und gerechter zu machen. Aus sozialethischer Perspektive wäre ein genetisches Enhancement dann legitim, wenn es die Lebensbedingungen sämtlicher auch zukünftiger Menschen verbessert bzw. sicherstellt. Angesichts eines in kürzester Zeit ins Unermessliche gestiegenen wissenschaft-

---

19   Vgl. Habermas, *Die Zukunft der menschlichen Natur*, 91 f., 149.

20   Vgl. zu den „Allzweckmitteln" („all purpose" bzw. „general purpose means") oder „Allzweckgütern" („all purpose goods") mit Bezug auf die Grundgüter von John Rawls z. B. Buchanan u. a., *From Chance to Choice*, 80, 168.

21   Vgl. Savulescu, Julian, Sandberg, Anders u. a., „Well-Being and Enhancement", in: Savulescu, Julian, Meulen, Ruud u. a. (Hrsg.), *Enhancing Human Capacities*, Chichester 2011, 3–18, hier: 11.

lichen und technischen Fortschritts und einer globalen Verantwortung der heutigen Menschen bei zurückgebliebenen moralischen Kompetenzen fordern Enhancement-Befürworter biomedizinische Methoden des pharmakologischen und genetischen moralischen Enhancements, die am effektivsten bei Kindern einzusetzen seien.[22] Die Forschergruppe um Mattew Liao konzentriert sich auf die existentielle Bedrohung durch den Klimawandel und setzt auf „Human Engineering", weil andere Lösungswege offensichtlich nicht ausreichten:[23] Vorgeschlagen wird neben einem moralischen und kognitiven Enhancement eine Verringerung der Körpergröße der Menschen, was zu einer Reduktion des Stoffwechsels und zu einer Verbesserung des ökologischen Fussabdrucks führte.[24] Dem gleichen Zweck soll eine Fleischintoleranz dienen, weil 18% des klimaschädlichen CO_2-Ausstoßes durch Viehfarmen verursacht werden.[25] Obgleich das „Genetic Engineering" als eine unter anderen Methoden des „Human Engineering" aufgeführt wird, dürfte es gerade für das Verändern der Körpergröße die bevorzugte sein. Eine bescheidenere, nicht-globale moralische Zielsetzung wäre die Garantie des sozialen Friedens und des öffentlichen Wohls, indem etwa ein Verbrecher-Gen gefunden würde und seine genetische Modifikation die Neigung zu aggressivem Verhalten reduzieren könnte.[26]

Bei den einzelnen vorgeschlagenen Maßnahmen müsste aber kritisch geprüft werden, welchen Beitrag sie zur Lösung der moralischen Probleme tatsächlich leisten können und welche Konsequenzen sie für die Betroffenen haben. Bei der letztgenannten Genmanipulation handelte es sich lediglich um ein ethisch weniger umstrittenes „kompensatorisches moralisches Enhancement" oder gar eine „moralische Therapie", weil in heutigen psychiatrischen Diagnosemanualen ein impulsives und aggressives Verhalten, mangelndes Einfühlungsvermögen und ein wiederholtes Übertreten sozialer Normen ohne Schuldgefühle als „antisoziale Persönlichkeitsstörung" gilt.[27] Ethisch rechtfertigen lässt sich eine entsprechende genetische Korrektur nicht nur moralisch mit der Sicherung des friedlichen Zusammenlebens in der Gesellschaft, sondern auch individualethisch. Denn im vorangegangenen Argument wurde das psychische „Kindeswohl" über die Fähigkeiten definiert, zunehmend für das

---

22   Vgl. Ingmar Persson u. Julian Savulescu, „The duty to be Morally Enhanced", in: *Topoi. An International Review of Philosophy* (2017) als open access, 6 ff.

23   Vgl. Matthew Liao/Anders Sandberg/Rebecca Roache, „Human Engineering and Climate Change", in: *Ethics, Policy and Environment*, Vol. 15., Nr. 2 (2012), 206–221, hier: 206 f.

24   Vgl. ebd., 208 f.

25   Vgl. ebd., 208.

26   Vgl. Buchanan u. a., *From Chance to Choice*, 173.

27   Nach dem gängigen internationalen psychiatrischen Diagnosemanual ICD-10 handelt es sich um das Störungsbild F60.2.

eigene Wohl im Einklang mit der Realität und den geltenden Normen sorgen und an der Gesellschaft teilhaben zu können. Klarerweise steht ein aggressives, asoziales Verhalten einer gelingenden gesellschaftlichen Integration im Wege und gefährdet damit das persönliche Wohl der Betroffenen, sodass mit ihrem mutmaßlichen Willen gerechnet werden kann. Bei den anderen vorgeschlagenen biotechnologischen Veränderungen insbesondere zur Verringerung des Klimawandels ist jedoch fraglich, ob nicht alternative konventionelle Maßnahmen wie Geburtenkontrolle bzw. Aufklärung oder ein Verbot bzw. die hohe Besteuerung von Fleisch angemessener wären. Von einer „Verbesserung" der Individuen ließe sich außerdem lediglich in einem moralischen Sinn mit Blick auf den verringerten ökologischen Fussabdruck sprechen, weil vom Verlangsamen des Klimawandels nur kommende Generationen oder Menschen in wärmeren Küstenregionen profitieren. Das persönliche gute Leben wird allerdings durch eine Fleischintoleranz oder eine kleinere Körpergröße auch nicht unmittelbar beeinträchtigt, weil der Genuss des Luxusgutes Fleisch prinzipiell ersetzbar ist und die Körpergröße höchstens mittelbar über gesellschaftliche Schönheitsideale das persönliche Glück beeinflusst. Da solche individuelle Veränderungen zur Lösung globaler Probleme letztlich nur effektiv sind bei einer flächendeckenden Anwendung, wird im Anschluss an Persson und Savulescu kontrovers über die ethische Pflicht oder einen staatlichen Zwang zu einem moralischen Enhancement diskutiert.[28] Ethisch legitim könnte eine Einschränkung der Reproduktionsfreiheit der Eltern aber nur sein, wenn gentechnische Mittel gegenüber traditionellen politischen Lösungsansätzen eindeutig überlegen wären und auf demokratischem Weg gebilligt würden.

3   Argumente gegen genetisches Enhancement

3.1   Verletzung von Freiheit und Würde des Kindes

Gemäß einem Standardargument gegen genetisches Enhancement werden durch solche Eingriffe die Freiheit und Menschenwürde der Kinder missachtet.[29] Es handle sich um eine Verletzung des Freiheitsrechts der Kinder, da diese nicht nach ihrem eigenen Willen gefragt werden und damit Fremdbestimmung

---

28   Eine Zusammenfassung der Debatte und eine skeptische Haltung findet sich bei Birgit Beck, „Moralisches Enhancement", in: Ronja Schütz/Elisabeth Hildt/Jürgen Hampel (Hrsg.), *Neuroenhancement*, Bielefeld 2014, 109–126, hier: 117 ff.

29   Vgl. Christian Lenk, *Therapie und Enhancement. Ziele und Grenzen der modernen Medizin*, Münster/Hamburg u. a. 2002, 91 f.

oder Heteronomie vorliegt.[30] Vornehmlich bei einer „positiven Eugenik" ohne medizinische Intention einer Therapie oder Krankheitsvorsorge nähmen die Eltern gegenüber den Embryonen eine verdinglichende, instrumentalisierende Haltung ein, was im kantischen Sinn eine klare Verletzung der Menschenwürde darstellt.[31] Trotz der vordergründigen Plausibilität dieser Argumente ist bei einem prüfenden Blick nicht ganz klar, wie die Freiheits- und Würdeverletzung genau zu verstehen ist. Denn natürlich haben die Embryonen noch keinen freien Willen und sind überhaupt noch nicht in der Lage, einer vorgeburtlichen genetischen Manipulation zuzustimmen oder sie abzulehnen. Verletzt wird also schwerlich die faktische Autonomie der noch ungeborenen Menschen, sondern höchstens deren „potentielle Autonomie": Auch wenn die gegenwärtigen gentechnischen Eingriffe erst in der Zukunft die Autonomie des Kindes einschränken, sei dies ethisch genauso problematisch wie die Missachtung der Autonomie eines Menschen in der Gegenwart.[32]

Meist wird dabei ohne weitere Begründung die gegensätzliche ethische Bewertung von therapeutischen und verbessernden Maßnahmen vorausgesetzt, die beim vorangegangenen Argument bereits kritisch infrage gestellt wurde: Höchstens bei Keimbahnmanipulationen zu therapeutischen oder krankheitspräventiven Zwecken könne mit der Einwilligung des noch-nicht-zustimmungsfähigen Menschen gerechnet werden, sodass nur in diesem Fall die Humangenetiker nicht gegen den mutmaßlichen Willen der Kinder verstoßen und die Embryonen nicht als Sachen behandeln.[33] Wie gezeigt, verläuft die eigentlich ethisch relevante Grenze aber nicht zwischen therapeutischer und verbessernder Intention, sondern zwischen Fremdnutzen für die Eltern und Eigennutzen für die Kinder. Zumindest durch einige als „Allzweckgüter" bezeichnete Enhancement-Ziele wie Intelligenz, Selbststeuerungsfähigkeit oder Selbstvertrauen würde schwerlich die zukünftige Autonomie der Kinder beschnitten, sondern im Gegenteil die Grundlage einer autonomen Lebensführung verbessert. Verwerflich wäre nur eine Beeinträchtigung der Autonomiebedingungen, die aber mit Blick auf das Kindeswohl schwerlich als „Enhancement" gelten könnte.

Gegen Habermas vielbeachtete These, die genetisch fremdbestimmten Kinder seien nicht mehr die alleinigen oder „ungeteilten Autoren"[34] ihrer Lebens-

---

30 Vgl. Habermas, *Die Zukunft der menschlichen Natur*, 134 oder Straub, „Der naturalisierte und der programmierte Mensch", in: Straub u.a., *Menschen machen*, 107–142, hier: 133.

31 Vgl. Habermas, *Die Zukunft der menschlichen Natur*, 135, 158.

32 Vgl. Lenk, *Therapie und Enhancement*, 91.

33 Vgl. ebd., 92 sowie Habermas, *Die Zukunft der menschlichen Natur*, 91f.

34 Vgl. Habermas, *Die Zukunft der menschlichen Natur*, 49.

geschichte, wurde von Kritikern eingewendet: Er übersehe den Unterschied zwischen der aktuellen Heteronomie bei einer Genmanipulation durch die Eltern vor der Geburt und der aktuellen Autonomie des genetisch manipulierten Kindes nach der Geburt. Bestritten wird etwa von Thomas Nagel, Thomas McCarthy oder Volker Gerhardt, die genetisch veränderten Kinder hätten mit Blick auf ihre autonome Lebensführung und die Anerkennung als autonome Interaktionspartner andere Bedingungen als nichtmanipulierte.[35] Denn auch bei einem nichtmanipulierten Kind steht sein Genom von Anfang an unverrückbar fest. Insofern kein Mensch seine genetische Disposition selbst frei auswählen kann, wäre in diesem strengen Sinn niemand ein selbstverantwortlicher Autor seines Lebens. Ob die vorgeburtliche Fixierung auf ein bestimmtes Genom ganz dem Zufall überlassen wird oder sich teilweise der elterlichen Planung verdankt, erscheint vom Standpunkt des Kindes aus irrelevant zu sein. Auch bei einer unmanipulierten genetischen Ausstattung muss das Kind diese einfach akzeptieren, ohne dass dadurch seine Autonomie untergraben würde. Sofern die Genmanipulation nicht zu einer Einschränkung der Autonomiefähigkeit führt, verfügt ein gentechnisch veränderter Mensch genauso wie alle anderen über einen eigenen Willen und kann sein Leben auf dieser gegebenen Grundlage autonom gestalten.[36]

Recht zu geben ist den Kritikern auch darin, dass es keinen kausalen und notwendigen Zusammenhang zwischen einem genetischen Enhancement und einer Fremdbestimmung oder Instrumentalisierung der zukünftigen Person durch ihr soziales Umfeld gibt. Wie Dieter Birnbacher überzeugend darlegt, besteht ein solcher nicht einmal im Extremfall des reproduktiven Klonens:[37] Die Tatsache einer genetischen Vorherbestimmung des geklonten Menschen allein bedeutet keineswegs, dass sich das Klonkind später weniger frei entwickeln kann. Eine Verletzung der Autonomie und Würde der genetisch manipulierten Nachkommen läge nur vor, wenn die Eltern vom Klonkind das Heranwachsen einer getreuen Replik des Originals oder vom „Designerkind" eine Entwicklung nach ihren Wünschen erwarten. Eine solche ethisch verwerfliche Instrumentalisierung der Kinder durch die Ausrichtung der Erziehung an

---

35 Vgl. zu dieser Debatte Straub, „Der naturalisierte und der programmierte Mensch", 130 sowie pars pro toto Volker Gerhardt: „Geworden oder Gemacht? Jürgen Habermas und die Gentechnologie", in: Matthias Kettner (Hrsg.), *Biomedizin und Menschenwürde*, Frankfurt a. M. 2004, 272–291, hier: 283 ff.

36 Vgl. ebd., 284 f. sowie Tina-Louise Eissa, *Gesünder, intelligenter, perfekt? Selbstgestaltung durch Enhancement im Kontext pluralistischer Ethik*, Freiburg i. Br./München 2014, 315.

37 Vgl. Dieter Birnbacher, *Natürlichkeit*, Berlin/New York 2006, 158 f.

nicht-kindgerechten eigenen Idealen statt am Kindeswohl ist mit oder ohne Keimbahnmanipulation möglich und in beiden Fällen gleich verwerflich.

Nach Habermas handelt es sich bei dieser Art von Einwänden aber um Missverständnisse, weil es bei seinen Bedenken gar nicht um eine Fortsetzung der Fremdbestimmung der Embryonen in einer Verdinglichung der geborenen Kinder gehe. Das Fremdbestimmungs-Argument richte sich nicht gegen die Instrumentalisierung oder Diskriminierung der zukünftigen Personen durch ihr soziales Umfeld, sondern auf das beeinträchtigte „Autonomiebewusstsein" und die „vor der Geburt induzierte Selbstentwertung" der Betroffenen.[38] Da ihnen das Bewusstsein der Kontingenz ihrer genetischen Grundlagen genommen werde, fehle ihnen die entscheidende „mentale Bedingung", um für ihr Leben die alleinige Verantwortung übernehmen zu können.[39] Nach dieser Interpretation sind die Eltern bereits durch ihre vorgeburtliche Einflussnahme zu Mitspielern und Mitautoren im Leben der genmanipulierten Kinder geworden, auch wenn sie später den heranwachsenden Kindern völlige Gestaltungsfreiheit lassen und innerhalb ihres Handlungsspielraums in keiner Weise als Gegenspieler auftreten.[40] Zur Diskussion steht also die innere Befindlichkeit eines geschädigten subjektiven Gefühls freier Selbstgestaltung, weil sich die Kinder allein aufgrund des Wissens um die Intervention eher als manipulierte Objekte denn als gestaltende Subjekte verstehen könnten. Statt auf das soziale Gefahrenpotential verweist diese Deutung der Würdeverletzung somit auf die psychische Gefahr einer Störung der Identitätsentwicklung und des praktischen Selbstverhältnisses.

Bisweilen klingt bei Habermas selbst an, dass es sich bei solchen empirisch-psychologischen Thesen freilich nur um Vermutungen handelt.[41] Denn niemand kann die Reaktionen der zukünftigen Kinder genau vorhersehen, die auch individuell sehr unterschiedlich ausfallen könnten. Vielen dürfte es völlig gleichgültig sein, ob sie ihre besonderen Talente und Fähigkeiten rein dem Zufall verdanken oder der Planung ihrer Eltern. Statt ihr Genom als etwas „Fremdes" zu erleben könnten sie es wie beschrieben einfach als ihre „Natur" und als ebenso unumstößliches Faktum hinnehmen wie das sozioökonomi-

---

38   Habermas wendet sich in *Die Zukunft der menschlichen Natur* auf den Seiten 134–146 explizit gegen „Thomas Nagel, Thomas McCarthy und andere Kollegen", die es für kontraintuitiv halten, „von merkmalsverändernden genetischen Eingriffen eine subjektiv erfahrene Fremdbestimmung zu erwarten, die auch noch die prinzipielle Gleichstellung im intergenerationellen Verhältnis untergräbt" (134).

39   Vgl. ebd., 136 f.

40   Vgl. ebd., 104.

41   Vgl. ebd. 77, 95.

sche Milieu, in das sie hineingeboren wurden.[42] Wie sich die Kenntnis von
der Genmanipulation auswirkt, dürfte zum einen stark vom Erziehungsstil der
Eltern und der Qualität des Eltern-Kind-Verhältnisses abhängen. Im Fall per-
missiver, das Kind auf seinem eigenen Weg unterstützender Eltern überwögen
wahrscheinlich Gefühle der Dankbarkeit, wohingegen sich bei einer repressi-
ven Erziehung ohne Nähe und Vertrauen die Kinder verstärkt als Objekte vor-
kämen. Zum anderen spielt aber sicherlich auch die Art der Keimbahnmanipulation eine entscheidende Rolle: Wo lediglich allgemein nützliche kognitive,
psychische und physische Eigenschaften und Fähigkeiten optimiert wurden,
hätte ein Kind jedenfalls keinen rationalen Grund für Minderwertigkeitsge-
fühle und Selbstentfremdung.[43]

„Würde" kann aber nicht nur im üblicherweise gemeinten „individualisie-
renden Sinn" auf konkrete Personen bezogen werden, sodass die Freiheit und
Würde der einzelnen gentechnisch verbesserten Individuen zur Diskussion
steht. Vielmehr könnte es auf der Ebene der Gattung zu einer Verletzung der
Menschenwürde kommen, wenn „Würde" im „vorpersonalen Sinn" oder „Gattungssinn" als Würde der Menschengattung als Ganzer verstanden wird.[44] In
der von Habermas begründeten Gattungsethik rücken die „intuitiven menschlichen Selbstbeschreibungen" und das menschliche „Selbstverständnis als Gat-
tungswesen" bzw. die „Gattungsidentität" ins Zentrum der ethischen Betrachtung.[45] Die naheliegendste und allgemeinste Interpretation einer Verletzung
der Menschenwürde im Gattungssinn wäre es, in genetischen Manipulationen genauso wie im Klonen eine Missachtung der wesensmäßigen menschlichen Selbstzweckhaftigkeit zu erblicken. Habermas zufolge kommt es zu
einer „Selbstinstrumentalisierung der Gattung", weil genetische Manipulationen die Asymmetrie im Generationenverhältnis verschärfe und die Menschen
sich infolgedessen nicht mehr als autonome und gleiche moralische Wesen
anerkennen können.[46] Wiederum ist aber der Zusammenhang zwischen einer
nochmaligen Verschärfung der zwischen Eltern und Kinder ohnehin ganz
unvermeidlich herrschenden Asymmetrie und dem Verlust herrschaftsfreier,
gleichberechtigter Verhältnisse zwischen Eltern und erwachsenen Kinder
sicherlich kein kausaler und notwendiger.

---

42   Vgl. Volker Gerhardt, „Geworden oder Gemacht? Jürgen Habermas und die Gentechnolo-
     gie", in: Matthias Kettner (Hrsg.), *Biomedizin und Menschenwürde*, Frankfurt a. M. 2004,
     272–291, hier: 285 f.
43   Vgl. Gesang, *Perfektionierung des Menschen*, 108 f.
44   Vgl. Fenner, *Einführung in die Angewandte Ethik*, Tübingen 2010, 99, 302 f. sowie Birnba-
     cher, *Natürlichkeit*, 169.
45   Vgl. Habermas, *Die Zukunft der menschlichen Natur*, 72 f.
46   Vgl. ebd., 114 f., 121.

Als größte Gefahr für die Würde des Menschen stellt Habermas in seiner Gattungsethik allerdings die Verletzung der „menschlichen Natur" heraus, weshalb er für eine „Moralisierung der menschlichen Natur" eintritt:[47] Für die „Selbstbehauptung des gattungsethischen Selbstverständnisses" sei der normative Standard der menschlichen Natur unabdingbar, um ein „gewisses Maß an Kontingenz der Naturwüchsigkeit" zu garantieren und die natürliche Grenze zwischen dem „Gewachsenen" und „Gemachten" zu wahren.[48] Gegen diesen gattungsethischen Appell wurde zu Recht eingewandt, eine metaphysische oder biologische deskriptive Wesensbestimmung des Menschen blende die normative Bestimmung des Menschen als Kulturwesen aus und bedeute einen Rückfall hinter den nachmetaphysischen diskursethischen Anspruch auf eine kommunikative Verständigung über normative Richtigkeit.[49]

3.2 Verstoß gegen das Recht auf eine offene Zukunft

Seit Joel Feinberg wird gegen das genetische Enhancement eingewandt, es stelle einen Verstoß gegen das „Recht des Kindes auf eine offene Zukunft" dar.[50] Dieses durchaus umstrittene Recht auf offene Zukunft der Kinder wird vom Recht auf Selbstbestimmung der Erwachsenen abgeleitet.[51] Da das Recht auf Selbstbestimmung erst allmählich im Laufe der Kindheit zunimmt, geht es wie beim vorangegangenen Argument um die „potentielle Autonomie", genauer um die potentielle Autonomie der zukünftigen Erwachsenen: um das Recht, mit Erreichen der Mündigkeit selbst die zentralen Entscheidungen über die eigene Lebensgestaltung und die eigene Lebensform in Übereinstimmung mit den persönlichen Werten und Vorstellungen vom guten Leben zu treffen. Verletzt wird das „Recht auf eine offene Zukunft" dann, wenn entweder die Bandbreite der in einer Gesellschaft zur Verfügung stehenden Lebensentwürfe eingeschränkt wird oder dem Kind nicht beim Erwerb der für eine selbständige Entscheidung notwendigen Urteilskraft sowie grundlegender Kenntnisse

---

47 Ebd., 49.

48 Vgl. ebd., 49, 80 ff.

49 Vgl. Gerhardt, „Geworden oder Gemacht?", 281 f. und Oliver Müller, „Der Mensch und seine Stellung zu seiner Natur", in: Giovanni Maio/Jens Clausen/Oliver Müller (Hrsg.), *Mensch ohne Maß? Reichweite und Grenzen anthropologischer Argumente in der biomedizinischen Ethik*, Freiburg i. Br./München 2008, 15–57, hier: 45 f.

50 Vgl. Buchanan u. a., *From Chance to Choice*, 170. Joel Feinbergs einschlägiger Aufsatz trug ebendiesen Titel: „The Child's Right to an Open Future", in: William Aiken/Hugh LaFollette (Hrsg.), *Whose Child? Children's Rights, Parental Authority, and State Power*, Totowa 1980, 124–153.

51 Vgl. Dan Brock, „Enhancements of Human Function", in: Erik Parens (Hrsg.), *Enhancing Human Traits. Ethical and Social Implications*, Washington 1998, 48–69, hier: 55.

geholfen wird.[52] Feinberg selbst hat die Verletzung dieses Rechts jenseits der
bioethischen Debatte am Beispiel einer streng religiösen Erziehung in der
geschlossenen Religionsgemeinschaft der „Amish" in den USA illustriert.

In der bioethischen Enhancement-Debatte wird im Zusammenhang mit
dem „Recht auf eine offene Zukunft" kontrovers über den Wunsch taubstum-
mer Eltern diskutiert, taubstumme Kinder zu erzeugen:[53] Aus der Warte der
Eltern mit diesem außergewöhnlichen Kinderwunsch ist Taubheit keine Behinderung, sondern eine Lebenskultur, die den Kindern die Chance auf eine ein-
malige Solidarität in der Taubstummengemeinschaft und einer unvergleich-
lich expressiven Zeichensprache eröffnet. Auch wenn hörende Menschen ohne
eine solche Schicksalsgemeinschaft tatsächlich weniger Solidarität erfahren
und sich auf keine andere Weise ähnlich expressiv ausdrücken könnten, wird
taubstummen Menschen zweifellos ein weites Spektrum an anderen, mindestens gleichwertigen Lebens- und Teilhabemöglichkeiten in der Gesellschaft
genommen. Beim genetischen Enhancement liegt zwar kein solcher klarer
Fall einer Einschränkung der Zukunftsperspektiven vor, weil Enhancement
grundsätzlich statt auf Beraubung auf Steigerung von Fähigkeiten abzielt. Aus
Sicht der Kritiker wird aber das Recht auf offene Zukunft schon durch jede
„genetisch fixierte Absicht einer dritten Person" bzw. jedes „Vorhaben der Programmierung" verletzt.[54] Doch was hat man sich darunter genau vorzustellen?

Von einer „genetisch fixierten Absicht" und „Programmierung" der Eltern
scheint am ehesten gesprochen werden zu können, wo die zu verbessernden
Eigenschaften sehr spezifisch sind und ihre Entwicklung einen großen Auf-
wand erfordert. Zu denken ist z. B. an sportliche oder musikalische Fähigkeiten,
deren frühzeitige Förderung den Lebensweg des Kindes in ganz bestimmte
Bahnen lenkt.[55] Um das Potential der Kinder mit solchen außerordentlichen
Talenten voll auszuschöpfen und das Beste aus ihnen herauszuholen, müssen zahlreiche andere Fähigkeiten und Möglichkeiten vernachlässigt oder stark
eingeschränkt werden. Je früher sie auf das Leben eines Tennisstars oder einer
Violinsolistin eingeschworen werden, desto mehr Qualifikationen dürften
ihnen im Erwachsenenalter für andere Lebensentwürfe fehlen und umso mehr
Optionen werden ihnen verschlossen sein. Ob damit auch die potentielle Autonomie der Erwachsenen untergraben wird oder diese später die Intention der

---

52   Vgl. Buchanan u. a., *From Chance to Choice*, 170.
53   Vgl. zu diesem aus der Realität gegriffenen Fall ebd., 281 ff. oder Gesang, *Perfektionierung
      des Menschen*, 98.
54   Habermas, *Die Zukunft der menschlichen Natur*, 108 f.
55   Vgl. ebd., 139 und Brock, „Enhancements of Human Function", 54.

Eltern bejahen und vollständig übernehmen, scheint allerdings vom Erfolg und der Zufriedenheit im Erwachsenenleben abzuhängen. In der Realität gibt es sowohl diejenigen, die den Eltern später dankbar sind für den Drill als auch diejenigen, die ihnen deswegen Vorwürfe machen, genauso wie diejenigen, die sich im umgekehrten Fall über die Vernachlässigung und das Brachliegen ihrer Begabungen beschweren. Da die Folgen in den einzelnen unvorhersehbaren, durch verschiedene Außenweltfaktoren und persönliche Entscheidungen geprägten Lebensverläufen sehr ambivalent ausfallen, kann also die mutmaßliche Einwilligung der Betroffenen nicht vorausgesetzt werden. Eindeutig missachtet würde die potentielle Autonomie da, wo die Eltern auf permanente Widerstände und ausbleibende subjektive Erfüllungserlebnisse seitens der Kinder lediglich mit zunehmendem Druck reagieren.

Abzulehnen sind also drastische, weit über den Durchschnitt hinauszielende genetische Verbesserungen spezifischer, nur für ganz bestimmte Lebensläufe nützlicher Eigenschaften, weil solche Merkmale einen „steuernden Charakter" haben und die Gefahr einer Einschränkung des Rechts auf offene Zukunft deswegen groß ist.[56] Problematisch ist dann aber genaugenommen nicht das Verfahren des genetischen Enhancements als solches, sondern die Art und das Ausmaß der veränderten Merkmale. Außerdem setzt eine Beeinträchtigung des Rechts auf offene Zukunft die genetisch dokumentierte Absicht der Eltern voraus, die „besten Kinder" durch einseitige Talententwicklung anstatt durch breite Förderung verschiedenster Kompetenzen heranzuziehen. Der Verweis auf diese Gefahren bei genetischen Manipulationen spezifischer Eigenschaften ist aber noch kein Grund, genetisches Enhancement generell zu verbieten. Denn daneben gibt es wie gesehen eine Reihe von Eigenschaften oder Fähigkeiten, die viel allgemeiner sind und kein besonderes tägliches Extra-Trainingsprogramm erfordern. Ließen sich solche als „Allzweckgüter" bezeichnete Fähigkeiten wie Gedächtnis, Selbstregulationsfähigkeit oder Soziabilität jemals genetisch steigern, könnten damit grundlegende Ressourcen für sämtliche Lebensziele erweitert oder gesichert werden. Da sie den Betroffenen in fast allen möglichen Lebenskonzepten Vorteile bringen, würden sie das Recht auf offene Zukunft in keiner Weise einschränken und keine Bevorzugung eines bestimmten Lebensplans nahelegen. In diesen Fällen würde das Recht des Kindes auf eine offene Zukunft ganz im Gegenteil unterstützt, sodass es sich als Argument für genetisches Enhancement anführen lässt.[57]

---

56 Vgl. Birnbacher, *Natürlichkeit*, 124 f., wo die Differenz zwischen genetischen Merkmalen mit steuernden und Ressourcen-Charakter eingeführt wird.

57 Diesen Schluss ziehen etwa Brock „Enhancements of Human Function", 55 und Robert Ranisch und Julian Savulescu, „Ethik und Enhancement", in: Nikolaus Knoepffler/Julian

Auf einer grundsätzlicheren Ebene wird darüber diskutiert, ob die von den
Eltern für ihre Kinder gewünschten genetischen Veränderungen ethisch überhaupt anders zu bewerten sind als erzieherische Maßnahmen. Denn wenn den
Eltern in erzieherischer Hinsicht sogar grundrechtlich ein sehr großer Entscheidungsspielraum garantiert wird, sollte ihnen aus Sicht vieler Enhancement-Befürworter auch die gentechnische Optimierung ihrer Kinder erlaubt
sein.[58] Habermas und viele andere Kritiker des genetischen Enhancements
erblicken das eindeutige Unterscheidungskriterium zwischen erzieherischen
und gentechnischen Methoden jedoch in der Irreversibilität und Einseitigkeit
gentechnischer Maßnahmen, das eine unterschiedliche ethische Bewertung
von Erziehung und Keimbahnintervention rechtfertige:[59] Mit einem Eingriff in
das Genom der Kinder treffen die Eltern nach dieser Darstellung einseitige und
unanfechtbare Entscheidungen, die den Kindern später keine revidierende
Stellungnahme erlauben. Im Gegensatz zu einer solchen „genetischen Fixierung" der elterlichen Präferenzen seien erzieherische Einflüsse grundsätzlich
„anfechtbar" und reversibel.[60] Diese Reversibilität verdankt sich laut Habermas der eigentümlichen Struktur von Sozialisationsprozessen, die ihren Einfluss stets über beidseitige Interaktion und kommunikative Verständigung im
Medium von Gründen und Argumenten vollziehen. Die zukünftigen Erwachsenen sollen die „Asymmetrie der kindlichen Abhängigkeit" retrospektiv ausgleichen können, indem sie die freiheitsbeeinträchtigenden Sozialisationsbedin-
gungen reflexiv und kritisch aufarbeiten und sie gegebenenfalls revidieren.[61]
Selbst neurotische Entwicklungen würden sich später in einer Psychoanalyse
„durch die Erarbeitung von Einsichten auflösen" lassen.

Bei dieser Gegenüberstellung von genetischem Enhancement und Erziehung scheint aber die Reversibilität sozialisatorischer Prozesse deutlich zu
optimistisch eingeschätzt zu werden. Denn psychische Fehlentwicklungen
infolge von Vernachlässigung oder gar Missbrauch der Kinder sind auch mit
Unterstützung von Psychotherapeuten kaum mehr zu korrigieren. Auch durch
das Einschlagen eines bestimmten Bildungswegs unter elterlichem Druck können bestimmte Lebensmöglichkeiten für immer verstellt werden, wenn Kinder
beispielsweise kein Instrument spielen dürfen und nie mehr Virtuosen werden

----

       Savulescu (Hrsg.), *Der neue Mensch? Enhancement und Genetik*, Freiburg i. Br./München
       2009, 21–54, hier: 40 f.

58   Vgl. auf Seiten der Befürworter exemplarisch Buchanan u. a., *From Chance to Choice*, 158 f.
       auf der Gegenseite Habermas, *Die Zukunft der menschlichen Natur*, 87 f.

59   Habermas, *Die Zukunft der menschlichen Natur*, 90, 136, 139 oder Kass u. a., *A Report by the
       President's Council on Bioethics*, 52.

60   Vgl. Habermas, *Die Zukunft der menschlichen Natur*, 107.

61   Vgl. ebd., 107 f.

können.[62] Noch viel einschneidender ist aber eine indoktrinierende Vermittlung beispielsweise streng religiöser elterlicher Wertmaßstäbe, die sich in das normative Selbstbild des Kindes einprägen.

Während einerseits also auch kommunikative und interaktive Sozialisationsprogramme Lebensmöglichkeiten vernichten oder zementieren können, determinieren andererseits Genmanipulationen am Embryo nicht zwangsläufig das Lebensschicksal eines Menschen: Eine zukünftige technische Lösung könnten künstliche Chromosomen sein, die später je nach Wunsch aktiviert oder inaktiviert werden können.[63] Aber auch nichtabschaltbare Gene determinieren niemals direkt das Handeln eines Menschen, sondern geben lediglich eine gewisse „Reaktionsnorm" oder Spannbreite möglicher Verhaltensweisen vor.[64] Trotz ihres „steuernden" Charakters „zwingen" Sportlichkeit und Musikalität genauso wie hohe Intelligenz niemanden zum Leben im Dienst der einen oder anderen Talentförderung. Genauso einseitig und tendenziös wie die Enhancement-Kritiker von einem genetischen Determinismus ausgehen, stellen seine Befürworter die Umwelt- und Erziehungsfaktoren als „massgeblich" und demgegenüber die Enhancement-Praktiken als „nahezu bedeutungslos" und ungefährlich heraus.[65] Erstens sind die Einflussfaktoren ungefähr gleich stark. Zweitens machen problematische Erziehungsmethoden wie der beschriebene Drill vergleichbar problematische Genmanipulationen keineswegs ethisch besser.[66] Irreversibilität ist aber letztlich nicht nur ein ungeeignetes Unterscheidungskriterium zwischen Erziehung und Enhancement, sondern stellt kaum einen Grund gegen genetische Eingriffe zu gleich guten, das Recht auf Zukunft erweiternden Zielen wie Selbstregulationsfähigkeit oder Selbstvertrauen dar.

3.3 Verhinderung bedingungsloser Liebe

Von den beiden vorangegangenen Argumenten der potentiellen Autonomie und des Rechts auf offene Zukunft der Kinder hebt sich ein weiteres Argument ab, das sich auf die veränderte emotionale und motivationale Grundeinstellung der Eltern gegenüber ihren Kindern bezieht: In den Worten Michael Sandels „verdirbt" das genetische Enhancement nachgerade die Elternschaft

---

62 Vgl. Ranisch u. a. „Ethik und Enhancement", 32 und Gesang, *Perfektionierung des Menschen*, 104.

63 Vgl. Eissa, *Gesünder, intelligenter, perfekt?*, 300.

64 Vgl. Hanns Trautner, *Allgemeine Entwicklungspsychologie*, Stuttgart/Berlin/Köln 1995, 69 ff.

65 Vgl. zu diesen argumentativen Zuspitzungen Eissa, *Gesünder, intelligenter, perfekt?*, 293, 299 f.

66 Auf den zweiten Punkt weist richtigerweise Habermas, *Die Zukunft der menschlichen Natur*, 140 hin.

als soziale Praxis, die von einer voraussetzungslosen Liebe zu den Kindern bestimmt sei.[67] Unter „bedingungsloser Liebe" wird im allgemeinen Sprachgebrauch eine Liebe verstanden, die nicht an bestimmte positive Charaktereigenschaften, Begabungen und Talente gebunden ist oder daran, wie jemand aussieht oder was jemand tut. Ungeachtet all dessen liebt man einen Menschen vielmehr so, wie er ist. Eine solche bedingungslose Liebe fungiert in zahlreichen Erziehungsratgebern und Elternblogs als hohes Ideal oder Gebot für die Eltern-Kind-Beziehung.[68] Sie wird gepriesen als wichtigste Bedingung für zufriedene Eltern und Kinder und dafür, dass die Kinder zu freien, selbstbewussten und glücklichen Menschen heranwachsen. Je mehr die Eltern in den bislang unverfügbaren, kontingenten Anfang einzugreifen versuchen, desto mehr schwindet aber nach diesem Argument gegen genetisches Enhancement die Offenheit für unerwünschte Eigenschaften und Verhaltensweisen der Kinder.[69] Mit der Möglichkeit gezielter genetischer Manipulationen an den Embryonen verändere sich die Haltung der Eltern gegenüber ihren Kindern von einer „bedingungslosen Akzeptanz" zu einer „kritischen Prüfung".[70] Während sich Habermas' Kritik, wie in Kapitel 3.1 gesehen, hauptsächlich gegen das instrumentalisierende Verhältnis der Eltern gegenüber den manipulierten Embryonen richtet, geht es bei diesem Argument also um die Fortsetzung eines versachlichenden Umgangs mit dem Nachwuchs nach der Geburt. Wenn die Kinder zumindest von der Idee her mit Blick auf bestimmte Vorstellungen „gemacht" würden und damit statt das Produkt von Liebe das Produkt des elterlichen Willens bildeten, komme es zu einer starken Erwartungshaltung der Eltern und einer noch größeren Ungleichheit im Eltern-Kind-Verhältnis.[71]

Grundsätzlich wäre kritisch zu fragen, ob das Ideal bedingungsloser Liebe in konkreten zwischenmenschlichen Beziehungen überhaupt realisierbar und ethisch erstrebenswert ist. Denn während in partnerschaftlichen Beziehungen nach diesem Gebot auch Ehebruch und Gewalt toleriert werden müssten, dürften die Erziehungspersonen keinerlei Erwartungen und Forderun-

---

67 Vgl. Michael Sandel, *Plädoyer gegen die Perfektion. Ethik im Zeitalter der Genetischen Technik*, Berlin 2008, 102 f.

68 Vgl. exemplarisch die Monographien von Alfie Kohn, *Liebe und Eigenständigkeit. Die Kunst bedingungsloser Elternschaft*, Freiburg i. B. 2010 oder Ross Campbell, *Kinder sind wie ein Spiegel. Ein Handbuch für Eltern die ihre Kinder richtig lieben wollen*, Tübingen 2011.

69 So die Befürchtungen der Biokonservativen wie Sandel, *Plädoyer gegen die Perfektion*, 117.

70 Vgl. Kass u. a., *A Report by the President's Council on Bioethics*, 54.

71 Vgl. ebd., 52, 55.

gen an die Kinder herantragen. Obgleich bedingungslose Liebe eine wichtige Grundvoraussetzung für die Entwicklung eines kindlichen Grundvertrauens sein mag, kann sich eine Erziehung mit fundamentalen Zielen wie Selbständigkeit des Kindes und Integration in die Gesellschaft mit all den dafür notwendigen Kompetenzen schwerlich darin erschöpfen.[72] Vielmehr verlangt die kontinuierliche Entwicklung und Förderung der dafür notwendigen kognitiven, sozialen und moralischen Kompetenzen eine kritische, prüfende Einstellung zum Kind, die schwerlich ethisch bedenklich sein kann. Ungeachtet dieser paradox anmutenden Erziehungsaufgabe bedingungsloser Liebe ist die empirisch-psychologische These spekulativ, vorgeburtliche Keimbahnmanipulation hätten notwendig eine lieblose und versachlichende Haltung gegenüber den Kindern zur Folge (vgl. Argument 3.1). Selbst im ethisch umstrittenen Fall der Erzeugung eines „Retterbabys" auf dem Weg künstlicher Befruchtung zur „Rettung" eines kranken Geschwisters durch eine Organspende erscheint es als höchst unwahrscheinlich, dass die Eltern dieses Kind weniger lieben und anders behandeln als ihre anderen Kinder.

Des Weiteren dürfte die Verbesserung des Genmaterials der Zygote das Eltern-Kind-Verhältnis in keiner Weise beeinträchtigen, wenn die Eltern ihren Kindern nur möglichst gute genetische Grundlagen für eine eigenständige Entwicklung bereitstellen wollen und sie nicht mit Drill in eine bestimmte Richtung zu drängen versuchen.[73] Im Fall einer Steigerung ressourcenorientierter, für die Verwirklichung individueller Lebenspläne und die gesellschaftliche Integration nützlicher Eigenschaften brauchen die Eltern auch kaum eine Klage der Kinder zu befürchten. Unter Voraussetzung legal verfügbarer Gentechnik würden sie wohl eher im gegenteiligen Fall einer Unterlassung von diesen zur Verantwortung gezogen.[74] Da jedoch sowohl beim Gentransfer als auch bei der Geburt oder danach stets das Risiko einer Beschädigung des Kindes besteht, empfiehlt sich weiterhin eine gelassene Haltung gegenüber unabwendbaren Kontingenzen als Mittelweg zwischen unbedingtem Anspruchsdenken und bedingungsloser Liebe.

3.4 *Entsolidarisierung und Diskriminierung*

Eine weitere Kritik am genetischen Enhancement weist auf die Gefahr der Diskriminierung derjenigen hin, die nicht oder in geringerem Maß über die

---

72 Dies wurde in Argument 2.1 bei der Erläuterung des psychologischen Konzepts des „Kindeswohls" deutlich.

73 Vgl. Gesang, *Perfektionierung des Menschen*, 103 f.

74 Vgl. ebd., 101 f.

erstrebten Eigenschaften und Fähigkeiten verfügen.[75] Denn wenn bestimmte Merkmale wie Intelligenz oder Schlankheit in einer Gesellschaft als wünschbar und wertvoll angesehen werden, impliziere dies die Botschaft, allen mit einem diesbezüglichen Mangel fehle etwas Wesentliches. Von den Betroffenen kann diese Botschaft als Herabwürdigung und Demütigung und als sehr verletzend empfunden werden.[76] Je weniger die Menschen hinsichtlich ihrer genetischen Ausstattung dem Zufall oder Schicksal ausgeliefert sind, desto mehr schwinde die Toleranz gegenüber dem „Imperfekten" und die Solidarität mit den „genetisch Armen".[77] Erweitern sich die Möglichkeiten des genetischen Enhancements kontinuierlich, könnte die Bereitschaft zur Vergemeinschaftung von Risiken und zur gegenseitigen Verpflichtung aufgrund von Ungewissheit zurückgehen. Im schlimmsten Fall kommt es zu einer genetischen Diskriminierung, d.h. zu einer Ungleichbehandlung in Form einer Benachteiligung oder einer Exklusion der genetisch Nichtoptimierten beispielsweise durch Arbeitnehmer oder Versicherungsgesellschaften.[78]

Anders als bei den vorangegangenen Argumenten wird dabei meist kein Unterschied zwischen Genmanipulationen zu therapeutischen und verbessernden Zwecken bzw. zwischen „negativer" und „positiver Eugenik" gemacht. Denn die Gefahren der Entsolidarisierung und Diskriminierung sollen nicht erst beim genetischen Enhancement auftreten, sondern bereits bei therapeutischen genetischen Interventionen und der Aussonderung von Embryonen mit Gendefekten nach einer pränatalen Diagnostik. Beide Methoden scheinen die gleiche negative Botschaft zu versenden. Oft wird bei dieser Argumentationsstrategie daher auf die allgemeine These verwiesen, Behinderungen seien lediglich sozial konstruiert. So gesehen wäre es der falsche Weg, angebliche „Behinderungen" oder eine „schlechte genetische Ausstattung" eliminieren zu wollen. Statt die Individuen zu therapieren oder zu optimieren sollten aus dieser Perspektive vielmehr die gesellschaftlichen und politischen Verhältnisse kritisiert und derart verändert werden, dass sie auch für unvollkommene Wesen möglichst günstig sind.[79]

Allerdings wäre die empirische Generalisierung erst noch zu beweisen, dass die abnehmende Zahl von Menschen mit Behinderungen zwangsläufig zu

---

75   Vgl. Buchanan u.a., *From Chance to Choice*, 261f. und Dan Brock, „Is Selection of Children Wrong?", in: Julian Savulescu und Nick Bostrom (Hrsg.), *Human Enhancement*, Oxford 2009, 251–276, hier: 264f.
76   Vgl. Kass u.a., *A Report by the President's Council on Bioethics*, 56.
77   Vgl. ebd., 52 sowie Sandel, *Plädoyer gegen die Perfektion*, 111.
78   Vgl. zu diesen Optionen Sandel, ebd. oder Buchanan u.a., *From Chance to Choice*, 261f.
79   Diese extreme Position vertritt seitens der Biokonservativen klar Michael Sandel, *Plädoyer gegen die Perfektion*, 118.

einem Rückgang gesellschaftlicher Solidarität und Unterstützung führt.[80] Zumindest Diskriminierungen auf dem Arbeits- und Versicherungsmarkt ließen sich verhindern durch Verbote genetischer Screenings und Informationssperren. Eine Aufkündigung der Bereitschaft zu gegenseitiger solidarischer Unterstützung wäre unklug, weil nur ein kleiner Teil der Krankheiten genetisch bedingt ist und trotz bestmöglichen Genpools jeder jederzeit von äußeren Schicksalsschlägen getroffen werden kann. Zweifel erweckt außerdem die für das Argument herangezogene These der sozialen Konstruiertheit von Behinderungen, auch wenn Blindheit in einem sozialen Umfeld lauter Blinder keine „Behinderung" wäre und die Mehrheitsgesellschaft der Sehenden sehr vieles für die Beseitigung von sozialen und lebenspraktischen Hindernissen Blinder tun kann und sollte. Aber viele Behinderungen etwa aufgrund fehlender Gliedmaßen oder funktionsunfähiger Sinnesorgane machen ein Leben sehr viel beschwerlicher als ohne, wie sehr sich die Gesellschaft auch um technische, finanzielle u. a. Kompensationen bemüht. Obgleich einzelne Behinderte ihr Leben subjektiv als lebenswert erleben können, ist die Wahrscheinlichkeit auf ein gutes Leben ohne Behinderung größer.[81]

Daneben gibt es zwar andere Merkmale wie Hautfarbe, Brustgröße oder sexuelle Orientierung, bei denen Nachteile tatsächlich erst durch willkürliche gesellschaftliche Werteinstellungen verursacht werden. Forderungen zur Unterbindung jeglicher Diskussionen über wünschbare Eigenschaften oder menschliche Lebensqualität sind aber unangemessen, weil personale und intersubjektiv-rationale Standards zur Lebensqualitätsbewertung für die menschliche Lebensführung schlechterdings unabdingbar sind.[82] Zum ersten kann der Einzelne gar keinen individuellen Lebensplan entwickeln ohne persönliche Werturteile über gute und schlechte Charaktereigenschaften und Lebensformen, sodass „personale Standards" unabdingbar sind. Aufgrund der Einbettung in soziale Interaktions- und Anerkennungsprozesse ist er zum zweiten auf „intersubjektiv-rationale Standards" zur Lebensqualitätsbewertung verwiesen. Ethisch verwerflich sind nur soziale Maßstäbe, die auf unbegründeten Vorurteilen oder gesellschaftlichen Ideologien basieren. Auf Lebensqualitätsforschungen und Reflexionen über ein gutes Leben gestützte

---

80   Vgl. die berechtigte Skepsis an dieser Annahme von Buchanan u. a., *From Chance to Choice*, 266.

81   Vgl. Michael Hauskeller, „Die moralische Pflicht, nicht zu verbessern", in: Nikolaus Knoepffler/Julian Savulescu (Hrsg.), *Der neue Mensch? Enhancement und Genetik*, Freiburg i. Br./München 2009, 161–176, hier: 163 f.

82   Dies ist eine Rekonstruktion von Quantes überzeugender Darstellung in: *Menschenwürde und personale Autonomie*, Hamburg 2010, 34 f., 40.

Wertkonzepte sind ethisch unproblematisch, solange sie nur als positive Ori-
entierungshilfen zur Verbesserung der Startbedingungen Neugeborener verwendet werden statt zur Ausgrenzung der ungefragt nicht genetisch Optimier-
ten.[83]

3.5   *Ungerechtigkeit und Zwei-Klassen-Gesellschaft*

Als „Gattaca-Argument" wird in Anlehnung an den Film *Gattaca* (1977) von
Andrew Niccol die These bezeichnet, dass Weiterentwicklung und Anwendung
des genetischen Enhancements zu einer Aufspaltung der Gesellschaft in „genetisch Reiche" und „genetisch Arme" bzw. „Humane" und „Posthumane" führt.[84]
Zumindest in der Anfangsphase der neuen Technologien ist davon auszugehen, dass die medizinischen Eingriffe sehr teuer sein werden und daher nur
die Reichen ihre Kinder gentechnisch optimieren lassen können. Die Chancen auf sozialen Aufstieg und Erfolg sind dann nicht nur dank eines höheren
sozioökonomischen Status, größerer Bildungsnähe und vielfältigerer Förde-
rungsmaßnahmen der Eltern sehr viel besser als die von Kindern aus sozioöko-
nomisch schwächerem Elternhaus, sondern zusätzlich noch durch aussichts-
reichere genetische Grundlagen wie z.B. stärkeres Immunsystem oder höhere
geistige Leistungsfähigkeit. Ohne staatliche Regulierung dürfte es dadurch zu
einer Verschärfung der sozialen und ökonomischen Ungleichverteilung und
zu einem weiteren Auseinanderklaffen der Schere zwischen Arm und Reich
kommen. Aus Sicht der Kritiker droht auf diese Weise „eine neue Qualität der
Ungleichheit".[85]

Ungerecht sind diese Ungleichverteilungen, weil sie auf unverdiente Start-
chancen und Erbprivilegien der Kinder zurückgehen und nicht auf eigene
Anstrengung und Leistung. Nicht mehr einholbare Wettbewerbsvorteile durch
genetisches Enhancement bedeuteten das Ende der ethisch wünschbaren
Chancengleichheit und gesellschaftlicher Gerechtigkeit, wodurch der soziale

---

83   Die meisten Menschen dürften problemlos zwischen Embryonen mit Gendefekten und
      den auf Solidarität und Unterstützung angewiesenen „genetisch Armen" unterscheiden
      können (vgl. in diesem Sinn Coady „Playing God", in: Julian Savulescu/Nick Bostrom
      [Hrsg.], *Human Enhancement*, Oxford 2009, 155–180, hier: 171 und Buchanan u.a., *From
      Chance to Choice*, 277f.).

84   Vgl. zu diesem „Gattaca-Argument" Stefan Lorenz Sorgner, *Transhumanismus: „die gefähr-
      lichste Idee der Welt!?"*, Freiburg i.Br. 2016, 26, George Annas/Lori Andrews/Rosario Isasi,
      „Protecting the Endangered Human", in: *American Journal of Law and Medicine*, Vol. 28,
      No. 2&3 (2002), 162 und Gesang, *Perfektionierung des Menschen*, 49, zu den gegenläufi-
      gen befürchteten biotechnologischen Tendenzen einer „Polarisierung" und „Homogeni-
      sierung" Agar, *Liberal Eugenics*, 134f.

85   Vgl. Gesang, *Perfektionierung des Menschen*, 50.

Friede bedroht wäre.[86] Da der genetische Vorsprung stets wieder auf die Nachkommen vererbt wird, könnte sich bei entsprechender Partnerwahl eine neue erbliche Aristokratie oder ein gesellschaftliches Kastensystem herausbilden. Horrorszenarien sagen sogar einen „umfassenden Klassenkampf" mit dem Potential für einen „Genozid" voraus zwischen den Posthumanen, für die gewöhnliche Humane minderwertig sind und daher versklavt oder getötet werden können, und den Nichtoptimierten, die in jenen eine ständige Bedrohung sehen und sie in einem präventiven Schlag vernichten möchten.[87]

Auf das Gattaca-Argument antworten Verteidiger des genetischen Enhancements mit dem „Trickle-down-Argument", demzufolge allgemein nützliche und sichere Technologien nach einiger Zeit allen Menschen zugänglich sein werden.[88] Denn je mehr Menschen sie nachfragen, desto billiger und entsprechend für immer mehr erschwinglich würden sie. Für diese These eines allmählichen „Durchsickerns" technischer Errungenschaften lassen sich zwar unzählige Beispiele wie jüngst Computer und Handys anführen. Da aber die Ungerechtigkeit bei schlechten genetischen Startbedingungen ungleich viel größer ist als beim Nichtbesitz erwerbbarer und ausleihbarer Geräte, scheint das Vertrauen auf diese mögliche Entwicklung sozial unverantwortlich zu sein. Nicht nur könnten die Übergangsphasen Jahrzehnte dauern, sondern aufgrund des Erbprivilegs ist auch die von den Kritikern prognostizierte Aufspaltung der Gesellschaft nicht unwahrscheinlich.[89] Häufig wird auch einfach auf die ohnehin bestehenden Vor- und Nachteile in der genetischen Ausstattung verwiesen. Zudem gebe es zwischen dieser Tatsache natürlicher biologischer Ungleichheit und der Entstehungsgefahr einer Zweiklassengesellschaft keinen logischen Zusammenhang, weil der Staat durch gerechte Institutionen diese Benachteiligungen ausgleichen könne.[90] Der bloße Hinweis auf die bereits vorhandenen und nicht als ungerecht empfundenen genetischen Ungleichheiten stellte aber einen Sein-Sollen-Fehlschluss dar und lässt außer Acht, dass Ungerechtigkeit erst vom Moment der technischen Manipulierbarkeit des natürlichen Genoms an vorliegt. Wirksam eindämmen ließe sich die Gefahr gesellschaftlicher Proteste und einer Zwei-Klassen-Gesellschaft wohl nur durch staatliche

---

86 Vgl. ebd., 51.
87 So die radikalen Positionen der Biokonservativen Francis Fukuyama, *Das Ende des Menschen*, Stuttgart/München 2002, 33 und George Annas u.a., „Protecting the Endangered Human", in: George Annas, Lori Andrews u.a. (Hrsg.), *American journal of law and medicine*, Bd. 28, Nr. 2/3, 2002, 151–178, hier: 162.
88 Vgl. exemplarisch für die Bioliberalen Sorgner, *Transhumanismus: „die gefährlichste Idee der Welt"!?*, 26.
89 Dies gibt Gesang zu Recht zu bedenken in: *Perfektionierung des Menschen*, 53.
90 So etwa Ranisch und Savulescu in: „Ethik und Enhancement", 45.

Maßnahmen, die mittels direkter Eingriffe die ungleiche biologische Grundausstattung der Bürger nivellieren.[91] Ähnlich wie gesetzliche Krankenkassen
könnten zusätzliche Versicherungen allen Bürgern den Zugang zu risikofreien,
für ein gutes Leben relevanten genetischen Optimierungen garantieren.[92]

4   Fazit

Während in Kapitel 2 nur gerade zwei Argumente für genetisches Enhancement gefunden wurden, ließe sich die Liste der Gegenargumente in Kapitel 3
beliebig erweitern. So können Eingriffe mit derzeit noch viel zu hohen Risiken
höchstens von den Individuen selbst ethisch verantwortet werden, nicht aber
für andere Personen wie nichteinwilligungsfähige Kinder.[93] Ethisch umstritten ist aber aus einer deontologischen Perspektive bereits die Forschung an
embryonalen Stammzellen zum Zweck der Gentherapie oder des Keimbahn-
Enhancements, weil dabei die Embryonen instrumentalisiert werden.[94]
Gemäß dem „Dammbruch-Argument" oder „Slippery-Slope-Argument" stellt
aufgrund der nicht klar definierten Grenze zwischen Krankheit und Gesundheit schon die gesellschaftliche und politische Legitimierung der Keimbahntherapie den ersten Schritt in einer Kette dar, die unweigerlich in die moralische Katastrophe eines genetischen Wettrüstens und der Menschenzüchtung
führt.[95] Wie bei allen Dammbruch-Argumenten hängt die Überzeugungskraft
von der empirischen Wahrscheinlichkeit ab, mit der aus dem einen Schritt notwendig der nächste folgt oder aber ein Dammbruch mittels staatlicher Rege-
lungen und Sicherheitsstandards verhindert werden kann. Spezifisch religiöse
Gegenargumente wie das „Leben-als-Geschenk-Argument" und das „Verbot,
Gott zu spielen" sind deswegen unzulänglich, weil sie keine klaren Grenzen
zwischen ethisch erlaubten und verbotenen Eingriffen definieren und nichtre-
ligiöse Menschen nicht überzeugen können.[96] Trotz der zahlenmäßig großen

---

91   Es ist an dieser Stelle nicht möglich, die verschiedenen Theorien distributiver Gerech-
       tigkeit oder der Chancengleichheit zu diskutieren. Verwiesen sei auf die grundsätzlichen
       Überlegungen von Agar, *Liberal Eugenics*, 136–141.
92   Vgl. Sorgner, *Transhumanismus: „die gefährlichste Idee der Welt"!?*, 26.
93   Vgl. Brock, „Enhancements of Human Function", 56.
94   Die Diskussion der komplexen Thematik der Stammzellforschung würde den Rahmen
       dieses Beitrags sprengen (vgl. dazu etwa Dagmar Fenner, *Einführung in die Angewandte
       Ethik*, Tübingen 2010, Kap. 4.4).
95   Vgl. Leon Kass, *Life, Liberty and the Defense of Dignity. The Challenge for Bioethics*, San Fran-
       cisco 2002, 131f. oder Fenner, *Einführung in die Angewandte Ethik*, 254.
96   Vgl. Kass, ebd., 129f. oder Glover, *What Sort of People Should There Be?*, 45f.

Übermacht der Gegenargumente ließe sich daraus aber kein generelles Verbot des genetischen Enhancements ableiten, sofern risikofreie Methoden für eine gezielte genetische Verbesserung des Erbmaterials zur Verfügung stünden. Denn bei vielen Argumenten fehlt eine gesicherte empirische Datenlage, sodass insbesondere Annahmen über nachteilige gesellschaftliche oder psychosoziale Entwicklungen spekulativ bleiben.

Wie bei den meisten bioethischen Streitfragen wie etwa auch derjenigen nach der ethischen Legitimität von Abtreibungen ist die Erwartung simpler Ja-Nein-Antworten auch beim genetischen Enhancement unangemessen. Auf der einen Seite wäre es naiv, mit den radikalliberalen Enhancement-Befürwortern darauf zu vertrauen, dass der freie Markt von Angebot und Nachfrage der Eltern nach bestimmten genetischen Merkmalen ihrer Kinder automatisch zu individual- und sozialethisch wünschbaren Resultaten führt. Denn wenn Eltern bei ihrem Wunsch nach dem Besten für ihre Kinder von ihren eigenen Vorstellungen statt vom Wohl der Kinder ausgehen, drohte nach dem Desaster der „alten Eugenik" zur Heranzüchtung einer perfekten Herrenrasse nun im liberalen Modell der „neuen Eugenik" die Gefahr einer „Menschenzüchtung" nach individuellen Vorlieben.[97] Auf der anderen Seite ist es im postmetaphysischen Zeitalter aber nicht mehr überzeugend, wie Jürgen Habermas auf eine kontingente und gewachsene „menschliche Natur" als unantastbarem normativem Maßstab zu pochen.[98] Anstelle genereller Verbote oder Gebote wären angesichts neuer Forschungsperspektiven öffentliche demokratische Verständigungsprozesse über intersubjektiv-rational begründbare normative Standards zur Beurteilung menschlicher Lebensqualität und zur Erhöhung der Chancen der Kinder auf ein gutes Leben erforderlich.[99] Würden nur Verbesserungen bezüglich der für praktisch alle individuellen Lebenspläne vorteilhaften menschlichen Eigenschaften oder Fähigkeiten als sogenannter Allzweckgüter erlaubt, würden die Nachkommen schwerlich zu bloßen Sachen erniedrigt und in ihrer Würde verletzt. Während Kinder ihr Genom prinzipiell nie selbst auswählen können, dürfte nämlich dank besserer kognitiver, psychischer und körperlicher Eigenschaften sowohl die Willens- als auch Handlungsfreiheit größer sein als ohne dieses genetische Enhancement.

Dringender als in den anderen Bereichen biotechnologischer Forschung braucht es jedoch klare internationale ethische Richtlinien, um Forschung und Anwendung des genetischen Enhancements restriktiv einzudämmen. Keimbahntherapie zur Heilung von Erbkrankheiten muss absolute Priorität haben

---

97   Vgl. Sandel, *Plädoyer gegen die Perfektion*, 94 ff.
98   Vgl. Habermas, *Die Zukunft der menschlichen Natur*, 49.
99   Vgl. Quante, *Menschenwürde und personale Autonomie*, 34, sowie oben, Kap. 3.4.

und unverantwortliche Vorstöße und Alleingänge wie im Fall des chinesischen Wissenschaftlers sowie fragwürdige Eltern-Wünsche nach Designer-Babys sind konsequent in Schranken zu weisen. Ethisch legitimierbar wäre möglicherweise überhaupt nur ein „kompensatorisches genetisches Enhancement", d.h. Verbesserungen menschlicher Eigenschaften oder Fähigkeiten, die zwar nicht krankhaft verändert sind, aber im Vergleich zur gesellschaftlichen „Normalität" unterdurchschnittlich ausgeprägt sind. Je nach den vorhandenen finanziellen Mitteln könnte der Staat den von der Natur am wenigsten begünstigten Bürgern über therapeutische medizinische Angebote hinaus auch weitergehende Verbesserungsmaßnahmen gratis zur Verfügung stellen. Auf diese Weise könnten ein genetisches Wettrüsten und eine Verschärfung der gesellschaftlichen Ungerechtigkeit durch die unterschiedlichen finanziellen Möglichkeiten zum genetischen Enhancement vermieden werden.

TEIL 5

Buchbesprechungen

∴

Werner Beierwaltes, *Catena aurea. Plotin Augustinus Eriugena Thomas Cusanus*, Frankfurt am Main: Vittorio Klostermann 2017

Rudi Ott (Rez.)

Mit Werner Beierwaltes' *Catena aurea*, einer Sammlung von Arbeiten über Plotin, Augustinus, Eriugena, Thomas v. Aquin und Nikolaus von Kues, liegt uns ein Füllhorn von Einsichten über Gott und die Welt vor, das zur intensiven Selbstreflexion über das eigene Leben und Denken anregt. Um einen Einstieg zu finden, folge man dem Appell Plotins: *Aphele pánta – Tu alles beiseite* und trete ein in eine Welt des Denkens, die ungeahnte Horizonte aufreißt.

Beierwaltes' Interpretationen antiker und mittelalterlicher Philosophie veranlassen den Leser seine bisherigen Urteile über diese Gedankenwelten einer strengen Prüfung zu unterziehen. Denn vieles blieb bislang in der Fixierung auf das heutige Denken ausgeblendet. Und eine Interpretation mit Hilfe neuzeitlicher Begrifflichkeit kann dem Denken von Antike und Mittelalter, „wie es in sich selbst ist" (204), nicht gerecht werden.

Die breite Rezeption der wissenschaftlichen Literatur zu den jeweiligen Themen zeigt Beierwaltes' Bestreben, seine Position in der wissenschaftlichen Diskussion abzuklären und begründend darzulegen. An seinem Sprachduktus fällt auf, dass er durch genaue Unterscheidungen die Präzision seiner Gedankenschritte abzusichern sucht.

Der an Thomas von Aquin angelehnte metaphorische Titel *Goldene Kette* hebt darauf ab, dass die Sammlung aus mehreren Einzelstudien besteht, von denen jede zwar ihre individuelle Eigenart besitzt, alle zusammen aber wie die Glieder einer Kette eine tragende Verbindung herstellen. Diese Verbundenheit leuchtet bei aller Unterschiedlichkeit des Denkens in der Konstellation der Beiträge auf.

Des Reichtums der Themen und des Umfangs wegen habe ich mich zu einer Auswahl entschlossen und möchte vor allem die Argumentationen herausarbeiten, die für den jeweiligen Autor maßgebend sind und sich inhaltlich als Glieder der „Goldenen Kette" erweisen.

© KONINKLIJKE BRILL NV, LEIDEN, 2019 | DOI:10.1163/9789004417618_014

1   Johannes Scottus Eriugena und Cusanus

Wichtige Glieder einer „goldenen Kette" im philosophischen Denken waren *Johannes Scottus Eriugena* († ca. 877) und *Nikolaus von Kues* (1402–1463). Eriugena, für Cusanus ein starker Vermittler platonischer und neuplatonischer Denkstrukturen, war seinerseits vom Platonismus des *Pseudo-Dionysius Areopagita* geprägt. In seinem Hauptwerk *Periphyseon – Über die Naturen* entwirft Eriugena keine Naturphilosophie, sondern eine differenzierte Reflexion auf die Wirklichkeit im Ganzen, die im Sinn des Neuplatonismus vom Kreis der Naturen aus dem Ersten Einen selbst und der Rückkehr der Welt in ihren Ursprung ausgeht. Bei Cusanus findet sich ein vergleichbares Denken. In einem Strukturvergleich der beiden Philosophien zeigt Beierwaltes dieses neuplatonische Gedankengut kurz auf und entfaltet es an markanten Punkten.

Dreh- und Angelpunkt des Vergleichs ist das *Verständnis von Theophanie*, insoweit sie dem menschlichen Denken zugänglich sein kann. Folgende Aspekte sind besonders bemerkenswert:

1.   Eriugena und Cusanus konvergieren „in dem Gedanken, dass die Welt durch den über jeden Gegensatz hinausgehenden göttlichen Grund aller Gegensätze eine Einheit, eine absolute Coincidenz […] ist." (213)

2.   Die schöpferische Entfaltung Gottes nach außen setzt den kreativen Akt der inneren trinitarischen Selbstkonstitution Gottes voraus.

3.   Die Tätigkeit Gottes als Sehen ist kein passives Aufnehmen, vielmehr ist sein schaffendes Sehen mit seinem Sein identisch.

4.   Die Etymologie des griechischen *theós*, dem das Sehen als aktiver Modus zugrunde liegt, soll Gott als den in seinem Sein Liebenden, als Sich-Sorgenden und Barmherzigen darstellen.

5.   Das Seiende insgesamt ist Theophanie (Sich-Zeigen Gottes, der verborgen ist), durch die dem Menschen eine Annäherung an Gottes Wesen eröffnet ist. Cusanus hat sie in sein dialektisches Denkmodell von *complicatio* (Einfaltung) und *explicatio* (Ausfaltung) aufgenommen.

6.   Beide Denker konkretisieren den Gedanken des absoluten Zieles im Einen. Daraus ist auch Gott als Liebe (*amor*) zu verstehen, die sich verströmt und alles an sich zieht. – Bei beiden bleibt der philosophische Gedanke der bestimmende Faktor.

Als eine besondere Verbindung beider Philosophen erkennt Beierwaltes ihre Grundeinsicht in die innere Bewegtheit Gottes und in die Struktur der geschaffenen Welt. Eriugena versteht einige Grundcharaktere von Sein als analoge Erscheinungsformen des göttlichen Verursachens. Detailgenau analysiert Beierwaltes die Begriffe, in denen ihre innere Beziehung (diese innere Beziehung von weltlicher Schöpfung und göttlicher Schöpferkraft) ausgedrückt wird.

(220–234). Dabei wird deutlich: Die paradoxe Sprachgestalt, in der das absolute Eine von Cusanus ausgesagt wird, ist angesichts der Begrenztheit menschlichen Denkens die alleinige Möglichkeit, dass das An-Sich-Sein des Absoluten sich dem Menschen mitteilt und zum Glück seiner Existenz wird.

> Das Erscheinen des Einen als oder in Geist und Seele ist der Grund dafür, dass der *Mensch* im Rückgang auf sich selbst, auf sein wahres Selbst, sich über sich selbst zu verständigen vermag und im denkenden Ausgriff auf die Welt sich seiner Bestimmung in ihr bewusst machen kann. (236 f.)

2   Mittelalterliche Mystik

Beierwaltes untersucht die metaphysischen Modelle, die für den Begriff der Wirklichkeit und des Seins Gottes in den philosophisch-theologischen Positionen zentral geworden sind. Genuin neuplatonische Gedanken verbinden sich mit christlichen Motiven zu einer neuen Denkgestalt und Lebensform. Diese Symbiose verlangt angesichts des Unsagbaren nach einer eigenen Sprache, die sich in einer differenzierten Metaphorik, in Hyperbeln und Paradoxien dokumentiert. Eine adäquate Aufklärung dieses Verhältnisses muss im Bewusstsein der Differenz des Philosophischen und des Theologischen *Analogien* in der Denkform und in der Sache diagnostizieren können. Beierwaltes setzt sich darum in kritischer Absicht mit Denkansätzen der Mystikforschung auseinander. Die Frage nach dem *intellectus* scheint ihm dabei zum Dreh- und Angelpunkt der Mystik zu werden.

So erörtert etwa *Kurt Flasch* unter dem Titel *Procedere ut imago – Hervorgehen als Bild,* dass der Intellekt durch seine eigene Tätigkeit entsteht, nicht durch eine andere Substanz; der göttliche Grund ist sein bleibender Ursprung. Die sein Sein konstituierende Tätigkeit besteht im Sehen dieses göttlichen Grundes. Auf Grund seiner Konformität mit dem Urbild geht der Intellekt als Bild hervor, obwohl er anders ist. Flasch sieht in der Konzeption des selbsttätigen Hervorgehens des Intellekts ein wesentliches Moment der Differenz zum Kausalitätsdenken von Aristoteles: Mit der Tendenz, „Naturkategorien" auf die Metaphysik anzuwenden, habe er die Möglichkeiten seiner Theorie des *Nus* (Geist) „vertan". So kreist die Frage nach dem *intellectus* (vernünftigkeit) um die Gedanken der Gottesgeburt in der Seele und des Seelengrundes bei Meister Eckhart.

Beierwaltes fragt: Woher und warum „entsteht" die Tätigkeit des Intellekts? Mit ihr manifestiert sich doch eine Differenz zu seinem Ursprung: Was ist der

Grund oder Anlass zu dieser Differenzierung? Welche Funktion hat ein Schöpfer? Beierwaltes macht auf eine Analogie zum Neuplatonismus aufmerksam, wonach der Nus (Geist) aus dem Einen nur dadurch hervorgeht, dass er das Eine „sieht", sich seinem Ursprung zuwendet. Im Sehen des Einen begrenzt sich der Intellekt selbst zu seiner eigenen Gestalt.

Bei dem Ansatz von *Burkhard Mojsisch* stellt sich für Beierwaltes das Problem, wie die Vernunft zu ihrem eigenen Ursprung vordringt, um dieser Ursprung selbst zu sein. Mojsisch bestimmt einen Intellekt, der „immer denkt", sich selbst erkennt und in der Selbsterkenntnis alles ihm Fremde aufhebt. All dies soll als *ein* Akt gedacht werden – aber entsteht im Erkennen nicht ein Differenzieren? Mojsisch versteht den Intellekt in der Frage des Ursprungs im Sinn einer „univoken Intimität" von Vernunft und Ursprung. Vernunft wird so „causa sui". Bild und Urbild von Vernunft bilden einen Prozess des wechselseitigen Sich-Setzens. Beierwaltes fragt hier nach dem Wie dieses Vorgangs: Wie kann die Vernunft selbst ihr eigener Ursprung sein und dadurch werden, was sie immer schon war? Damit ergeben sich zahlreiche weitere Fragen, die den Status der Vernunft, das Verhältnis von Bild zum Urbild und das Verständnis von Mystik betreffen.

Loris Sturlese beleuchtet charakteristische Aspekte des Denkens von *Berthold von Moosburg*. Für Beierwaltes macht Bertholds Kommentar zu Proklos' Schriften den ethisch-anthropologischen Grundzug des Neuplatonismus bewusst und weist eine besondere Affinität zur Mystik auf. Bertholds Intention konzentriert sich auf dessen Lehre vom „Einen der Seele oder vom Einen in uns" als der höchsten Möglichkeit des Menschen, in der allein die „unmittelbare Schau Gottes" gelingt. Mystik wird so zur Spitze einer begrifflichen Reflexion im Selbstüberstieg des diskursiven Denkens. Beierwaltes vermutet, dass es wohl Bertholds Absicht war, die exzessiven Ansprüche des Intellekts bei *Dietrich von Freiberg* durch den Begriff des Einen, der den Intellekt selbst begründet, zu „begrenzen". Sein Mystikverständnis verbinde Geschichtliches (etwa im Sinn der eleusinischen Mysterien) mit Christlichem im Sinn der *visio intellectualis*.

Zentrale Gedanken von Augustinus gehören zu den philosophisch-theologischen Voraussetzungen der Mystik. Hierzu führt Beierwaltes *Heinrich Stirnemann* an, der das Gebet in den *Soliloquia* als mystisches Gebet versteht. Seine inhaltliche Gestalt ist nicht ohne die neuplatonisch geprägte Reflexionsstruktur denkbar. Das Gebet sei jedoch umzudenken in einen Status der Gelassenheit und Abgeschiedenheit im Sinne Meister Eckharts.

Die Rede von Gott steht immer vor dem Problem der Unbegreiflichkeit und des Begriffs seiner unermesslichen Größe und höchsten Güte, dem sich *Martin Anton Schmidt* in der Interpretation von *De Trinitate* von *Richard von Sankt-*

Viktor stellt, und zwar im Vergleich mit Anselms *Monologion* und *Proslogion*. Das Verstehen oder Einsehen des Unbegreiflichen meint keineswegs seine Auflösung in Begriffen, sondern zielt auf Einsicht in die Gründe der Unbegreiflichkeit. Hierzu konstatiert Beierwaltes:

> Von der sinnlichen Erfahrung (*experientia*) ausgehend übersteigt die denkende, begreifende Vernunft (*ratiocinari*) sich selbst im Ausgrenzen des Unbegreiflichen, was jedoch nicht als ein ureigener Akt gegen sie selbst (*contra rationem*) zu bewerten ist (251).

In den Stufen der *contemplatio* vollzieht sich eine immer größere Annäherung an das Ziel, das der Intention jedoch stets noch vorausliegt. Darin sieht Beierwaltes kein grundsätzliches Misstrauen in die Akte der Vernunft, auf der die „Leiter" für den Aufstieg steht. Die Viktoriner haben bisher wenig Aufmerksamkeit gefunden, obwohl es sich nach Beierwaltes lohnt, diesen Ansatz weiterzudenken.

Ferner verweist Beierwaltes noch auf *Edouard-H. Wéber O.P.*, der den Gedanken der Einheit oder Einung als Teilhabe oder Ähnlichkeit versteht, der eine gnadenhafte „Gegenwart" Gottes in der Seele als Grund der Einheit entspricht. Als bewegende Kraft in diesem synergetischen Prozess wird die Liebe bestimmt. Ausgangspunkt ist eine viel rezipierte These von *Petrus Lombardus* zur Identität der Liebe mit dem Heiligen Geist. Wéber weist ihre Verwurzelung in neuplatonischen Lehren nach. Folgende Begriffe sind zentral: Liebe und daraus resultierende Einung und Hinführung zur Henosis – Ähnlichkeit des Einzelnen und seine Teilhabe am Ursprung (als das „Eine in uns") – Gegenwart des Urbildes im Bild, die im Eros zur Rückwendung in das Urbild motiviert u. a.

Beierwaltes' kritische Auseinandersetzung mit diesen Positionen zur mittelalterlichen Mystik spornt zu intensiver Betrachtung dieser Schriften an, weil sie uns auf bedenkenswerte geistige Wege aufmerksam machen, die uns heute verloren gegangen sind. So geht es nicht allein um Historie, sondern vielmehr um Inspiration für unser Denken.

3 Cusanus und die Mystik

Cusanus, von *Pseudo-Dionysius Areopagita* inspiriert, verbindet dessen Gedanken mit der neuplatonischen Philosophie. Daraus erschließt Beierwaltes dessen Theorie mystischen Denkens und Lebens. Die cusanische Methode der Negation als Weise der Annäherung an Gott, die Koinzidenz der Gegensätze sowie jede begriffliche Anstrengung bekunden nur die Unerreichbarkeit Got-

tes in seinem An-sich-Sein. Nur im belehrten Nichtwissen, in dem das Denken
seine begreifenden Möglichkeiten, sich selbst loslässt, vermag ein Mensch, wie
Mose, in die einigende Schau einzutreten. Vorbereitet ist der cusanische Begriff
von Mystik in seinem Briefwechsel mit den Mönchen vom Kloster Tegernsee.
In seiner Schrift *De visione Dei* bedenkt er aus unterschiedlichen Perspektiven
eine primär kontemplative Form des Lebens. Er versucht seine Gesprächspartner experimentaliter durch die Betrachtung eines Bildes des allsehenden Gottes auf dem Weg einer symbolischen Erschließung zur Betrachtung des rein
Intelligiblen zu führen.

Beierwaltes stellt die Schriften von Cusanus in den Kontext des „Mystiker-
streits", der sich gerade an seinen Theoremen des belehrten Nichtwissens, des
Ineinsfalls der Gegensätze und an der Spannung von Affekt und Intellekt ent-
zündete. Cusanus strebt nämlich eine philosophisch begründete Vermittlung
der Antithesen in eine dialektische Einheit des Gedankens und der Lebensform
an. Mystische Theologie geht über jede Form und Kraft begreifenden Denkens
hinaus, darf aber nicht von der Anstrengung des Begriffs ablassen, muss sich
jedoch mit dem *affectus* der Liebe verbinden, um in den Modus der Einung
übergehen zu können. Cusanus ergreift die Möglichkeit, die Unbegreiflichkeit
Gottes als Impuls zu einer wacheren und umsichtigen Reflexion auf das Über-
Begriffliche wahrzunehmen.

In einer äußerst feingliedrigen und differenzierten Lektüre der cusanischen
Schriften leuchtet Beierwaltes den Bedeutungshorizont des zentralen Begriffs
des Unendlichen/der Unendlichkeit aus, der die Grenze des Begreifens darstellt, jedoch durch den Begriff kommunikabel gemacht werden kann. Die
grundlegende Spannung, die der Begriff des Unendlichen mit sich bringt,
macht Beierwaltes mit den Begriffen „absolut" und „creatives Maß von Allem"
deutlich und erläutert die Unterschiedenheit (Inkommensurabilität) und ihre
Beziehungen zueinander. Den Grenzpunkt des Begreifens benennt Cusanus als
„Mauer des Paradieses":

> Gott als absolute Unendlichkeit in einem differenzlosen Sehen selbst zu
> sehen, deren Unbegreiflichkeit zu begreifen, sie als den alle anderen grün-
> denden und bestimmenden Wesenszug Gottes zu bewahren, den endli-
> chen Blick mit dem unendlichen Blick des „absoluten Angesichts" in eins
> fallen zu lassen, dies ist in der Intention des Cusanus „Mystik" oder Voll-
> endung der *mystica theologia* (265 f.).

Solches Gottsehen kann sich nicht mit dogmatischen Formeln als Ergebnis
rationalen Bemühens zufrieden geben. Mit aller Deutlichkeit hebt Beierwaltes
hervor,

dass die begriffliche Verständigung über Grundzüge des Unendlichen, wie Cusanus sie durchführt, sachlich untrennbar mit der liebenden Zuwendung zu und Einung mit diesem Un-Endlichen selbst verbunden ist oder verbunden sein muss. (282)

Die Einheit von intellectus und affectus konstituiert die Theorie und Praxis von Mystik, wie sie Cusanus in der Formel ausdrückt „In dilectione coincidit cognitio – In der Liebe fällt die Erkenntnis ineins". (284)

4   Cusanus in der Diskussion mit den Mönchen vom Tegernsee

Werner Beierwaltes begreift die Bemühungen von Cusanus um die Erneuerung der Spiritualität und Lebensform benediktinischer Mönche als das cusanische Paradigma einer *mystischen Theologie*. Gegenstand ist der Briefwechsel mit den Mönchen vom Tegernsee. Der Abt stellte die Ausgangsfrage, ob der Mensch ohne intellektuelle Erkenntnis allein durch den Affekt oder die Spitze des Geistes (*synderesis*) Gott berühren und in ihm getragen werden könne. Eine differenzierte Antwort darauf gab Cusanus in *De visione Dei – Das Sehen Gottes*. In seinen Antwortbriefen entwirft Cusanus darüberhinaus den Grundriss einer mystischen Theologie. Er orientiert sich dazu an *Dionysius Areopagita*, der in seinem methodischen Denken für den Begriff Gottes als des Einen und Drei-Einen prägend wurde. Vieles verdankt Nikolaus von Kues der lateinischen Übersetzung der Schriften des Dionysius wie einigen seiner Kommentatoren. Dionysius wiederum bezieht seine philosophischen Einsichten aus Schriften des Neuplatonikers *Proklos*. Durch die Dionysius-Rezeption kam eine wirksame philosophische Denkstruktur in die Theologie.

Der Aufstieg zur mystischen Theologie schließt bei Dionysius das begriffliche Denken keineswegs aus (gegen den Kartäuser Vinzenz von Aggsbach).

Begreifendes Denken, Tätigkeit der ratio und des intellectus, ist vielmehr die notwendige Voraussetzung, sich auf den Weg zur *visio* und *unio* zu bringen, um am Ende dieses Weges sich selbst, und dies heißt: alle Weisen des differenzierenden, gegenständlichen Denkens zu übersteigen: *se ipsum linquendo*. *Liebe* zum gesuchten, erfragten Ziel der inneren Bewegung des Aufstiegs, Liebe als *affectus* der Sehnsucht kann nicht ohne Erkenntnis sein. (293)

Nur die Kraft der Vernunft kann nicht-wissend aufsteigen, nicht das Gefühl. So hat Cusanus das Verhältnis von Liebe und Wissen oder Erkenntnis als Bewe-

gung des Geistes auch andernorts thematisiert, wie Beierwaltes konkret aufzeigt. Diese Einheit ist eine Form des belehrten Nicht-Wissens. Dieses Grundprinzip cusanischen Denkens sowie der Ineinsfall der Gegensätze erweisen
sich als wesentliche Elemente seiner Mystik. Die cusanische Logik des Absoluten wird weithin nur durch Paradoxien und Hyperbeln (Übertreibungen)
aussagbar.

> Dass das in der Logik des Endlichen zu denken und zu sagen Unmögliche
> für das Absolute notwendigerweise gedacht und gesagt werden muss, dies
> muss derjenige als Voraussetzung zuerst einsehen, der über begreifen-
> des Denken hinaus gehend zur Einung mit dem Un-Endlichen gelangen
> möchte. (296)

Beierwaltes zeigt die Kontur dieses Denkens: Die Einsicht in den Ineins-Fall der
Gegensätze in Gott muss in ein überbegriffliches, unmittelbares Sehen des an
sich Unsichtbaren, in eine *visio invisibilis* (Genitiv!) überführt werden. Dafür
steht die Metapher „Mauer des Paradieses", d.h. „die Mauer der Coinzidenz
der Gegensätze oder der Widersprüche". Diese Mauer ist zu „überspringen";
im Paradies selbst „zeigt sich Gott in einem nicht sehenden Sehen unverhüllt"
(297). Das überbegriffliche Sehen wird auch bei *Dionysius* mit der Metapher
der „Dunkelheit" bezeichnet, die keinen diffusen Un-Grund, sondern ein über-
helles Dunkel (Paradoxie!) meint. Diese Metapher bleibt bei Cusanus jedoch
offen für das Begreifen Gottes als „absoluten Begriff". So wird die Metapher des
Dunklen als Gottes Un-Endlichkeit verstehbar. Als zentralen Satz der Korrespondenz markiert Beierwaltes folgende Aussage des Cusaners:

> Und mir schien es, dass diese ganze mystische Theologie darin besteht,
> einzutreten in die absolute Un-Endlichkeit selbst; Un-Endlichkeit meint
> nämlich Ineins-Fall des Widersprüchlichen, d.h. Ende ohne Ende; und
> niemand kann Gott auf mystische Weise sehen als im Dunkel des Ineins-
> Falls, welcher die Un-Endlichkeit ist. (299)

In welcher Weise kann die Rede von Gott am ehesten in dessen absolute Un-
Endlichkeit führen? Nicht die quasi-endgültige Rede von Gott in Bildern, Meta-
phern, Analogien, Symbolen oder das Zusprechen positiver Prädikate (Gutheit,
Wahrheit u.a.), weil sie ihr Ziel mit der Aussage aufgrund ihrer Unangemes-
senheit zugleich verhüllen, auch nicht eine negative Theologie; auch sie sieht
Gott nicht unverhüllt. Das Überspringen dieser Redeformen setzt jedoch deren
begriffliche Einübung voraus. Jede Annäherung als höchste Anstrengung des
Begriffs führt zur Selbstaufhebung von Denken und Sprache.

Die Gedankenstruktur der mystischen Theologie des Cusaners, vermittelt durch Dionysius, ist wesentlich von *Proklos* und indirekt von *Plotin* bestimmt, deren Denkwelt Beierwaltes vielfältig dargestellt hat. Die Bestimmung des Einen bei *Proklos* wirkte sich bei Cusanus auch auf seine Reflexion der Namen Gottes und auf das christliche Denken über den Menschen (als *viva imago dei*) aus. Die Vergleichbarkeit der Phasen des mystischen Weges mit dem neuplatonischen Aufstieg zeigt Beierwaltes an den entscheidenden Stationen auf. Das *áphele pánta* Plotins scheint bei vielen Mystikern durch.

Die Auslegung von Beierwaltes ermöglicht ein persönliches Eindringen in ein Verständnis von theologischer Mystik – sofern man sich im Innersten darauf einlässt, ohne das eigene Denken auszuschalten.

5   Die Jagd nach Weisheit

Für Cusanus war die Selbstvergewisserung seines Denkens ein durchgängiger Grundzug seiner Philosophie. Die eigene „Reflexion auf die Grundabsichten seines Denkens" kommt in jeder seiner Schriften zum Ausdruck. In einer seiner letzten Schriften bezeichnet er sein Philosophieren als „Jagd nach Weisheit". Die Metapher „intendiert ein höchstmögliches Begreifen der absoluten, göttlichen Weisheit auf dem Wege von umkreisenden Annäherungen, bildhaften Vermutungen und präzisierenden Argumentationen". (308) Ihr Anspruch zielt auf „die je eigene Annäherung an die Weisheit als ‚Zentrum des Lebens'". Es geht ihm um ein „Weiter-Denken des von ihm Gedachten". So hebt er in dieser Schrift nochmals die Kernbegriffe seiner Reflexion (Belehrtes Nicht-Wissen; Können-Ist, Das Nicht-Andere) hervor.

Beierwaltes widmet seine Betrachtung dem cusanischen Begriff des „Nicht-Anderen". Lebenslang versuchte Cusanus die Gottes-Prädikate philosophisch zu erweitern und zu präzisieren. Jetzt geht er, angeleitet von Proklos und Dionysius, von dem philosophischen Begriff des *Einen* aus und zugleich über diesen hinaus. Bestimmend bleibt für Cusanus die Inkommensurabilität von Un-Endlichkeit im Vergleich zur Endlichkeit. Demnach ist kein Begriff so genau, als dass er nicht noch genauer gedacht werden könnte – „ein dem Unendlichen selbst angemessener unendlicher Prozess". Diese Situation des Denkens muss

geradezu als Impuls zu einer ständig wachsenden Intensität im *Versuch der Annäherung* durch den Begriff verstanden werden, der sich mit dem Glauben zu einer dialektischen Einheit verbindet. Erst auf dem gemeinsamen Weg von Reflexion und Glaube auf das selbe Ziel kann begriffliches

Denken am Ende seines Weges sich selbst *lassen* in eine überbegriffliche
Schau Gottes. (310 f.)

Trotz der Unfähigkeit des Erkennens und Sprechens, die Wahrheit der Sache
in ihrem Wesen zu begreifen, muss der Mensch Worte gebrauchen, wenn auch
nur in Annäherungen und Vermutungen, bevor er ins Schweigen übergeht.

Auch das „*Nicht-Andere – Non aliud*" steht unter dem gleichen Vorbehalt; es
ist kein Begriff, der das Wesen Gottes genau begreift, auch kein „Name Gottes", sondern ein aenigma, das unser Denken an den „unnennbaren Namen"
näher heranführt. In einer sorgfältig abwägenden Argumentation zeigt Beierwaltes beeindruckend, welche Perspektiven das „Nicht-Andere" als das göttliche Sein *über* und *vor* allem aus ihm Anderen eröffnet. Das göttliche Sein
erweist sich so zugleich als das seinskonstituierende Wirken in Allem. (312–
322)

Cusanus realisiert auch Grundgedanken einer Metaphysik des *Lichtes*: Göttliche Weisheit ist „geistiges Licht" als Grund allen Lichtes und damit der Unterscheidung und Ordnung *vor* Allem; es ist Grund der Geist- und Vernunftstruk-
tur der Wirklichkeit insgesamt und damit Bedingung des Erkennens eben dieser Wirklichkeit. Alles Leben und Einsehen nimmt das Nicht-Andere auf und
realisiert es als das Licht, das in allem leuchtet. Cusanus spielt das In-Sein
des *Non aliud* in jedem Anderen ansatzweise an zehn positiven Prädikaten
durch. Trotz aller Differenzierung ist (nach *Proklos*) alles in allem, natürlich
auf seine Weise. „So ist die Gutheit in der Wahrheit oder Schönheit auf die
Weise des Wahren oder Schönen etc. und zugleich umgekehrt (convertibel)."
(327) Alle Bestimmungen sind (nach *Johannes Scottus Eriugena*) im Bewusstsein der „Gleichheit" oder Identität des absoluten Nicht-Anderen mit Gott in
Gott Gott. „In der philosophischen Reflexion vollzieht sich eine stufenweise
Annäherung an die göttliche Weisheit." (328) Allerdings begreifen könne sie
nur der, der „von brennender Liebe und Sehnsucht zur Göttlichen Weisheit
erfasst ist" und bereit ist, sich selbst und Alles zu verlieren. Cusanus verdrängt
jedoch nicht das begreifende Denken. „Glaube, der ein denkender Glaube sein
will, geht zwar letztlich über den Begriff hinaus, ersetzt ihn aber nicht durch
prätendierte Unmittelbarkeit von Anfang an." (329)

6   Cusanus und Schelling

In dem Vergleich der Philosophen, Cusanus und Schelling, will Beierwaltes zeigen, dass beide

zwar aus unterschiedlichen Voraussetzungen heraus, aber doch in sachlich vergleichbaren Intentionen, an der Einen Frage arbeiten, in welchem Sinne denn „absolute Identität" ein aufschlussreiches Prädikat für Gott, neben anderen Annäherungen an dessen Wesen, sein könne. (331).

Die Frage nach Gott oder die Reflexion über das göttliche Absolute erkennt Beierwaltes für beide als „die alle anderen Denkbereiche bewegende und bestimmende Grundabsicht." Für Schelling steht seine Aussage: „Das Erste in der (wahren) Philosophie ist die Idee des Absoluten, d. h. die Idee Gottes." Cusanus versucht mit größter Intensität in Begriffen, Metaphern und Bildern Gott näher zu kommen. Die Resultate seines Denkens verdichten sich zu einer „geistigen Kugel".

Beierwaltes stellt in der nötigen Präzision einige Gottes-Prädikate, Gottes-Namen oder aenigmata in ihren inneren Zusammenhang: Gott als Ineinsfall der Gegensätze oder Widersprüche – Gott als das absolute Sein – Gott als Können-Ist – Gott als das absolute Sehen – Gott als das *Non aliud*, das Nicht-Andere. Ihr Kern ist der Gedanke des göttlichen Schaffens mit der Frage: Was ist der Grund des göttlichen Schaffens von Welt? Wie ist der Akt der Schöpfung in sich und in seinen Folgen zu verstehen und begrifflich zu beschreiben? Beierwaltes bringt den ersten Gottes-Begriff, die *absolute Identität* (im *Dialogus de genesi*), in ein Verhältnis zu Schellings Begriff der „absoluten Identität". Bei Cusanus ist das *idem absolutum* mit Gott identisch zu denken. Schelling spricht vom wahren Sein Gottes als das, was Er unveränderlich Er selbst ist. Cusanus verweist dazu auf Psalm 101, 26–28 sowie auf die Interpretation von Exodus 3,14 und 28 bei Augustinus. Gottes Einheit mit dem Sein selbst ist neuplatonische Lehre. Absolute Identität ist reine Selbstidentität, „von sich her seiend und deshalb unwandelbar" (339). Als solcher ist Gott trinitarisch, ohne essentielle Differenz. „Die absolute Identität entfaltet sich *in ihr selbst* als reine *Reflexion* in das dreimal Selbe: *idem-idem-idem*." Diese Bestimmung der Trinität greift Cusanus nochmals in *De non aliud – Das Nicht-Andere* auf. Impulse für das trinitarische Denken erfuhr Cusanus, wie Beierwaltes eingehend darlegt, bei Marius Victorinus, Augustinus, Boëthius und Anselm von Canterbury. Diese Selbstdefinition begründet *Gottes creative Entfaltung nach außen.*

Das aus dem absoluten Identischen gegründete Sein des Verschiedenen hat das Selbe zur aktiven, ontologisch-konstitutiven Voraussetzung. Seine eigene Identität zeichnet jedes Geschaffene als ein von Anderem *Verschiedenes* aus. (341)

Gottes Schöpfung legt den Grund für die Einzigkeit jedes Einzelnen. Auch der Löwe folgt „seiner individuellen Identität, die er agierend ausspielt: *leo leonizat*." Dies gilt für jedes Seiende. Cusanus macht die Funktion des *idem* an mehreren Beispielen verständlich. „In all diesen Formen der Realisierung der jeweiligen Identität von *Einzel*-Seiendem erscheint die schöpferische, ‚identifizierende' Kraft des *absolut* Identischen, welche Gott ist." (344)

Beierwaltes beschränkt die Betrachtung von Schellings Begriff der absoluten Identität auf die Phase seiner Identitätsphilosophie; dabei bleibt das zu Cusanus Gesagte bewusst, damit es nicht zu einer gegenseitigen Überformung kommt. Schellings Grundgedanke ist die *Einheit der Gegensätze*, die das Seiende insgesamt konstituieren. Das Ganze des Seienden begreift Schelling als einen lebendigen Organismus, der im Sein und Wirken des „höchsten Prinzips" selbst gründet. Diese ursprüngliche Einheit ist als ein *reflexiver Akt* gedacht, als das „Erste, was Allem vorangeht". „Absolute Einheit denkt Schelling als die ‚lautere (oder absolute) Identität'." (347) Identität ist „als der alles Gegensätzliche und dies heißt: alles Seiende denkend in sich aufhebende und (dadurch) absolutes Wissen seiende Grund." „Die Einheit vollzieht sich reflexiv und *setzt sich in* der Relation sich selbst *gleich*." In der absoluten Einheit sind die Gegensätze auf absolute Weise ineinander „aufgehoben". Hier verweist Beierwaltes auf eine Analogie zu dem zentralen Gedanken des Neuplatonismus. „Gott ist über allem Endlichen und Zeitlichen absolute, *seiende* Identität mit sich selbst *und* dem All, keine Fiktion oder regulative Idee, keine (bloß) transzendentale Vorstellung." (349).

Im Sinne Schellings zielt Philosophie darauf, „die Endlichkeit der menschlichen Subjektivität im Bewusstsein zu überwinden, [...] um dadurch das Un-Endliche, Göttliche (den göttlichen Grund und Anfang) in ihr zu berühren." (349 f.) Dann

> muss die Differenz von Subjekt und Objekt als Produkt und Vollzugsform eben dieser Subjektivität selbst in eine *Synthesis der Gegensätze* aufgehoben werden. Diese wird zu einer Form der Einung (Henosis) mit dem göttlich Absoluten und damit zur Realisierung dieser Philosophie als einer bewussten *Lebensform*. (350)

Den *Unterschied* zwischen Cusanus und Schelling sieht Beierwaltes darin, dass für Cusanus das *idem absolutum* nicht nur alles Differente aufhebende Einheit, sondern ebensosehr „creative Grundlegung des Seins von Einzel-Seienden(m)" (355) ist, während Schellings absolute Identität „kein vom Inneren differentes Außen" impliziert. Bei Schelling ist „Alles oder das All in der göttlichen Identität selbst diese selbst", nicht Resultat eines creativen Hervorgangs. (355)

Er kennt nur ein „Emanieren" aus dem Absoluten „im Sinne einer *inneren,* Alles umfassenden Selbstentfaltung des Absoluten." Dies ist natürlich „Pantheismus". Schellings Form des „Pantheismus" kennt jedoch keine im üblichen Sinn „Egalisierung, Tilgung oder Einebnung jeder Kontur und jeglicher Unterscheidung". Es geht Schelling vielmehr um die Selbstaffirmation Gottes in der Schöpfung dergestalt: Die Vernunft im All „denkt *das All* gleichsam als das Medium, durch das Gott sich selbst denkt. Er selbst ist der Grund und der Inhalt seiner Vermittlung zugleich [...], er ist absolute *Selbst*vermitteltheit". (353) Das Herausgehen *in* sich selbst fixiert sich nicht zu einer Differenz im oder zum Absoluten.

Cusanus und Schelling sachlich zueinander in Beziehung zu setzen, hält Beierwaltes für philosophisch produktiv. Schelling nimmt nämlich eine Transformation des cusanischen Paradigmas vor:

> Gott als Einheit der Gegensätze zu denken, zugleich Gottes Sein „über" den Gegensätzen und außerhalb jeder Differenz, innerer (für Cusanus trinitarischer) Hervorgang Gottes in ihm selbst, Reflexion oder denkende Selbst-Affirmation des mit sich selbst identischen Absoluten. (354)

Hier wie durchwegs im gesamten Buch wird deutlich, welchen Reichtum an verbindenden und unterscheidenden Argumentationen der Autor zu entwickeln versteht.

7   **Subjektivität, Schöpfertum, Freiheit**

Der Übergang zur Neuzeit wirft für Beierwaltes die geschichtsphilosophische Frage auf: „Was denn die notwendige, sachliche Voraussetzung für einen derart prononciert sich verstehenden ‚revolutionären' Umbruch im Denken sei?" Ist der Umbruch ein absoluter Bruch mit der bisherigen Tradition oder zeigt sich darin nur das Pathos des Neuen? Kann es in der Geschichte so etwas wie einen absoluten Neuanfang geben oder stehen Tradition und Umbruch vielmehr in einem dialektischen Verhältnis? Die Annahme eines dialektischen Verhältnisses impliziere nicht, es gebe invariante Probleme und dies gar im Sinne einer *philosophia perennis:* Es gibt vielmehr invariante Fragen und Denkaspekte, auf die sich geschichtlich jeweils verschiedene Antworten beziehen. Im Gedanken der *philosophia perennis* „dokumentiert sich vielmehr die Unabschließbarkeit [...] philosophischer Fragen, die als geschichtlich verschiedene Antworten der Sache nach miteinander nicht kompatibel sein müssen." (362)

Beierwaltes vertritt die These, dass in der Neuzeit „Kontinuität der philosophischen Tradition *trotz* und in Diskontinuität zu denken ist". Als Leitlinie
ergibt sich, dass wir „ständig auf die dialektische Interferenz des Alten mit
dem Neuen und des Neuen mit dem Alten zu achten haben". In der Dialektik
erscheint das Neue „nicht dadurch als neu, dass es das Alte destruiert, sondern
indem es dieses als ein ihm selbst Wesentliches – auch in der Negation oder
Kritik – in sich aufhebt". (363) Die dialektische Sicht der Epochen folgt nicht
der These einer Säkularisierung vom Mittelalter zur Neuzeit, vielmehr gilt die
Legitimität der Neuzeit trotz Kontinuität mit Mittelalter und Antike.

Welches sind die Grundzüge des neuzeitlichen Bewusstseins? Als prägend
für ein neues Bewusstsein betrachtet Beierwaltes einen neuen Begriff von Wissenschaft, der auf einer neuen Konzeption von Erfahrung und Natur gründet.

Die Kritik an der Metaphysik ist in der Neuzeit ein Kriterium ihres Selbstverständnisses: Sie drückt sich im Schwund des Bewusstseins von Transzendenz aus, der zugleich entscheidend für die Selbstfindung der neuzeitlichen
Vernunft als autonome wurde. Hierin entwickelten sich der Begriff der Subjektivität und darin das Ich als Prinzip der Philosophie. Eine gravierende Folgeerscheinung ist die Dissoziation von Glauben und Wissen und die Entstehung des
Atheismus. Der Deutsche Idealismus versuchte mit seinem Einspruch gegen
diese Tendenz, das Absolute als absolute Reflexion *in* der Geschichte zu denken.

Mit dem neuzeitlichen Bewusstsein wurde der Begriff *Geschichte* transfor-
miert. Mit der Idee des Fortschritts entstand „die geschichtsphilosophische
Konzeption eines neuen Telos." (364)

Der Fortschritt im Bewusstsein von

> Freiheit als Bestimmung der autonomen Vernunft oder der Individualität
> des Ichs impliziert eine Steigerung des Bewusstseins der *schöpferischen*
> Tätigkeit des Menschen: selbstursprüngliches Schöpfertum als Grundzug
> der Subjektivität.

Beierwaltes möchte die neuzeitlichen Begriffe der Subjektivität, des Schöpfertums und der Freiheit vom Aspekt der Philosophie der Renaissance aus
betrachten. Damit will er auch den mit dem Namen von *Descartes* verbundenen Bruch überwinden. Es geht vielmehr um die

> Geschichtlichkeit des Denkens, die, wie Hegel mit Herder sagt, *sich durch*
> *alles, was vergänglich ist und was daher vergangen ist, als eine heilige Kette*
> *schlingt – so [dass wir] das, was wir in der Wissenschaft und näher in der*
> *Philosophie sind, gleichfalls der Tradition zu verdanken hätten.* (365)

8   Subjektivität

Bei *Kant* stellt sich die transzendentale Methode gegen einen groben erkenntnistheoretischen Realismus. Die Vernunft sieht nur das ein, was sie selbst nach
ihrem Entwurf hervorbringt. „Erkenntnis ist nur aufgrund einer vorgängigen
Selbstkritik des Denkens möglich." (366) Autonomie ist nur in der Wendung
des Denkens auf die sich selbst reflektierende Vernunft möglich.
        Kant ist freilich unzureichend über die sog. alte Metaphysik informiert. Der
Blick auf die Geschichte der Metaphysik negiert zwar nicht Kants Neuansatz
kritischer Philosophie, wird aber von der in der Geschichte sich zeigenden
Sache modifiziert. „,Ansätze' zu transzendentalem Denken sind *vor* Kant im
Kontext der Frage nach der Selbstvergewisserung des Denkens zu suchen und
zu finden." (366 f.) Es geht dabei um „den Akt, durch den das Denken sich
selbst seinen eigenen, in ihm selbst zugänglichen apriorischen Grund einsich-
tig macht." Dies geschieht bei *Plotin* und *Augustinus* im Rückgang auf das
„eigentliche Selbst des Menschen", das in dem Akt der Selbstreflexion auf das
,Eine in uns' bewusst wird. Bei Cusanus wird diese Gestalt der Metaphysik
bestimmend.

> Cusanus thematisiert (in *De docta ignorantia*) die Möglichkeit des Wis-
> sens im Bereich des Endlichen und fragt zugleich nach den Grenzen des
> Wissens angesichts des Un-Endlichen, zu dem hin vom Endlichen her
> zwar ein Bezug, aber keine Vergleichbarkeit oder durchgängige Analogie
> besteht. (367)

Beierwaltes skizziert hier noch einmal markant die Grundlinien der „selbsttätigen Einsicht der Vernunft in ihren Möglichkeiten und Grenzen", wie sie
Cusanus in seinen Schriften entfaltet hat.

> Das Maß der Selbstreflexion des Denkens, das Sich-in-sich-selbst-Vertie-
> fen [...] ist die Voraussetzung dafür, dass das Denken sich selbst auf den
> ihm immanenten und es zugleich aus einem ihm transzendenten, abso-
> luten Sein her begründenden Grund kommt. (369)

Wesensakt des Geistes ist für Cusanus ,Synthesis'. Im Unterschied zu Schelling und Fichte, für die die Synthesis derart geschieht, *dass* das Sein in der
Erkenntnis oder durch sie überhaupt erst *gesetzt* würde, herrscht bei Cusanus der Gedanke vor: „das Sein sei die ,absolute Voraussetzung' aller Akte des
Erkennens" (370). Erkennen vollzieht sich als ein creativer Akt, der sein Maß
am Sein nimmt und sich dem Sein angleicht. Von daher ist Einheit „das syn-

thetisierende Maß des Denkens, von dem dieses ausgeht und in das es wieder zurückkehrt" (371). Die Reflexion von Cusanus auf die apriorische Gegründetheit und Ermöglichung des Denkens impliziert den Gedanken, „dass der Erkennende als ein Individuum verstanden werden müsse, [...] dem eine je verschiedene *Singularität* an sich und eine je verschiedene *Perspektive* auf das Ziel des Erkennens" zu eigen ist. Expliziert wird dies in der Schrift *De visione Dei*.

9   Schöpfertum

Beierwaltes geht hier von *Francis Bacon* aus, bei dem „menschliche Wissenschaft und menschliche Macht ein und dasselbe sind". (372) Bacon fragt nicht, was die Natur ist, sondern setzt der Natur zu. Der Begriff des Schöpfertums ist jedoch nicht auf die neue Wissenschaft von der Natur eingeschränkt, sondern geht von genuiner Metaphysik aus, wie sie z. B. bei *Cusanus* zu finden ist, der „die Fähigkeit des menschlichen Geistes besonders intensiv durchdenkt." Das zeigt sich gerade bei der Grundlegung der mathematischen Begrifflichkeit im menschlichen Geist (*De mente, De Beryllo*). „Die Vernunft des Menschen erfährt nämlich das, was sie im Begriff schafft, als etwas, was apriori *in ihr* ist. Nur dies vermag sie zu verstehen und zu erkennen." (374 f.)

Das Selbstbewusstsein des frei schöpferischen, doch einem transzendenten Maß folgenden Menschen zeigt Cusanus an der Präzisierung der aristotelischen Formel *ars imitatur naturam et perficit eam*: Sein Kunstverständnis zielt gerade „auf die in unserem Geiste als Präzision der Natur entworfene Idee". (375) Diese Interpretation von Kunst ist die Voraussetzung für den Begriff des Künstlers als Schöpfer und Genie in der Neuzeit und für den Begriff der Ästhetik des Kunstwerks als „die endliche und geschichtlich gewordene intellektuelle Anschauung". (376)

10   Freiheit

Pico della Mirandola betrachtet Beierwaltes als Paradigma des neuen Freiheitsbewusstseins, insofern er die Bedeutung und Größe des Menschen in seiner Rede *Über die Würde des Menschen* evident macht. Er sieht das auszeichnende Moment menschlicher Würde darin,

> dass der Mensch in einem Akt freier, selbstursprünglicher Entscheidung seine „Natur" sich selbst *schaffen* kann, wenn er sein eigenes Geschick

selbst zu wählen imstande ist, dann ist er auch allein verantwortlich für seine eigene „Natur". (376)

Als mythologische Metapher für den Menschen steht *Proteus*. Der ontologischen Struktur nach ist die Seele als Ursprung des Aktes „seiende und deshalb Mitte zwischen dem Bereich des Intelligiblen und des Sinnenfälligen, zwischen Ewigkeit und Zeit." (377) *Ficino* und *Pico* begründeten die These:

> der Mensch sei das „Band der Welt" [...], die Verbindung oder Versöhnung [...] des Himmlischen mit dem Irdischen, damit aber die irdische, bildhafte Repräsentation oder individuierende Spiegelung der ursprünglichen göttlichen Einheit. (378)

Die Freiheit des Menschen ist in der reflexiven und dadurch auch aktiven Vermittlung der genannten Extreme begründet. Damit ist keine Beliebigkeit und schrankenlose Autonomie gemeint. Die Freiheit ist sehr wohl von einem transzendenten Grund bestimmt. Ziel der freien Selbstbestimmung des Menschen ist es, aus sich selbst das zu werden, was er sein *soll*. Die Rückbesinnung auf den göttlichen Grund begreift Beierwaltes als konstitutiv für diesen Freiheitsbegriff. Der Mensch soll „durch Sinnlichkeit und Reflexion zu dem sein eigenes Denken und Sein begründenden universalen Prinzip aufsteigen." Ziel des freiheitlichen Aktes ist nach Psalm 82,6: „Ihr seid Götter, ihr alle seid Söhne des Höchsten." Durch das Sich-Sammeln in seine eigene Innerlichkeit bereitet sich der Mensch auf diese höchste erreichbare Form seiner Existenz vor. Freiheit ist dialektisch zu verstehen: „nicht Willkür oder Hybris, sondern selbstursprüngliche Entfaltung der eigenen Kräfte von einer in sich seienden Einheit her und auf diese hin – Autonomie und Verantwortlichkeit der Vernunft im Kontext des Absoluten." (379)

Beierwaltes fasst seine Überlegungen zur Geschichtsphilosophie so zusammen: Aus der Reflexion auf die ‚transzendentalen Ansätze' bei Cusanus, auf die Entwicklung der Begriffe Schöpfertum, Spontaneität und Freiheit in der Renaissance und auf die Philosophie der Unendlichkeit von *Giordano Bruno*

> kann Entwicklung und Vollendung des menschlichen Bewusstseins sachgerechter eingesehen werden, als in einer Fixierung auf das Neue, die sich bewusst oder unbewusst von der hier expliziten Tradition abschneidet. (379)

Insgesamt vermittelt das Buch eine reiche und differenzierte Übersicht über die Schwerpunkte der philosophischen Auseinandersetzungen in Mittelalter und Renaissance. Sämtliche Beiträge ziehen nicht nur ein Resumée aus der weitgespannten Forschungsarbeit des Autors, sondern verweisen ebenso auf die Notwendigkeit, seine Einsichten im Kontext anderer philosophischer Ansätze sowie der gegenwärtigen Lebenswelt fruchtbar zu machen und weiter zu entfalten.

Fichtes Geschlossener Handelsstaat. *Beiträge zur Erschließung eines Anti-Klassikers,* hrsg. v. Thomas Sören Hoffmann, Berlin: Duncker & Humblot 2018

Birger P. Priddat (Rez.)

J.G. Fichtes *Geschlossener Handelsstaat* ist ein Staatsmodell, das – anders als andere Modelle dieser Art um 1800 (z. B. das von Wilhelm von Humboldt) – ökonomisch konfundiert ist. Aber in Absetzung zum Modell Adam Smiths, das einen *natural order of liberty*, ein markt- und kapitalwirtschaftliches Akkumulations- und Ordnungsmodell als Krönung der Aufklärung anbietet, entwickelt Fichte die Idee eines autarken Handelsstaates, der eine starke staatsrechtliche Regulation betreibt. Hier bleibt Fichte auf den Pfaden des in Deutschland noch vorherrschenden Kameralismus, wenn auch in eigener Rechts- und Politikbegründung (wie Douglas Moggach [77–102] luzide herausarbeitet).

Thomas Sören Hoffmann hat einen Band herausgegeben, der der neueren Erschließung des *Geschlossenen Handelsstaates* (GH) dient, zum einen als neue Aufschließung dieses wenig gelesenen Buches, zum anderen mit neuen anregenden Interpretationen. Dass Fichte seinen GH aus einer praktischen und einer Rechts-Philosophie herausarbeitet (Rivera de Rosales, 13–42; Moggach), ist zugleich ein Problem: er bleibt in einem Vernunftrechtsgedanken abstrakt gefangen, der ihn eine neoplatonische Variante eines autarken Handelsstaates entwerfen lässt – eine geschlossene Polis mit handelspolitischen Restriktionen (gleichsam eine rechtsphilosophisch fokussierte Nachahmung von Johann Gottfried Schnabels Staatsutopie in seinem Roman *Insel Felsenburg*). Anders als Friedrich List später im 19. Jahrhundert sind die Handelsbeschränkungen keine entwicklungspolitischen Abschottungen, sondern entspringen aus einem zivilisationsstrategischen Denken, das die ausbalancierte Versorgung aller Klassen der Nation zum Ziel hat. Handelsbeziehungen würden diese Balance stören (ausführlich dargelegt in den Artikeln von Jürgen Stahl [43–76], Günther Zöller [151–168] und Thomas Sören Hoffmann [185–206]. Auch bei Honrath [127–150]).

Jürgen Stahl und Thomas Sören Hoffmann legen, je verschieden, dar, dass Fichte nicht in die englischen Erklärungen der Wirtschaft als sich selbst ordnende Marktwirtschaft einsteigt, sondern sein eigenes Konzept einer „rechtsphilosophischen Alternative zu einem neuzeitlichen Dogma" (Hoffmann) entfaltet. So auch Klaus Honrath (127–150). Jürgen Stahl verweist auf die „Abwesenheit ‚marktwirtschaftlicher' Begrifflichkeit bei Fichte" (wie vielfach in der

© KONINKLIJKE BRILL NV, LEIDEN, 2019 | DOI:10.1163/9789004417618_015

deutschen Ökonomie seiner Zeit) (auch Zöller 164). Es lässt sich zeigen, dass man Fichte nicht aus der Semantik moderner Ökonomik rekonstruieren kann (wenn man ihn nicht gänzlich konzeptionell verfehlen möchte). Dabei wird auch klar, weshalb Fichte in der ökonomischen Theoriegeschichte nicht oder extrem selten auftaucht (ähnlich wie auch Hegel, Rousseau und Montesquieu nicht, ganz zu Schwiegen von einer angemessenen Darstellung der Kameralistik). Jürgen Stahl weist darauf hin, dass Fichte dem Phänomen der aufkommenden kapitalistischen Gesellschaft weitgehend verständnislos gegenüberstand (69) und eine harmonisierende Gesellschaftskonzeption bevorzugte. „Weder feudaler Genuß noch Anhäufung von Reichtum, nicht Einzel- oder Gruppeninteressen, sondern der ,Gesamtzweck der Nation' galten ihm als Kriterium einer sozialen Wirtschaftspolitik" (70).

Douglas Moggach (77–102) bietet in seinem Essay *Freiheit und Vollkommenheit* eine kleine Geschichte der Entwicklung der Staatbegrifflichkeit von Leibniz über Wolff, Kant, von Humboldt bis auf Fichte. Fichte erweist sich als Kritiker des kameralististischen Staatstelos der Glückseligkeit (Moggach 95), er will – in scharfer politischer Absetzung vom noch herrschenden Adel (und in Übernahme von Kants Kritik des Despotismus) – die Freiheit der Untertanen, will sie zu Bürgern machen. Freiheit und Gerechtigkeit sind Fichtes Maximen, im Kontrast zu den Vorgängermodellen, die Freiheit zur Vollkommenheit (durch sichernde Glückseligkeits-Ordnung) bevorzugten.

Fichte vertritt einen eigenen Eigentumsbegriff, der nicht auf der Besitzzurechnung von Dingen beruht, sondern auf der Fähigkeit, eigene Leistung vollbringen zu können (eher ein Vermögens-Begriff) (Ivaldo 116). Dazu bedarf es rechtlich der Freiheit. Und der Staat muss jedem Bürger das Recht auf Arbeit zugestehen (um seine Leistungspotentiale entfalten zu können). An Rousseau und Kant anknüpfend, sieht Fichte das Verhältnis von Freiheit und Eigentum als ein staatsvertragliches (Rivera de Rosales). Zudem ist Fichtes Standpunkt, „daß der Staat primär die Aufgabe habe, für alle seine Angehörigen das Recht auf Arbeit zu sichern, und zwar als Recht, Kausalität der materiellen Welt auszuüben. Fichte versteht Arbeit als Ausdruck von Spontanität bzw. reiner praktischen Vernunft. So verbindet er Arbeit mit Freiheit ebenso wie mit Bedürfnisbefriedigung" (Moggach 94). Der GH erweist sich als Nachtrag zur Fichte'schen *Grundlage des Naturrechts*. Fichte entwickelt Kant in neue Richtungen weiter (Ausübung von Freiheit durch Arbeit) (Moggach 99).

Isaac Nakhimovskys Studie über die Einflüsse Rousseaus und Kants auf Fichte (*The closed commercial state*, Princeton 2011) – er reformuliert Rousseaus konstitutionelle Politik und Kants Sozialvertragstheorie mit dessen Verteidigung des Rechtes auf Arbeit – zeigt, dass Fichtes GH auf eine friedenspolitische Initiative hinausläuft: Europa als friedvolle Föderation konstitutioneller Repu-

bliken, in der die ökonomischen Prozesse nationalisiert und von den unheil-
vollen Dynamiken der staatlichen Beziehungen untereinander (vornehmlich
den Handelsbeziehungen) entkoppelt werden. Dazu bedarf es geplanter und
selbstgenügender Nationaler Ökonomien, verbunden mit einer radikalen Politik des ausschließlich nationalen Geldes. Marco Ivaldo analysiert den Zusammenhang als *Ideen zu einer spekulativen Politik* (Ivaldo [103–126]; auch Zöller).

Vorsichtig wird Fichte in die heutige Globalisierungsära übersetzt. Nicht nur
Nakhimovsky behauptet die Mischung von liberalem Staat mit einer offenen
Wirtschaft in einem globalisierten internationalen System als prekär und kontingent, um Fichtes Grundidee – nicht seine praktischen Umsetzungen, die
im 18. Jahrhundert verbleiben (vgl. Stahl [43–76]) – dagegen stark und aktuell zu machen. Man muss bei solchen Transitionen vorsichtig bleiben, da das
autarke Modell eines geschlossenen Handelsstaates heutzutage eigentümlichen Neo-Nationalismen politisch Vorschub zu leisten mag. Vor allem weil die
moderne Ökonomik die arbeitsteiligen internationalen Wertschöpfungsketten
und -netze als Wachstumstreiber herzeigen kann, die die Wohlfahrtsrealitäten
schaffen konnten über die letzten 200 Jahre, die Fichte meinte mit seinen neo-
platonischen Selbstgenügsamkeiten erreichen zu sollen.

Die Wohlfahrtspolitik des GH gleicht noch sehr dem Ideal einer gleichen und
gerechten Versorgung aller Bürger (David James [169–184]) und polizeylichen
Muster aus der kameralistischen Ökonomie. Der Markt hingegen leistet nicht,
was Fichte an allgemeiner und gerechter Versorgung staatsrechtlich gesichert
wissen will (Stahl; Hoffmann; David James [169–184]). Die Rolle des Staates
besteht nicht darin,

> wie Humboldt glaubte, einfach die zufällig existierende Eigentumsver-
> teilung aufrechtzuerhalten, sondern zuallererst eine rechtmäßige Vertei-
> lung zu sichern, bei der für Fichte sich die Gleichheit bei der Befriedigung
> der (historisch veränderlichen) Grundbedürfnisse behauptet. [...] Verfüg-
> bare Ressourcen und die Bedürfnisse sind durch vernünftige Planung
> und Zuweisung im Gleichgewicht zu halten. [...] Fichte unterscheidet
> grundsätzlich zwischen Binnen- und Außenhandel. Ersterer ist als Mittel
> zur Verteilung des Nationalprodukts zwischen landwirtschaftlichen und
> handwerklichen Produzenten eines erkennbaren Quantums legitim und
> notwendig. Für Fichte ist es streng rational berechenbar. Dagegen ist der
> Außenhandel unvorhersagbaren Zufällen unterworfen.
>
> MOGGACH 97 f.

Die Berechenbarkeit vor allem der agrarischen Basisproduktion ist noch phy-
siokratischer Herkunft, die fundamentale Skepsis gegenüber dem Außenhan-

del hat noch ihren abendländischen Kern in Platons und Aristoteles (Fern-)Handelskritik. Wenn man noch das Autarkiegebot hinzuzieht, erscheint das Hintergrundbild einer antiken *oikonomia*, allerdings in Spannung zur polishaften Struktur der Freiheit der Bürger. Es ist eine Sattelzeit (Koselleck), in der die Reanimation der Antike letztlich den Geist der Zeit nicht vollständig treffen kann (vgl. Honrath).

Unter den Naturrechtsordnungen von Fichte wird die Wirtschaftspolitik durch nationale Planung und Kontrolle umgesetzt, wobei der internationale Handel verboten ist. Das ideale Wirtschaftssystem von Fichte soll die vermeintliche soziale Anarchie von Produktion und Marktverteilung überwinden und das Chaos durch ein rationaleres und ethischeres System der Klassenorganisation ersetzen. Das ganze Projekt Fichtes hat zum Ziel, „den Frieden zu stiften und Ausbeutung und Verarmung zu bekämpfen" (Ivaldo 125).

Fichte fordert die Verteilung eines Pro-Kopf-Einkommens, das gleichmäßig auf alle berechtigten Bürger verteilt wird. Die Entwicklung eines solchen Verteilungsmechanismus, den wir heute als sozialistisch einschätzen würden, soll zu mehr Gleichberechtigung führen (James [169–184]) und würde von einem vom Staat unter Verwendung irgendeiner Form rationaler Erwartungen entwickelten Ex-ante-Plan der Zulagen abhängen. Fichte gibt jedoch nicht an, ob ein staatliches Amt oder Ministerium für die Gestaltung dieses Systems und die Verteilung der Einnahmen zuständig wäre. Daher kann man verblüfft bleiben über Fichtes Entscheidung, theoretische Werkzeuge für egalitäre Methoden der Einkommensverteilung bereitzustellen, ohne die spezifischen Werkzeuge für die Umsetzung zu beschreiben. Auch widerspricht sein restriktives Überwachungssystem seinen emanzipatorischen Grundansprüchen (Moggach 99).

Der GH Fichtes beginnt mit der Aufforderung an die landwirtschaftlichen Erzeuger, das Notwendige zu kultivieren, um die Menschen zu ernähren, die in Fabriken und öffentlichen Diensten arbeiten. Der Staat muss daher die Märkte vollständig regulieren, um die optimale Lösung für die Frage der Verteilung der landwirtschaftlichen Produktion zu finden. Dieses hohe Regulierungsniveau trägt dazu bei, die wirtschaftliche Stabilität und positive soziale Bedingungen zu erhalten. Fichte hat die französischen Verhältnisse im Auge, die zur Revolution führten. Er konzipiert den GH präemptiv als Ausgleichung zwischen Klassen, ohne auf die alten Ständeordnungen zurückfallen zu müssen.

[Fichtes] Perspektive auf das Ökonomische ergibt sich vom Rechtsbegriff her: das Thema der „spekulativen" (Wirtschafts-)Politik, wie sie der *Geschlossene Handelsstaat* entfaltet, ist die Aufgabe der Domestizierung ökonomischer Eigendynamiken und Kontingenzen durch die öffentlichrechtliche Ordnung der menschlichen Verhältnisse. Fichtes Thema ist

insoweit der Primat des Rechts als die allgemeine Form der äußeren Interaktion freier Wesen als solcher und dessen Aufrechterhaltung gegenüber
der Logik der Ökonomie.

HOFFMANN 188

Nach Fichtes Analyse zielt dieser Prozess darauf ab, zunächst eine nationale
Gemeinschaft zu schaffen und dann den Bürgern ein Gefühl der Zugehörigkeit
zu ihr zu vermitteln, indem neoplatonische Prinzipien in Bezug auf Geld ange-
wendet werden, einschließlich der Einführung einer Währung, die nur einen
inländischen Wert hat.

Einzig Thomas Sören Hoffmann thematisiert Fichtes eigensinnige Geld-
theorie (Hoffmann 201 ff.). So ist die Währung semiotisch, ein Symbol der
nationalen Einheit, das zu Metall geschmiedet wurde. Seine Verzerrungen,
die sowohl von internen als auch von externen Geldkreisen ausgehen, sind
begrenzt. Seine Landeswährung hat die Funktion einer Rechnungseinheit und
eines Tauschmittels. Folglich übernimmt ein zentralisiertes, geplantes System
die Merkmale eines Tauschgeschäftssystems, das durch ein monetäres Instrument vermittelt wird, das durch einfache Papierkarten ersetzt werden könnte,
die das Recht oder die Pflicht zum Erhalt oder zur Bereitstellung von Produkten
oder Dienstleistungen bescheinigen.

Die Mediatisierung des Dinglichen findet im selbst nicht dinglichen, sondern symbolischen Medium des Geldes statt, durch das das Dingliche in
das System der Rechtsverhältnisse gespiegelt und transponiert wird. Erst
im sich umfassend selbst erhaltenden Rechtssaat, dem geschlossenen
Handelsstaat, hat generell das dinghafte, kontingente Objekt die Macht
verloren, das Subjekt seiner ursprünglichen Freiheitswirklichkeit zu ent-
fremden: der geschlossene Handelsstaat ‚mediatisiert‘ alles Dingliche im
Sinne des Freiheitsinteresses.

HOFFMANN 203

Auch wagt Thomas Sören Hoffmann eine kritische Einschränkung von Fichtes GH, eine Einschränkung, die in der heutigen Hypermoderne fast selbstverständlich einherkommt, aber auch bereits zur Zeit Fichtens denkbar war.

Der wohl wichtigste Einwand gegen Fichtes Ansatz ist ein epistemologi-
scher: die Kontingenzen und Ungewißheiten, auf die sich ökonomisches
Handeln einzulassen hat, sind kaum jemals erschöpfend in jene Form
von Berechenbarkeit hinein auflösbar, die Fichtes „spekulative Politik"
voraussetzt. Insoweit „weiß" der Staat stets zu wenig, um jemals ein wahr-

haft geschlossenes System ökonomischen Handelns darstellen zu können, und er sollte sich um so weniger jener Kompetenzen begeben, die
in spezifisch ökonomischen (Erfahrungs-)Wissen liegen. [...] Die Alternative zu Fichte, die zugleich am Primat des Rechts gegenüber der Ökonomie festhalten will, müßte insoweit eine Rechtsordnung in den Blick
nehmen, die ein immanentes „Spiel der Kontingenz" zulassen kann, ohne
daß damit der Anspruch des Rechts auf Etablierung einer Ordnung der
Anerkennung aufgehoben wäre.
HOFFMANN 204 f.

Was Hoffmann dem Staat als Wissensmangel zurechnet – die bei Adam Smith
ja parallel entworfene Skepsis gegenüber dem Staat –, ist bei genauerer
Betrachtung ein Symptom der Marktwirtschaft *sui generis*: auch die Märkte
können nicht ‚berechnen', was sich je künftig ereignet. Weder der Smith'sche
natural order of liberty noch der Fichte'sche Vernunftstaat überzeugen letztlich: was in der Smith-Nachfolge zum allgemeinen (effizienten) Allokations-
gleichgewicht des Marktes mutiert, ist bei Fichte ein harmonisches politisch
hergestelltes Gleichgewicht kraft rechtspolitischer Vernunft. Beide Gleichge-
wichtsvorstellungen sind noch Schattenreste providentieller Ordnungswelten,
zumindest aber noch resthaft jene Vervollkommungsidee der Ordnungen, die
Moggach so *clair et distinct* in die Vorläufergeschichte des Fichte'schen GH
gelegt hatte.

Wir haben es mit dem Band von Thomas Sören Hoffmann mit einer gelungen Reanimation eines vergessen geglaubten Neben-Textes eines Philosophen
um 1800 zu tun. Bei allen Beiträgen, je verschieden, wird klar, welche Breite
und Brisanz der staatsökonomische Diskurs um 1800 hatte (und bei Hegel wie
den deutschen Ökonomen der historischen Schulen im 19. Jahrhundert weiterhin behielt), so dass auffällt, eine Theoriegeschichte der Staatsökonomien
neu anzugehen anstehen sollte. Gleichsam als Parallelgeschichte zur dominant
gewordenen englischen Version der Ökonomie in der langen Nachfolge Adam
Smiths.

Historischer und kritischer Kommentar zu Friedrich Nietzsches Werken, hrsg. v. der Heidelberger Akademie der Wissenschaften, Berlin: Walter de Gruyter 2012 ff.

Jutta Georg (Rez.)

Jochen Schmidt, *Die Geburt der Tragödie*, Berlin 2012, 456 Seiten, Andreas Urs Sommer, *Der Fall Wagner. Götzen-Dämmerung*, Berlin 2012, 698 Seiten, Andreas Urs Sommer, *Der Antichrist, Ecce homo, Dionysos-Dithyramben, Nietzsche contra Wagner*, Berlin 2013, 921 Seiten, Jochen Schmidt, *Morgenröthe*, Sebastian Kaufmann, *Idyllen aus Messina*, Berlin 2015, 611 Seiten, Andreas Urs Sommer, *Jenseits von Gut und Böse*, Berlin 2016, 939 Seiten, Sarah Scheibenberger, *Ueber Wahrheit und Lüge im aussermoralischen Sinne*, Berlin 2016, 137 Seiten.[1]

Seit der bahnbrechenden *Kritischen Studienausgabe* seiner Werke und Briefe (KSA und KSB) und der *Kritischen Gesamtausgabe* (KGW) gibt es wohl keinen Philosophen, der so umfassend, geradezu ausladend dokumentiert ist wie Friedrich Nietzsche. Zu nennen sind die Nietzsche-Bände in der von Otfried Höffe betreuten Reihe „Klassiker Auslegen", Handbücher, Lexika, zahlreiche Periodika und die schier überbordende Zahl von Publikationen der deutschen und internationalen Nietzscheforschung. Hinzukommen die jüngst initiierten Publikationen der Werke Nietzsches aus letzter Hand.

Der *Historische und kritische Kommentar zu Friedrich Nietzsche* (NK), herausgegeben von der „Heidelberger Akademie der Wissenschaften", stellt per se den Anspruch, hier weiterzugehen und Hinweise für neue Einsichten/Erkenntnisse/Deutungen vorlegen zu können. Wir treffen hier auf ein großes Projekt zur Kommentierung von Nietzsches publizierten oder zur Publikation vorbereiteten Schriften. Bis auf eine Kommentierung von *Ueber Wahrheit und Lüge*

---

1   *Unzeitgemäße Betrachtungen* I–IV, kommentiert von Barbara Neymeyr, erscheint 2019. *Menschliches, Allzumenschliches* I, kommentiert von Andreas Urs Sommer, erscheint voraussichtlich 2023. *Menschliches, Allzumenschliches* II, *Vermischte Meinungen und Sprüche*, kommentiert von Katharina Grätz, voraussichtlich 2023. *Menschliches, Allzumenschliches* II, *Der Wanderer und sein Schatten*, kommentiert von Sebastian Kaufmann, voraussichtlich 2023. *Die fröhliche Wissenschaft*, kommentiert von Sebastian Kaufmann, voraussichtlich 2020. *Also sprach Zarathustra*, kommentiert von Katharina Grätz, voraussichtlich 2020. *Zur Genealogie der Moral*, kommentiert von Andreas Urs Sommer, voraussichtlich 2019.

© KONINKLIJKE BRILL NV, LEIDEN, 2019 | DOI:10.1163/9789004417618_016

im aussermoralischen Sinne wird der für das Verständnis von Nietzsches Philosophie relevante Nachlass, der nicht selten als eine Kommentierung, auch Relativierung der Schriften gelesen werden kann, entsprechend nur partiell, will sagen, über einzelne Fragmente kontextbezogen berücksichtigt.

Bisher sind sechs der geplanten 13 Bände erschienen: Jochen Schmidt, *Die Geburt der Tragödie* 2012, Andreas Urs Sommer, *Der Fall Wagner, Götzen-Dämmerung* 2012, Andreas Urs Sommer, *Der Antichrist, Ecce homo, Dionysos-Dithyramben, Nietzsche contra* Wagner 2013, Jochen Schmidt, *Morgenröthe*, Sebastian Kaufmann, *Idyllen aus Messina* 2015, Andreas Urs Sommer, *Jenseits von Gute und Böse* 2016, Sarah Scheibenberger, *Ueber Wahrheit und Lüge im aussermoralischen Sinne* 2016. Ausgehend vom Forschungstand beinhalten die Kommentarbände Überblickskommentare, die sich in die Entstehungs-, Text- resp. Druckgeschichte, in Quellen, fallweise Nietzsches Äußerungen zum Werk, Querverbindungen in diesem, Konzeption, Struktur und Stil, den Stellenwert der jeweiligen Schrift in seinem Werk und die Wirkungsgeschichte untergliedern sowie Stellenkommentare und Interpretationen. Der Kommentar geht „transdisziplinär und komparatistisch" vor und rekurriert über Kontext- und Quellenforschungen in Nietzsches Schriften auf die Bezüge zur antiken Literatur und Philosophie, zur Bibel, auf künstlerisch-literarische, religiöse und wissenschaftliche Verweise aus der europäischen Geistesgeschichte. Einbezogen sind auch Hinweise zur Rezeptionsgeschichte der kommentierten Werke. Jedem Band sind eine Einleitung oder ein Vor- resp. Geleitwort und „Hinweise zur Benutzung" vorangestellt.

Keiner kann die enorme und schier überwältigende Forschungsarbeit, die hier geleistet wurde, angemessen beurteilen, weil niemand über diesen Wissensstand verfügt. Ich werde mich auf kurze, auch kritische Hinweise hinsichtlich der aus ihm extrahierten Deutungen – zumeist in den Überblickskommentaren vorgelegt –, beschränken sowie selektiv und fragmentarisch auf signifikante Einzelkommentare eingehen, die sich auf zahlreich in der Nietzscheforschung diskutierte, relevante Textstellen beziehen, und die zudem die Arbeitsweise der Autoren und Autorinnen nachvollziehbar machen.

1   Die Geburt der Tragödie

Anfang 1872 erschien Nietzsches erste Buchveröffentlichung mit einem Titel, der Anklänge an Richard Wagner zeigt: aus dem Geiste der Musik. Hinzukommt das „Vorwort an Richard Wagner" von Ende 1871, dem er in der Neuausgabe den „Versuch einer Selbstkritik" von 1886 – eine veritable Distanzierung von Wagner – voranstellte und die rhetorische, gleichsam programmatische Frage formuliert: „wie müsste eine Musik beschaffen sein, welche nicht mehr romantischen Ursprungs wäre, gleich der deutschen, – sondern *dionysischen*?"[2] Als Auftrag für die Vermittlung seiner Gedanken notiert er den leitmotivischen Satz: „Sie hätte *singen* sollen, diese ‚neue Seele' – und nicht reden!"[3] Wie bekannt, bestand für die damalige Forschung das Skandalon der Tragödienschrift in Nietzsches Behauptung, die antike Tragödie sei aus dem Chor entstanden.

> Der metaphysische Trost, [...] dass das Leben [...] unzerstörbar mächtig und lustvoll sei [...], erscheint in leibhaftiger Deutlichkeit als Satyrchor, als Chor von Naturwesen, die gleichsam hinter einer Civilisation unvertilgbar leben und trotz allem Wechsel [...] ewig dieselben bleiben.[4]

Hierzu merkt Jochen Schmidt an, diese These beruhe auf einer „Kombination von Überlieferungen, deren Authentizität unsicher ist" (Band 1/1, 179). Nietzsche positioniere das Dionysische als „Gegenmacht zum Epigonentum und Verfall" gegen Schopenhauers „weltanschaulichen Pessimismus [...] und gegen den zeitgenössischen Kulturpessimismus" (ebd., 4). Hinsichtlich der Bedeutung der Tragödienschrift für Nietzsches Werk bezieht sich Schmidt zahlreich auf das Dionysische und betont, dass es auch in den folgenden Schriften Nietzsches zentral sei; dem kann nur zugestimmt werden. Über den dionysischen Dithyrambus führt Nietzsche zu Beginn der Schrift aus:

> etwas Nieempfundenes drängt sich zur Aeusserung, [...] das Einssein als Genius der Gattung, ja der Natur. Jetzt soll sich das Wesen der Natur symbolisch ausdrücken; eine neue Welt der Symbole ist nöthig, einmal die ganze leibliche Symbolik [...].[5]

Schmidt erklärt, Nietzsche habe „seinen Ausführungen die damals maßgebende Darstellung" von Johann Adam Hartungs Schrift *Die griechische Lyrik* zugrunde gelegt (ebd., 133). Womit wir das paradigmatische Beispiel für die Arbeit der Kommentatoren haben: eine Zurückführung der Thesen Nietzsches auf die Einflüsse anderer Autoren, wobei Schmidt in der antiken Literatur über stupende Kenntnisse verfügt. Es ist also der Versuch, Nietzsches Philosophie dadurch zu erhellen, dass man möglichst umfangreich über ihre Einflüsse,

---

2 GT, KSA 1, 20.
3 Ebd., 15.
4 Ebd., 56.
5 Ebd., 33 f.

Bezüge und Quellen informiert wird. Damit sollen auch die Anleihen, die er bei anderen machte, transparent werden. Es entsteht gleichsam ein Text hinter Nietzsches Text; ein gigantisches Konvolut, ein Archiv, das die Bedingungen der Aussagen von Nietzsches Philosophie rekonstruieren soll.

Beziehen wir uns auf das Verhältnis von Musik und Lyrik in der Tragödienschrift: Als Kunst habe die Musik Ereignischarakter und erzeuge stets neue Verständnisdimensionen, die wiederum auf die Wortsprache zurückwirkten; denn es gebe nichts, was nicht in der

> ungeheuersten Allgemeinheit und Allgültigkeit bereits in der Musik lag [...]. Der Weltsymbolik der Musik ist eben deshalb mit der Sprache auf keine Weise erschöpfend beizukommen, weil sie sich auf den Urwiderspruch und Urschmerz im Herzen des Ur-Einen symbolisch bezieht [...].

Dieses Ur-Eine stehe jedoch zweifellos über und „vor aller Erscheinung"; es kann demnach in keiner sprachlichen Form symbolisiert werden.[6] Der Kommentar verzeichnet hierzu: „Urwiderspruch und Urschmerz im Herzen des Ur-Einen" sei auf Schopenhauers Willensbegriff bezogen (ebd., 169). Das ist sicher richtig, aber was ist mit der „Weltsymbolik der Musik", auf die sich Nietzsche hier bezieht? Gegenüber dieser Symbolik ist jede sprachliche Vermittlung, auch eine poetische, eine metaphorische defizitär.

> Die Lust, die der tragische Mythus erzeugt, hat eine gleiche Heimat, wie die lustvolle Empfindung der Dissonanz in der Musik. Das Dionysische, mit seiner selbst am Schmerz percipirten Urlust, ist der gemeinsame Geburtsschoos der Musik und der des tragischen Mythus.[7]

Schmidt notiert, Nietzsches „Ausdeutung der musikalischen Dissonanz ist präformiert durch die Philosophie Heraklits, [der in, J.G.] seiner Lehre von der Einheit der Gegensätze das Disharmonische (Dissonante) und sich Widerstreitende als Voraussetzung einer umso schöneren Harmonie" angesehen habe. „Insofern führt gerade das Disharmonische zur Wahrnehmung der All-Einheit des Seins" (ebd., 405).

Zu einem anderen Sujet: Schmidt betont Nietzsches Abscheu gegenüber den „socialistischen Bewegungen der Gegenwart"[8] und führt aus, dieser habe mit Ausnahme von *Menschliches, Allzumenschliches* „mit zunehmender Ent-

---

6   Ebd., 51.
7   Ebd., 152.
8   „Der ‚gute Urmensch' will seine Rechte: welche paradiesischen Aussichten!" Ebd., 123.

schiedenheit [...] politisch auf der Seite einer antimodernen Reaktion [...] aufgrund eines konservativen und individualistischen Kulturbegriffs" gestanden (ebd., 7). Das sind Klassifikationen, die in dieser Diktion diskussionswürdig erscheinen. Der antidemokratische Impetus Nietzsches, mit dem er auf die Gefahr einer entkräftenden und leibfeindlichen Herrschaft von „Heerdentieren" reagierte, muss nicht mit politischer Reaktion gleichgesetzt werden, und die von ihm favorisierte Kultur der Griechen, ihr „Tragisches", muss man nicht konservativ und individualistisch nennen, sondern wohl eher romantisch: So

> fühlte sich der griechische Culturmensch im Angesicht des Satyrchors aufgehoben [...] überhaupt die Klüfte zwischen Mensch und Mensch einem übermächtigen Einheitsgefühle weichen, welches an das Herz der Natur zurückführt.[9]

Generell kritisiert Schmidt den Stil von Nietzsches Erstling: „nebensächliche Ausführungen, so viel Assoziatives und so viel altphilologische[r] Wissensballast". Nietzsche ermüde durch „zahlreiche Redundanzen, überbordende Metaphorik und eine ausschweifende Rhetorik, die sich aller Mittel [...] und der aufschäumenden Anaphorik bedient" (ebd., 59 f.). Ein sprechendes Beispiel, dass der Kommentar durchaus auch deutet und stark kritisiert.

2   Der Fall Wagner

Sommer macht begründet darauf aufmerksam, dass es in dieser späten Schrift nicht allein um die Auseinandersetzung mit Richard Wagner geht; vielmehr sei er ein „Exempel[s] für die mit den Begriffen der Physiologie und Psychopathologie gefasste" décadence, unter dem Einfluss von Paul Bourget. Gleichwohl vollzieht Nietzsche hier seine Abrechnung mit Wagner; dieser werde als ein „Meister der Selbstvergrößerung vorgeführt, der alles mit dem Geklingel der Tugend so aufblähe, dass es erhaben erscheine" (Band 6/1, 13). Nietzsche kritisiert insbesondere Wagners Erlösungsthematik im Parsifal.[10]

---

9   Ebd., 55 f.
10   „Der Parsifal wird in der Kunst der Verführung ewig seinen Rang behalten, als der *Geniestreich* der Verführung ... Ich bewundere dies Werk, ich möchte es selbst gemacht haben [...]. Das Raffinement im Bündniss von Schönheit und Krankheit geht hier soweit, dass es über Wagner's frühere Kunst gleichsam Schatten legt: – sie erscheint zu hell, so gesund." WA, KSA 6, 43. Sommer: „Die Pointe besteht gerade darin, dass der Titelheld in Wagners *Parsifal* sich Klingsors Verführungskünsten erfolgreich widersetzt." Band 6/1, 170. Zudem

Wagner war nicht Musiker vom Instinkt. Dies bewies er damit, dass er alle Gesetzlichkeit und, bestimmter geredet, allen *Stil* in der Musik preisgab. [...] Wagner [...] *hat das Sprachvermögen der Musik in's Unermessliche* vermehrt –: er ist der Victor Hugo der Musik als Sprache.[11]

Sommer klärt auf, dass Nietzsche erst spät ein Interesse, durchaus ein kritisches, an Victor Hugo entwickelte und führt hierzu zahlreiche Beispiele an (vgl. ebd., 122)

3   *Götzen-Dämmerung*

Zu Beginn des Stellenkommentars spricht Sommer von „diversen Vorarbeiten und Plänen, denen Nietzsche 1887/88 den Werktitel ‚der Wille zur Macht‘ gegeben hat [...]“, aus denen *Götzen-Dämmerung* nicht zuletzt entstanden sei. Weiter bezieht er sich auf eine Äußerung in *Ecce homo*, mit dieser Schrift seien durch einen „grosse[n] Wind“ [die, J.G.] „Wahrheiten“ gefallen; dabei reihe sie einzelne Kapitel „parataktisch“ aneinander (ebd., 197 ff.).[12] „GD ist ein Text, der durch seine chamäleonhafte Vielgestaltigkeit sowohl in formaler als auch in inhaltlicher Hinsicht die Leser herausfordert“ (ebd., 203). Hier stehe das „sich selbst bejahende Leben“ im Fokus, gesetzt „an die Stelle des Guten“. Trotz seiner Moralkritik reproduziere Nietzsche mit „seinen am Maßstab des Lebens ausgerichteten Urteilen die Struktur moralischen Urteilens“ (ebd., 207). Der Struktur des Diskurses kann man sprachlich nicht entkommen, womit nicht unbedingt der Versuch, ein Entkommen zu benennen, per se diskreditiert sein muss. Zu der berühmten Stelle: „Die ‚wahre Welt‘ – eine Idee, die zu Nichts mehr nütz ist, [...] eine überflüssig gewordene Idee, *folglich* eine widerlegte Idee: schaffen wir sie ab“[13], bemerkt Sommer; dies sei Folge ihrer „Nutzlosigkeit“, freilich sei es „kühn aus der Nutzlosigkeit die Widerlegung der ‚wahren Welt‘ abzuleiten“ (ebd., 309 f.). In „Die vier grossen Irrthümer“ behauptet Nietzsche:

---

verweist er auf einen Brief Nietzsches an Köselitz, er habe seiner Schwester gesagt: *„ganz diese Art Musik* habe ich als Knabe gemacht, damals, (als) ich mein Oratorium machte‘“ KSB 6, Nr. 272, 231.

11   WA, KSA 6, 30.

12   Sommer verweist auf einen Brief Nietzsches von 1888 an Georg Brandes, wo er schreibt: „Diese Schrift ist meine ganze Philosophie in *nuce* – radikal bis zum Verbrechen ...“ KSB 8, Nr. 1134, 457.

13   GD, KSA 6, 81.

Der „Ursachen-Trieb" ist also bedingt und erregt durch das Furchtgefühl. Das „Warum?" soll [...] nicht sowohl die Ursache um ihrer selber willen geben, als vielmehr eine *Art von Ursache* – eine beruhigende, befreiende, erleichternde Ursache.[14]

Sommer ergänzt, Ursachentrieb sei in der „entwicklungspsychologischen und -physiologischen Literatur der Zeit nachweisbar" (ebd., 347 f.).

Und gar das Ich! Das ist zur Fabel geworden, zur Fiktion, zum Wortspiel: das hat ganz und gar aufgehört, zu denken, zu fühlen und zu wollen! ... Was folgt daraus? Es giebt gar keine geistigen Ursachen![15]

Ein Gedanke, den schon Hume formulierte, erklärt Sommer. Muss das Nietzsche dort entnommen haben? (ebd., 338). „Die Kunst ist das grosse Stimulans zum Leben"[16]; hierzu bemerkt er, die „Stimulans-Konzeption explizier[e] die medizinische und zugleich entschieden anti-aristotelische Seite" (ebd., 472).

4   *Morgenröthe/Idyllen aus Messina*

Schmidt notiert, Morgenröthe stehe für eine „Absage an die romantisch-‚metaphysische' Orientierung des Frühwerks" und weiter für „radikal-aufklärerische[s] Denken, zur illusionslosen Analyse und zu einer subversiven Skepsis", die gegenüber allen ‚Wertungen und deren Inbegriff, die ‚Moral' hinterfragt, ja als bloße Vorurteile entlarvt" (Band 3/1, 17). In dieser antimoralischen Subversion steht auch:

Wir sind Alle nicht Das, als was wir nach den Zuständen erscheinen, für die wir allein Bewusstsein und Worte [haben, J.G.]. *Unsere Meinung über uns aber* [...] das sogenannte „Ich", arbeitet fürderhin mit an unserem Charakter und Schicksal. –[17]

Folgerichtig notiert Schmidt, ein solches *Ich* könne nicht „moralisch verantwortlich gemacht werden; vor allem braucht es sich dann selbst nicht moralisch verantwortlich zu fühlen" (ebd., 196). Nietzsche betont, Wissenschaftler

---

14   Ebd., 93.
15   Ebd., 91.
16   Ebd., 127 f.
17   M, KSA 3, 107 f.

und Philosophen – für ihn *„Tyrannen des Geistes"* – sähen das ganz anders. Schmidt unterstellt, Nietzsche denke hier an Schopenhauer: Philosophen seien „Egomanen [, eine] Annahme [,] in der auch ein gut Teil Selbstdiagnose steckt" (ebd., 432). Diese wird freilich durch das folgende Diktum Nietzsches: „So war Philosophie eine Art höchsten Ringens um die Tyrannenherrschaft des Geistes" nicht zwingend erhärtet.[18]

Die *Idyllen aus Messina*, das „einzige rein lyrische Werk", das Nietzsche veröffentlichte, seien zunächst als ein „Nebenwerk" in der Zeit der Erarbeitung der *Fröhlichen Wissenschaft* entstanden (ebd., 467 u. 480); jedoch nicht nur in Messina, so Kaufmann. Nietzsches, an Schiller anknüpfende „poetologische Reflexionen" seien schon im Frühwerk anzutreffen und stünden dort mit seinen „Überlegungen zur Musikdramatik Richard Wagners" in Verbindung. Die Idyllen trügen den „Gesamtcharakter der ‚Heiterkeit'" (ebd., 485 und 491), von dieser hatte Nietzsche auch in seinem Brief an Schmeitzner von Mitte Mai 1882 gesprochen.[19] Zur Idylle „Prinz Vogelfrei" betont er zu Recht, dieser sei nicht nur ein freier Vogel, sondern auch einer, „der durch seine Übertretung des Gesetzes auch nicht mehr unter dem Schutz des Rechts steht" (ebd., 500 f.)

5   *Jenseits von Gute und Böse*

Zu Beginn des Kommentars erfahren wir, *Jenseits von Gut und Böse* ist eine „Zusammenstückelung früherer Texte und hat im Laufe seiner Entstehung mit seiner Gestalt auch seine Konzeption und Struktur verändert." Sommer problematisiert die von Nietzsche betonte „enge Verbindung" zwischen *Jenseits von Gut und Böse* und dem *Zarathustra* (Band 5/1, 7 und 10). Die Schrift hat keine „zwingende systematische Struktur, sondern fängt immer wieder neu an [...]. Jeder Leser ist also dazu aufgefordert, individuell zu gewichten" (ebd., 26 f.). Diese Struktur sollte sie wohl auch nicht haben, welche von Nietzsches Schriften hat eine solche Struktur? Das war kaum seine Absicht. Ein starker inhaltlicher Einwand gegenüber ihrer Rezeption lautet: fälschlicherweise würden hier die sogenannten Hauptlehren, i. e. die Wiederkunftlehre und die des Willens zur Macht in der Nietzscherezeption „der ersten Hälfte des 20. Jahrhunderts, in der es wesentlich darum ging, Nietzsche philosophisch einzugemeinden", vorherrschen, wiewohl schon ein „oberflächlicher Befund nur wenige [...] rele-

---

18   M, KSA 3, 318.
19   Vgl. KSB 6, Nr. 227, 193.

vante Textstellen" hierzu anfügen könne (ebd., 38). Damit kann, muss aber nicht zwingend eine Nachrangigkeit dieser Topoi verbunden sein; die wenigen relevanten Stellen könnten ausreichen. Sommers Kommentare sind am breitesten aufgestellt und beziehen aus ihnen zahlreiche kritische Nachfragen zu Nietzsches Philosophie und deren Erforschung/Deutung; so auch hinsichtlich der Relevanz der Hauptlehren, aber war „philosophisch eingemeinden" tatsächlich die Absicht der Deutungen?[20] In der Entstehungszeit von *Jenseits von Gute und Böse* habe sich Nietzsche mit „theologischen und religionswissenschaftlichen Büchern [beschäftigt und, J.G.] ethnografische-anthropologische und kulturgeschichtliche Darstellungen" rezipiert (ebd., 18). Vor allem habe ihn aber die Frage umgetrieben: „Was für ein Buch kann man nach Za noch schreiben, welche Schreibart ist noch möglich, nachdem der Philosoph Prophet gespielt hat?" (Ebd., 19). Den letzten Teil der Frage wird sich Nietzsche so nicht gestellt haben. In „der freie Geist" ermuntert ihn Nietzsche „wählt die *gute* Einsamkeit, die freie muthwillige leichte Einsamkeit, welche euch auch ein Recht giebt, selbst in irgend einem Sinne noch gut zu bleiben!"[21] Aufklärend bemerkt der Kommentar: „Diese Passage zehrt von Versatzstücken Epikurs" (ebd., 225).

> Gesetzt endlich, daß es gelänge, unser gesammtes Triebleben als die Ausgestaltung und Verzweigung Einer Grundform des Willens zur erklären – nämlich des Willens zur Macht, wie es mein Satz ist [...], so hätte man damit sich das Recht verschafft, alle wirkende Kraft eindeutig zu bestimmen als: Wille zur Macht. Die Welt von innen gesehen, die Welt auf ihren „intelligiblen Charakter" hin bestimmt und bezeichnet – sie wäre eben „Wille zur Macht" und nichts ausserdem.[22]

Sommer verweist auf den Konjunktiv und damit die „Irrealität oder wenigstens die Unwahrscheinlichkeit des Gesagten"; demnach hatte sich Nietzsche nicht vorstellen können, dass dieser Nachweis erbracht werden könnte. Was ist aber mit seinem Hinweis: „wie es *mein* Satz ist"? Der inverse Schluss scheint auch *möglich*; wenn das gelingt – und warum sollte es unmöglich sein –, dann wäre der Nachweis zu erbringen. Zudem muss angefügt werden, dass es viele Stellen in Nietzsches Werk gibt, wo er über den Willen zur Macht im Indikativ philo-

---

20   Vgl. Josef Simon schreibt 2000 in „Ein Text wie Nietzsches Zarathustra" über Zarathustras vier große Lehren, in: Volker Gerhardt (Hrsg.), *Also sprach Zarathustra*, Berlin 2000, 247.
21   JBG, KSA 5, 42 f.
22   Ebd., 55.

sophiert; auf dessen Bedeutung in *Jenseits von Gute und Böse* weist auch Colli im Nachwort hin.[23]

6   *Über Wahrheit und Lüge im aussermoralischen Sinne*

Scheibenberger sieht in Nietzsches sprachkritischen Thesen den Einfluss von Gustav Gerber und von Lichtenberg, zudem Langes *Geschichte des Materialismus* und Hartmanns *Philosophie des Unbewussten* (vergl. Band 1/3, 10 ff.). Die thematisch zentrale Relation zwischen Wort und Begriff fasse Nietzsche ambivalent; mal werde die „Metapher als notwendige[r] Vorläufer des Begriffs", mal als „lebendige[r] Antipode[]] dem starren Begriff" entgegengesetzt (ebd., 16). Man könnte hier auch von einem vielschichtigen Verhältnis sprechen und nicht unbedingt von einem ambivalenten. Über den Prozess des Metaphorisierens schreibt Nietzsche:

> Ein Nervenreiz zuerst übertragen auf ein Bild! erste Metapher. Das Bild wieder nachgeformt in einem Laut! Zweite Metapher. Und jedesmal vollständiges Ueberspringen der Sphäre, mitten hinein in eine ganze andere und neue.[24]

Wirkungsgeschichtlich erkennt Scheibenberger begründet Auswirkungen bis in die zeitgenössische Philosophie: Ricoeur, Barthes, Derrida, Blumenberg, Rorty, Danto (vgl. ebd., 22 f.).

> In irgend einem abgelegenen Winkel des [...] Weltalls gab es einmal ein Gestirn, auf dem kluge Thiere das Erkennen erfanden. [...] Nach wenigen Athemzügen der Natur erstarrte das Gestirn, und die klugen Thiere mussten sterben. –[25]

Der Kommentar erkennt hier eine „Fabel", die nicht allein zahlreiche Bezüge in Nietzsches Werk habe, sondern auch auf Schopenhauer, Pascal und Leopardi

---

23   „Die Ausarbeitung des philosophischen Begriffs vom ‚Willen zu Macht' in *Jenseits von Gute und Böse* [...] stützt sich auf seine Erfahrungen als Moralist und Psychologe und bedient sich [...] der bereits früher geschaffenen Bilder und Begriffe. Dionysos wird jetzt in *Jenseits von Gute und Böse* zu dem, der weiß, dass das Wesen der Welt Wille zur Macht ist [...]." KSA 5, 416 f.
24   WL, KSA 1, 879.
25   Ebd., 875.

verweise. Dieser Anfang der Schrift „ist die brillante Endfassung einer poetischen Miniatur" (ebd., 28).

7   Fazit – Ein Versuch

– Dass aus meinen Schriften ein *Psychologe* redet, der nicht seines Gleichen hat, das ist vielleicht die erste Einsicht, zu der ein guter Leser gelangt – ein Leser, wie ich ihn verdiene, der mich liest, wie gute alte Philologen ihren *Horaz* lasen,

fordert Nietzsche in *Ecce homo*.[26] Man darf das nicht als ein Dogma lesen, aber dies ist nicht der Ansatz des Kommentars. Wenn wir den Umfang der Kommentarbände auf die jeweilige Schrift Nietzsches aus der KSA beziehen, auch wenn es druckbedingt zu Abweichungen kommt, ergibt sich folgendes Bild: *Die Geburt der Tragödie* hat ca. 143, der NK ca. 408 (jeweils ohne Anhänge). *Der Fall Wagner* hat 42, der NK ca. 191 Seiten. *Götzen-Dämmerung* hat ca. 104, der NK ca. 384 Seiten. *Morgenröthe* hat ca. 320, der NK ca. 448 Seiten. *Idyllen aus Messina* hat ca. 7, der NK ca. 84 Seiten. *Jenseits von Gute und Böse* hat ca. 232, der NK ca. 813 Seiten. *Ueber Wahrheit und Lüge im aussermoralischen Sinne* hat ca. 15 Seiten, der NK ca. 60 Seiten. Diese Zahlen vermitteln einen Eindruck vom enormen Umfang des NK und der entsprechenden Arbeit und Forschung, die zu seiner Erstellung aufgewendet werden mussten. Will man ein inszenatorisches Bild hierfür finden, kann man sagen, die ganze Hinterbühne ist jetzt ausgeleuchtet; sie ist von einem Lichtermeer angestrahlt. Nietzsche ist kommentiert, dafür bleibt nur Bewunderung. Fragen darf man gleichwohl, in welcher Weise Nietzsches Philosophie durch diese umfangreichsten Ein- und Zuordnungen besser verständlich und begreifbar wird. Sicher wird es auch nach diesen voluminösen Kommentaren noch diverse und sich widersprechende Nietzschedeutungen geben. Das spricht nicht gegen die hier vorliegende Forschungsarbeit, sondern für Nietzsches Denken. Gewiss ist, dass Nietzsche nun in seine je nur vielstimmigsten Bezüge und Einflüsse eingemeindet ist, damit sind diesbezügliche Fragen beantwortet. Jedoch: Nach Wittgenstein ist der Philosoph nicht Bürger einer Denkgemeinde; genau das mache ihn zu einem.

Nietzsches letzte Frage aus *Ecce homo*: „– Hat man mich verstanden? –" bleibt weiter aktuell.[27]

---

26   EH, KSA 6, 305.
27   Ebd., 374.

Mitarbeiterliste 2019

Prof. Dr. Paola L. Coriando
Institut für Philosophie der Universität Innsbruck
Innrain 52, A-6020 Innsbruck

Prof. Dr. Dagmar Fenner
Universität Basel Departement Philosophie und Medienwissenschaft; Philosophisches Seminar, CH-4051 Basel, privat: Ursrainer Ring 27/1,
D-72076 Tübingen

Dr. Jutta Georg M.A.
Nobelring 6, D-60598 Frankfurt am Main

Prof. Dr. Georges Goedert
Rue Schrobilgen 40, L-2526 Luxembourg

Dr. Boris Hogenmüller
Tannenstr. 32, D-63791 Karlstein

Christian E.W. Kremser
Schöffenstraße 11 a, D-65933 Frankfurt am Main

Prof. Dr. Rolf Kühn
Heuweilerweg 19, D-79194 Gundelfingen

Dr. Lucie Lebreton
2, rue Hardouin, F-78400 Chatou

PD Dr. Thorsten Lerchner
Julius-Maximilians-Universität, Institut für Philosophie,
Residenz Südflügel, D-97070 Würzburg

Dr. Rosa Maria Marafioti
Via Rocco Pugliese, trav. XII, n. 3, I-89015 Palmi (RC),
Italien

Prof. Dr. Dr. Rudi Ott
Johannes-Gutenberg-Universität Mainz (zww) Zentrum für wissenschaftliche
Weiterbildung, D-55009 Mainz, privat: Hinkelsteinerstraße 24, D-55128 Mainz

Prof. Dr. Birger Priddat
Private Universität Witten/Herdecke GmbH, Alfred-Herrhausen-Straße 50,
D-58448 Witten

Prof. Dr. Harald Seubert
Staatsunabhängige Theologische Hochschule Basel, Mühlestiegrain 50,
CH-4125 Riehen/Basel, Schweiz, privat: Siedlerstr. 151, D-90480 Nürnberg-Mö-
geldorf

PD Dr. Thorsten Streubel
Freie Universität Berlin, Institut für Philosophie, Habelschwerdter Allee 30,
D-14195 Berlin-Dahlem

Richtlinien für die Einreichung von Beiträgen

1   Allgemeines

Wir benötigen einen **Ausdruck** und eine **elektronische Textdatei**, vorzugsweise in einem doc- oder docx-Format.

Unaufgefordert eingesandte Manuskripte können wir nur dann an Sie zurückschicken, wenn Sie einen entsprechend frankierten Rückumschlag beilegen.

Jedem Beitrag ist eine kurze Zusammenfassung (ca. 150 Wörter), 4–6 Schlüsselwörter und eine formlose Erklärung, dass der Text noch nicht veröffentlicht und auch keinem anderen Publikationsorgan angeboten worden ist, beizufügen.

Das Titelblatt soll den Namen, die Adresse, die E-mail-Adresse, den Titel des Beitrags, die kurze Zusammenfassung und Schlüsselbegriffe (max. 6) enthalten. Der eigentliche Text beginnt mit dem Titel. Der Name des Autors soll hier nicht wiederholt werden.

2   Textgestaltung

Der **Umfang des Textes** einschließlich der **Anmerkungen** sollte in aller Regel eine Länge von ca. 70 000 Zeichen (inkl. der Leerzeichen) nicht überschreiten. Als Schriftart ist Times New Roman in der Punktgröße 12 wünschenswert. Die Anmerkungen sind den Beiträgen als fortlaufend nummerierte Fußnoten hinzuzufügen. Für **Zitate**, auch für fremdsprachige, benutzen Sie bitte die doppelten typographischen Anführungszeichen („"). Zitate im Zitat werden durch einfache Anführungszeichen gekennzeichnet. Bei längeren Zitaten, die eingerückt werden, entfallen die doppelten Anführungszeichen und werden frei für Zitate im Zitat. Auslassungen in Zitaten sind durch drei Auslassungspunkte in eckigen Klammern zu markieren. In eckigen Klammern stehen auch Einschübe des Verfassers.

Stellenangaben der Zitate gehören in der Regel in die Fußnoten. Beim ersten Verweis geben Sie bitte in der entsprechenden Fußnote den vollständigen Titel an und verwenden Sie im Folgenden dafür nur den Autorennamen, einen Kurztitel und die jeweilige Seitenzahl. Handelt es sich um eine ganze Reihe von Primärtexten, auf die Sie häufig Bezug nehmen, können Sie auch ein eigenes Abkürzungs- oder Siglenverzeichnis beifügen. Für die Zitierung klassischer

Autoren, die auch im Haupttext erfolgen kann, gelten die üblichen Zitierweisen. Ein Wortzwischenraum steht zwischen Buchstaben und Ziffern (Bsp. KrV B 370), nicht jedoch, wenn es sich um die Zeilenangabe handelt (Bsp. *Phaidros* 246a4).

Satzzeichen, Zitate und Fußnotenziffern: Fußnotenziffern stehen hinter dem betreffenden Wort bzw. Satzteil oder hinter dem schließenden Satzzeichen, wenn sie sich auf den ganzen Satz beziehen. Bei der Zitierung vollständiger Sätze gehört das schließende Satzzeichen noch zum Zitat und somit vor das schließende Anführungszeichen. Die Fußnotenziffer erscheint hinter dem schließenden Anführungszeichen. Bei der Zitierung von unvollständigen Sätzen, Satzteilen oder Begriffen steht die Fußnotenziffer nach dem schließenden Anführungszeichen. Bezieht sie sich auf mehrere Zitate in einem Satz, folgt die Fußnotenziffer nach dem schließenden Satzzeichen.

Literaturangaben: Die Literaturangaben erfolgen durch die Nennung des Autorennamens, Werktitels (kursiv), Erscheinungsortes (ggf. Verlages), Erscheinungsjahres und der Seitenzahl. Beispiel: Rudolph Berlinger, *Die Weltnatur des Menschen. Morphopoietische Metaphysik. Grundlegungsfragen*, Amsterdam 1988, 140 ff. Beispiel für Beiträge in Sammelbänden: Alexander Böhlig, „Der Manichäismus und das Christentum", in: R. Berlinger, W. Schrader (Hrsg.), *Gnosis und Philosophie. Miscellanea*, m. e. Vorw. v. A. Böhlig (Elementa. Schriften zur Philosophie und ihrer Problemgeschichte, Bd. 59), Amsterdam 1994, 5–22. Verweisen Sie insgesamt auf einen Sammelband, werden die Herausgeber zuerst genannt. Beispiel: R. Berlinger, W. Schrader (Hrsg.), *Gnosis und Philosophie. Miscellanea*, m. e. Vorw. v. A. Böhlig (Elementa. Schriften zur Philosophie und ihrer Problemgeschichte, Bd. 59), Amsterdam 1994. Beispiel für Zeitschriftenartikel: Christof Rapp, „Die Moralität des antiken Menschen", in: *Zeitschrift für philosophische Forschung*, Bd. 49, Hft. 2 (1995), 259–273. Auflagenzahlen werden hochgestellt (Bsp. 1999[5]).

Kursiv gesetzt werden Hervorhebungen, fremdsprachige Termini (Ausnahme: altgriechische Termini) und Werktitel innerhalb eines Satzgefüges. Wir bitten Sie, generell von Fettdruck und von Großbuchstaben, z. B. für Autorennamen, abzusehen.

Abkürzungen am Satzanfang werden ausgeschrieben. Bei Autorennamen folgt ein Wortzwischenraum zwischen dem abgekürzten Vornamen und dem Nachnamen. Kein Wortzwischenraum folgt zwischen abgekürzten Vornamen. Beispiel: G.W.F. Hegel.

Übliche Abkürzungen sind:
Hrsg., nicht (Hg.) und hrsg. v., nicht hg. v.
Ebd. und ebd., nicht ebda. oder ibid.
Vf. nicht Verf.
Hervorh. v. Vf.
Jh. für Jahrhundert und Jh.s für des Jahrhunderts, nicht Jhd. und Jhd's.

Redaktion

Dr. Martina Scherbel M.A.

Anschrift der Redaktion

Perspektiven der Philosophie
Dr. Martina Scherbel M.A.
Frankenstraße 33/35
D-97249 Eisingen
Tel. ++49(0)9306 1209
Fax ++49(0)9306 983760
e-mail: perspektiven-philosophie@stiftung-metaphysik.de

Redaktionsschluss

31. Januar 2020